숫자로 본
식민지 조선

숫자로 본
식민지 조선

數字로 본 植民地朝鮮 研究

이계형·전병무 편저

역사공간

『숫자조선연구』는 1930년대 기자였던 이여성과 김세용이 신문에 연재
하였거나 잡지에 기고한 글을 엮은 책이다. 두 사람은 사회주의운동의 동
지였고 처남매부 사이였다. 『숫자조선연구』를 완간하는데 1931∼1935년
까지 긴 시간이 걸렸다. 왜 저자들은 방대한 자료를 수집·분석하는 번거로
움을 감당하면서 굳이 『숫자조선연구』을 펴내고자 했을까?

이는 제1집 머리말에서 밝혔듯이 조선인으로 조선의 실제 사정을 밝게
알리기 위해 저술되었다. 다만, 저자들이 이용한 통계자료들이 대개 일제
가 조선식민통치와 선전 목적으로 작성된 것이기 때문에 식민지배와 민족
차별의 실상이 은폐되어 있었다. 그럼에도 불구하고 그들은 숫자와 통계의
행간을 읽어 식민지 조선의 실상을 드러내 비판하고자 했다. 이에 일제로
부터 사전 검열을 받아 많은 부분이 삭제되는 아픔을 겪어야만 했다.

『숫자조선연구』는 일제의 식민통치의 실상을 밝혀주며 민족적 차별을
받았던 조선인들의 삶 자체를 그대로 보여주는 최고의 책이라 평가받고 있
다. 또한 한편에서 주장하는 식민지 근대화론을 정면으로 반박할 수 있는
당대에 간행된 역사적인 자료이기도 하다. 이에 1990년대까지 상당수의

연구자들이 『숫자조선연구』의 자료를 이용하였고, 이와 관련한 여러 논문이 발표되었으며 저자 이여성에 대한 박사학위논문도 나왔다.

요즈음 고등학교 역사 교과서에까지 식민지 근대화론이 등장하는 상황에서 『숫자조선연구』는 이를 반박할 수 있는 좋은 역사자료임에도 불구하고 일반인들에게는 널리 알려져 있지 않다. 1980년대 『숫자조선연구』가 영인본으로 간행되었고 국립중앙도서관 전자도서관에서 원문을 서비스하고 있지만, 일반인들에게는 생경한 책이다. 비록 책을 접했다할지라도 750여 쪽으로 두껍고 세로쓰기에 국한문 혼용에 고어체 표현이 많아 이해하기 어렵다.

이러한 어려움을 해소하여 학생들이나 일반인들이 『숫자조선연구』를 쉽게 접할 수 있도록 편저하였다. 물론 일제의 식민 정책을 연구하고 비판하는 많은 논문이나 저서들이 있지만, 이 또한 일반인들이 쉽게 이해하기 어렵다고 판단하여 당시대 지식인의 눈을 통해 본 식민지의 삶을 그대로 전달하는 것이 여러 논쟁점들을 쉽게 풀어줄 것이라 여긴 것이다.

『숫자조선연구』에는 제목에서 풍기듯 많은 통계자료들이 실려 있다. 저자들이 일제 통치의 모순점들을 근거자료로 활용하기 위한 것이다. 하지만 일반인들이 이러한 통계 자료들을 인용하는 경우는 드물 것이라 판단하여 중요한 통계 자료를 제외하고는 대부분 생략하고 내용을 위주로 현대문으로 풀었다. 다만 독자들의 이해를 돕기 위해 관련한 사진들을 게재하였고, 통계 수치보다는 그래프로 도식화하여 경향성을 파악하도록 했다. 다만, 통계 숫자에 오류가 더러 발견된다. 정확한 자료를 원할 경우에는 원 통계 자료를 참고하기 바란다.

『숫자조선연구』를 편저하는 것은 마음처럼 쉽지 않았다. 전체를 한글로 옮기고 여러 번 교정·교열하는데 1년여의 시간이 소요되었다. 모든 통계자료를 작성해야 했기 때문이기도 했지만, 어려운 문장을 쉽게 풀어쓰는 것이 생각처럼 여의치 않았다. 또한 출판사를 정하는 것도 문제였다. 마침 역사공간의 주혜숙 사장이 흔쾌히 나서줘서 『숫자조선연구』를 『숫자로 본 식민지 조선』으로 새롭게 빛을 보게 되었다. 이 자리를 빌려 고마움을 전한다. 그리고 목차를 재구성하고 몇 번의 교정·교열로 힘들었을 성미애 편집장님을 비롯한 편집자 여러분들께 감사한 마음을 전한다.

마지막으로 "역사를 잃은 민족은 미래가 없다"는 말을 떠올리며 많은 사람들에게 한 번 읽어보기를 권하고 싶다.

국민대학교 북악캠퍼스에서
편저자 이계형, 전병무

『숫자조선연구』

1. 편찬 목적과 구성

『숫자조선연구』는 1931~1935년 동안 집필자 이여성과 김세용 등이 운영하던 출판사(세광사)에서 모두 5집으로 출판되었다. 그 시기는 세계 대공황의 여파가 조선에도 미쳐 농촌 경제가 붕괴되어 농민층 몰락이 가속화되어 소작쟁의·노동쟁의 등 대중운동이 최고조로 고양되던 때였다. 또한 1931년 만주국 성립 이후 '만주붐'과 조선총독부의 '조선공업화 정책'에 공업화가 급속히 진행되던 시기이기도 했다.

『숫자조선연구』는 제1집 서언에서 "조선인으로 조선의 실제 사정을 밝게 알아야 할 것은 무조건 필요한 일"이라고 밝히고 있듯이 식민지라는 "특수한 정치적·사회적 처지"에서 민족 차별과 조선인의 삶을 객관적으로 파헤치고자 저술된 책이다. 이여성은 이 책을 집필하는데 있어서 다음과 같은 방식을 취하였다.

첫째, 식민지의 현상을 밝히기 위해 통계적 숫자를 최대한 활용하고 이를 알 수 없을 경우에는 여러 정황을 살폈다.

둘째, 숫자를 제시할 때에는 비교 대상이 될 수 있는 숫자를 아울러서 식민지 조선인의 특수 사회인으로서의 정치적·경제적·사회적 지위를 밝히고자 했다.

셋째, 사물의 특징을 숫자적으로 파악하는 동시에 생활과 유기적 관계를 연계시키고자 했다. 즉, 이여성은 조선총독부가 통치와 선전 목적으로 수집·발표한 통계자료 등을 인용했지만, 이를 재해석하고 비판적인 시각에서 행간을 읽어 당시대 조선인의 고달픈 삶을 드러내고자 한 것이다.

이러한 방식에서 저술된 『숫자조선연구』는 일제가 조선에서 자국의 이익을 위해 펼친 식민지 행위, 그에 따른 조선의 변화, 조선인에게 미친 영향 등에 주목하였다. 식민지 치하에서 피지배 계층으로 산다는 것이 어떤 것인지를 보여주고자 한 것이며, 일제가 외치는 '동화同化'가 얼마나 헛된 것인지를 세상에 알리고자 하였다.

『숫자조선연구』는 출판되자마자 당대인들에게 큰 호응을 얻어 커다란 반향을 불러 일으켜 독후감, 신간평 등이 신문에 소개되었고 일반 독자들에게 추천되었다. 비평가들은 세계 정국, 사회 운동, 우리 생활 현실 등과 관련한 책이라며 읽어보길 권하였다. 특히 이 책은 해외에까지 알려져 미주 지역에서 발행되던 《신한민보》가 교육관련 내용을 인용할 정도였다.

이여성은 본래 3년간 조선 내 각 분야의 통계자료를 조사하고 이를 수집한 뒤에 체계를 갖춘 단행본으로 『숫자조선연구』를 출간할 계획이었다. 하지만 여의치 않자 《조선일보》·《동아일보》 등에 연재하거나, 《삼천리》·《시대공론》·《비판》·《동광》·《신동아》 등 잡지에 기고한 글들을 엮어 '집輯'의 형식으로 『숫자조선연구』를 펴냈다. 체계를 갖추고 출판되지는 못했지만 책의 목차를 구성하고 장과 절 제목을 새로 붙였다.

2. 재구성과 요지

『숫자조선연구』는 미리 짜인 체계 없이 5집으로 출간되었다. 다만 어떠한 내용을 담겠다는 계획은 세워졌던 것으로 보인다. 모두 2편 23장으로 구성 되었는데 정치·경제·사회·문화 등 전반에 걸쳐 기술되어 있기 때문이다. 이여성은 일제가 자국의 이익을 위해 펼쳤던 식민 통치와 그에 따른 조선 과 조선인의 차별성과 영향 등을 담아내고자 했다.

독자들마다 이해 정도에 따라 여러 구성 방안이 있을 것이지만, 저자들 의 집필 의도에 맞게 『숫자조선연구』를 4부로 재구성하고 책명도 『숫자로

본 식민지 조선』으로 바꿨다. 책의 성격을 보다 분명히 하기 위해서였다. 일제의 통제와 탄압, 금융과 조세, 산업과 실업 그리고 조선인의 차별을 큰 고리로 나누고 이와 관련하여 기존 23개의 장을 다시 엮었다.

1부는 일제의 식민 권력의 통치 법령과 대표적인 탄압 기관이었던 경찰 제도를 해부하고 이로 인해 핍박받은 조선인 사상범들의 연도별 추세를 살 폈다. 1910년대를 '반역운동의 온양기'로, 3·1운동과 그 이후에 대해서는 여러 정치·경제·사회적 운동이 식지 않고 전개된 시기로, 1926년 이후에 대해서는 조선공산당 결성, 소작쟁의·노동쟁의·학생운동의 격화에 따른 구속자의 격증기로 구별했다.

아울러 민족운동의 하나였던 노동쟁의와 소작쟁의의 발생 건수를 연도·

지역별로 살펴보면서 그 원인을 분석하였다. 하지만 일제가 노농쟁의가 발생하게 된 원인에 대해서는 전문을 삭제하여 내용을 알 수 없다. 다만, 이 여성이 이와 관련하여 잡지 ≪비판≫에 실은 내용을 인용, 게재하였다.

제2부는 일제의 금융자본이 조선을 장악한 상황과 조선총독부가 '관업'을 빙자한 자본주의 기업 단체의 지주였다는 내용을 담고 있다. 조선 내 금융자본은 크게 1930년대 초 중앙 금융기관인 조선은행과 부동산 금융기관 조선식산은행·동양척식회사, 민족별 금융업 회사 등으로 구분하였다. 조선은 일본의 원료공급지이고 일본 상품의 독점적 수출지이며 금융자본의 좋은 투자지였다고 지적하였다. 조선의 자본주의는 일본인 민간자본에 의해 식민지 자본주의 성격을 띠고 1910년부터 고속성장 발육되었지만 전통시대의 농업경제 질서가 크게 동요되었다고 분석했다.

조선총독부가 거대한 자본을 여러 산업에 투자하여 이윤을 취득하는 자본주의적 기업단체였다면서 식민지 정부 재정수입에 거대한 지주가 되어 있다고 비판하였다. 이러한 조선총독부의 실체를 밝히기 위해 조세 제도를 해부하였고 전매제의 실상을 파헤쳤다.

3부는 조선 산업의 근간이었던 토지와 농촌, 그리고 자본주의 강철제 혈관이라 규정한 철도, 식민 자본주의로 인해 조성된 도시의 발달과 문제점을 집었다. 또한 식민지 자본주의의 급속한 성장 속에 공업화가 발 빠르게 진행되었지만, 농촌 경제가 붕괴되어 농민층 몰락이 가속화되었음을 폭로하였다. 더불어 일본 대재벌에 철저히 집중된 조선 공업의 실상을 밝혔다. 이를 통해 소수의 공장 노동자와 다수의 옥외 자유 노동자가 있으며, 다른 한편에 실업자가 있음을 지적했다.

4부는 조선인들의 삶을 인구문제로 풀어냈다. 즉 농민·노동자·노농운동·실업자 등의 모든 문제를 '인위적 과잉 인구'와 관련돼 있다고 봤다. 농민의 양극화로 초래된 소작농의 과도한 증가로 농민들이 이탈하여 도시로 몰려들면서 노동문제가 발생했고 그로 인해 떠도는 실업자의 증가, 노농운동이 격증하게 되었다고 분석했다.

국민교육의 기초가 되고 민족문화의 모체가 되는 초등·중등교육기관의 실상을 일본인과 비교하여 민족 차별의 실상을 드러냈을 뿐만 아니라 그로 인해 발생한 조선인들의 문맹을 심각한 문제로 인식했다. 이외에도 언론·출판계와 의료기관의의 민족별 차별을 다루었고 사이비 종교를 포함하여 조선의 종교를 전반적으로 소개하였다.

3. 일제의 검열과 상처투성인 『숫자조선연구』

일제는 1909년 2월 '출판법'을 공포하여 사전 검열 제도를 실시하였다. 이 법은 1945년 10월 미군정 시기에 폐지될 때까지 지속되었다. '납본納本'이라고 하여 출판 전에 원고 혹은 식자·조판한 것을 조선총독부 경무국에 들고 가 검열을 받아야 했다. 경무국 도서과는 삭제하거나 출판을 불허하곤 하였다. 삭제 방법은 복자伏字라 하여 가위표(×)를 하거나 '몇 자 삭제' 등으로 표시하였다.

『숫자조선연구』 제1집~제4집에 37곳 정도가 삭제되었다. 제1집에서 삭제된 부분은 서언·토지·농촌·교육 등 4분야, 11군데이다. 제2집에서는 조선 내 금융자본, 조선 철도 부분 등 2군데이다. 제3집에서는 조선 전매제도, 조선의 실업자문제, 조선의 사상범 추세 등 3개의 장章 5군데이다. 제4집의 검열 삭제된 부분은 상당히 많다.

　삭제된 부분에는 "은행, 공공단체 등의 조사(110자 삭제)", "이하 11행 략", "6쪽 략" 등으로 표시되어 있다. 특히 제4집 서언 다음 페이지에 '한 말슴'이란 글에 "부득이한 사정에 의하여 특히 '약'된 부분이 많사오니"라고 기술되어 있을 정도다. 실제 제4집 제3장 조선의 노농쟁의 제1절 노농쟁의의 대두에는 전문 23행이 전부 삭제되었다.

　특히 이여성이 제3집 제5장 조선의 사상범 추세 부분에서 독립운동 관련한 제5절 무장단의 국경 침입은 목차에만 언급되었을 뿐 내용에서는 목차마저도 삭제되었다. 저자들이 주장하고 싶은 핵심적이거나 일제의 식민 지배를 비판하는 내용이 검열로 날아가 버린 것이다. 저자들이 무슨 말을 하고자 했는지는 문맥이나 행간을 통해 미뤄 짐작할 수 있을 뿐이다. 또한 삭제라고 된 문구를 통해서도 충분히 저자의 진심을 읽을 수도 있다.

그만큼 『숫자조선연구』가 조선총독부 등이 식민지 지배를 찬양하고 선전하기 위해 작성한 관변 통계자료를 역이용하여 당시 조선의 현실을 비판적으로 분석한 책이라는 것을 반증해주는 것이라 하겠다.

1부

일제의 조선인
통제와 탄압

조선의 사상관계 법령

현재 조선에 실시되고 있는 사상관계 법규는 무엇이며 또 가지 수는 얼마나 되는가? 사상운동이 직접 운동화한 것에는 적용 법률의 범위가 한층 광범위하여 일일이 논거하기 곤란하지만, 사상관계 범죄에 가장 많이 적용되는 것을 들어보면 다음과 같다.

1. 보안법

1907년 7월 구한국 법률 제2호로 발포된 것이다. ① 안녕질서를 유지하기 위하여 필요한 때는 결사의 해산을 명할 수 있는 것, ② 또 안녕질서를 유지할 필요 있을 때는 집회·운동·군중을 제한·금지·해산할 수 있는 것, ③ 전 2조의 경우 무기·폭발물 등 위험물 휴대를 금지할 수 있는 것, ④ 가두, 기타 장소에 문서, 도서의 게시·공포·낭독·언어·형용 등이 질서를 문란할 우려가 있다고 인정할 때는 금지할 수 있는 것 등을 규정하고 벌칙에 있어서는 최고 2년 이상의 징역을 규정하였다.

2. 집회단속령

1910년 8월 경무총감부령 제3호로 발포된 것인데, '당분간 정치에 관한 집회 또는 옥외의 다중 집회를 금지함(단, 옥외 설교, 또는 학교 생도의 체육 운동 등의 집회로서 경찰 관서의 허가 받은 것은 제외). 본령 위반자는 구류 또는 과료科料에 처함'이라는 것인데 정치집회·옥외집회를 금지한 것이다.

3. 제령 제7호

정치에 관한 처벌의 건으로 1919년 4월에 동기動機를 얻어 발포한 것이다. 정치 변혁을 목적으로 다수 공동하여 질서 방해 또는 방해하려는 자, 선동자는 '10년 이하의 징역 또는 금고에 처하고 제국 외의 일본 신민에게도 적용함'이라는 것이 골자로 '3·1운동' 진압법으로 제정된 것이나 그 이후 늘 적용되어 왔다.

4. 총포화약류단속령

1912년 8월 제령 제3호로 발포된 것인데, ① 행정관청의 허가 없이 군용 총포 제조·개조를 금하고, ② 허가 없이 화약류 제조를 금하며, ③ 허가 없이 수출·수입, ④ 양도·양수讓受를 금하며, ⑨ 보안상·군사상·외교상 필요할 때는 일체 수이출입을 금지할 수 있고, ⑩ 수수授受·운반 등을 금지할 수 있는 것을 규정하였으며 벌칙으로 최고 징역 2년을 매겼다.

5. 출판법

1909년 2월 구한국 법률 제6호로 발포된 것이다. ② 문서·도서를 출판코자 하는 자는 원고를 첨부하여 지방장관을 경유하여 허가를 신청하도록 하는 허가제를 세운 뒤, ⑪ 국교國交를 저해하고 정체正體를 변경하든지 국헌을 문란케 하는 문서·도서를 출판할 때는 3년 이하의 징역, 외교 군사 기밀에 관한 문서·도서를 출판하면 2년 징역, 이상 두 경우 이외에 안녕질서를 방해 괴란壞亂하는 출판물을 간행할 때는 10개월 이하의 금옥禁獄을 각각 규정하고 압수·발매 금지 등의 경우를 규정하였다. 이 법률은 아직 한 자도 첨삭되지 않고 시행하고 있다.

6. 신문지법

1907년 7월 법률 제1호로 발포된 것인데, 역시 ① 허가제이며, ④ 특정한 것 이외에는 보증금 300원을 요한다. 그리고 11조부터 15조까지 기재 금지 사항을 엄밀히 규정하였다. 이에 위반한 경우에는 최고 3년 이하의 징역 또는 300원 이하의 벌금에 처하는 벌칙이 있다.

7. 경찰범 처벌규정

1908년 3월 통감부령 제40호로 발포된 것인데, ① 연유 없이 타인의 거주 기타에 잠복하는 자, ② 일정한 거주 생업 없이 배회하는 자, ④ 면회를 강청하고 강담強談·위박 행위를 하는 자, 금전 기부를 강요 또는 물품을 강매하며 노동력을 공급하여 보수를 청구하는 자, ⑧ 단체 가입 강청자, ⑲ 함부로 다중을 집합하여 관공서에 청원 또는 진정을 하는 자, ⑳ 불온연설·불온문서 등을 게시·공포하는 자, ㉑ 유해한 유언流言 연설을 하는 자, ㉙ 자기 성명·주소 등을 사칭하고 투숙·승선乘船한 자(전항 87) 또는 교사教唆한 자는 구류 또는 과료에 처할 것을 규정한 것으로 적용범위는 실로 광범위하다(제53항에는 닭싸움을 부치는 자까지 처벌할 것을 규정한 것을 보면 그 세밀한 정도를 족히 참작할 수 있다).

8. 개정 치안유지법

독립운동가 한용운의 치안유지법 수형 기록표

1925년에 발포된 〈치안유지법〉을 1928년 6월 한층 준엄하게 긴급 칙령으로 개정한 것이다. 일본 내지와 조선에 공통 적용되는 사상운동의 단속법이다. ① 국체國體를 변혁할 목적으로 결사 또는 임원·지도자로서 종사한 자는 사형, 무기 또는 5년 이하 징역 금고에 처하고 사정을 알고 가입한 자 또는 결사 수행을 위하여 행위한 자는 2년 이하 유기징역, 또는 금고에 처하고 사유재산제도 부인을 목적으로 결사를 조직한 자 및 가입자, 결사 목적 수행을 위해 행위한 자는 10년 이하의 징역, 금고에 처하며 그 미수죄도 벌하며, ② 전조 목적 사항 실행에 협의한 자는 7년 이하의 징역, 금고, ③ 선동자도 동상, ④ 제1조의 목적으로 소요·폭행·기타 생명·신체·재산에 해를 가하는 범죄를 선동한 자는 10년 이하 징역 금고, ⑤ 제1조와 제3조의 범죄를 목적하고 금품 및 그 권리를 공여하고 또는 청약·약속한 자는 5년 이하 징역 금고, 사정을 알고 요구 약속한 자도 동상, ⑦ 본법은 누구를 막론하고 본 법 시행 구역에서 범죄한 자에게도 적용한다는 것인데 민족운동·사회운동 등을 단속하는 모든 법령 중에 가장 준열한 특별 형법이다.

9. 일반형법

일반형법 제1장·제2장·제3장·제4장은 황실에 대한 죄, 내란에 관한 죄, 외환에 관한 죄, 국교國交에 관한 죄를 각각 규정한 것이다. 황실에 관한 죄

에는 위해죄危害罪·불경죄가 있다. 위해
죄에는 구별에 따라 각각 사형, 무기, 5
년 이하, 4년 이하의 징역에 처하고 내
란죄·외환죄에도 최고 사형까지 규정되
어 있으며, 국교에 관한 죄에는 최고 3
년 징역형을 마련하여 놓았다.

조선사상관계의 법규는 위에 열거한
아홉 가지가 보통 적용된다. 하지만 9종
류의 사상관계 법률은 겹겹으로 일체의
사상운동을 자물쇠로 잠그는 것으로 언
론·출판의 자유, 집회·결사의 자유 등
은 사실상 명목뿐이다.

일제강점기 사회운동을 전개하다 치안유
지법으로 구속된 사회주의자들의 체포 비
사, 취조 등을 수록한 『조선사상범검거실
화집』(지중세 역편, 신광출판사, 1946)

공산당 같은 것이 합법적 존재로서 공공연히 자가自家의 주의를 선전하고
당당히 선거전에 나서는 구미 선진국에 비할 바는 아니지만, 우선 일본 내
지에 견줘 본다할지라도 허가제 아닌 신고제의 신문지법이 있고 원고 검열
제 아닌 납본제의 출판법이 있으며, 또 검열 수준은 조선과 비교해보면 하
늘과 땅차이다. 〈치안경찰법〉이 있다고 하지만 조선 경찰이 〈집회 단속〉·
〈경찰범처벌규칙〉 등으로 집회 옥외운동을 단속하는 것과는 전연 다르며
보안법도 없고 제령 제7호도 없다. 이 점으로 보아 법률의 압력이 물리적 의
미에 있어서도 훨씬 가볍다는 것을 알 것이며, 공통 적용 법률인 치안유지법
이 있다할지라도 적용 범위가 또한 다르다는 것을 알 수 있을 것이다.

2

조선 사상범 추세

정치범의 누년 증가

1910년 이후 조선은 헌병경찰의 극도로 준엄한 경비 하에 언론·집회·결사 등 헌법상의 자유까지 일체 봉쇄되었기 때문에 제1차 세계대전이 끝나갈 1918년까지 7년 동안 모든 반역 운동이 표면으로 대두되지 못하고 이면에서 은밀히 품고만 있었다.

1918년 후반부터 1919년 대폭발(3·1운동) 이전까지 보안법 위반자 87명을 필두로 소요죄범 21명, 출판법 위반자 9명 등 합계 118명의 정치범 사건이 있었다. 1919년 봄부터는 미증유의 전 조선적 총동요가 일어나 보안법 위반자만 6,254명이란 신기록을 낳았고 소요죄범 1,723명, 출판법 위반자 173명, 황실관계범 4명, 정치범죄처벌령범 222명 등 전후 합계 8,376명의 정치범 홍수시대를 만나게 되었다. 정치범이 격증한 까닭은 윌슨 등의 위선적 민족자결주의에 충동받은 것도 사실이겠지만, 조선의 특수한 정치적 사정이 기초가 되었던 것은 두말할 필요가 없다.

3 · 1운동 당시 만세시위 장면

그러나 1919년 전 조선적인 정치적 동요는 원래 무조직한 대중운동이었기 때문에 이를 단속하기 위해 제령 제7호(보안법보다 한층 준열한 정치범죄처벌령임)가 발포, 적용되었고 또 당국의 적극적인 탄압에 비교적 용이하게 진압 되었지만, 1911~1919년까지의 평온(표면상)한 상황으로 돌아가지 않았다. 1925년 치안유지법이 조선에도 적용되어 조선운동의 법률적 경계는 한층 삼엄해졌으나, 1926년부터는 되레 비약적으로 정치범 수가 증가하였다.

경성복심법원 검사국, 형사공소사건부 (1920년)

표 1-1 조선정치범 숫자

연도	반란소간율(叛亂所干律)	보안법	내란죄	폭동죄	소요죄	출판법	신문지법	황실에 대한 범죄	정치범 죄처벌령	치안유지법 또는 법규	합계
1909	202	–	–	–	–	–	–	–	–	–	202
1910	273	45	34	235	–	–	–	–	–	–	587
1911	–	42	–	15	–	–	–	–	–	–	57
1912	–	14	2	–	4	4	3	–	–	–	27
1913	–	2	–	–	3	–	2	1	–	–	9
1914	–	6	–	–	10	5	3	–	–	–	24
1915	–	7	–	–	14	6	1	–	–	–	28
1916	미상	미상	미상	미상	미상	미상	미상	미상	미상	미상	미상
1917	–	17	–	–	8	16	–	3	–	–	44
1918	–	87	–	–	21	9	–	1	–	–	118
1919	–	6,254	–	–	1,723	173	–	4	222	–	8,376
1920	–	111	–	–	47	7	2	2	452	–	621
1921	–	86	8	–	23	21	2	1	1,491	–	1,632
1922	–	19	–	–	43	11	2	2	134	–	211
1923	–	12	–	–	38	9	5	1	71	3	184
1924	–	79	–	–	256	82	1	8	526	1	953
1925	–	83	–	–	388	94	12	2	250	88	917
1926	–	91	–	–	707	70	16	9	353	380	1,626
1927	–	49	–	–	650	45	6	22	107	279	1,158
1928	–	225	–	–	516	200	14	26	152	1,420	2,552
1929	–	242	–	–	216	173	2	38	175	1,355	2,203
1930	–	?	?	?	?	?	?	?	?	864	864 (추정 2,000)
1931	–	?	?	?	?	?	?	?	?	2,000	2,000 (추정 2,500)
합계	475	7,470	44	250	4,712	629	70	120	3,933	6,390	24,594

* ① 1909년도는 통감부 시대 수감인 중 정치범 ② 1910년, 1911년도는 통감부 시대 정치범과 조선총독부 시대 정치범(소위 신수형자新受刑者)의 합산 ③ 1912~1923년은 제1심재판소의 수리 또는 판결한 인원 ④ 1924~1929년은 검사수리 인원 ⑤ 1930년은 수형 또는 공판 회부자 ⑥ 1931년은 기소된 자의 약수 ⑦ 1929년까지는 조선일보 양재하(梁在廈) 씨 조사, 1930~1931년은 동아일보, 추정 숫자는 필자.

1926~1929년까지의 정치범 수를 보면, 모두 1,000~2,000명 이상으로 증가하였고, 1930년과 1931년의 모든 정치범 수를 조사하지 못한 것이 유감이지만, 치안유지법만 864명 또는 2,000명에 달하였으므로 필자가 추정한 2,000명 또는 2,500명이라 해도 무리가 아닐 것이다.

1910년부터 1931년까지 22년간 조선정치범 수의 전체 흐름을 살펴보면, 1919년 9,376명이었던 정치적 비상 시기의 숫자를 도외시하더라도 합병 당시에는 정치범 587명이었는데 1931년에는 치안유지법이란 한 가지 특별법 위반자만 2,000명에 달한 것은 놀랄 만큼 격증한 것이라 할 것이다.

소년·소녀의 정치범

조선의 소년·소녀가 정치범으로서 재판관의 손에 걸리기 시작한 것은 한일합병 전후부터 늘 있어오던 일이지만, 이 또한 1919년 최고조에 달했다가 최근 4, 5년동안 다시 격증하기 시작하였다.

대개 식민지 및 반식민지와 같은 후진국에 있어서 학생운동은 그들의 운동에 중요한 위치를 차지하기 때문에 소년 학생의 정치범 비율도 선진국보다 항상 높은 것이 통칙으로 되어 있다. 조선의 소년·소녀 정치범(대부분 학생)도 최근 통계인 표 1-2를 보면 역시 증가하고 있는 것을 볼 수 있다.

소년·소녀의 정치적 범죄이기 때문에 내란죄라든지 폭동죄와 같은 범죄목은 없지만, 그 외의 일반 정치범 죄명과 조금도 다를 게 없다. 이 또한 1926년 겨우 67명밖에 안 되던 것이 1929년에 와서는 192명으로 세 배 이상이나 크게 증가하였는데 이것이 어찌 세태의 추이를 말하는 것이 아닐까. 갈수록 엄격해지는 학생의 사상 단속, 실업 교육의 장려, 평소 시험제

표 1-2 조선 소년·소녀 정치범(18세 미만)

범죄목	1926년		1929년	
	소년	소녀	소년	소녀
황실에 대한 죄	–	–	2	–
소요죄	12	–	3	–
보안법	13	1	69	–
치안유지법	9	1	77	16
출판법	6	–	24	1
정치범죄처벌령	25	–	–	–
합계	65	2	175	17

* 인원 수는 각년 검사 수리인원 수(『조선총독부통계연보』 1926·1929년도 인용).

의 규정(시험 철폐제) 등 사상 선도적 교육정책의 실행에 크게 고심하고 있지만, 항상 이에 어그러지는 결과를 초래하고 마는 것은 크게 주목할 사실이다.

치안유지법 위반범 증가

조선의 범죄 중 가장 빠르게 증가하고 있는 것을 찾아보면 형법 범죄에 있어서는 상해죄를 필두로 절도범·사기공갈범·횡령문서 및 인장위조죄 등이고, 특별법 범죄에 있어서는 사상범을 필두로 〈연초전매령〉·〈주세령〉·〈삼림령〉 등 위반죄이다. 이와 관련한 1925~1930년 통계 숫자를 정리하면 표 1-3과 같다.

표 1-4에 따르면, 사상범이 7.46배로 최고의 증가를 보여주고 삼림령범은 4.56배로 그 다음이고 사기범은 1.26배로 최저이다. 일반 잡범도 매년

치안유지법에 의해 송치되는 독립운동가들

표 1-3 범죄 증가 누년 조사

연도	형법 범죄					특별법 범죄			
	상해	절도	사기 공갈	횡령	문서인 장위조	사상범	연초 전매령	주세령	삼림령
1925	1,754	3,786	1,215	540	201	78	8,818	4,654	793
1926	2,571	3,937	1,473	409	270	64	12,375	4,868	618
1927	2,706	4,326	1,322	558	283	97	14,341	5,542	512
1928	3,046	4,417	1,491	609	257	210	12,275	7,369	923
1929	3,282	5,267	1,434	691	294	189	15,504	6,911	3,474
1930	4,083	5,515	1,538	707	548	583	16,101	8,411	3,619

* ① 표 숫자는 1심 유죄판결자 수 ② 사상범이란 치안유지법 위반자(《조선총독부조사월보》 1931년 11월호에서 인용).

증가하여 어지러운 조선 사회상의 이면을 말해주는 것이지만, 치안유지법 위반 사상범이 크게 증가된 것은 주목할만 하다.

표 1-4 범죄별 증가 순위

증가 순위	죄명	배수
제1	치안유지법위반사상범	7.46
제2	삼림령범	4.56
제3	문서 및 인장위조범	2.72
제4	상해범	2.32
제5	연초전매령범	1.82
제6	주세령범	1.80
제7	절도범	1.45
제8	횡령범	1.30
제9	사기범	1.26
합계(평균 배수)		2.74

수감사상범 누년 추세

앞에서 잡범과 치안유지법 위반 사상범을 비교하여 사상범의 증가 속도가 얼마나 빠른 지를 논증하였다. 하지만, 그것은 치안유지법 위반 사상범만을 가리키는 것이고, 일반 정치범을 포괄한 것이 아닌 만큼 조선 전체의 정치범 증가 속도를 알기란 불가능한 것이다. 이에 조선 고등법원의 수감 정치범(치안유지법범 및 일반 정치범) 누년 조사가 전체적 경향을 살피는데 매우 필요한 숫자이므로 이를 인용하기로 한다.

표 1-5에 의하면, 1927년 수감된 정치범 피고인 수는 334명에 불과하지만, 1931년까지 합산하면 약 10배가 늘어 3,341명이 되었으며, 수형자 수는 480명에서 약 6배 늘어 2,708명에 달하였다. 피고인 수 및 수형자 수를 합산하면 814명에서 약 7배 늘어 6,049명에 달했는데, 증가 속도는 실로 빠르다할 것이다. 그리고 형법 정치범보다 특별법 정치범[1]이 빠른 속도

표 1-5 수감사상범 누년 조사

연도	형법범			특별법범			합계		
	피고인	수형자	계	피고인	수형자	계	피고인	수형자	계
1927	122	376	499	211	104	315	334	480	814
1928	25	265	290	535	187	722	560	456	1,016
1929	37	200	237	797	207	1,001	834	407	1,241
1930	61	201	262	682	441	1,123	743	642	1,384
1931	33	251	284	837	472	1,309	870	723	1,593
합계	271	1,277	1,576	3,062	1,411	4,473	3,341	2,708	6,049

* 1931년도 숫자는 동년 9월 말일 현재임(《사법협회잡지》 1932년 2월호에 의함).

표 1-6 수감정치범과 잡범 증가 비교표

연도	수감자 총수	사상범 실수	지수	일반범(잡범) 수	지수
1927	13,762	814	100	12,948	100
1928	14,264	1,016	125	13,248	102
1929	15,897	1,241	152	14,656	113
1930	17,232	1,384	170	15,848	122
1931	17,359	1,593	196	15,766	122

* ① 수감자 총수는 제3회 척무성통계개요, 사상 범수는 위 표에, 잡범 수 및 지수는 필자의 계산에 의함. ② 지수는 1927년 숫자를 기본 지수로 하여 계산한 것임. ③ 위 숫자는 재감 미결수와 현 수형수의 합계임.

로 증가했을 뿐만 아니라 수형자보다도 피고수가 더 많은 현상을 볼 수 있다.

이상은 수감 정치범이 점증되어 가는 경향을 말한 것이지만, 일반범 재

---

1 형법 중 정치운동단속범은 황실관계죄·내란죄·소요죄·외환죄·국교죄(國交罪, 외국과의 우호 간) 등인데 일반 형법 제1장, 제2장, 제3장, 제4장에 규정된 것이고, 특별법 중 정치운동 단속법은 보안법·집회단속령·제령제7호·출판법·신문지법·개정 치안유지법 등등이다.

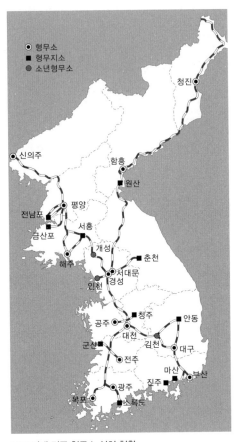

1930년대 전국 형무소 설치 현황

감 인원 수도 급속도로 증가되고 있다. 양자가 증가되는 경향을 비교하여 볼 필요가 있다. 표 1-6에 의하면, 일반범은 5년간 100에서 122로 지수가 증가되었고 정치범은 100에서 196으로 지수가 거의 배가 될 만큼 크게 증가되었다(이하 6쪽 삭제).

3

조선의 노농쟁의

노농쟁의의 대두

전문 23행 삭제[1]

봉건적 질서에 오랫동안 순응하면서 살아왔던 조선의 최저층 농민과 노동자 계급은 기미년(1919년) 이후 자신들의 맹목적 굴종을 뉘우치게 되었다. 그리하여 계급적 자위수단으로 '자연생장성自然生長性'적 계급투쟁을 일으키게 되었다. 이는 1차 세계대전 후 한층 첨예화한 세계적 계급 전선의 결성과 한층 생활화한 계급적 사상 분야의 대립이 그들의 전위였던 진보적 지식군의 근본적 세계관을 동요시키고, 또 전후 파리강화회의를 기회로 전개된 민족자결운동의 좌절과 한말 이래의 만성적 농업 공황 및 전후 반동적

---

1   노동쟁의와 관련한 내용이 일제의 검열에 전부 삭제되어 내용을 알 수 없다. 다만 본 저서의 저자인 이여성이 『비판지』 1931년 12월호에 게재한 노동쟁의 관련 내용을 대신 인용한다.

● 대규모 노동 쟁의 발생지
● 대규모 소작 쟁의 발생지
□ 주요 노동 쟁의 사건
○ 노동 단체수(1925)
▨ 소작쟁의 발생 회수(1920~32)
■ 참가 인원수

청진
함경북도
③ 통조림 공장 파업(1923)
부두 노동자 파업(1932)

12 / 12
1273
평안북도
함경남도

19 / ④
6724
용천
양말 공장 파업(1923)
고무 공장 파업(1931)

신흥
20 / 19
1045
함흥 흥남
평안남도
영흥
평양 수안
원산

탄광 노동자 파업(1930)
제사 공장 파업(1931)
광산 노동자 파업(1927)
제사 공장 파업(1931)
부두 노동자 파업(1927)
노동자 총 파업(1929)

제철소 파업
(1919)
손림 봉산
안악 재령

81 / 11
7811
이천
장연 황해도
해주
황 해
서울
17 / ⑥
1426
70 / 11
3359
강원도
동 해
정미소 파업
(1923~24)
인천
경기도
25
5899
경성 고무 파업(1923)
경성 전기 파업(1925)
방직 공장 파업(1926)

안성 충주
풍기

천안
괴산
37 / ③
7683
11
71 / 11
3138
충청남도
충청북도
경상북도
대구

성냥 회사 파업(1921)
노동 친목 회원(1925)

정미 공장 총 파업(1924)
군산 전라북도
23 / 33
3142
합천
경상남도
215 / ⑥
7963
진주
부산

암태도 소작 쟁의
암태도
117 / 11
9395
전라남도
목포

부두 노동자 · 제유 공장
노동자 파업(1921)

부두 노동자 파업(1921)
인쇄 직공 파업(1925)
방직 공장 파업(1930)

1920~1930년대 노동 · 소작쟁의 상황

인 경제적 불황에 따라 실업 무산군無産群의 비약적인 대량 산출 등 객관적
이유가 필연적으로 그 형세를 촉발시킨 것이다.

그러나 처음에는 관념적 흡수에 급하여 생활로 이해할 경지까지 나아가
지 못했다. 좌익 지식인 간의 사상 운동에 그쳤고, 도시와 농촌의 최저층으
로는 미처 그 운동이 침투되지 못하였다. 때문에 노농 운동의 실제적 출발
은 그보다도 훨씬 뒤떨어져 아직도 10년 미만의 역사를 가지고 있을 뿐이
다. 그러나 노동자 및 농민이 조직화되는 속도는 비교적 빨랐으며 특히 노

동쟁의 숫자로 나타나는 그들의 계급적 운동은 실로 놀랄만한 '속도'로 발전되어 이제야 조선 계급 운동의 전열은 13도에 확산되었다. 우선 소작쟁의 통계를 통하여 농민운동의 추세를 살펴보기로 하자.

소작쟁의의 추세

조선의 소작쟁의 통계는 경무국과 식산국이 각각 조사한 것이 있는데, 조사 표준이 다르기 때문에 대조한다고 해도 별 의미는 없다. 만일 이와 관련한 제 3통계(민간 통계)가 있다면 매우 흥미 있겠지만, 신문기사와 지방통신 등 겨우 꾸며진 극히 단편적인 조사 자료가 산재할 뿐 매년 추세를 살펴볼 만한 것이 전혀 없어 부득이 관청 통계를 토대로 추이를 살펴볼까 한다.

1924년의 암태도 소작쟁의

표 1-7 소작쟁의 건수 및 참가 인원 수

연도	쟁의 건수		쟁의 참가인원 수		매건당 평균참가인원	
	경무국	식산국	경무국	식산국	경무국	식산국
1920	15	–	4,140	–	276	–
1921	27	–	2,967	–	81	–
1922	24	24	2,539	2,539	16	16
1923	176	176	9,060	9,060	51	51
1924	164	164	6,929	6,929	42	42
1925	11	204	2,646	4,002	25	20
1926	17	198	2,118	2,745	125	14
1927	22	275	3,285	3,973	149	14
1928	20	1,590	3,576	4,863	119	3
1929	36	423	2,620	5,319	73	13
1930	93	726	10,037	13,012	108	18
1931	–	667	–	10,282	–	15

① 경무국은 『조선경찰개요』에 의함. ② 식산국은 《조사월보》 1932년 6월호에 의함. ③ 1925년부터 경무국과 식산국이 전연 다른 것은 경무국이 경찰 주의를 끌게 된 비교적 큰 쟁의만 건수에 집어넣은 반면에 식산국은 비교적 작은 쟁의까지도 포함하였기 때문이다. 1925년 이전 식산국의 특별 조사가 없었기 때문에 경무국 조사를 인용한 것이다. ④ 식산국의 매건 평균 참가인원 수는 필자의 계산에 의함. ⑤ 쟁의참가인원이란 소작인과 지주를 합산한 것임.

표 1-7의 경무국 조사에 의하면, 1920년 쟁의는 건수로 15건, 참가 인원은 4,140명에 달했는데, (이하 6행 삭제) 1925년 대탄압 검거 기간에는 11건에 2,646명, 다음 해는 17건, 2,118명으로 급격하게 떨어지고 말았다. 그 뒤 1927년부터는 건수나 참가 인원 수가 점차 증가하여 1930년에는 93건, 10,282명에 달하였다(참가 인원 수는 전례 없이 최다수 인원이 참가함).

다음으로 식산국 조사에 따르면 조사 건수와 참가 인원 수는 경무국 조사보다 매우 많다. 이를 그래프로 나타낸 것이 그림 1-1이다. 특히 건수에 있어서 서로 다른 것은 조사의 표준이 다르기 때문이다. 경향만을 본다면 최초로 조사한 1925년에는 204건, 4,002명이었던 것이 1927년부터는 건

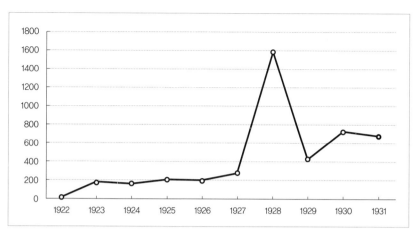

그림 1-1 1922~1931년간 소작쟁의 건수(식산국 조사)

수가 늘고 1928년부터는 참가 인원 수까지 늘어 1931년에 와서는 667건, 1만 282명에 달하였다. 대체로 경무국과 경향만은 같이 하고 있는 것을 보여준다.

　식산국 조사는 비교적 작은 쟁의까지 포함한 것이기 때문에 실제와 비교적 가깝다고 할 것이다. 숫자가 과연 얼마나 정확한 것이지는 의문스럽지 않을 수 없다.

소작쟁의의 지방별 추세

조선 소작쟁의는 농업의 계급분화가 가장 발달된 남선지방에 가장 많고 그 다음으로 강원도를 제외한 중선지방[서울·경기]이 많다. 다음으로는 서선지방[평남·평북·황해도], 북선지방[함북·함남도]의 순이다.

　경무국에서 조사한 과거 10년간 쟁의 사건을 도별로 보면 경남이 186건

표 1-8 소작쟁의 10년간 도별 현황

		경기	충북	충남	전북	전남	경북
1920	건수	1	–	1	2	5	4
	인원	22	–	40	292	1,175	1,353
1921	건수	2	1	2	7	4	7
	인원	56	14	84	801	115	1,641
1922	건수	2	2	4	2	–	3
	인원	5	1,455	145	53	–	134
1923	건수	5	10	2	6	24	3
	인원	331	2,422	78	293	1,620	71
1924	건수	1	2	8	1	59	8
	인원	151	58	226	40	2,990	511
1925	건수	1	–	–	–	4	–
	인원	22	–	–	–	1,514	–
1926	건수	–	3	2	1	1	3
	인원	–	99	80	16	16	244
1927	건수	3	–	7	–	5	2
	인원	376	–	245	–	209	833
1928	건수	5	2	9	–	3	–
	인원	257	673	286	–	47	–
1929	건수	9	2	11	–	–	–
	인원	346	83	291	–	–	–
합계	건수	27	22	46	19	105	30
	인원	1,565	4,783	1,473	1,495	7,686	5,787

* 1929년도 『조선경찰개요』에 의함.

경남	황해	평남	평북	강원	함남	함북	계
–	1	1	–	–	–	–	15
–	172	85	–	–	–	–	4,140
3	–	–	–	1	–	–	27
247	–	–	–	9	–	–	2,196
4	3	1	–	–	3	–	24
168	380	32	–	–	169	–	3,539
103	7	12	4	2	–	–	176
3,105	654	278	10	199	–	–	9,060
63	18	2	–	2	–	–	164
536	2,141	174	–	62	–	–	6,929
1	1	–	2	1	1	–	11
70	460	–	214	50	317	–	2,646
2	1	1	2	–	1	–	17
1,021	65	300	187	–	90	–	2,118
–	2	–	1	1	1	–	22
–	50	–	650	121	801	–	3,285
2	6	1	1	1	–	–	30
602	508	80	1,052	69	–	–	3,576
8	2	–	4	–	–	–	36
647	55	–	1,199	–	–	–	2,620
186	41	18	14	8	6	–	522
6,395	4,471	949	3,312	510	1,377	–	39,880

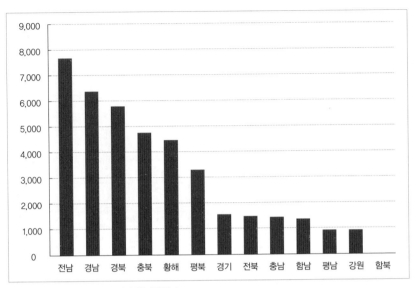

그림 1-2 10년간 도별 소작쟁의 참여인원 수

으로 가장 많고 전남 105건, 충남 46건이었는데 함남이 6건으로 가장 적다. 함북이 1건의 쟁의도 없었다는 것은 특이하다.

그런데 과거 10년간 쟁의 참가인원 수를 도별로 보면, 표 1-8과 같이 전남이 7,686명으로 가장 많고 경남 6,395명, 경북 5,787명이고 강원도가 510명으로 가장 적다. 이를 그래프로 정리한 것이 그림 1-2이다. 건수의 도별 순위와 참가 인원 수의 도별 순위가 반드시 일치하지 않지만, 대체로 남선·중선·서선·북선 순위로 나타나는 것만은 분명하다(이하 16행 삭제).

최근 함경도의 농민운동은 노동운동과 아울러 격세의 감이 있을 만큼 발전되어온 것이 사실이다. 하지만 함경도의 토지겸병 현상은 아직 중·남부 지방과 비교할 바가 아니며 또 작답作畓이 몇몇 평원 지방을 제외하고는 극히 적기 때문에 대체로 소작인 등의 단결 행위로 볼 수 있는 소작쟁의는 필연적으로 그 건수가 다른 데에 미치지 못한다.

그러나 조만간 평남 순천과 평북 만포진 간 286km의 만포선이 부설되고, 관서 오지를 꿰뚫고 관동 8읍을 연결시키는 동해선(약 548km)이 부설되며, 길주·혜산진 간 약 142km의 혜산선이 함경본선의 지선으로 함경도 오지를 횡단하며, 그리고 함북 고무산古茂山과 합수合水 간의 협궤선이 완성되며, 함흥과 원주 고읍 간의 협궤 철로가 예정대로 부설된다면 어느 곳 하나 어수룩한 곳이 없어지게 되고 농업 자본은 기타 자본과 짝하여 물밀 듯 들어가게 될 것이다. 비교적 농지의 분배가 고르다고 할 그곳도 토지겸병이 위협을 받아 복잡한 사회 문제가 발생될 것이다. 따라서 그곳 농민들의 단결운동이 이에 수반할 것이라는 것도 상상하기 어렵지 않다.

종래 일본인의 농업 투자가 주로 남선[전라·경상도], 중선, 서선 지방에 편중되었던 만큼 교통 기관만 구비된다면, 조선총독부의 북선 정책과 맞물리면서 제2 전라도, 경상도 같은 농지관계를 가장 짧은 시일 내에 가지게 될 것이기 때문에 쟁의 숫자 또한 증가될 것이라 생각된다.

소작쟁의의 원인(이하 6행 삭제)

그러나 아직도 조선 농업에는 봉건적 농업생산관계의 잔재가 남아 있다. 조선 재래의 지주는 물론 외래의 농업자본가 등 직접 대규모 농장을 경영하는 자보다 소유 토지를 마름 관리 하에 소작농의 소규모 경영에 맡겨 물납 소작료를 받고 있는 자가 많다. 물납 소작료를 받되 '리카도David Ricardo'의 지대 개념과는 전연 다른 비상한 고율의 소작료를 받고 있다.

리카도가 말하는 지대는 생산비가 아주 적게 드는 1등 경지와 생산비가 비교적 많이 드는 2등 경지의 농산물가액은 서로 다르다. 즉 2등 경지의 농

표 1-9 소작쟁의 원인별 건수

구분	1920	1921	1922	1923	1924	1925	1926	1927	계
소작권 이동 반대	1	4	8	117	126	1	4	11	272
소작료 감하 요구	6	9	5	30	22	5	4	1	82
지세공과 지주부담 요구	3	2	2	11	5	–	1	2	26
소작권반환의 소송	–	–	1	–	–	–	–	–	1
부당소작료 반환 요구	1	1	–	1	2	–	–	1	6
소작료운반관계	1	–	–	2	–	–	–	1	4
지주와의 악감	1	2	1	–	–	1	–	1	6
사정(査正)에 대한 불평	1	6	1	6	2	–	6	4	26
지세반환 요구	–	–	–	2	–	–	–	–	2
기타	2	3	6	7	7	4	2	1	32
계	16	27	24	176	164	11	17	22	457

* ① 조선총독부조사자료, 『조선의 소작관습』에 의함. ② 인용숫자는 경무국 조사에 의한 것임.

산물가액은 1등경지보다 비싸다. 그러므로 1등 경지 경작자는 2등 경지 농산물 생산비에서 1등 경지 농산물 생산비를 공제한 차액만큼 이윤을 얻게 되는데 이를 '지대'라 한다(高畠素之, 『지대사상사』 참조).

(이하 5행 삭제)

다음으로 표 1-9를 통해 소작쟁의의 직접적 원인을 살피고 또 원인별 건수를 상고하여 쟁의 동기가 어느 곳에 치중하는지를 살펴 보기로 하자.

소작권 제도가 확립되지 못한 조선에서는 소작 '권'이라고 할 것이 없고, 지주의 자유 재량에 따라 얼마든지 이동할 수 있기 때문에 춘경기가 되면 소작인은 소작권 이동으로 생활의 치명적인 위협을 느끼는 일이 허다하다. 토지 없는 소작인들이 부당한 이유로 소작권을 빼앗기게 될 경우에는 쟁의

소작권 증서

형태로 지주와 항쟁하게 된다.

　이러한 이유로 발생한 쟁의 건수는 절반을 훨씬 넘는다. 표 1-9에 의해
서도 소작권 이동에 따른 반대가 과거 8년간 272건에 달하여 거의 절반을
점하고 있다. 다음으로 소작료에 대한 감하 요구, 지조地租 및 공과公課에 대
한 지주부담 요구, 사정查正에 대한 불평 등이 쟁의 원인이다. 부당소작료반
환 요구, 소작료 운반관계, 지주와의 악감惡感, 지세 반환 요구, 소작권 반환
소송 등이 또한 쟁의 동기이다.

　이상의 통계만으로도 쟁의의 일반 요인과 가장 주요한 직접 원인을 살필
수 있지만, 좀 더 자세한 식산국 최근 조사 표 1-10을 통해 추세를 살펴보
기로 하자.

　경무국 조사표는 쟁의 원인을 10종류로 나누었는데, 식산국은 이를 15
종류로 좀 더 정밀하게 나누었다. 약호 1 '소작지 회수 또는 소작권 관계'

표 1-10 소작쟁의 도별 원인[상(1930년), 하(1931년)]

약호	경기	충북	충남	전북	전남	경북	경남	황해	평남	평북	강원	합계	비율
1	67	17	92	76	70	46	109	7	11	2	1	489	67
	25	18	72	50	52	6	53	5	−	−	−	281	42
2	−	−	−	1	2	3	31	−	−	−	−	37	5
	−	−	10	−	27	1	5	−	−	−	−	43	6
3	2	−	4	−	24	1	−	−	−	−	−	31	4
	6	−	23	1	22	−	4	−	−	−	−	56	8
4	18	−	−	2	14	−	20	2	−	−	2	67	8
	9	−	14	9	4	−	5	−	−	−	1	42	6
5	3	−	19	7	34	1	2	1	−	−	−	67	9
	4	7	37	9	23	1	3	−	−	−	−	84	13
6	1	−	3	2	2	7	2	2	−	−	1	20	3
	3	−	19	1	12	7	2	3	−	−	−	47	7
7	−	−	−	−	−	−	−	−	−	−	−	−	−
	−	−	1	−	−	−	−	−	−	−	−	1	−
8	2	−	3	2	−	3	3	−	−	1	−	15	2
	1	−	6	13	−	−	4	1	−	−	−	25	4
9	−	−	1	1	−	−	−	−	−	−	−	3	−
	2	−	5	−	−	−	−	−	−	−	−	7	1
10	1	−	−	−	−	−	1	−	−	−	−	2	−
	2	−	4	−	−	−	−	−	−	−	−	6	1
11	−	−	−	−	−	−	−	−	−	−	−	−	−
	−	−	15	−	−	−	−	−	−	−	−	15	2
12	−	−	−	−	−	−	−	−	−	−	−	−	−
	1	−	11	−	−	−	−	−	−	−	−	12	2
13	−	−	−	−	−	−	−	−	1	−	−	−	−
	−	−	12	−	−	−	1	−	−	−	−	13	2
14	−	−	−	−	−	−	−	−	−	−	−	−	−
	−	−	31	−	−	−	−	−	−	−	−	31	5
15	−	−	−	3	−	−	1	1	−	−	−	3	1
	1	−	−	1	−	−	1	1	−	−	−	4	1

* ① 조선총독부, 《조사월보》 1932년 6월호 및 1931년 10월호에 의함. ② 하단 %숫자는 사사오입한 것임.

에 따라 발생한 소작권 이동관계 쟁의가 1930년 총 726건 중 489건(67%), 1931년 총 667건 중 281건(42%)으로 역시 쟁의 원인 중 1위를 차지하였다. 약호 5의 '소작료 고율 반대'와 약호 4의 '소작료 증징(세금 등을 더 증가하여 징수) 반대' 등 소작료 감하 요구(두 종류를 합하면 1930년 134건, 1931년 126건)가 2위요, 약호 3 '소작료 체납 요구', 약호 2 '흉작에 의한 것', 약호 6 '공조공과(국가 및 지방공공단체가 공공의 목적을 위하여 부과하는 조세 및 그 밖의 공적부담의 총칭) 또는 비료대 부담 관계', 약호 8 '소작료 결정 방법 관계' 등의 순으로 되어 있다. 약호 7 '보(물을 가두어 두기 위하여 하천이나 골짜기 따위에 쌓은 둑)·제언 기타 용수비 관계'와 약호 9 '두세·장세 등 특종부담관계', 약호 10 '소작료 운반관계', 약호 11 '소작료 불통일 관계', 약호 12 '소작인 무상노동', 약호 13 '소작지 개간비 관계', 약호 14 '소작료 곡물의 품질' 15 기타 등 또한 쟁의 동기였다.

경무국과 식산국의 통계가 조사 연도와 방법에 있어서 각기 다르지만, 대체로 소작권·소작료·지세공과 등 부당 관계가 가장 많은 것은 공통점이다. 이는 과거뿐만 아니라 금일 조선의 농촌 사정을 보면 장래에도 소작쟁의의 주 원인이 될 것이라 생각된다.

소작쟁의 결과

소작쟁의 결과는 제3자 조정에 의한 타협이 가장 많고 요구 관철은 그 다음이다. 표 1-11에 의하여 결과별 건수와 총 건수의 비율을 보면, 1930년에는 타협 215건이 가장 많고 요구 관철은 201건으로 그 다음이며, 자연 소멸은 195건으로 3위이고 요구 철회, 미해결이 각각 이에 버금간다. 그리고

표 1-11 소작쟁의 결과

연도	요구 관철	요구 철회	타협	자연 소멸	미해결
1930	201건	100건	215건	195건	15건
	27.7%	13.8%	29.6%	26.8%	2.1%
1931	209건	80건	271건	86건	21건
	31.3%	3.0%	40.6%	3.9%	3.1%

* ① 조선총독부, 《조사월보》 1931년 10월호 및 1932년 6월호 ② 비율이란 발생 총건수에 대한 비율임. ③ 본 표는 식산국 조사에 의한 것임. ④ 1920년 일본 소작쟁의의 결과 보면, 타협 1,235건 (49.8%), 요구 관철 410건(16.6%), 요구 철회 106건(4.3%), 자연 소멸 25건(1.0%), 미해결 702건(28.3%) 《시사연감》에 의함.

1931년에도 타협이 271건(30.6%)으로 가장 많고 요구 관철은 209건(31.3%)으로 다음이고, 자연 소멸 86건(12.9%), 요구 철회 80건(12%), 미해결 21건 등의 순위로 대체로 1930년도과 비슷한 경향을 보인다.

노동쟁의의 추세

(이하 6행 삭제)

일본과 조선은 인구 수와 경제발달 정도가 크게 서로 다르기 때문에 쟁의의 건수 및 인원 수도 필연적으로 큰 차이가 나지만, 소작쟁의와 노동쟁의의 비율을 보면 조선과 일본이 대체로 비슷한 것을 발견한다. 단 소작쟁의 건수는 참가인원 수의 비율로 보아 노동쟁의 건수보다 항상 많은 것을 볼 수 있다. 이는 소작지의 성질이 공장보다 다른 까닭으로 인원 수는 노동쟁의 인원 수보다 적어도 건수는 자연 많아진다.

(이하 14행 삭제)

과거 21년간 노동쟁의의 추세를 보면 그림 1-3과 같다. 표 1-13에 의

표 1-12 일본, 조선 쟁의 건수와 참가 인원 수 비교

연도			1930	1929	1928
조선	소작쟁의	건수	726건	423건	1,590건
		인원	13,012명	5,319명	4,863명
	노동쟁의	건수	160건	102건	119건
		인원	18,972명	8,293명	7,759명
일본	소작쟁의	건수	2,478건	2,433건	1,886건
		인원	72,724명	81,998명	75,136명
	노동쟁의	건수	906건	576건	397건
		인원	81,329명	77,444명	46,252명

* ① 해당 연도는 1월~12월간 임. ② 조선 소작쟁의 숫자는 1930년 식산국 조사, 노동쟁의 숫자는
동년 경무국 조사임. ③ 일본 쟁의 숫자도 동년임(1932년판《시사연감》에 의함).

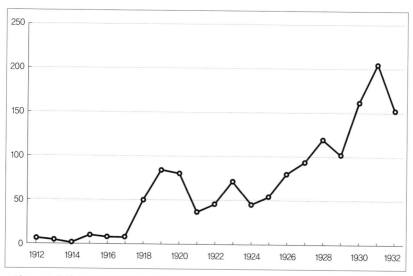

그림 1-3 노동쟁의 건수 추세(1912~1932)

하면, 1912년부터 1917년까지 6년간 통계 36건, 1년 평균 6건이고, 통계
5,747명, 1년 평균 957명에 불과했으나, 1918년부터는 급속히 증가하여

표 1-13 조선 노동쟁의 건수 및 참가인원

연도	건수	참가인원			합계
		일본인	조선인	중국인	
1912	6	-	1,573	-	1,573
1913	4	-	420	67	487
1914	1	-	130	-	130
1915	9	23	828	1,100	1,951
1916	8	8	362	88	458
1917	8	20	1,128	-	1,148
1918	50	475	4,442	1,187	6,105
1919	84	401	8,283	327	9,011
1920	81	533	3,886	180	4,599
1921	36	11	3,293	99	3,403
1922	46	38	1,082	79	1,799
1923	72	53	5,824	164	6,041
1924	45	30	6,156	571	6,752
1925	55	-	-	-	5,700
1926	81	-	-	-	5,984
1927	94	-	-	-	10,523
1928	119	-	-	-	7,759
1929	102	-	-	-	8,293
1930	160	-	-	-	8,972
1931	205	-	-	-	21,180
1932	152	-	-	-	14,824

* ① 조선총독부 『조선경찰개요』에 의함. ② 1925년까지의 민족별 숫자는 善生永助, 『조선의 범죄와 그 환경』에 의함.

1919~1920년에는 일약 80건대에 오르고 참가 인원도 1919년에는 9천여 명에 달하여 (이하 1행 삭제)

참가 인원 수와 건수는 성쇠가 고르지 못하지만 대체로 점증하여 1931년에는 205건, 21,180명에 달하여 최고기록을 보였다.

일제강점기 최대 규모의 노동 쟁의 사건인 1929년 원산노동연합회 총파업 장면

　조선의 노동쟁의에는 일본인과 중국인이 적지 않다. 참가 인원 내역에는
반드시 일본인·중국인을 빠짐없이 기입할 필요가 있는데, 필자가 얻은 자
료에는 1924년까지 밖에 없어 심히 유감으로 생각한다. 그러나 들은 바에
의하면 그 뒤로는 일본인·중국인 참가자가 점차 줄어 대체로 참가 인원 수
의 90% 이상이 조선인 노동자라고 참작해도 문제없을 것 같다.

노동쟁의의 도별 추세

1921년에는 경기 11건, 724명, 경남 7건, 1,069명으로 가장 많고 평북 2
건, 321명, 경북 4건, 261명이 다음이고, 충북과 강원은 1건도 없었다.
1929년에는 함남 10건, 1,909명, 경남 14건, 1,223명으로 가장 많고 평

표 1-14 도별 노동쟁의 건수 및 참여 인원 수

도별	1921	1922	1923	1924	1925	1926	1927	1928	1929
경기	11	25	42	21	22	18	12	18	15
	714	554	2,073	1,924	2,145	1,267	830	1,298	846
충북	–	–	–	–	1	2	–	1	4
	–	–	–	–	35	55	–	300	95
충남	2	2	–	2	–	6	3	8	12
	159	46	–	39	–	235	404	513	1,088
전북	1	1	5	6	3	9	14	6	3
	50	205	383	2,980	97	431	1,667	512	82
전남	1	–	1	1	6	4	3	3	4
	230	–	160	115	529	540	293	328	157
경북	4	3	1	4	1	4	7	8	7
	261	106	25	389	465	221	1,134	335	153
경남	7	6	3	3	3	4	4	10	14
	1,069	421	1,960	302	334	244	161	723	1,223
황해	1	2	1	–	1	1	8	3	3
	55	91	120	–	78	210	1,020	300	561
평남	2	1	6	1	6	16	11	15	14
	102	40	680	150	1,049	904	1,615	975	1,168
평북	2	–	1	1	4	2	2	8	5
	320	–	69	46	369	73	182	322	143
강원	–	2	4	2	4	3	4	5	3
	–	96	60	140	314	322	209	505	60
함남	1	3	5	2	2	11	21	26	10
	200	232	361	580	205	494	2,560	1,009	1,909
함북	4	1	3	2	2	5	5	8	8
	232	18	150	86	80	988	448	639	707
계	36	46	72	45	55	81	94	119	102
	3,403	1,799	6,041	6,752	5,700	5,984	10,523	7,759	8,293

* 조선총독부, 『조선경찰개요』 1930년판.

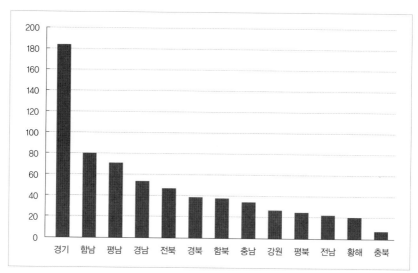

그림 1-4 도별 노동쟁의 발생 건수(1921~1929년 누계)

남 14건, 1,168명, 충남 12건, 1,088명으로 그 다음이며 1건도 없던 충북과 강원도도 4건, 95명, 3건, 60명으로 확인된다. (이하 삭제)

표 1-14에 의하면, 과거 9년간 도별 참가 인원 수를 보면 경성을 포함한 경기가 의연하게 814건, 11,660여 명으로 제1위이고, 원산·함흥을 포함한 함남이 81건, 7,550명으로 2위, 평양·진남포의 평남은 72건, 6,682명으로 제3위, 경남은 54건, 6,436명으로 제4위, 전북은 48건, 6,407명으로 그 다음이다. 함북·경북·충남·황해·전남·강원·평북·충북 등의 순위이다. 이를 그래프로 나타내면 그림 1-4와 같다.

이로써 지방 노동운동의 발전 정도를 반드시 가늠할 수 없지만 운동의 표면적 관계는 참작할 수 있을 것 같다.

다음으로 조선의 노동쟁의의 원인별로 보면 다른 나라에서와 같이 임금관계가 가장 많고 대우관계는 그 다음이다. 하지만 관철되지 않은 것이 가장 많고 타협이 그 다음이다. 자연소멸도 적지 않은데 성공은 항상 불관철

건수나 타협 건수에 미치지 못한다. 1932년 조사 결과를 보면, 불성공 68
건, 타협 52건, 성공 32건 계 152건 등이다.

조선의 경찰제도 해부

조선 경찰의 연혁

조선 경찰권은 1905년(1906년의 오기) 통감부 이사청이 설치되어 소속 경찰 관이 배치되고, 1906년 가설전신架設電信 (보호라는 이유로 각지에 주둔한 일본 헌 병이 군사 경무軍事警務 이외 즉 행정, 사법 및 치안경찰) 경찰 행위를 발전시킴에 따라 일찍부터 실권이 동요되기 시작하였다. 그 뒤 1907년 한국 정부가 용빙傭 聘한 일본인 경찰관이 조선인 및 일본인에 대한 경찰사무를 맡게 되면서 경 찰 실권은 결정적으로 옮겨갔다. 1910년 6월 통감부는 드디어 조선 경찰 사무 일체를 한국 정부로부터 인수하여 경무 총감부를 중앙에 설치하고 조 선 경찰의 전권을 장악하게 되었다.

다만, 그때까지 행정권이 한국 정부에 있었기 때문에 행정과 경찰이 당 연 합치되어야 할 성질임에도 불구하고, 통감부는 이를 완전히 분리시켜 취급할 수 밖에 없는 모순에 빠지고 말았다.

그 뒤 1910년 8월 29일 한일병합 – 조선통치권 주체 변경 – 조선총독부

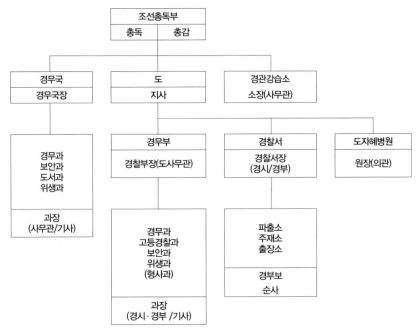

그림 1-5 조선 경찰기구일람도

가 설치됨에 따라 행정과 경찰은 총독을 통해 연락토록 하고 통감부 시대의 헌병경찰제도는 배치상 다소 개정되었지만, 1919년 3·1사건으로 총독 변경, 관제개혁 전까지는 제도상 변혁은 없었다.

무릇 '헌병경찰'제도란 문관 경관이 경찰의 목적을 도달하기 어려운 경우에 쓰는 일종의 비상 경찰제도이다. 조선주차의 헌병사령관을 경무총감으로, 헌병좌관급(육군 영관급?)을 도경무 부장으로, 헌병 및 헌병보조원을 순사사무 대행자로 쓰는 제도이다. 행정과 별도로 존재할 수밖에 없는 것이 경찰제도이다. 문관경찰제도가 개정되자 경찰 사무도 일반 행정과 같이 총독 및 도지사의 권한에 직속케 된 것은 물론이었다.

1908년 마산 이사청(현 경남대 평생교육원 자리)

조선헌병대 산하 경성 제2헌병분대 장교와 하사관들(1910년대)

1900년 대만 제3대 총독 노기 마레스케乃木希典[1]는 당시 대만 실정을 살펴 소위 '삼단경비법三段警備法' 즉 ① 산간에는 군대로서, ② 촌락에는 경찰관으로서, ③ 산간 촌락 사이에는 헌병 및 경찰관으로서 각각 경찰 사무를 장악토록 하였다.

조선 경찰도 연혁 과정을 살핀다면, ① 군대 경비시대, ② 헌병 경찰시대, ③ 경찰관 경찰시대 등으로 나눠볼 수 있다. 이는 토벌 – 수비 – 경찰로 식민지 경찰 연혁의 일반성을 구현하는 흥미 있는 일례라 할 것이다.

조선 경찰의 현 상황

조선 경찰은 경무국 이하 2,933개소의 경찰 기관과 1만 8,770명의 경찰관이 있다. 경찰 수단으로는 13도 가운데 함북을 제외하고는 어디든지 경무국과 직접 통화할 수 있는 1만 5,913km에 달하는 경비 전화가 설치되어 있다. 또한 수상에는 5척의 기선, 17척의 발동기선 합 6만 8,768톤의 경비선이 주요 항만 20개소에 배치되어 있다. 그리고 전용자동차 31대, 자동자전거 27대, 자전거 686대, 말 76마리, 사진기 258대, 지문기 540대, 소총 1만 5,811정, 권총 6,820정, 기관총 26대(1932년부터는 국경수비용으로 45대를 더 비치할 것이라 한다. 1932년 8월 26일 《동아일보》)를 갖추고 있다고 당국

---

1   일본 군인으로 도쿄에서 태어나 1871년에 소좌가 되고 1886년 독일에 유학, 청일전쟁 당시에는 보병 제1 여단장으로 출전했다. 그는 1896년 타이완 총독을 거쳐 러일전쟁에는 제3군 사령관·대장군으로서 만주에 출진하여 1905년 육탄 공격이라는 비인도적 전술로써 뤼순을 공격했다. 뒤에 군사 참의관·학습원장 등을 역임했는데 메이지 왕이 죽자 따라서 자결했다.

조선총독부 경무국   일본경찰

이 발표하였다(1932년 간행, 『조선경찰개요』 중 1931년도 숫자).

　1915년 조선총독부령으로 설치된 소방조는 경찰부장 지휘 하에 경찰 사무의 일부분을 장악한 기관으로 경찰의 별동적 존재다. 1930년 말 전 조선 소방조 수는 965조로 일본인 소방조원 9,102명, 조선인 소방조원 4만 9,950명, 중국인 소방조원 83명, 합계 5만 9,135명이다. 소방조원은 소방 사무 이외의 사건 발생 시 재난발생 등에 왕왕히 경찰과 협력하기 때문에 경찰의 별동대적 의의는 더욱 명확하게 되었다.

　다음으로 조선 경찰기관 및 경찰 관리의 성쇠와 현 상황에 대해 좀 더 자세히 살펴보기로 하자.

　표 1-15에 의하면, 1931년 말 현재 조선의 경찰관서 총수는 2,933개소로 합병 당시 481개소에 비하면 실로 6배 이상에 달한다. 경찰관할은 행정구역을 표준하여 부·군 1경찰서, 1면 1주재소 설치를 원칙으로 하였는데, 현재 2,326개의 주재소와 193개소 파출소, 국경지방(대공사장 등에도)에 150개 출장소 등이 설치되어 반도는 물샐틈없이 경찰망으로 얽혀 있다. 순사 1인당 면적이 12km²이고, 1인당 220호, 1,149명으로 아직도 배치가 부족하다.

표 1-15 경찰관서 누년 비교

연도	경찰부	경찰서	경찰관 주재소	경찰관 파출소	경찰관 출장소	합계
1910	14	107	269	91	–	481
1915	14	100	522	102	–	738
1920	13	251	2,354	143	174	2,761
1925	13	250	2,301	162	155	2,881
1930	13	250	2,320	186	134	2,903
1931	13	251	2,326	193	150	2,933

* 1931년도『조선총독부통계연보』.

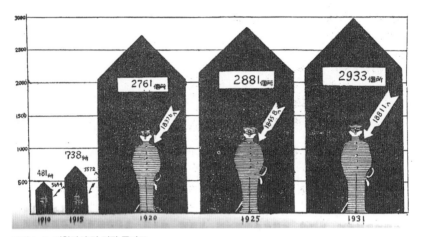

그림 1-6 경찰관서 및 경관 증가도

　조선총독부 경무국은 주로 특별고등경찰 관계의 경비 선상의 불안을 일소하기 위해 1933년도에는 경찰관 500명을 증원케 되었는데 …… 증원에는 1932년 4월 경찰관강습소를 졸업하는 300명과 동월 입소시켜 3개월간 임시단기강습을 시킨 200명으로 충당하게 할 작정이다. 앞의 500명을 각도에 배치하고 또 종래 근무자 및 신배치자 중에서 특별고등경찰 방면에 적당하다고 인정하는 자를 선발하여 고등경찰의 제일선에 활약하게 한다

표 1-16 경찰관리 누년 비교

연도		1910	1915	1920	1925	1930	1931
경찰부장	일	14	14	13	13	13	13
경시	조	15	9	12	11	11	11
	일	32	28	37	37	49	49
경부	조	101	92	125	95	95	88
	일	167	165	360	333	340	332
경부보	조	–	–	73	170	170	157
	일	–	–	652	611	650	603
순사	조	3,312	3,127	7,651	7,057	7,137	7,913
	일	2,053	2,137	9,451	10,131	10,346	9,604
합계	조	3,428	3,228	7,861	7,333	7,413	8,169
	일	2,266	2,344	10,515	11,125	11,398	11,601
경찰관리 총수		5,694	5,572	18,376	18,458	18,811	18,770

* 1930년도 『조선총독부통계연보』, 1932년 간행 『조선경찰개요』에 의함.

고 한다(1932년 2월 3일 《大阪朝日新聞》).

표 1-16에 따르면, 1931년 말 현재 경무국과 그 이하 전 조선 2,933개소의 경찰관서에서 활동하는 경찰관의 총수는 일본인 1만 664명, 조선인 8,169명 합계 1만 8,833명에 달한다. 합병 당시 경찰관이 5,694명이었던 것에 비하면 실로 세 배 이상 증가하였다. 이외에 항무관港務官·항리港吏·항무의관港務醫官·항무의관보港務醫官補·기수技手·통역생·경찰의촉탁警察醫囑託·촉탁고원囑託雇員 등 경찰 소속 직원 125명(1931년 말)이 있지만 이를 생략하기로 한다.

배치 부서별로 경찰관 분포를 보면 경찰부 정원은 경찰부장 13명, 경시 34명, 경부 89명, 경부보 154명, 순사부장 229명, 순사 721명, 모두 1,227명으로 경찰 관리 총수의 6.5%를 점한다. 경찰서 정원은 경시 26명,

1926년 6·10만세운동 당시 군중을 제압하고 있는 일본 경찰

경부 231명, 경부보 556명, 순사부장 1,128명, 순사 4,790명, 계 6,831명으로 36.5%를 점하였으며, 파출소 정원은 순사부장 6명, 순사 1,150명, 계 1,155명으로 6.1%, 주재소 정원은 경부보 50명, 순사부장 2,198명, 순사 6,725명, 계 8,973명으로 47%, 출장소 정원은 순사부장 63명, 순사 508명, 모두 571명으로 3%에 상당하다.

순사의 근무별 배치 정원을 보면 내근 2,459명(14.1%), 외근 13,541명(77.3%), 형사 960명(5.5%), 특무 237명(1.4%)이다.

경찰관리의 교육 정도

조선 경찰의 현 상황을 논함에 있어서 경찰관의 지능 방면을 살펴보는 것도 쓸데없는 일은 아닐 것 같다. 일반적으로 순사의 교육 정도를 보면 소학 및 보통학교 정도 졸업생이 대부분이다. 1930년 말 현재 조선인 순사 6,574명 중 5,061명(약 76%), 일본인 순사 9,961명 중 7,682명(약 75%)이 소학교 및 보통학교 졸업자이다.

그 다음에는 중등정도 졸업 또는 중도 퇴학자가 많은 셈인데, 중학·고보高普 정도 및 기타 중등 정도 학교의 졸업 및 중도 퇴학자를 포함한다할지라도 조선인 순사는 857명으로 약 13%, 일본인 순사 2,011명으로 약 20%에 불과하다. 전문·고등·대학 정도의 졸업자 및 중도 퇴학자 총수는 조선인 순사 중 33명으로 1,000명 중 5명 비율이며, 일본인 순사 중에는 166명 중 16명으로 순사 중 고등교육을 받은 자는 매우 귀하다할 것이다.

조선총독부경찰관강습소에서 편찬한 『경찰교과서』

조선 경찰관의 교육기관을 보면 경성에 경찰관강습소, 각도에 순사교습소가 있다. 강습소는 강습과 본과(1개년 이내 장기강습)와 별과(단기)를 두어 감독자와 형사·회계·병사兵事·원동기 및 총포 화약 등 특수실무기술자를 교습시킨다. 교습과는 초임 일본인 순사에 대해서 4개월간 실무교습을 시킨다. 각도의 순사교습소는 초임 조선인 순사를 교습시키는 곳인데, 교습과목을 보면 법학대의·보통교육·경찰법·형사법·위

《경무휘보》(1942년 1월호). 일본의 '대동아공영' 표지 그림

생대의·집달리사무·소방·조선사정(일본인 순사만 가르침)·어학(일본인에게는 조선어, 조선인에게는 일본어)·경찰사무·점검·예식 및 조련·무도 등이다. 실무에 종사하는 경찰관에 대해서는 법령·어학·보통학·수신훈화·조련·무

표 1-17 순사 교육 정도

연도	민족별	불통학자	소학·보통교		중학·고보	
			중도	졸업	중도	졸업
1917	조선인	484	645	4,967	173	38
	일본인	–	121	7,456	662	319
	계	484	766	12,423	835	357
1928	조선인	382	403	5,026	251	60
	일본인	–	127	7,371	619	412
	계	382	530	12,577	870	472
1929	조선인	394	377	5,141	232	107
	일본인	–	112	7,867	596	448
	계	394	489	12,828	828	555
1930	조선인	272	333	5,061	278	126
	일본인	–	103	7,682	591	507
	계	272	435	12,743	869	633

연도	민족별	중학 정도		전문·고등·대학 정도		합계
		중도	졸업	중도	졸업	
1917	조선인	319	116	3	3	6,746
	일본인	467	275	48	48	9,387
	계	786	391	51	51	16,133
1928	조선인	317	143	7	18	6,787
	일본인	438	302	48	64	9,381
	계	755	445	55	82	16,168
1929	조선인	309	166	7	9	6,742
	일본인	428	377	53	85	9,786
	계	737	543	60	94	16,528
1930	조선인	317	154	10	23	6,574
	일본인	434	479	67	99	9,971
	계	751	633	77	222	16,545

* ① 1932년 간행, 조선총독부 『조선경찰개요』에 의함. ② 본표 1930년 말 순사 총수가 본장 경찰관리누년비교 중 동년 말 순사 총수와 다른 것은 전자는 연말 숫자, 후자는 정원 수인 까닭임.

도·수영·조선술操船術(선박에서 익사자가 발생 했을 때의 조치 기술을 일컫는다) 등을 가르치고 있다.

경찰협회에서는 매월《경무휘보警務彙報》잡지를 간행하여 일반 경찰 관리의 교양을 쌓도록 하고 각도에서는 수양 책자를 발간하고 있다. (이하 5행 삭제)

조선 경찰의 특수 직능

조선 경찰은 특수 직능을 가지고 있다. 특수 직능이란 "경찰 본래의 사무 이외의 비상히 많은 특종 근무"(『조선경찰개요』)를 일컫는다. 조선 경찰은 비상히 광범위한 직능 즉 권한을 가지고 있다는 것을 의미한다. '특종 근무'란 무엇을 가리키는 것일까. 다음에 그 내용을 들여다 보기로 하자.

1. 검사 사무 취급

지방법원 지청 중에 검사가 배치되지 않는 곳에서는 경시 또는 경부가 검사 사무를 대신하고 있다. 행정기관 소속의 경찰관으로서 사법 사무를 취급한다는 것은 근본적으로 모순되는 것이지만, 이 또한 조선이란 특수지역에 한해서 존재하는 경찰의 특종 근무 중 한 가지이다. 비록 이 같은 특종 근무가 영구적이 아닐지라도 입법·사법·행정이 십분 엄숙히 분리되어 있는 헌법상 규례상 중대한 탈선적 방편이 아닐 수 없다(현재 여주·서산·제주·의성·송화·덕천·초산·영변·원주·웅기·성진 등 11군에서 실시되고 있음).

2. 민사소송 조정

재판소 소재지 외에 있는 경찰 서장은 주택, 기타 건물 또는 물품 인도, 부동산의 경계 및 200원 이하의 금전채권에 대해 조정할 수 있다. 비록 그 직권이 한정되어 있다 할지라도 역시 사법권에 경찰권이 스며든 것은 분명한 사실이다. 더욱이 재판소 소재지가 아닌 곳에서는 검사 사무도 취급하고 있기 때문에 지방 경찰서 반은 사법 관청화하고 있다 해도 과언이 아닐 것이다(전 조선 재판소 소재지는 55군에 불과하기 때문에 나머지 161군에서는 경찰민사조정이 실시되고 있음).

3. 집달리執達吏 사무 취급

경성 기타 주요 도시를 제외하고 경찰관이 집달리(주로 재판 집행, 법원이 내는 문서 송달 등의 사무를 보는 직원) 사무를 대신 취급하고 있다. 이것도 외지에서는 볼 수 없는 일로 조선 경찰의 특수 직능 중 한 가지로 지적할 수 있다(1930년 중 이에 종사한 경찰관 인원 수는 9,637명임).

4. 행정사무 취급

"최하급 행정기구인 면장의 직무 집행은 – 아직 유치한 지방 인민은 대개 경찰관을 깊이 신뢰하고 경찰의 지시 명령이라면 잘 복종하고 준수하는 미풍이 있어서 그 사무상 효과를 얻는 데에 비상히 편의하다."(『조선경찰개요』). 조선 경찰은 이를 전제하고 "조장행정助長行政 원조사무援助事務"라는 특수 직능을 가지고 도로 수축, 임야 단속, 국경지방의 관세사무, 세금징수 원조, 농경 지도, 해충 구제, 산업 장려, 부업·저금 장려, 어업 단속 등 행정기관의 사무를 원조하는 형식으로 이를 겸행하고 있다.

경찰이 행정사무를 겸행하는 것은 조선 저급 행정기관의 직능 이행력이

부족하다는 것을 말해주는 동시에 조
선 경찰의 실제적 능력이 그만큼 강화
되어 있다는 것을 잘 보여주는 것이
다. 이와 같이 사법과 행정 행위의 일
부를 맡아 경찰 권한이 갈수록 광범해
진다면 어떤 결과가 수반될 것인가.
이는 중대 문제다.

1920년대 종로경찰서

5. 경찰관계 법규 호번浩煩

조선의 경찰관계 법규는 실로 호번(광대하고 번거로움)하여 일일이 거론하기
어렵지만, 실제로 가장 많이 운용되는 주요한 몇 가지를 들면 고등경찰관
계의 보안법, 집회단속령, 제령 제7호(정치에 관한 처벌 건), 출판법, 출판규칙
(재조선 일본인에게 적용), 개정치안유지법, 신문지법, 신문지규칙(재조선 일본인
에게 적용), 일반 형법 중 제1장, 제2장, 제3장, 제4장 등과 사법경찰관계의
일반 형법법규 이외에 범죄즉결례, 총포화약단속령, 행정집행령, 경찰범처
벌규칙, 유실, 고물상, 전당포, 묘지, 고적, 수난水難(홍수나 비 등의 물로 인하여
생기는 모든 재난) 관계 등의 법령이 있다. 또한 위생경찰관계의 의사·치의齒
醫·의생醫生·공의公醫(관청의 촉탁으로 그 구역 안의 시료施療를 맡은 의사)·약품·아
편·전염병·해항海港검역·종두·수역獸疫 관계 등의 법령이 있다. 이 가운데
특히 고등경찰관계 법규는 첫째, 법규가 유례없이 많고 운용이 극도로 광
범하여 특수지역 경찰의 본령을 십분 발휘하고 있다.

(13행 삭제)

6. 국경경찰의 특수 직능

조선은 북으로 압록강·두만강이 러시아·중국 양국에 인접하여 사상적·
비상적 무장단의 침입이 잦아 국경지대의 경찰은 특수한 경비 임무를 가지
고 있다. 국경경비선은 연장 1,505km이며, 폭은 강안으로부터 20km 내
지 40km, 총면적은 27,700여 만 km²에 달한다. 경찰은 함북 11군에 19
개 경찰서, 함남 16군에 20개 경찰서, 평북 19군에 24개 경찰서와 함북에
파출소·주재소·출장소 합 341개, 함남에 주재소 217개, 평북에 파출소·
주재소·출장소 합 1,319개를 두고 경찰관도 1920년 이후 그 수가 점차 늘
어 1931년 6월 말 현재 함북에 548명, 함남에 308명, 평북에 1,410명 합
계 2,266명을 배치하였다.

국경 접근지대의 주재소 및 출장소 등에는 주위에 참호, 토벽, 철조망 또
는 목책 등 보루와 파수대를 설치하거나 혹은 교통호를 굴착한 곳도 있다.
1923년 이후 신축된 주재소에는 두께 2척 이상의 보루 벽으로 주위를 둘
렀고, 함북 강안에 기관총 발동기선 1척, 평북 강안에 기관총 프로펠라선
2척과 기관총 발동기선 1척, 강안 주요지 10여 개소에 기관총을 비치하였
고, 주재소·출장소 소재지 이외 주요 지대에 참호 및 엄호 굴착, 주재소·
출장소 간 경비전화 가설 등 모든 경비 설비를 빠짐없이 갖췄다.

조선 국경경찰은 이와 같은 경찰 기구, 경찰 설비, 경찰관으로 당시 대안
을 전시 상태와 같이 경비(강안 순사, 요지 파수, 파수검문 등으로)하고 있다. 이러
한 군대적 임무 이외에도 국경 경찰은 세관 사무와 전매 사무 등 특수사무
를 일반 경찰사무와 아울러 장악하고 있다.

이상 열거한 모든 것은 조선 경찰의 특수직능으로 볼 수 있다. 조선이란
특수지역의 특수사정에 적응하고자 하는 것이 틀림없으나 경찰의 직능이
이와 같이 광범한 것은 조선 정치의 역사적 단계를 특색 짙게 하는 중대한

압록강 국경경비병들의 삼엄한 검문 검색 장면

사상事象일 것이다.

비고

전조선변호사대회는 1927~1931년까지 6회 대회를 열고 전후 40항의 경찰 및 사법에 대한 결의를 하였다. 결의 중 일부분은 변호사 자신의 이익을 위한 것이지만 다른 부분은 대개 조선 경찰 및 사법제도의 결점을 미봉하고자 하는 최소 요구였다. 결의 중 주요한 것만 열거하고자 한다.

전조선변호사 결의 대회(1927~1931년)

④ 조선에 소원법訴願法[2] 및 행정재판소법의 실시를 촉진할 것.

---

2   소원에 관한 일반법으로 소원 사항, 소원 재결청(裁決廳), 소원 절차 따위에 관한 일반 원

⑥ 언론 및 집회의 자유에 관한 제한을 완화할 것.

⑦ 형사보상법을 실시할 것.

⑧ 보안법 및 보안규칙을 철폐할 것.

⑨ 조선인에 대한 국적법 실시를 촉진할 것.

⑩ 이식제도령利息制度令을 개정하여 그 이율을 낮출 것.

⑫ 검속 또는 갱신更新의 이름으로 장기간 신체 구속을 계속하지 말 것.

⑭ 범죄수사기관의 범죄수사에 관하여 인권 유린의 폐단에 빠지지 않도록 단속를 엄중히 할 것. 특히 사법경찰관의 피의자 신문은 고문에 빠지지 않도록 단속를 엄히 할 것. 만일 인권 유린의 사실이 있을 때에는 각 변호사회에서 협조하여 적당한 처치를 취할 것.

⑮ 사법경찰관 직무 취급의 제도를 폐지할 것.

⑯ 유치 및 구류 중의 피의자 및 피고인에 대한 처치 대우를 개선할 것.

⑰ 형무소 수인囚人의 대우를 개선할 것.

⑱ 민사 사건의 심리는 진실 발견주의에 기반하여 진행할 것.

⑳ 예심판사를 증원하여 예심 심리를 일층 신속히 할 것.

㉓ 경찰서장이 하는 민사쟁송조정을 폐지하고 범죄 즉결의 범위를 축소할 것.

㊲ 1919년 제령 제7호 및 보안법, 집회단속령을 폐지할 것.

㊳ 신문지 및 출판법에 관한 법령은 개정하여 언론 저작著作의 자유에 관한 제한을 완화할 것.

칙 등의 규정을 말한다.

조선 경찰비의 증가

조선의 경찰비는 얼마나 되는가? 표 1-18에 따르면, 1910년 8월 병합 당시의 조선 경찰비는 305만 9천여 원에 불과했는데 매년 증가하여 1918년도에는 800만 7천 원이 되고, 경찰제도가 개정된 그 다음해(1919년 3.1운동이 일어나던 해)에는 예산 총액이 1,675만 4천 여원이 되어 전년도보다 874만 7천여 원이나 격증하였고, 1920년도에는 또 720여만 원이 증가하여 총액은 실로 3,394만 8천여 원의 거액에 달하였다.

이때부터 경찰비는 다소 줄어들기 시작하여 1925년도에는 1,967만 원까지 내려왔으나 1927년부터 물가 하락에도 불구하고 늘 2천만 원 이상의 경찰비가 소비되어 왔다. 더욱이 조선 경찰비를 조선총독부 특별회계와 비교하면 최근 수년간 대체로 8% 내지 9%에 지나지 않지만 조선교육비 3%에 비하면 사뭇 거액이라 할 것이다.

다음으로 최근 조선 경찰비 예산의 비목費目을 통해 경찰비의 용도를 살펴보기로 하자.

표 1-19에 의하면, 조선 경찰비는 60%가 순사의 봉급비로 쓰이며 사무비가 그 다음이고, 주임 및 판임의 봉급비가 또 그 다음이다. 위생 및 방역비, 구치인비, 기밀비 등도 중요한 용도인 것을 알 수 있다.

1932년은 물가 하락 및 기타 이유로 경찰비 예산이 1,937만 7,736원으로 다소 감축하였으나, 이봉창·윤봉길 사건으로 항만감시경찰관을 증원하여 약 40만 원의 임시경찰비를 증액하였고, 또 국경경찰 충실 목적으로 다시 37만 원을 증액하여 전년 이상의 비대한 경찰비를 계상計上하게 되었다. 1933년도는 1932년도 예산을 답습하였지만, 경비선 20척 구입, 경관 700명 증원, 기마 90필 및 도쿄에 사상감시사무관 1, 속관 2 신설 등등 전면적

표 1-18 조선 경찰비 누년 비교

연도	경찰비(원)	증감 주된 이유
1910	3,059,000	헌병보조원비 163,000원 포함
1918	8,009,967	헌병비 2,469,749원, 동보조원비 10,561명 증원비로 증가
1919	17,734,794	〈소요사건〉비, 물가등귀 및 경관 10,561명 증원비로 증가
1920	21,948,415	전년도 증원에 대한 증가, 〈소요사건〉유치인비, 경관 3,351명 증원비, 호열자예방비로 증가
1921	21,954,587	전년도 첫 조판비(調辦費) 및 호열자예방비 감소
1922	21,158,241	국경경찰관 621명 증원비로 증가
1923	21,067,512	행정정리에 의한 감소
1924	21,973,789	전년도 방한피복비 감소
1925	19,670,070	행정정리로 경시 이하 2,276명 감원에 의한 감소
1926	19,768,404	국경경관 등 8명 증원, 위생비 증액에 의한 증가
1927	20,123,383	경찰관 대우개선에 의한 증가
1928	20,308,691	경부보 13명, 순사 130명 증원으로 증가
1929	20,996,895	경찰공제조합급여 및 봉급정율 향상으로 증가
1930	20,925,308	정리절약으로 감소
1931	20,146,974	상동
1932	19,377,396	행정정리로 감소

* ① 1930년도 『조선경찰개요』에 의함. ② 1932·1933년 경찰비에 대해서는 표 1-19 참조.

그림 1-7 조선 경찰비 변화 추이(원)

표 1-19 최근 3년 경찰비 예산

비목	1932	1931	1930
봉급비(주임·판임)	1,564,348	1,634,362	1,708,614
봉급비(순사)	12,229,848	12,227,544	12,479,832
사무비	4,207,577	4,643,240	4,970,029
총기탄약비	11,736	14,670	16,300
유치인비	454,908	568,605	611,472
위생 및 방역비	699,419	827,861	888,096
청원순사비	59,620	61,492	62,965
집행·송달사무비	18,720	23,400	26,000
기밀비	131,220	145,800	162,000
합계	19,377,396	20,146,974	20,925,308

* 1929년 1930년도 『조선경찰개요』에 의함.

대확장을 계획하고 있어 예산은 한층 비대하게 되었다(《조선일보》 1932년 6월
29일, 《동아일보》 1932년 12월 7일).

2부

일제의 금융 장악과 조세 수탈

조선 내 금융자본

화폐 정리로부터

1901년 구한국 정부는 조선에 금본위의 화폐제도를 세웠으나, 이를 실시하지 않고 되레 백동화[1]를 남발하였기 때문에 화폐제도가 문란해지고 말았다. 1904년 일본 재정고문[2]이 취임함에 따라 1905부터 금본위제를 실시하고 신 화폐를 주조하는 동시에 일본 화폐의 유통을 인정케 하였다. 또 당시 조선 중앙은행이던 제일은행(그 뒤 한국은행, 또 그 뒤 조선은행)권이 강제 통용되고 구백동화를 거둬 들이면서 조선의 화폐 정리가 첫걸음을 시작하였다. 이에 한국 화폐의 유통액은 매년 감소되었고 1918년 〈화폐법〉이 조선에 시행

---

1 개항 이후 급증하는 재정 수요와 궁핍한 재정 문제를 해결하기 위해 1892년부터 1904년까지 전환국에서 주조하여 유통되었다.

2 1904년 제1차 한일협약 이후 우리나라에 탁지부 고문으로 부임한 메가타(目賀田種太郎)를 일컫는다. 그는 화폐개혁을 단행하여 새 화폐 발행을 주도했고 금융조합을 설치하였으며 통감부의 침략정책 수행에 앞장선 인물이다.

백동화, 오전, 1902년, 5CHON(용산전환국 제조)　　　조선은행(현 한국은행)

되어 구한국 화폐는 1920년 말까지 일본 화폐로 바꾸도록 하였는데, '5년이
안 돼서 세계 최악의 화폐 중 하나였던 것이 최량最良의 반열에 들게 되었다'
(岡樂三,『식민지은행론』). (이하 224자 삭제)

조선 화폐의 유통

화폐 정리 후 조선에는 얼마 만큼의 통화가 유통되고 있는가. 이를 연도별
로 보면 표 2-1과 같다.

　보조화 및 소액지폐는 일본 금고의 조선 회송고回送高로부터 일본의 환송
고를 공제한 것이고 조선은행권은 조선 내 발행고이다. 구한국 신화폐는
1901년 칙령 제4호 화폐조례에 의하여 발행한 것인데 발행고로부터 인상
고를 공제한 것으로 1920년 말 통용을 금지하였다.

　이상에 의하면 구한국 화폐(엽전 이외의 화폐) 통용이 금지된 이래로 매년
약 9천만 원의 화폐가 조선 내에서 유통되고 있는 것을 알 수 있다. 엽전
유통은 점점 감소되어 1930년도에는 겨우 1,500원이 유통되고 있는 것을
볼 수 있다.

표 2-1 연도별 통화 유통액 (단위 : 원)

종별 연도	보조화	소액 지폐	일본은행권	조선은행권	구한국 엽전	합계
1921	8,407,523	400,630	39,068	101,278,789	116,077	110,242,087
1922	9,863,297	−	−	71,215,355	114,540	81,193,192
1923	9,954,707	−	−	80,760,042	112,902	90,827,651
1924	9,290,968	−	−	87,555,750	105,908	96,952,626
1925	9,317,723	−	−	74,877,084	87,078	84,281,885
1926	8,434,111	−	−	76,378,066	64,989	84,877,166
1927	8,079,736	−	−	83,353,641	46,360	91,479,737
1928	8,469,704	−	−	87,069,664	34,000	95,573,368
1929	9,633,484	−	−	82,837,894	16,080	92,487,458
1930. 9	9,655,359	−	−	51,189,910	1,590	60,846,859

* 일본은행권은 조선은행 현유고임.

조선의 금융기관

조선의 금융기관은 중앙 금융기관인 조선은행, 부동산 금융기관인 조선식산
은행·동양척식주식회사, 저축은행 업무를 경영하는 조선저축은행 등이 있
다. 상업 금융기관으로 조선 내에 본점을 둔 보통은행이 14곳이고, 일본 내
지에 본점을 둔 은행이 4곳인데, 조선은행과 식산은행 등 특수은행도 곁가
지로 보통은행 업무를 겸영兼營하고 있다. 기타 지방민의 소금융 기관으로
각지에 금융조합과 무진회사 등이 있는데 이를 살펴보면 표 2-2와 같다.
　이제 중앙 금융기관에서 지방 금융기관까지의 현황을 좀 더 자세히 살펴
보기로 하자.

표 2-2 조선 금융기관 일람표

종별\연차	조선은행 본점	조선은행 지점	농공식산 본점	농공식산 지점	보통은행 본점	보통은행 지점	합계 본점	합계 지점	금융조합	무진회사
1911	1	12	6	27	4	20	12	59	120	-
1920	1	10	1	32	21	59	23	121	400	-
1929	1	10	1	37	15	89	17	156	627	23

① 부동산 금융기관으로 동척이 있으나 은행이 아니므로 제외함.
② 조선총독부, 『조선총독부통계연보』(1931. 2).

조선은행과 그 직능

조선은행이 조선 금융 경제에 어떠한 지위를 가졌나 하는 것은 두말할 필요가 없지만, 조선은행의 독자적 직임이 무엇인지는 천명할 필요가 있다.

1. 조선총독부에 대한 금융적 원조

조선은행은 조선총독부 금고 사무를 취급하는 동시에 조선총독부에 자본을 대상貸上[3]하고 사업공채를 인수하여 응모한다. 조선총독부는 조선에 각종 신규 사업을 대규모로 계획하였으나 세금과 기타 수입으로는 많이 부족하기 때문에 유력한 금융업자의 원조를 기대하게 되었다. 1911년 조선총독부는 〈조선사업공채법〉[4]을 발포하고 1919년 조선은행의 시설 확장을 위해 공채 및 차입금의 제한액을 여러 번 높였다. 조선은행은 항상 조선총독

---

3 정부가 국고금의 부족을 메우기 위하여 중앙은행에서 돈을 빌리는 일을 일컫는다.
4 식민지 지배와 수탈을 위해 시급한 철도의 부설, 도로와 항만의 수축 등에 필요한 재원을 공채 또는 차입금에서 조달토록 한 것이다.

부 금융활동에 최고의 후원자였다.

2. 조선 무역과 상업의 발전

조선은행은 식민국 중앙은행과 달리 은행권 발행, 국고 사무 취급뿐만 아니라 스스로 무역과 산업의 금융자본가로 활동하고 있다. 활동 목표가 무엇이든지간에 모국 자본가의 이익을 대변하는 것은 두말할 필요가 없다. 동양척식주식회사와 식산은행이 무역 산업의 금융자본 역할을 담당하고 있음에도 조선은행은 그러한 활동을 전개하고 있다. 이러한 조선은행의 무역금융·산업금융의 활동에 대해 일부 은행회사 측은 중앙은행으로서의 타락이라며 '조선은행은 상업은행화하고 있다'고 비난한다. 그러나 그 업무가 유리하기 때문에 조선은행은 아직도 이를 취급하고 있다.

3. 국가 자본주의 해외 발전의 토대

조선은행은 대만은행과 같이 일본 국가 자본주의의 해외 발전의 교량 역할을 담당하고 있다. 대만은행이 남중국 남양방면으로 진출하는 것 같이 조선은행은 만주방면으로 진출하여 경제적 ××주의의 발전을 꾀하고 있다. 그 외에 조선은행은 중앙은행으로서 조선 내 화폐제도의 정리, 개량, 은행권 발행, 통화의 조절 등을 도맡고 있다(矢內忠原忠雄, 『植民及植民政策』 참조).

이와 같은 직임으로서 설립된 조선은행은 조선 각지와 도쿄·오사카·고베·시모노세키 등 일본 내지는 물론이고, 안동현·대련·봉천·장춘·하얼빈·개원·영구·용정·요양·철령·여순·사평가·청도·상해·천진 등 중국 각 유명 도시에 지점 또는 출장소를 두었으며, 멀리 러시아 블라디보스토크와 미국 뉴욕에도 출장소를 두어 금융 활동을 개시하고 있다. 그 행정行情 대개를 보면 표 2-3과 같다. 총괄분 예금 및 대출에는 대중 차관 및 대출

대만은행

표 2-3 조선은행의 개황

종별 연차	공칭자본	불입 자본	적립금	정부 대부금	차입금	대출금	예금	은행권 발행고
1929. 12	총괄 40,000	25,000	2,092	70,200	147,200	314,723	151,150	118,702
	조선내	–	–	–	–	39,496	50,204	82,837
1930. 9	총괄 40,000	25,000	2,091	20,200	150,383	246,047	90,363	73,777
	조선내	–	–	–	–	27,631	27,632	61,198

* 1931년 조선총독부 『조선요람』에 의함. 단위는 천 원

자원으로 받아들인 금액을 포함하였지만, 조선내 분에는 조선에 관계없는 것은 제외하였다.

조선 내 은행 개황

조선 내에 본점을 둔 은행은 1930년 16개 은행이고 일본 내지에 본점을 둔 지점은행은 4개 은행이다. 조선 내에 본점을 둔 16개 은행의 공칭자본 금[5] 누계는 1억 142만 5천 원, 불입자금 누계는 6,097만 250원, 대출 누계(식산은행 대출자금 포함) 4억 46만 2,987원, 순이익금 누계 616만 9,103 원, 배당금 누계 353만 199원에 달한다.

각 은행업무 개황을 소개하겠으나, 표 2-4는 각 은행의 대차 대조표와 자산 목록을 정밀하게 조사하여 이익분을 계산한 것이 아니기 때문에 정확 하지는 않다. 하지만 개황만을 보는 대는 얼마쯤 도움이 될까 한다.

표 2-4에 의하면, 불입자본금에 대한 순익률이 가장 높은 은행은 특수 은행인 식산은행이 으뜸인데, 상하반기 평균 순익률이 0.1511%에 달하였 다. 식산은행은 년 7%의 배당이 못될 경우에 조선총독부에서 보조금을 지 불하되 당분간 년 9% 이상의 배당을 받지 못하도록 했다고 한다. 식산은행 은 현하 상태로서는 능히 10% 이상의 배당을 할 수 있지만, 특수은행으로 서 고율 배당이 부당하고 또 은행 기초를 확고히 하기 위해 이익금을 적립 금·후기 조월금繰越金·손실 보전 준비금·배당 평균 준비금·임원 상여금 및 교제비 기타 등으로 돌려 고의로 배당을 줄이고 있다.

그 다음 보통은행으로서는 고리대금이란 별명을 듣는 밀양은행이 상 하기 순익률 평균 0.224%를 기록했으며, 호남은행 0.1235%, 동래은행 0.1181%, 조선저축은행 0.115%가 그 다음인 것을 알 수 있다.

일본 내지에 본점을 둔 지점은행이 조선 내에 4개 은행이 있다. 제일은

---

5   은행, 회사 등이 정관에 기재, 등기한 자본의 총액.

표 2-4 조선 내 은행의 개황   (단위 : 원)

은행명	공칭자본	불입자본	적립금 (상·하)	순익금(순익률)	배당금(배당률)
조선은행	40,000,000	2,500,000	2,901,026	925,198(0.722)	470,000(0.400)
				902,174(0.740)	470,000(0.400)
조선식은	30,000,000	20,000,000	7,563,270	1,509,436(1.509)	885,154(0.900)
			8,083,270	1,514,012(1.514)	885,154(0.900)
한성은행	3,000,000	1,875,000	169,200	62,659(0.668)	-(-)
			231,700	63,116(0.673)	-(-)
한일은행	2,000,000	1,625,000	710,184	64,181(0.789)	48,750(0.600)
			720,000	66,879(0.823)	48,750(0.600)
조선상업	8,925,000	4,475,000	1,237,000	181,458(0.811)	130,231(0.600)
			1,280,500	169,352(0.757)	130,237(0.600)
밀양은행	32,000	50,000	66,000	6,027(2.410)	2,750(1.100)
			68,000	5,679(2.679)	2,750(1.100)
선남은행	300,000	300,000	119,000	9,240(0.616)	6,000(0.400)
			123,000	9,764(0.651)	6,000(0.400)
부산상업	1,500,000	750,000	255,000	30,027(0.800)	22,500(0.600)
			262,500	37,597(1.002)	22,500(0.600)
경상합동	2,250,000	1,330,250	54,000	53,118(53.118)	33,281(0.500)
			83,373	28,714(28.714)	19,968(0.300)
호남은행	1,500,000	1,125,000	215,000	69,347(69.347)	45,000(0.800)
			235,000	69,610(69.610)	45,900(0.800)
동래은행	500,000	250,000	80,520	16,137(16.137)	8,750(0.700)
			87,570	13,390(13.390)	7,500(0.600)
북선상업	1,000,000	500,000	106,000	28,397(28.397)	20,000(0.800)
			119,437	27,112(27.112)	20,000(0.800)
경일은행	1,400,000	490,000	6,950	10,032(10.032)	7,350(0.300)
			9,050	397(397)	-(-)
해동은행	2,000,000	800,000	14,000	851(851)	-(-)
			14,000	343(343)	-(-)
호서은행	2,000,000	1,150,000	232,416	55,929(55.929)	40,250(0.700)
			239,193	55,669(55669)	40,250(0.700)
조선저축	3,000,000	1,250,000	10,000	71,038(71.038)	50,000(0.800)
			20,000	71,621(71.621)	50,000(0.800)

* 조선식산은행 조사과 편, 『조선금융사정개관』 1930년 상·하반기호에 준거함

행·18은행·안전安田은행·산구山口은행 등이다. 1930년도에 4개 은행의 대출금 총액은 3,150만 2,427원으로 순익금 총액만 21만 9,590원에 달하였다.

조선 내에 본점을 둔 은행과 지점은행(총 은행 수 20개, 1930년 호서은행과 한일은행이 합쳐져 19개 은행이 되었다)의 총순익금만 본다면, 1930년에 상반기에 325만 390원, 동 하반기에 312만 8,303원, 합계 637만 8,693원에 달한다. 그런데 순익금 이외 이익금 중 자본화 또는 소비용까지 합친다면, 거의 그 배액에 해당하는 순익금이 될 것이다. 그 예로 식산은행 1930년도 상반기 순익금이 150만 9,436원이지만, 이익금 중 하반기에 이월한 금액은 66만 3,431원이고, 배당금이 88만 5,154원으로 합계 154만 8,585원이었다. 여기에 임원 및 사원의 고율의 상여금 제준비금 등을 합친다면 오히려 배 이상을 훨씬 넘어설 것이다. 그러나 이 같은 현상은 몇 개 호황 은행에 불과하고 한성·경일·해동 등 조선인 측 은행은 무배당 상태에 있다.

금융조합 개황

조선의 금융기관은 은행 외에 소위 서민 금융기관으로서 627개의 금융조합과 13개의 금융조합연합회가 있다(표 2-5 참조). '금융조합은 조합원의 금융을 완화하여 경제 발달을 기도하는 사단법

금융조합위원회 전라남도 지부

표 2-5 금융조합 현황

구분		조합 수	조합원 수
금융조합	촌락금융조합	565(200)	632,504
	도시금융조합	62	32,978
	합계	627	666,482
금융조합연합회		13	683

표 2-6 금융조합 개황 (단위 : 원)

구분	출자금	불입금	적립금	정부보조
촌락금조	8,350,231	6,337004	10,838,845	3,777,000
도시금조	3,624,925	2,401,377	2,269,291	–
계	11,975,156	8,738,381	13,108,136	3,777,000
금조연합	431,000	401,279	1,580,122	–
구분	정부차입	기타 차입	예금	대출
촌락금조	–	55,663,967	51,824,640	100,883,184
도시금조	–	5,730,938	24,895,236	22,222,144
금조연합	260,000	33,366,330	31,516,424	63,638,496

인이다'(금융조합령 제1조)라는 목적에서 설립된 반관립 금융기관이다.

1930년 12월말 식산은행 조사에 의하면 그 개황은 표 2-6과 같다. 이에 따르면, 촌락과 도시 금융조합원의 불입출자금 총액은 873만 8,381원이고, 예금 총액은 7,671만 9,876원으로 합계 7,745만 8,257원이지만, 조합원 1인 평균 불입자금과 예금 총합계는 113여 원에 불과하다. 그런데 그들에게 대출한 금액은 1억 2,319만 9,032원으로 조합원 1인평균 대출액은 184여 원에 달하여 1인당 불입자금과 예금액 합계보다 71원이 더 많다.

만일 71원의 금액을 조합원 66만 6,482명에 곱하면 4,732만 222원에 달하는데, 금융조합원의 가입 목적이 결국 저축이나 금리를 얻고자 한 것이 아니고 오로지 빚을 내어 쓰기 위한 수단이라는 것을 명확히 알 수 있다. 1인당 불입금과 예금액 합계가 차금액보다 71원이나 적다는 것은 마이너스화하는 조선 일반 세민細民의 경제 상태를 여실히 말하는 것이 아니고 무엇일까.

금융조합과 조합원

금융조합을 서민 금융기관이라 하는 것은 네 가지 이유 때문이다. 첫째, 출자 1구一口의 금액을 10원 이상, 50원 이내로 하되 조합원은 1구 이상, 100구 이내로 출자를 제한하고, 둘째, 조합원의 경우 도시조합의 대부 및 어음할인 총액을 무담보 1천 원 이내, 담보 3천 원 이내로, 촌락조합의 경우 200원, 천 원으로 한정하며, 셋째, 예금이자가 일반 은행보다 연 0.02~0.03% 가량 높고, 넷째, 소구小口 예금(보통은행에서는 5원 이상의 저금만을 취급하나 금융조합은 5전이라도 취급함)을 받기 때문이다.

그러나 대부는 대물 신용을 위주로 하고 '서민금융'이라고 하지만 이름에 걸맞지 않은 높은(은행보다 비싸다) 대출 이율과 엄정한 담보물품을 요구할 뿐만 아니라 대출금을 회수할 때에는 가혹한 수단을 사용하기 때문에 (1930년도에는 채무자에 대한 입도차압立稻差押[6] 처분 건이 1,330건에 달함) 일반 조합원은 금융조합을 일반 고리대금업자와 크게 분간치 않는 것이 통칙이다.

현재라도 정부 보조금을 증액하고 이사 등 임원의 봉급(150원 내지 300원)

6　논에서 자라고 있는 벼를 대상으로 강제 집행 또는 가압류 명령을 집행하기 위하여 압류하는 일을 일컫는다.

표 2-7 금융조합업무 누년 비교

연차　　종별	조합 수(명)	조합원 수(명)	대부금(원)	적립금(원)
1910년 말	120	39,051	779,284	61,981
1919년 말	393	218,607	23,007,605	895,814
1930년 말	627	666,482	123,109,032	13,108,136

표 2-8 금융연합회 업무 누년 비교

연차　　종별	조합 수(명)	조합원 수(명)	대부금(원)	적립금(원)
1924	12	513	30,274,247	408,484
1930	13	683	63,638,496	1,580,112

* 『조선총독부통계연보』(1931), 식산은행, 『금융사정개관』(1930년 하반기)에 의함

을 줄이고 금리를 낮추며, (현재 금융조합연합회를 통하여 공급 받고 있기 때문에 금융대출금 이자는 일반 은행보다 고율이다. 때문에 금융조합에서는 조선 내 우편저금을 직접 금융조합의 최고 기관인 중앙회에서 인수하여 각 금융조합에 융통하도록 하면 대출 이자를 낮출 수 있다 하여 운동 중이라 한다(종로금융조합 談) 신용대출을 위주로 하고 회수 방법을 너그럽게 한다면 얼마만큼 이용 효과를 얻을 수 있는 것이다. 하지만 이것을 현재 실시하기에는 곤란하다고 한다.

그러나 일반 서민들은 부채를 질 수 밖에 없는 궁핍한 경제생활에 현재 상태의 금융조합이라도 가입하는 것이 이득이라 여겨 매년 가입자가 늘어 조합수와 조합의 업무도 급속도로 발전하고 있다. 그 속도를 보면 표 2-7·2-8과 같다.

동양척식주식회사·식산은행 및 기타 금융자본

동양척식주식회사의 금융활동에 대해서는 제3부 2장 토지의 「막대한 농업 투자」라는 제하에서 자세히 언급하고 있어 중복을 피하고자 한다. 조선에 진출한 금융자본 중 동양척식주식회사의 지위는 식산은행과 더불어 양대 기둥인 것만은 지적하여 둘 필요가 있다. 동양척식주식회사와 식산은행은 무역 및 산업자본으로 조선 내에 제일 큰 것일 뿐 아니라 금융자본으로서 또한 그 보다 나은 것이 없다. 이와 같이 조선은행과 더불어 삼위일체격으로 조선 금융계를 지배하고 있다는 것은 누구나 아는 바이기 때문에 부연 설명하지 않겠다.

끝으로 조선 내 모든 은행업 및 금융업 기관의 민족별 회사 수와 그 업태를 대관大觀하고 이 장을 마치기로 하자(표 2-9, 표 2-10, 표 2-11, 표 2-12 참고).

이에 따르면 순 조선인 측의 금융 업태는 일본인 측에 비하여 그다지 손색이 없는 것 같지만, 소위 조선인·일본인 합동이란 것은 대부분 그 실권이 일본인에게 있기 때문에 엄밀하게 민족별로 따져야 비로소 실제와 비슷해질 것이다. 그러나 이것을 채산採算하는 데는 여간 곤란한 일이기 때문에 다음 기회로 미루기로 한다.

그리고 민족별 금융 자본 업태를 볼 때는 조선 내에 본점을 둔 금융기관만 볼 것이 아니라, 일본 내지에 본점을 두고 조선 내 지점까지 들춰 내지 않으면 안 될 것이다. 그 예로 동양척식주식회사·산구은행·제일은행·18은행·안전은행 같은 것이다.

1928년, 1929년도의 조선 내 회사수, 공칭자본, 불입자본을 살펴보면 표 2-13과 같다.

표 2-9 민족별 금융업태(합명회사)

구분		회사 수	출자액	적립금	이익금	손실금
일본인	1928	2	70,000	–	–	–
	1929	1	50,000	4,500	43	–
조선인	1928	1	110,000	–	–	–
	1929	2	175,165	300	10,069	–
조·일인 합	무	–	–	–	–	–
합계	1928	3	180,000	–	–	–
	1929	4	225,165	4,800	10,112	–

표 2-10 민족별 금융업태(합자회사)

구분		회사 수	출자액	적립금	이익금	손실금
일본인	1928	11	218,000	–	–	–
	1929	13	171,738	9,400	6,795	695
조선인	1928	3	105,500	–	–	–
	1929	5	117,000	2,875	9,523	–
조·일인합	1928	1	10,165	–	–	–
	1929	2	15,250	–	1,046	–
합계	1928	15	343,665	–	–	–
	1929	20	304,048	17,364	17,364	695

표 2-11 민족별 금융업태(주식회사)　　　　　　　　　　　　　　(단위 : 원)

구분		회사	공칭 자본	불입 자본	적립금	이익금	손실금
일본인	1928	60	86,220,000	45,544,000	–	–	–
	1929	59	14,660,000	6,636,430	1,377,355	714,181	3,107
조선인	1928	40	22,811,500	7,768,200	–	–	–
	1929	38	14,660,000	7,503,700	1,511,547	509,108	88,274
합동	1928	14	19,865,000	8,666,250	–	–	–
	1929	21	100,165,000	57,571,500	11,106,833	5,652,349	–
합계	1928	132	129,420,165	64,532,115			
	1929	142	130,215,213	72,265,593	14,012,810	690,068	92,074

표 2-12 민족별 금융업태(합계) (단위 : 원)

구분		회사 수	출자 또는 공칭 자본	출자 또는 불입 자본	적립금	이익금	손실금
일본인	1928	72	86,518,000	45,842,000	−	−	−
	1929	73	15,079,728	685,166	1,391,255	721,019	3,800
조선인	1928	44	23,027,000	9,983,700	−	−	−
	1929	46	14,952,225	7,835,925	1,514,722	528,700	88,274
합동	1928	15	19,875,165	8,706,415	−	−	−
	1929	22	100,180,250	57,571,500	11,106,833	5,652,349	−
합계	1928	132	129,420,165	64,532,115	−	−	−
	1929	142	150,215,213	72,265,593	14,012,810	690,068	92,074

*《조선총독부조사월보》(1931. 6)에 의함

표 2-13 조선 내 일본은행 지점 현황

연차	회사 수	공칭 자본	불입 자본
1928	4	272,500,000	186,375,000
1929	5	282,500,000	193,625,000

표 2-14 조선인·일본인 은행 현황의 비교

구분		회사 수	출자 또는 공칭 자본	출자 또는 불입 자본
순일본인	1928	77	259,018,000	232,217,000
	1929	78	297,578,738	199,483,168
순조선인	1928	44	23,027,000	9,983,700
	1929	46	14,952,225	7,835,925

이를 일본인 측에 더하여 순 조선인 측과 비교하면 표 2-14와 같다.

회사 수가 조선인 측은 46개사인데 비하여 일본인 측은 78개사로 32개
사가 더 많고, 출자 또는 공칭자본은 조선인 측 1,495만 2,225원에 비하여
일본인 측은 2억 9,757만 9,730원으로 약 20배에 해당하며, 출자액 또는

불입자본금은 조선인 측 983만 5,925원에 비하여 일본인 측은 1억 9,948만 3,168원으로 28배 많다. 여기에 일본인 대부분이 다수주를 소유하여 실권을 장악하고 있는 조선인 합동 금융기관까지 포함시킨다면 금융자본 역량은 더욱 커질 것이다.

이상에 의하면 조선은 일본인 공업에 원료 공급지요, 일본 상품의 독점적 수출지뿐만 아니라 금융자본의 좋은 투자지인 것을 분명하게 증거할 수 있다.

2

민족별 자본 총관

자본주의적 기초공사(산업혁명 완성, 자본가 계급의 발생, 화폐 교환 경제의 발달, 철도 등 교통 기관의 발달 등)가 하나도 터를 잡지 못한 조선에 청일전쟁·러일전쟁 두 전쟁을 치른 뒤, 고도의 일본 자본주의가 물밀 듯 들어온 결과 일원적 산업국의 농업경제 질서가 크게 동요되었다. 반면, 자본주의의 독점적 건설이 신속하게 성공할 수 있게 되었다. 이는 민족별 자본 활동의 숫자적 조감에 의하여 더욱 명확하게 이해된다.

　민족별 자본 활동의 현 상황을 상업·농업·임업·은행 및 금융(이것은 제2부 1장 「조선 내 금융자본」에 상술한 바 있으므로 여기에서는 중복치 않음)·광업·수산업·운수업·전기와사업·기타업 등으로 나눠 각각 그 세황勢況을 살펴보고 최후로 총황總況을 결산하여 보기로 하자.

1. 민족별 상업자본·공업자본 총관

일본인 상업자본의 조선 진출은 다른 어느 것보다 가장 긴 역사를 가졌다. 자본단이라 일컬을 만한 회사 자본의 진출만을 본다면 회사 수로는 조선인

보다 근 10배가 많고, 출자 또는 불입자본은 26배로 조선인 측과는 전연 비교할 수 없을 정도이다. 만일 여기에 일본 내지에 본점을 두고 조선 내에 지점을 둔 일본인 상업회사 20개사, 출자액 또는 불입자본 1억 4,378만 2,500원(1929년)을 합한다면 차이는 더욱 커질 것이다(54배).

다음으로 조선 내 공업자본의 활동 현황을 보면 다음과 같다.

일본인의 공업회사는 301개 사로 143개 사인 조선인보다 약 2배 많고, 일본인의 출자액 또는 불입자본금은 15배에 달한다. 일본인의 매 공업회사의 출자액 또는 불입자본은 조선인 측에 비해 7배 만큼 우월하다. 이것만 봐도 조선인 측 공업자본의 집단적(개인적으로는 더욱 보잘 것 없거니와) 활동이 얼마나 유치한 상태에 있는지를 알 수 있다. 조선 외에 본점을 두고 조선 내에 지점을 둔 16개사의 출자액 또는 불입자본 1억 5,903만 8천여 원(1929년도)을 더하면, 2억 1,888만 9천 원대 474만 6천 원의 비가 된다(54배!).

2. 민족별 농업자본·임업자본 총관

조선은 1차 산업국으로 농업 기업방면에 조선인 측 회사 자본 등의 진출이 상당히 왕성한 듯 보이지만 의외로 그렇지 못하다. 우선 회사 수로 보면 일본인은 57개사로 조선인 측보다 근 10배나 많고 출자액 또는 공칭자본에 있어서는 약 18배, 출자액 또는 불입자본에 있어서는 26배나 많다. 일본인 측 이전 업종의 지점회사 20개사의 공칭자본 8,380만 원, 불입자본 6,064만 원을 더하면 공칭자본은 조선인의 62배, 불입자본은 93배에 달한다. 식민지 내의 토지 경영이 얼마나 식민 국인에 유리한 기업인가를 엿볼 수 있다. 이에 조선인 토지소유의 이동異動이 얼마나 심한 가를 상상할 수 있다(이점에 관하여 제3부 2장 「토지」편 참조).

어느 식민지를 막론하고 식민지 내 원주민은 대개 유일한 재산이 토지뿐이며, 화폐 자본의 집적 집중은 극히 유치하다. 그들이 화폐 자본을 얻고자 한다면 반드시 토지 등 부동산을 처분하는 것이 유일한 방법이다. 따라서 토지회사의 고객은 매년 늘어나고 동시에 업무도 급속도로 발전되어 간다. 동인도회사(물론 영국인 경영)라는 농업회사(농업회사는 반드시 토지회사이다)가 전 인도를 지배하게 된 것을 보면 동양척식주식회사·식산은행 등 대토지 자본의 활동이 막대한 이익을 얻게 되는 것도 우연이 아닐 것이다.

임업자본을 보면 조선인 측은 오직 1개사가 있을 뿐이어서 공칭 및 불입 자본은 전혀 비교가 되지 않는다. 원래 조선인은 목조 가옥에 상주하고 온 돌로 난방장치를 하기 때문에 목재와 시탄柴炭 소비가 다른 어느 나라보다 많지만, 조선 말부터 채벌에만 열중하고 조림에는 힘쓰지 않아 임야라는 것이 보잘 것 없게 되었다.

따라서 교통이 불편한 심산지대나 '봉산封山'(구한국 정부의 채벌 금지산)을 제외하고는 제재 판매업의 기초될 만한 임야가 없다. 묘포苗圃의 경영, 조림의 청부, 종묘의 제조 등 또한 중요하지만, 이는 전문적인 기술을 요하며 관변 수요가 필요한 업무이기 때문에 이런 업종의 기업은 자연 일본인 자본가가 독점한다. 목재의 매입·운반도 일본인에게 최대 편의가 있기 때문에 조선인은 소규모 목재 소매업 이외는 손을 내밀지 못한다. 이러한 업종의 일본인 지점회사는 2곳, 공칭 1,510만 원, 불입 15,040만 원으로 내외 일본인 측 회사 불입고 합계는 1,516만 6,000원으로 조선인 측에 비하면 323배에 달한다.

3. 민족별 광업 자본·수산업 자본 총관

광업과 수산업에 있어서도 일본인 자본이 독점하고 있다.

우선 광업에 있어서 일본인 측은 광구수 1,721개구, 총 13억 352만

5,576평, 조선인 측은 광구 수 509개구, 총 2억 2,468만 6,544평(1931년 1월 1일 현재 조선총독부 『조선광구일람』)으로 일본인 측이 광구 수에 있어서 3배가 많고 평수에 있어서는 5배나 많다. 그러나 이를 채굴, 제련하는 회사자본의 활동으로 보면, 일본인 회사는 12개사에 공칭 1,844만 원인데 비하여 조선인 측은 1929년에 1개사가 생겼으나 공칭자본금은 겨우 12만 원으로 그나마 이익금은 없고 손실금만 있다.

이러한 업종의 일본인 측 지점회사는 10개사로 공칭 6,857만 원, 불입 5,833원에 달하는데 전후를 합산하면 불입자본금에 있어서 조선인 측보다 물경 557배나 많다. 연래 조선인 측의 금광 기업열은 상당히 진작되어 1931년 1월부터 5월까지 출원 건수만 2천여 건에 달한다. 모두 개인의 소자본 투기적 기업에 불과하기 때문에 통틀어 자본 활동은 극히 미약한 상태에 있다.

수산업을 보면 조선인 측은 2개 회사가 있는데 공칭자본은 합쳐서 10만 3천 원에 불과하며 불입자본은 2만 8천 원으로 소액이다. 그런데 일본인 측을 보면 총 19개사, 공칭 250만 원, 불입 130여만 원으로 각각 24배, 47배에 해당한다.

수산업은 많은 자금이 필요하고 특히 근대적 생산 방법을 이용하기 때문에 자금을 가지지 못한 연해 어민들이 뒤떨어진 방법으로 경쟁해봤자 기업의 조락凋落, 어구漁區 상실이 필연적 운명이 되고 만다. 그리고 어장 대부에 기회가 균등하지 않기 때문에 이러한 형세는 더욱 촉진되었다. 이러한 업종의 지점회사 4개, 공칭자본 1,640만 원, 불입자본 1,158만여 원으로 전후의 불입자본금만 합치면 조선인 측에 461배로 상당한 우월을 보이고 있다.

4. 민족별 운수업 자본·와사전기업 자본 총관

운수업에 있어서는 일본인 측 지점회사는 조선 내에 5개사가 있는데, 공칭 1억 2,650만 8,500원, 불입 8,240만 8,500원에 달한다. 조선 내에 본점을 둔 일본인 측 회사 자본과 합치면 공칭 1억 5,187만 원, 불입 9,940만 원으로 조선인 측에 비하여 각각 68배, 101배에 달한다.

전기와사업에 있어서는 일본인 측 지점회사 1개, 공칭 1500만 원, 불입 1,140만 원으로 다른 업종보다 지점회사 세력이 비교적 약하게 보이지만, 조선 내에 지점을 둔 일본인 측 회사는 32개 사에 공칭 5,500여만 원, 불입 3,870여만 원에 달하여, 이 또한 그들의 독무대이다. 일본인 측의 전부를 합쳐 조선인 측과 비교하면 회사 수로 6배 많고 공칭자본금은 82배, 불입자본금 109배나 많다.

5. 민족별 기타 자본 총관

기타 자본이라는 것은 이상에 열거한 농업·임업·상업·공업·광업·수산업·은행 및 금융·운수업·와사 및 전기 등에 포함 안 된 모든 업을 총괄한 것이다. 아직 기업의 분화가 단순하기 때문에 업종에 따라 조선인 측의 회사 자본은 전혀 활동치 않는 것도 많다. 기타에 속하는 조선인 측은 회사 수 19개, 공칭 188여만 원, 불입 108만여 원에 비하여 일본인은 회사 수 171개사, 공칭 2,744여만 원, 불입 1,727만여 원으로 각각 9배, 23배, 14배가 많으며, 지점회사 수 15개사, 공칭 3,792만 원, 불입 1,879만 원으로 각각 9.8배, 34배, 33배가 많다.

6. 민족별 회사자본 총관

마지막으로 민족별 회사자본의 활동을 총관하면 일본인 측 회사 수는

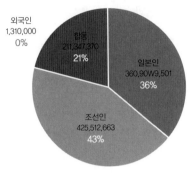

외국인
1,310,000
0%

합동
211,347,370
21%

일본인
360,90W9,501
36%

조선인
425,512,663
43%

그림 2-1 민족별 회사자본 비교도

1,236개로 조선인 측 362개사에 비하여 3배 많고, 공칭자본금에 있어서는 3억 6090여만 원 대 4,250여만 원으로 8배가 많다. 불입자본금에 있어서는 1억 9,370여만 원 대 1,980여만 원으로 근 10배 차이가 나며, 적립금에 있어서는 1,700여만 원 대 200만 원으로 5배나 많다. 그리고 일본인 측은 총 지점 90개로 총 공칭자본금 11억 5,556만 원, 총 불입자본금 8억 8,913만 원을 조선 내에 본점을 둔 일본인 측 회사 자본에 합하여 조선인 측과 비교하면, 회사 수로는 1,335개 대 362개로 3.8배, 공칭자본금 15억1,647만 원대 4,251만여 원으로 30배이며, 불입자본금은 10억8,274만여 원대 1,987만여 원으로 54배에 달한다.

다음으로 일본인·조선인 합동 경영회사를 보면, 165개사에 공칭자본 2억 1,130여만 원, 불입자본 9,578만여 원으로 일본인 회사 다음 가는 자본을 가지고 있지만, 대개는 일본인 출자 혹은 주주가 실권을 장악하고 있기 때문에 대부분을 일본인 측 자본 활동에 가산해야 옳을 것이다.

7. 민족별 자본성장 속도

조선의 자본주의(식민지의 자본주의)는 1900년(조선에 철도가 부설되던 해)부터 맹아가 트기 시작하여 1910년부터는 획기적으로 고속 성장하였다. 1911년 경우 일본인의 총 회사 수(조선 내에 본점을 둔 것)는 109개에 불과하였으나, 20년 후 1929년에는 1,237개로 11배나 증가하였고 공칭자본금 총액 7,954만 원에서 11억 5,556만 원으로 14배 올랐으며, 불입자본금은

6,519만 원이 8억 8,900만 원이 되어 13배에 달하였다.

일본인 측 본점회사와 지점회사를 합쳐 조선인 측과 비교하면 회사 수로 일본인은 1911년 142개에서 1,335개로 발전(약 9배) 하였으며, 1911년 공칭자본금은 860,560원에서 1,516,476,251원으로 증대(17배)한 것에 비하면, 조선인 측 회사는 회사수로 13배, 공칭자본금은 5배가 많고 불입자본금 약 7배의 발전을 보이고 있지만, 일본 측의 자본 발전 속도보다 어림없이 뒤떨어졌다.

과거 20년 간 조선인 회사 수의 증가 속도는 일본인 측보다도 오히려 빠르지만, 실질적 자본 증대의 속도는 그보다 훨씬 못미친다. 조선인 측 자본 활동은 표면적으로는 꽤 빨리 늘어난 셈이지만, 실질적 내용에 있어서는 심히 빈약한 것을 알 수 있다. 즉 일본인 자본은 1911년부터 공칭자본이 17배 늘어났는데 조선인의 자본은 5배 늘어나는데 그쳤다. 조선인 자본은 정체 상태에 있고 일본인 자본만 12배 늘어난 셈이다. 일본인 불입자금은 15배나 늘어난 반면에 조선인의 그것은 단지 7배 증가에 그쳐 이를 상쇄하면 조선인 자본은 정지 상태에 있고 일본인 자본만 8배 늘어난 셈이다.

3

조선과 외지와의 금융 거래

조선과 외지와의 자본금 유출입

조선은 외지外地와 얼마큼 돈 거래를 하고 있는가?

이것을 살펴보는 것은 조선이 세계경제와 얼마큼 연관성을 가지고 있는지 인식하는 동시에 조선인의 경제생활이 세계인과 얼마나 교섭이 있는지를 측정하는데 가장 필요하다.

조선은 일찍이 쇄국주의를 고수하여 1876년(개국 485년, 즉 명치 9년) 일본과 통상조약을 맺기 전까지는 어떤 나라와도 물화교역, 경제왕래가 없었다. 그러나 대일통상조약의 뒤를 이어 1882년 조청통상의 길이 열리면서 조선은 비로소 동아 경제의 한 단위가 되었다. 또 1882년부터 1892년까지 미국·영국·독일·이태리·러시아·프랑스·오스트리아 순으로 각각 통상조약이 체결됨에 따라 조선은 세계경제의 일환이 되어 세계 자본주의 경제기구 속으로 한 걸음 한 걸음 처녀적 보무를 띠게 되었다.

그 뒤 1906년에 통감부가 조선에 설치되고 1910년 한일이 병합되어 조

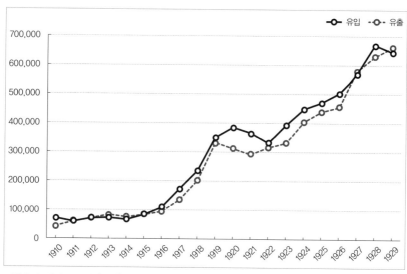

그림 2-2 1910～1929년 조선 무역자금의 총 유출입 추이

선총독부가 통감부의 뒤를 잇게 되면서 조선의 자본주의는 급속도로 진전
되어 세계 자본주의 특히 일본 자본주의와 교역 및 투자의 관계는 비약적
으로 심각화하였다. 이제 한일병합 이후 20년간 조선의 대외지 자금 총유
출입 상황을 보면 그 관계가 가장 소상하게 될 것이다.

1910년 8월 합병 당시 조선 대 외지의 자금 총유입은 7,210여만 원으로
1930년 6억 4,385만 원에 비하면 8, 9배 차이가 있으며, 또 총유출에 있
어서 1910년 4,256만 원에서 6억 6,250만 원에 비하면 15배나 차이가 난
다. 우선 과거 20년간 조선이 8, 9배 또는 15배의 속도로 세계 경제권 내
로 더 깊이 뛰어든 것을 명확하게 알 수 있다.

그림 2-2의 과거 20년간 조선 무역자금의 총 유출입을 보면, 유입된 무
역자금 누계는 36억 9,331만 원으로 유출 누계는 42억 2,491만 원보다
5억 3,159만 원이 떨어진다. 즉 조선은 수입초과의 대가로 20년간 5억
3,000만 원의 거액을 외지로 **빼앗**기고 있다. 이와 같은 현상은 모든 식민

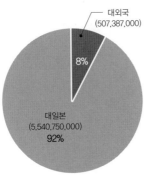
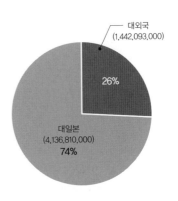

유입(합계 6,048,137,000)

대외국
(507,387,000)

8%

대일본
(5,540,750,000)
92%

유입(합계 5,578,903,000)

대외국
(1,442,093,000)

26%

대일본
(4,136,810,000)
74%

그림 2-3 20년간 조선 대외지 자금 유출입도

지 및 반식민지국의 공통된 사실로 조선 만에 한정된 특수 사실은 아니지만, 조선도 분명히 다른 식민지 및 반식민지와 같이 수지의 "밸런스"를 잃고 있는 것을 알 수 있다.

무릇 무역 관계에 의한 자금 유출입은 조선의 대외지의 총자금 유입에 있어서 제일 큰 몫을 차지한다. 무역 관계 이외의 자금 유출입은 그 다음이다. 전자는 화물 유동에 의한 자금의 유동성을, 후자는 재생산 과정에서의 금융 자금의 거래를 으뜸으로 하는 자본단 및 개인 등의 금융거래를 가리킨다. 그런데 이는 더욱 심각한 경제 현상이라 할 것이다.

무역 이외 자금 유출입 현상을 보면 유입액은 23억 5,482만 원(과거 20년 간 누계)으로 유출액 13억 5,399만 원보다 10억 83만 원을 초과하였다. 즉 조선이 사실상 투자 식민지라는 점을 증명할 수 있다.

우리는 상술한 바를 다음과 같이 요약하여 일반적 경향을 명시해보자.

식민지

– 무역 : 유출 초과(수입 초과 – 경제 파탄)

조선은행 1원권(1902)

일본 제일은행 10원권(1909)

일본 제일은행 1원권(1908)

조선은행 100원권(1914)

조선은행 10원권(1915)

조선은행 5원권(1915)

조선은행 1원권(1915)

조선은행 을100원권(1945)

조선은행 갑100원권(1945)

일제시기 발행된 조선은행 화폐

– 무역 외 : 유입 초과(외자 활동 – 이윤 이양)

영주국

– 무역 : 유입 초과(수출 초과 – 경제 향상)

– 무역 외 : 유출 초과(외지 투자 – 이윤 흡수)

즉 식민지와 영주국[1]은 자금 유출입에 있어서 정반대의 현상을 보이기 때문에 결과 또한 정반대의 현상이 나타나는 것은 명약관화한 일이다.

---

1 영주국이라 할지라도 수입 초과국이 없는 것은 아니며, 수출 초과국이라 할지라도 수입초과의 현상이 없는 것은 아니다. 나는 일반적 대량적 현상만을 말한 것이다.

조선에서 일본의 독점적 경제 지위

"조선은 일본의 독점적 식민지"라는 것을 무엇으로 설명할 수 있을 것인가? 이를 정치적으로 설명하자면 너무나 단순한 사실이겠지만 경제적으로는 다소 숫자적 고증이 필요할 것 같은 생각이다. 그런데 숫자적 서술은 자못 '독점적 식민지'라는 것만 설명하는 것은 아니고, 독점적 지위가 얼마큼 심각한 지를 보여주는데 있다.

　무릇 식민지 영유의 근대적 의의는 경제적 독점에서 수확되는 본국인(주로 본국 자본가 계급)의 잉여가치 증대에 있기 때문에 모든 식민지 정책은 반드시 이 원칙 목표에 따라 고안 실시된다. 중농정책을 세워 값싸고 풍부한 농산물 및 원료공급지로서의 그 본령本領을 발휘케 하는 동시에 본국 자본가의 상공업을 식민지로 유도 발전시킬 편의를 주고자 하며, 또 대외국 보호관세로 본국 상품(대개는 공산품)만의 독점적인 판로를 개척하고자 한다. 정치권력은 외국의 투자가능을 거세시킨 뒤, 본국인 중심의 독점적 투자지를 만들고자 하는 것이 통례가 되었다. 현대의 식민지는 분명히 변질된 쇄국주의에 그 두지頭肢가 질곡되어 있다할 것이다.

　앞에서 조선의 대외지의 일반적 금융왕래에 대한 득실을 범론汎論한 바 있다. 이제는 조선의 대일본, 조선의 대외국 관계를 좀 더 자세히 살펴보기로 하자.

　과거 20년간 무역 및 무역외 관계

경제투자: 1,069,106,000엔
정치투자: 872,802,000엔
총액: 1,941,908,000엔

그림 2-4 일본의 조선투자액

인천항에서 일본으로 수출되는 쌀

로 조선에 총 유입된 돈은 60억 4,813만 원이다. 표 2−15를 보면 일본으로부터 유입된 돈은 55억 4,075만 원에 달하여 총 유입액의 약 92%를 점하였고 외국으로부터 유입된 돈은 겨우 5억 738만 원으로 8%를 넘지 못하였다.

과거 20년간 조선에서 총 유출된 돈은 55억 7,890만 원인데 일본으로 유출된 것이 74%에 상당한 41억 3,681만 원에 달하였고 외국으로 유출된 것은 14억 4,209만 원으로 26%를 차지하였을 뿐이다. 조선에 대한 일본의 특수한 경제적 지위란 실로 문자와 같이 명료하다. 그러나 과거 20년간 무역관계에 있어서 대일본 무역을 보면 1917년까지는 이입초과로 유출초과가 되었지만, 그 뒤 유입초과액은 4억 7,589만 원에 달하게 된 것을 간과할 수 없을 것이다. 이 숫자를 보고 혹은 조선의 대일본 무역 관계에 있어서 조선이 비상히 유리한 지위에서 있는 것처럼 언뜻 생각될는지도 모르나, 일본의 제조공업이 조선이란 값싸고 풍부한 원료 구매 시장을 갖지 못하고 외국에서 고귀한 공급만을 받게 되었다면 얼마나 불리했을 것인가.

표 2-15 대일본 자금 유출입 누년조 (단위 : 천 원)

연도	유입			유출		
	무역	무역 이외	합계	무역	무역 이외	합계
1910	15,378	52,288	67,666	25,348	2,784	28,132
1911	13,340	40,714	54,064	34,058	4,232	38,290
1912	15,369	47,898	63,267	40,756	5,216	45,972
1913	25,313	38,364	63,677	40,429	9,495	49,924
1914	28,587	32,300	59,970	39,046	10,238	49,284
1915	40,900	32,300	73,200	41,535	19,719	61,254
1916	42,963	46,129	89,093	52,459	16,585	69,044
1917	64,725	81,957	146,682	72,696	25,113	97,809
1918	137,204	70,390	207,594	117,273	38,886	156,159
1919	199,848	116,747	316,595	184,917	46,113	231,030
1920	169,380	173,098	342,478	143,111	55,627	198,738
1921	197,392	135,404	332,796	156,482	52,596	212,078
1922	197,914	108,990	306,904	160,247	55,503	215,750
1923	241,262	120,733	361,995	167,452	62,299	229,751
1924	306,660	110,195	416,855	211,817	86,857	298,674
1925	317,288	118,145	435,433	234,623	91,440	326,063
1926	338,175	133,621	47,796	248,235	75,561	323,796
1927	330,791	203,261	534,052	269,473	187,919	457,392
1928	333,829	287,865	621,694	295,839	206,244	502,083
1929	309,891	265,048	574,939	315,315	230,262	545,587
누계	3,326,210	2,214,540	5,540,750	2,851,121	1,285,689	4,136,810

① 무역에 의한 유입초과 475,089천 원, ② 무역 이외에 의한 유입초과 928,851천 원, ③ 무역 및 무역 이외에 의한 유입초과 1,403,940천 원

그리고 일본의 보충 식량을 중국이나 남양방면의 외국으로부터 수입하게 되었다면 그 또한 얼마나 불편 불리하였을 것인가. 이러한 점에서 보면 조선의 대일본무역에 있어서 조선이 일본 내지로부터 20년간 4억 7,500만 원 가량을 더 받아들였다고 할지라도 일본 내지 자본가의 이익이 그 이상

표 2-16 대외국 자금 유출입 누년조사

연도	유입			유출		
	무역	무역 이외	합계	무역	무역 이외	합계
1910	4,535	–	4,535	14,434	–	14,434
1911	5,516	–	5,516	20,029	–	20,029
1912	5,516	–	5,516	26,359	–	26,359
1913	5,921	–	5,921	31,618	–	31,618
1914	6,448	–	6,448	24,646	–	24,646
1915	9,319	1,986	11,305	18,159	509	18,668
1916	14,854	2,326	17,180	23,396	5,34	23,208
1917	20,233	4,749	24,982	31,396	5,075	36,471
1918	18,698	6,101	24,799	43,151	1,127	44,278
1919	23,098	10,213	32,313	98,159	2,530	100,689
1920	27,639	12,450	40,089	106,174	1,651	107,825
1921	20,884	11,193	32,077	75,899	2,317	78,825
1922	17,489	8,762	26,251	95,797	3,071	98,868
1923	20,403	9,280	29,683	98,338	2,520	100,858
1924	23,379	6,791	29,170	97,776	6,621	104,397
1925	24,341	10,230	34,571	105,388	6,714	112,102
1926	24,779	6,382	31,161	123,933	6,497	130,430
1927	28,133	7,207	35,340	113,943	9,240	135,183
1928	32,149	9,463	41,612	118,151	107,745	128,896
1929	35,773	33,145	68,918	107,767	9,150	116,917
누계	367,107	140,280	507,387	1,373,782	68,301	1,442,093

① 무역에 의한 유출초과 1,006,685천 원, ② 무역 이외에 의한 유입초과 71,979천 원, ③ 차인(差引) 유출초과 934,706천 원

몇 배 뛰어올랐을 것이라는 것은 상상하기 어렵지 않다. 더군다나 조선, 일본무역에 있어서 조선 내에서 성장한 일본인 자본가는 조선인 자본가 이상의 "몫"을 가지게 되었다. 조선에 비록 얼마쯤 유입초과가 있다할 지라도 조선인 호주머니로 들어오는 유입초과가 아닌 것은 알 수 있다.

무역관계에 있어서 조선의 대외국무역은 20년간 10억 668만 원의 유출 초과를 보게 되어 대일본 무역관계와는 정반대 현상이 나타났다. 그러나 무역 총액으로 보면 표 2-16에서 보듯이 유입에 3억 6,700만 원으로 일본의 33억 2,600만 원보다 약 9배가 적고, 유출에 13억 7,300만 원으로 일본의 28억 5,000만 원보다 약 2배가 적다는 것은 조선이 일본의 독점적 상품판매지라는 것 또한 엄숙한 사실이다.

다음으로 무역외 관계의 자금 유출입을 보면 일본은 유입 22억 1,400만 원으로 외국유입 1억 4,000만 원에 비하여 실로 15배 이상이고, 유출 12억 8,500만 원으로 외국 유출 6,800만 원에 비하여 18배 이상에 달하기 때문에 일본의 조선에 대한 경제관계의 심도를 알고도 남을 것이다.

일본의 조선투자액

"이 문제(투자-필자)는 가장 중요하다. 왜 그러냐면 조선이 자못 상품을 통한 무역관계로만 일본과 연결되었다면 식민지로서의 조선의 의의-제국일본의 식민지 조선 영유의 경제적 의의(그것은 가장 중요한 기본적인 의의다)는 대부분 거의 소멸할 것이기 때문이다."(미야케三宅 씨의 논문「조선과 일본과의 경제적 관계」중) 이와 같이 일본의 조선에 대한 투자 의의는 심각하다.

과연 일본은 과거 20년간 조선에 얼마큼 투자하였는가? 이를 정밀히 알자면 일본 정부의 정치적 투자(조선 경영비), 일본 자본단의 투자, 일본 개인의 투자 등을 부목部目으로 나눈, 통감부 설치 당시(1906년)부터 최근까지 연별 합계를 누계한 통계가 있다면, 그 이상 편리할 것이 없을 것이다. 그러나 이와 같은 완전한 통계 재료를 찾지를 못하였기 때문에 여러 조건의 제약을 받을지라도 조선총독부 측에서 조사, 발표한 조선의 대일본 무역외 투자금 유출입조에 의하여 윤곽을 그려보기로 하자.

앞에서도 무역외의 자금유입 중에는 투자 부분이 으뜸 된다는 것은 지적한 바 있지만, 과연 무역외 유입금 중에서 투자부분이 얼마나 포함되었을까? 조선의 대일본 무역외 자금유입에 대하여 먼저 그 내역을 검견檢見할 필요가 있다.

조선의 대일본무역외 자금 유입(1910~1929년 누계)

- 조선총독부 관계 수입금 559,037천 원
- 공채모집에 의한 유입금 313,765천 원
- 은사恩賜, 공채 및 기타 채권 이자 수입금 29,156천 원
- 사채모집에 의한 유입금 447,258천 원
- 조선에 본점을 둔 회사에 대한 일본으로부터의 출자금 204,629천 원
- 일본에 본점을 둔 회사의 조선에 대한 투자금 221,319천 원
- 은행 회사 등의 일본으로부터 차입한 자금 185,900천 원
- 조선에 본점을 둔 회사의 일본에서의 영업 순익금 △7,738천 원
- 재외자 및 기타가 조선으로 환송한 금원金員 또는 지귀금持歸金 19,772천 원
- 일본 선함의 조선에서의 지출금 15,922천 원
- 관광 및 왕래자 및 기항寄港상륙 선원의 조선에서의 소비금 49,231천 원
- 연내화객連帶貨客에 대한 조선철도가 일본으로부터 받은 운임 16,787천 원
- 조선에 본점을 둔 회사의 일본에서의 방자放資이익금 6,810천 원
- 조선선박이 일본으로부터 받은 화객貨客운임 13,207천 원
- 연금, 은급부조료恩給扶助料의 수입액 31,176천 원
- 조선에 본점을 둔 회사의 일본에서의 방자 회수放資回收 85,950천 원

• 기타 22,359천 원

합계 2,214,540천 원

*△표는 결손(인용처 동상)

　　이상에 의하면 대일본 무역외 유입액의 총액은 22억 1,454만 원에 달하지만 전부 투자액으로 볼 수 없다. 그 가운데서 어떤 것이 투자 부분인지를 다시 지적하지 않을 수 없을 것이다.

　　이에 대하여 미야케三宅 씨는 재정관계에 의한 유입자금목과 재외자 등이 조선에 환송한 금액 또는 지귀금持歸金, 일본 함선의 조선에서의 지출금, 왕래자 및 기항寄港 상륙 선원의 조선에서의 소비, 투자회수, 이자 수입 등을 다 빼고 자못 사채모집에 의한 유입, 일본에 본점을 둔 회사의 조선투자, 조선에 본점을 둔 회사에 대한 일본으로부터의 출자, 은행회사 등의 일본으로부터 차입한 자금, 일본 대회사의 조선에서의 사업비(상게한 유입항목 중에는 이 항목이 없다. 씨는 1928년 7월 《경성일보》와 《조선상공신문》에 의거하였으나 필자는 되도록 최근 통계인 1930년 12월 《조선공론》에 발표된 것을 인용하였기 때문에 항목이 달라졌다) 등 5개 항목만을 골라 조선 투자부분이라고 보고 합계 5억 9,754

표 2-17 투자항목별 합계

항목	三宅(천 원)	필자(천 원)
사채에 의한 자금유입	199,240	447,258
조선에 본점을 둔 회사에 대한 일본의 출자	173,979	204,629
일본에 본점을 둔 회사의 조선에 대한 투자	165,498	221,319
일본대회사에서의 사업비	9,000	항목 무
은행회사 등의 일본으로부터 차입한 자금	49,828	185,900
합계	597,545	1,069,106

만 5,000원을 조선투자액이라 하였다.

만약 미야케의 방법에 의하여 상계한 유입통계 중 투자부분을 지적하고 그것을 합산하면 표 2-17과 같다. 즉 10억 6,910만 6,000원으로 미야케가 산출한 5억 9,754만 원보다는 4억 7,156만 원 가량 큰 차가 생긴다. 약 2년간 조사 시일이 있다 할지라도 이같이 투자액이 약진되었다는 것은 실로 의아하지 않을 수 없다. 당분간 10억 6,900만 원 설을 부득이 믿을 수밖에 없다.

10억 6,900만 원은 일본인 자본단 및 개인자금에 의한 조선투자액이라 볼 수 있다. 하지만 무역외 유입자금 부목 중 조선총독부 관계 수입금은 일본 정부 일반회계로부터 지출된 조선 경영비이기 때문에 다소 성질이 다르다 할지라도 공채모집에 의한 유입자금과 같이 정치적 투자라 범칭하여 조선투자에 포함시킬 수 있을 것이다. 그렇다면 조선총독부 관계 수입금 5억 5,903만 원과 공채관계 유입금 3억 1,376만 원의 합계 8억 7,280만 원으로 일본이 조선에 투자한 총합계는 19억 4,190만 원에 달한다. 이 어찌 놀랄만한 숫자가 아니겠는가?

순경제적 투자액이 10억 6,910만 원이라 할지라도 동년(1929년) 조선 내 조선인 회사 자본총액인 4,251만 원보다 25배에 달하니 다시금 놀라지 않을 수 없다.

4

조선총독부 재정 해부

백악관白堊館[1]으로 2억 3천만 원

조선총독부가 아예 조선의 호주戶主로 들어앉아 조선 살림을 맡은 지가 이미 21년이나 되었다. 21년 동안 그들은 적지 않은 살림을 맡아 가지고 과연 어떻게 꾸려왔는가. 이제부터 그 내막을 들여다보기로 하자.

1905년 당시 구한국 정부가 세운 세계歲計 결산을 보면 세입 총액은 겨우 748만여 원이고 총 세출액은 950만여 원에 불과하였다. 그후 5년 일본의 보호정치(통감부 정치)가 확립된 1910년

조선총독부

---

1   조선총독부를 일컫는다.

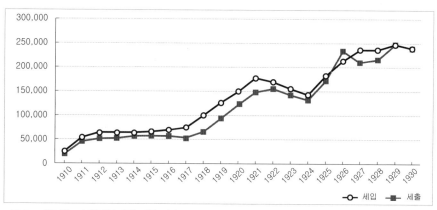

그림 2-5 연도별 조선총독부 세입·세출 변화

도의 세계 결산을 볼지라도 총 세입 2,232만 원에 총 세출 1,825만 원으로 1929년도의 총 세입 2억 4,57만 원, 총 세출 2억 2,74만 원에 비교한다면 10배나 살림 규모가 적었다는 것을 알 수 있다. 통감 정치시대와 총독 정치시대에 들어 무슨 까닭에 이 같이 경비가 늘어났으며 또 이 막대한 경비를 그들은 어떻게 염출하였는가? 우리는 이것을 이야기하기 전에 합병 이후 세계의 증가된 숫자적 족적을 미리 한 번 살펴보기로 하자.

늘어가는 총독부 세계歲計

세입 지수를 보면 1910년의 100에 대하여 1930년에는 1,074에 달하였고, 세출 지수에 이르러는 100~1,313의 비율로 세입보다 한층 격증된 숫자를 보이고 있다. 과연 그들은 어찌하여 합병 당시보다 1,010의 경비를 쓰지 않으면 안 되었는가. 경비라는 것이 모두 인민으로부터 염출하는 것인 이상 우리는 이에 중대한 관심을 안 가질 수 없다.

조선총독부 예산의 체통體統

국비가 왜 팽창되었는가를 말하기 전에 조선총독부 예산의 체통을 한번 밝혀 둘 필요가 있다. 일본 국가 예산 가운데 일반회계(또는 총예산이라 칭함)라는 것과 특별회계라는 것이 있다. 각 식민지 예산은 모두 특별회계 예산에 속한다. (그 외 특별회계 예산은 '국가기획 특별회계'의 경우 전매국·인쇄국·조폐국 등을, '자금 특별회계'는 공채금·대장성 예금부·교육기금 등을, '문화시설 특별회계'는 제국대학·관립 대학교 및 도서관 등으로 1929년까지의 특별회계 종목은 34종이었다)

조선총독부 특별회계 예산은 일본 식민지 특별회계 예산 가운데 으뜸이다. 1929년도에 이르러 2억 4,685만여 원으로 막대한데 지방재정 세계歲計를 포함치 않은 것이다. 만약 지방 세계와 공공단체 세계를 합친다면 한층 거액이 될 것이다. (1929년도 지방비 세출 합계는 3,347만여 원으로 당시 조선총독부 국고 보조금 783만 원이 포함됨)

일본 의회

대만총독부

무릇 특별회계는 독립회계(대만은 일반회계, 즉 중앙정부의 보조를 받지 않는 독립회계임)가 아니기 때문에 일반회계로부터 다소 보조를 받는 것이 정해진 규칙이지만, 보조액 이외는 일반회계와 아무 관계가 없다. 그러므로 조선총독부 특별회계도 약 1,500만 원의 보조금을 받는 것을 제외하면 독립회계나 다름없다. 이는 일반회계 대 특별회계 관계에서 뿐만 아니라 조선총독부 중앙 예산 대 지방비 예산 관계도 그렇다.

국비는 왜 팽창되었나?

국비(중앙세출·지방세출)는 왜 팽창되었나? 제일 원인은 식민지 내의 자본주의가 발달되어 화폐의 평가가 저하(물가의 고등) 된 까닭이다. 제2의 원인은 새롭게 가속加屬된 식민지 내에 본국의 통치권을 확립하는데 필요한 모든 공작, 그 예로 철도·감옥·재판소·경찰서·각종 행정 및 우편소 등의 신설 및 개혁과 이에 상응하게 배치된 인원의 막대한 인건비와 또 일본 문화를 보급시키는데 필요한 학교 신설과 비싼 일본인 교원의 채용에 국비가 자꾸 늘어났기 때문이다. 그리고 일본인 측 모든 경영에 대한 막대한 보호 장려비와 또 원료 식민지로서 조선의 식산흥업에 관련한 모든 신규 건설에 필요한 비용 등은 모두 국비를 격증시킨 중요한 세출이었다.

그 결과 조선총독부 중앙 세출은 과거 20년간(1910년~1930년까지) 100대 1,313으로 지수가 격증하였고, 조선총독부 지방비 세출(도지방비를 가리킴)은 같은 기간 내에 100대 4,361의 지수로 대격증을 보게 되었다.

이를 일본 내지의 세출 증가율과 비교하면 다음과 같다.

일본은 1894~1928년까지 37년 동안 국가 세출에 100대 2,045의 진전이 있었고, 지방 세출에는 100대 3,949의 진전을 보여 자본주의 발전에 고도의 스피드를 보이고 있다. 하지만 조선은 불과 20년만에 국가 세출 100대 1,313, 지방비 100대 4,361을 보여 일본의 세출 증가 속도를 뒤쫓아 따라붙게 되었다. 조선 자본주의화의 국가적 편달이 그 얼마나 급하였는 지를 증거하고도 남음이 있다. 그러나 돌이켜 인민의 부담 능력에 생각이 미치면, 거기에는 하나에서 열까지가 무리가 아닐 수 없다. 이는 금일 조선인 생활을 보아 칭찬할 필요가 없다.

표 2-18 조선총독부 특별회계(1931년도) (단위 : 원)

세입경상부			세출경상부	
조세	지세	15,242,723	조선신궁비	70,000
	소득세	1,065,734	이왕가세비	18,00,000
	영업세	1,081,301	총독부	3,820,457
	자본이자세	270,681	재판소 및 공탁국	3,554,658
	광세(鑛稅)	578,873	형무소	4,262,206
	조선권발행	37,139	지방청	30,172,090
	주세	12,388,813	경성제국대학	1,996,664
	사탕소비세	2,122,904	학교·도서관	1,485,283
	취인소세	182,952	경찰관강습소	245,828
	관세	9,682,880	세관	1,237,748
	톤세(噸稅)	54,274	농사시험장	505,099
	출항세	25,746	수역혈청제조소 (獸疫血淸製造所)	257,961
	합계	42,734,020	중앙시험소	125,786
인지수입			수산시험장	195,762
관업(官業)· 관유재산 수입	전매수입	51,038,190	임업시험장	173,238
	철도수입	74,846,154	전매국	27,641,599
	삼림수입	5,246,540	철도작업비	60,270,538
	우편전신·전화수입	15,275,753	영림비	4,189,369
	도량형수입	933,948	체신비	13,483,205
	역둔도(驛屯賭)수입	122,134	사회사업시설비	163,028
	관유물대하료	107,271	국채정리기금 특별회계조입	24,707,697
	형무소수입	1,556,981	은급부담비	2,816,820
	합계	149,126,971	제지출금	952,449

세입경상부			세출경상부	
잡수입	관유물불하대	470,197	예비금	2,500,000
	변상·위약금	29,135	경상부 합계	186,628,483
	징벌금몰수금	222,198	지출임시부	
	세관잡수입	336,160	조선부대비	305,159
	병원수입	694,049	임야조사위원회비	136,589
	은급법납금 (恩給法納金)	306,148	조사·시험비	898,810
	대장성예금부특별회 계수입	560,000	보조·장려비	17,021,197
	잡입	542,844	영선비	2,884,895
	합계	3,160,731	토목비	8,182,553
세입경상부 합계		206,321,537	철도건설·개량비	13,500,000
세입임시부	관유물불하대	421,121	삼림산물이용시설비	175,218
	기부금	6,309	사방공사비	983,308
	보충금	15,473,914	지적·지형구정리비	104,370
	일반회계수입금	577,731	교원학생해외파견비	76,950
	공채사업비 차입금	13,500,000	임시조선어장려비	71,983
	만철납	709,096	경지개량·확장비	4,717,357
	치수사업비분담금	198,000	국유림조사처분비	96,622
	전년도잉여금 조입(繰入)	1,365,165	국유연고임특별처분비	176,450
세입임시부 합계		32,251,336	국경세관임시제비	57,451
세입합계		238,572,875	임시특별수당	335,171
			對재외선인시설비	824,796
			조선사편찬비	61,168
			임시단속비	481,914
			조세제도개정준비비	110,084
			저금장려비	17,307
			임시교과서편찬비	9,791
			지방토목공사 지도감독비	135,190
			재해비	581,057
			임시부 합계	31,944,390
			세출 합계	238,572,873

* 제59회 의회용 조선총독부 예산참고서 갑호

조선총독부 예산 내막

연 2억 3천~4천만 원이나 되는 조선총독부 세계歲計는 어디서 세입을 얻어서 또 어떤 곳에 세출을 하고 있는가. 이를 보기 위해서는 각 연도 조선총독부 특별회계를 들춰 보는 것이 가장 편리할 것이다. 표 2-18의 최근 1931년도 특별회계를 통해 일반 내용과 특징을 지적하여 보기로 하자.

세입은 어디로부터?

세입이 없으면 세출도 없다. 고로 세입은 세출의 가능을 규정하는 것이다. 조선총독부에서 약 2억 3천만 원의 경비를 지불할 수 있다는 것도 그만한 수입이 보장되기 때문이다. 그들은 과연 어떤 수단으로 이 삐쩍 마른 땅에서 매년 그 같은 거금을 염출할 수 있었나.

표 2-18의 조선총독부 특별회계에 명시된 바와 같이 조선총독부 재정의 최대의 지주는 관업 및 관유재산 수입이다. 그 다음으로는 조세 수입, 우편·전신 및 전화수입 등이고, 임시부 세입에 보충금, 공채금, 사업비자금차입금 등이 가장 중요한 수입 항목이다. 우선 순서에 따라 그 내용을 좀 천천히 들여다보기로 한다.

1. 관업 및 관유재산 수입

이 항목의 총수입은 1억 4,900만 원이란 거액으로 철도 수입이 7,400만 원으로 거의 반절을 차지하고 연초·인삼·소금·아편 등 전매수입이 5,100만 원으로 그 다음이고, 우편전신 및 전화수입 1,500만 원이 세 번째이다. 그리고 삼림·도량형·형무소·역둔도驛屯賭 등의 수입 합계가 785만여 원이다. 관업 및 관유재산의 총수입액은 조선총독부 총수입의 60% 이상을 점하게 되었다. 일본의 일반회계에 있어서 조세 수입이 압도적으로 많고 관업 및 관유재산 수입은 그 보다 훨씬 뒤처진 것에 견줘보면 흥미 있는 대조다.

이는 조선에 있어서 국가 자본주의의 발달이 민간 자본주의의 발달보다 앞서 간 것을 말해주는 것이다. 즉 일본에서는 민간 기업이 발달되어 국가는 조세 징수에만 주력하지만, 조선에서는 민간 기업이 유치한 상태에 있고 또 빈곤으로 말미암아 막대한 세출을 조세에만 크게 기댈 수 없기 때문에 조선총독부 자신이 실업이란 이름으로 힘써 돈벌이를 하지 않으면 안되게 되었다. 무릇 식민지에서 국가 자본주의가 발달되는 것은 조선에만 있는 현상이 아니고 다른 나라의 모든 식민지의 세입 현상을 보아도 대개 관업 및 관유재산 수입이 으뜸이라는 것을 알 수 있다. 이는 물론 경제적 사정이 공통된 까닭이다.

2. 조세

조세 수입의 내용을 보면 일본 및 기타 국가에서는 소득세가 으뜸이고 지세가 그 이하로 뚝 떨어져있으나, 조선에서는 그와 정반대로 지세가 모든 세 가운데 으뜸이다. 즉 조세 총액 4,272만여 원 중 지세가 1,524만여 원으로 35%를 점하고 소득세는 영업세·자본 이자세·광세鑛稅·취인소세取人所稅 등을 통틀어 친다할지라도 290만 원을 넘지 못한다.

소유 과세에 있어서 조선의 지주 및 농민층 부담이 자본가 및 시민층의 부담보다 엄청나다는 것을 알 수 있다. 다음으로 소유과세와 주세·사탕소비세·관세 등 총액과 비교하면 전자는 약 1,800만 원이고 후자는 약 2,400만 원 정도이다. 대중大衆 과세액이 높기로는 일본의 3억 9,000만 원

대 5억 1000만 원보다는 낮다할지라도 상당히 높아질 것이다. 이 점으로 본다할지라도 국가의 소비층 확대가 여실히 나타난다.

우편전신 및 전화 수입은 1,520여만 원으로 전년도나 전전도 예산보다도 각각 28만 원, 98만 원의 증가를 보여 불황을 초월한 점증적 수입이 되었다. 역둔도 수입은 불하 대부 등 처분 관계로 매년 줄어들었다. 그러나 불하에는 불하대가 있으므로 재산에서 줄어든 것은 아니다. 그리고 형무소는 155만여 원의 생산기관으로 연 지출의 약 3분의 2를 보충하고 있으며, 잡수입에서는 관유물 불하대가 매년 늘어나 47만 원에 달하고 변상辨償·위약違約·징벌·몰수금 또한 10년 전 보다는 약 5배 늘어 250만 원에 달하였다. 그리고 세관 잡수입은 일본 상품의 이출을 보호하기 위하여 외국상품 수입을 철저히 방지하였기 때문에 23만 원에 불과하다.

다음으로 임시 세입부를 보면 일반회계에서 나오는 보조금 1,547만 원을 필두로 공채금·사업비자금·차임금 1,350만 원이 이에 버금가며 관유지 불하대는 매년 축소되어 42만 원 정도이고 만주철도 납급 60만 원이 있으며 전년도 잉여금이 또 여기에 임시부 세입계는 3,225만 원에 달하여 전 세입 2억 3,857만여 원에 약 6분의 1을 점하였다.

그 돈을 어떻게 쓰나?

조선총독부의 1천만 원 이상, 1백만 원 이상의 세출을 순위로 살펴보면 표 2-19와 같다.

조선총독부 세출에서는 관업에 속하는 철도 관계비(경상부의 철도작업비와 임시부의 철도 건설 및 개량비를 합하여 7,377만 원으로 이는 전 세출의 약 3분의 1에 상당

표 2-19 조선총독부의 세출 순위   (단위 : 원)

순위	1천만 원 이상		1백만 원 이상	
	항목	세출액	항목	세출액
1	철도작업비	60,270,538	토목비	8,182,552
2	지방청비	30,172,090	경작개량 및 확장비	4,717,357
3	전매국	27,642,599	형무소	4,262,206
4	국채정리기금특별회계조입	24,707,697	영림비	4,189,369
5	보조 및 장려비	17,021,197	총독부	3,820,457
6	철도건설 및 개량비	13,500,000	재판소 및 공탁국	3,554,658
7	체신비	13,483,205	영철비	2,884,895
8			은사부담금	2,816,820
9			예비금	2,500,000
10			경성제국대학	1,996,664
11			이왕가세비	1,800,000
12			학교 및 도서관	1,485,283
13			세관	1,237,748

함)와 전매 및 영림 등 으뜸 되는 관업 경영비만 1억 560만여 원에 달하여 거의 전 세출의 대부분을 점하였다. 다시 말하면 조선 중앙 재정의 반은 조선총독부 자신의 기업 자금으로 지출되고 있다.

나머지 1억 3,300백여만 원은 지방청·조선총독부·재판소 및 공탁국·형무소·관세·경찰관 강습소 등 모든 관청시설의 봉급, 사무 및 사업비, 기밀비 등에 4,330만 원, 농사시험장·중앙시험소·수산시험장·임업시험장·임야조사위원회비(임)·조사 및 시험비(임)·지적 및 지형도 정리비(임)·국유림조사처분비(임) 등 각종 조사 시험에 250여만 원, 영선 및 토목비(임)로 1,100만 원, 체신비로 1,340만 원, 또 조선총독부 빚 갚는 돈(소위 국채정리기금 특별회계 조임)으로 2,470여만 원의 거액을 지출한다. 그리고 일본인 경영인 사립철도회사 보조금 5백만 원을 비롯한 보조금 장려비로 1,700만 원을 지출하고 경성제국대학·기타 학교 및 도서관·임시 조선어 장려비· 조선사 편찬비·임시교과서 편집비·교원학생 해외 파견비 등 문화시설 및 사업에 370만 원, 사회사업 시설비로 물경! 근 16만 9천 원, 이에 대하여 1931년도부터 조선총독부에서 새롭게 부담한 은급 지출액이 280여만 원에 달한다는 것은 놀랄만하다. 이 외에 경지개량 및 확장비, 예비금 등등 중요 세출과 기타 잡지출에 쓰게 된다.

다음으로 세출의 약간 특징을 지적하고자 한다.

조선총독부 세출의 특징

1. 관업 중심주의

철도를 으뜸으로 하는 전매(연초·인삼·소금·마약 등)와 삼림 등 관업 방면으로 지출하는 돈이 1억 2,100만 원으로 조선총독부 세출에 제일 큰 몫(전 세출의 50% 이상)을 차지한다. 이는 무슨 까닭일까? 이를 한마디로 말하자면 자본주의의 발달이 유치한 조선에 철저히 조세제도를 시행키 불가능하기 때문에 간접세의 일종인 독점적 기업을 일으켜 직접세만으로 부족한 세입을 채우고자 하는 것이다.

이에 인민은 관기업 자본의 한 몫씩을 내는 동시에 거기서 나오는 상품을 명령적命令的 고가高價로 구매, 이용해야만 하는 이중 부담을 가지게 된다. 그리고 관업 중심주의는 국가적 계획으로 식민지 자본주의화를 촉진코자 하는 것이다. 특히 철도 관계 세출에 있어서 1925년 만철로부터 인계 받을 당시에는 작업비, 건설 및 개량비를 합하여 5,216만 원 밖에 안 되던 것이 1930년도에 와서는 2,180여만 원이 늘어난 7,394만 원에 달한 것을 보면 명확해진다. 즉 철도 예산의 팽창은 자본주의의 혈관인 철도망 공작을 촉진하기 때문이다.

2. 비대한 경무 · 재판 · 감옥비

경무·재판·감옥비의 세출은 2,935만 원으로 전 세출의 약 12%에 해당한다. 경무·재판·감옥 등의 비용이 거액에 달하는 것은 선진국에도 그 예를 찾아 볼 수 없다. 선진국의 군사비에 비교할 만한 세출이라 할 것이다. 이 항목의 세출은 다음과 같다.

사업 경찰비는 매년 증가하여 미증유 쌀값이 대폭락한 1930년도에도 2,935만 원은 지출하였다. 사법 경찰비가 매년 증가한 것은 무엇을 의미하는가. 이는 곧 식민지 불안이 매년 증대하고 있다는 것을 의미하는 만큼 사회적·민족적으로 중대한 주의를 환기케 하는 것이다.

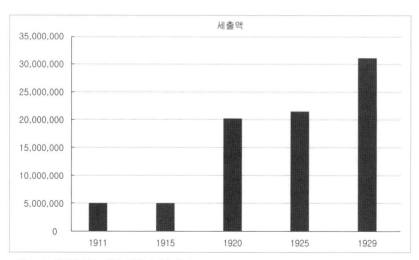

그림 2-6 연도별 경무·재판·감옥비 세출 추이

* 재판소비·형무소비·경무비 등을 합산한 것임.

3. 토목 권업비의 과다彩多

식민 본국보다 식민지의 토목 및 권업비의 비율이 높은 것은 식민지의 자본주의가 유치한 상태에 있다는 것을 보여준다. 즉 자본주의 경제제도의 기초 공작이라 할 만한 도로·교량·항만 등 모든 건설 및 개량 토목과 제방·사방 등 치산치수 공사는 거액의 자금이 요구된다. 또 권업적 모든 시설과 보조사업 등을 신규로 계획하는 대로 많은 경비가 필요하다. 국가는 토목비를 '국가의 공익적 비용'이라 하지만, 자본주의의 유통을 원활케 하고 통치권 행사行使를 편리케 하며 수비守備 및 경무警務의 능률을 증진시킨다는 점에서 매우 필요하고 직접으로는 토목 청부업자에게 큰 이익이 떨어진다는 것을 간과치 못한다(토목비 1,120여만 원은 매년 이들의 수중에 떨어진다).

권업비는 식산흥업이 목적이지만 사철私鐵 보조 500만 원, 관개 및 개간 사업 공사비 보조 374만 원, 제철 장려 보조 53만 원, 미곡창고 보조 49만

인력에 의존했던 일제시기 터널공사. 터널공사에 동원된 수많은 조선인 인부들

원, 조림 보조 49만 원, 뽕나무밭 증식 장려 보조 33만 원, 금융조합 보조 30만 원, 비료 개량 장려 보조 28만 원, 기타 각 지하수, 도로, 항만공사 보조 및 각종 산업 보조 등 합계 1,797만 원(1930년)이 누구에게 이로운 권업비가 될 것인가 하는 것은 다시 설명할 필요가 없다. 자못 식민국 자본주의 계급의 식민지 내 모든 기업활동을 적극적으로 보호 장려하는 수단이라는 것만 알아두면 충분하다(토목 권업비 합계 2,910만여 원, 전 세출의 12%).

4. 대채무大責務의 감채기금減債基金[2]

조선총독부가 걸머진 빚은 얼마나 되나?

1929년도 말 3억 7,700만 5천 원에 달하여 1910년도 말 2,117만 7천 원보다 17.8배 증가한 것을 알 수 있다. 1911년 조선사업 공채법에는 5,600만 원을 한도로 정하였으나, 그 후 8회나 한도를 변경하여 1927년에는 6억 370만 원으로 확대시켰다.

이와 같이 조선총독부 부채(조선 인민의 부채)가 늘어나게 된 것은 화폐정리幣制整理 · 도로 · 수도 · 해관 · 염전 · 지방창고 등 시설, 토목비 보조, 철도건설, 사철 매수, 병원, 경무관서, 감옥 등 새로운 시설에 조선총독부 평상 수

표 2-20 국채 누년 비교표   (단위 : 천 원)

구분	1929	1928	1927	1926	1910
차입금	58,685	56,185	56,185	56,185	20,058
공채	76,486	55,681	34,111	26,640	1,117
국고채권	241,964	241,391	235,670	215,794	–
계	377,135	353,257	325,966	298,619	21,175

* 1931년도 『조선총독부시정연보』에 의함.

---

2   채권의 상환자원을 확보하기 위하여 적립하는 자금을 일컫는다.

표 2-21 조선총독부 관리 봉급비

유급관리 총수	47,444(명)	100(%)
유급 일본인 관리	30,732	65
유급 조선인 관리	16,712	35
관리봉급 총액	40,420,766	100
일본인 관리 봉급	31,977,623	79
조선인 관리 봉급	8,443,143	21
일본인 1인 봉급	1,040	–
조선인 1인 봉급	505	–

* 1931년 간 『조선총독부통계연보』에 의하여 계산.

입이 크게 부족하기 때문이다.

즉 식민지에 식민국 통치권을 확립을 신속히 하고 식민국 자본주의의 온실을 만들기 위해서는 식민 인민의 부담이 어찌 되었든 과중해진다 할지라도 단행치 않을 수 없다는 것이 그들의 속마음이었다. 이는 조선의 민도民度가 나날이 기울어 가는대도 불구하고 전후 8회나 국채 한도를 경신, 확장시킨 것을 보아도 알 수 있다. 이제 약 3억 8천만 원의 빚을 지게 되었으므로 감채기금으로서 약 2,400만 원의 거금을 조선총독부 예산에서 빚을 내지 않으면 안 되게 되었다.

금후로도 국채는 6억 300만 원 한도로 증가될 운명에 있는 만큼 조만간 약 4천만 원의 감채기금을 세입 중에서 빼돌려야 할 것이다. 그렇다면 국가경제가 인민경제와 정반대 방향으로 달아날수록 그 도랑도 깊어진 다는 것은 머지않은 날에 볼 수 있을 것이다(국채비는 전 세출의 9%).

5. 차별적 관리 인건비

조선총독부 세출 예산 중 봉급비 합계는 4,042만 766원(1929년 말 현재)으로 전 세출의 17%를 점한다. 조선인·일본인을 구별한 봉급비를 보면 표 2-21과 같다.

일본인 관리는 같은 봉급인데도 식민지 가봉加俸이 더 붙는 외에 사택비私宅費를 받기 때문에 거의 배액을 받는다. 대체로 조선인 관리보다 고급봉급을 받는 까닭에 봉급 총액을 유급 인원 수로 나누면 일본인은 조선인보다 1인 평균 535원씩을 더 받는 꼴이 된다. 만약 이를 모든 조선인의 1인 평균 봉급인 505원으로 인하한다면 1,644만 1,620원이 절약되어 총 봉급액은 4,042만 원에서 2,397만 원으로 떨어진다.

그러나 조선인 관리보다 일본인 관리가 1만 4,020명이 더 많다는 것과 조선인 봉급보다 일본인 봉급이 11배액 이상으로 2,353만 4,480원이 더 많다는 것은 식민국의 특권을 말하는 것임에 다시금 놀랄 것이 없다.

6. 과소한 교육비와 사회사업비

일본에서는 교육비가 전 세출의 8.1%(1929년)를 차지하지만 조선에서는 3.5%(1930년)에 불과하다. 즉 2억 3,895만 원의 총 세출 가운데 겨우 846만 원의 교육비를 지출하는 것인데, 소위 '문화정치' 교육예산의 정체를 알 수 있다. 같은 해 사법·경찰비는 2,935만여 원에 달하여 교육비에 3, 4배에 해당하는데 이를 '경찰정치'라 할까, '문화정치'라 할까하는 것은 독자의 판단에 맡길 뿐이다.

그리고 사회사업으로는 이재구조罹災救助·진휼구호賑恤救護·시약구료施藥求療·아동보호·복리시설·직업보도·사회교화 등의 명목을 만들고 시설과 시급施給에 힘쓴다고 하지만, 1931년도 예산에 의하면 16만 원이 겨우 계상計上되었을 뿐이니 거기서 무슨 큰 효과를 기대할 것인가. 조선 식민정책의 자유주의적 요소는 아직 세계적 최저선에 떨어졌을 뿐이다.

7. 계속비의 과다

계속비라는 것은 계속적 사업에 지출하는 돈으로 미리 총액을 결정한 뒤에 매년 이를 나눠 지출하는 것이다. 조선총독부 예산 중 계속비에 속하는 것은 표 2-22와 같다.

신규(1931년도 이하 지출) 3종과 아울러 모두 13종목의 지출 총액은 6억 8,830만 원에 달하는데 그중에 1930년도 이전에 지출한 것이 4억 437만 7,903원이니 1931년도 이후에도 2억 8,445만 3,013원을 지출하지 않으면 안 된다. 계속비 중에도 76%에 상당한 5억 2,738만 2,512만 원이 철도 건설 및 개량비이며 기타도 전신·전화·도로·해관·치수·사방·감옥·도청 등 정리 및 공사비가 거의 전부를 차지한다. 조선의 자본주의화를 촉진시키는 동시에 통치상·국방상의 기초를 더욱 확립하고자 하는 노력에 이

표 2-22 조선총독부 계속비 예산 (단위 : 원)

국세조사비	기정 총액	1,483,474	도로수축개량	기정 총액	45,678,000
	개정 총액	1,416,725		개정 총액	44,950,932
제국대학 신영비	기정 총액	937,783	해관공사비	기정 총액	41,441,995
	개정 총액	1,217,337		개정 총액	41,951,604
사범학교 신영비	기정 총액	327,875	치수공사비	기정 총액	53,014,000
	개정 총액	333,034		개정 총액	5,236,566
구치감 신영비	신규 총액	424,000	철도건설개량	기정 총액	537,366,218
				개정 총액	527,392,512
의전부속의원 신영비	신규 총액	320,000	삼림산물이용 시설비	기정 총액	1,871,648
				개정 총액	1,857,705
충남도청 신영비	신축 총액	359,000	사방사업비	기정 총액	9,300,000
				개정 총액	10,711,525
전신전화 정리	기정 총액	7,670,000	합계	기정 총액	699,090,993
	개정 총액	7,669,976		개정 총액	688,830,916

렇게 거대한 비용이 든다는 것에 다시금 놀라지 않을 수 없다.

문제는 이 같은 거금을 써가면서 모든 시설을 건설·정리·개량해 나가면 조선인과 빈궁 계급이 과연 그들이 부담 지출한 돈 만큼 이익을 향수享受할 수 있을까 하는데 있다. (이하 삭제)

5

조선 조세제도의 해부

조선 조세의 세입상歲入上 지위

국가 수입에는 공公경제적 형식과 사私경제적 형식을 가지고 있다. 강제적 형식과 비강제적 형식을 가지는 것도 있고 또 유속적有續的 형식과 무속적無續的 형식을 가지는 것도 있다. 공경제적, 비강제적, 무속적 형식의 부과금은 각종 수수료·사용료와 같은 것이고, 공경제적, 강제적, 무속적 형식의 부과금은 조세이며, 사경제적·비강제적·유속적 형식의 부과금은 관업(전매상 물론 포함됨) 및 관유재산 수입 같은 것이라 할 것이다.

이 모든 형식은 부과라는 실질적 의의에는 조금도 다르게 없지만 그 가운데서 조세는 가장 권력적·명령적이며 무상적·무조건적이라는 점에서 특징이 있다. 국가는 조세를 통하여 인민과 정면적으로 가장 밀접한 경제적 교섭을 맺고 있기 때문에 조세정책은 적어도 근대적 민중의 눈앞에는 호도적糊塗的인 사회정책으로, 이를 분식 미화하여 합리적으로 보이지 않을 수 없다. 이 또한 자본주의적 국가행위의 양면성이 드러나는 한 장면이라 할 것이다.

특히 조선은 정치적 특수지역이므로 조세 부과의 근본적 기조는 필연적으로 계급적이면서도 민족적인 것을 자각하지 않을 수 없다. 백성을 상대하는 조세제도란 어떤 것일까. 그것의 표리 실태를 해부하는 것은 자못 흥미 있는 과제가 아닐 수 없다.

그러나 조선의 조세는 일본 내지와 기타 선진국만큼 재정 수입상 중대한 지위를 가지지 못했음을 미리 말해둘 필요가 있다. 1931년 조선 총 예산에 따르면 관업 및 관유재산수입은 1억 4,919만 원이고 조세수입(인지수입 포함)은 5,413만 원에 불과하였다. 이는 조선총독부가 세본稅本 세원稅源[1]의 빈약, 징세상의 곤란으로 말미암아 관업 및 관유재산수입으로 세입의 최대 지주를 삼았기 때문이다. 조세가 제2위로 떨어진 것이나 조세수입의 탄력성은 관업 및 관유재산수입 이상의 것이기 때문에 장래에는 형세가 역전될지도 모를 일이다.

조선의 조세제도

병합 이전 조선의 조세는 『양안(조세대장)』에 기초를 둔 지세와 매호에 부과하는 호세 등 물납세가 주세主稅였다. 그러나 재정상 당면 수요가 있을 때는 임시로 특종세를 과징할 수 있었기 때문에 한말의 탐관오리들은 다투어 가렴주구를 일삼았고 국가, 지방의 재정은 극도로 문란해졌던 것이다.

---

1 조세가 지급되거나 지급될 것이 예기되는 원천을 말하는 것으로 일반적으로 납세자의 소득·재산 및 자본을 말한다.

그 뒤 보호정치 – 합병이 됨에 따라 구래의 봉건적 조세를 근본적으로 고쳐 자본주의적 조세제도로 이를 대신토록 한 뒤 조세의 체계를 근본적으로 뜯어 고쳐 세본 세원税本税源과 과세물건 등을 정밀히 조사하여 과세표준(예컨대 지세의 법정 지가 등)과 세율(예컨대 지세는 법정 지가의 0.017%의 세율 적용) 등을 전부 새로 규정하여 재정 수입에 신기원을 이뤘다. 그러나 신제도에 상응할 만한 재정수입이 가장 규칙적인 조세징수 방법을 대신하는데 불과하였다.

현재 조선의 조세 체계는 "① 일반 소득세를 조세 체계의 중추로 삼고, ② 수익세의 조직을 정비하여 일반 소득세의 보완세를 만들고, ③ 소비세 및 교통세 등으로 조세 체계를 완전케 한다"(1926년 조세제조사위원회에서 심의한 원칙임)라는 원칙 하에서 조세를 확립케 되었는데, 징세 체계를 일람표로 정리하면 표 2-23과 같다.

조선 조세권의 주체는 물론 조선총독부이지만 조선총독부에서 지정한 지방자치단체 또한 조세권의 한 주체이다. 즉 조선에는 조선의 중앙통치단체인 조선총독부의 국세라는 것이 있고, 지방 통치단체인 도·부·면의 도지방세, 부세, 면부과금이 있으며, 또 특수조세권 주체인 학교비·학교조합 등이 있어 각각 부과금을 징수하고 있다. 징세의 체계가 복잡한 것은 대만·화태(사할린)·관동주(만주) 등 다른 식민지와 비할 바가 아니다. (이상 3자는 모두 국세만을 징수하고 있다.) 일본 내지보다도 학교비·학교조합 등이 교육 조세권 주체로 되어 있기 때문에 한결 더 복잡하다.

조선 국세는 지역 내 관계를 초월한 일반세인 만큼 전 조선에 부과되는 것이지만, 도·부·면에는 국세의 부가세와 특별세를 두어 각각 도·부·면 재정 수입을 마련하고 있다. 특히 부세 중에는 국세 부과금 이외에 도지방세 부과금이란 것을 징수하고 도지방비와 학교비 중에는 부가세, 특별세 이외에 또 부역(무상 강제적 노동)을 부과하고 있다. 이것만 보더라도

표 2-23 조선 조세체계 일람표

국세	직접세	소득세	소득세(법인)
		수익세	지세, 영업세, 자본이자세[2], 취인소세, 광세
	간접세	소비세	주세, 연초경작세, 관세, 톤세, 출항세, 사탕소비세[3]
		교통세 (행위세)	인지세, 등록세, 취인세, 조선은행권발행세
지방세	도지방세	부가세	국세지세부가세, 소득세부가세
		특별세	도장세(屠場稅), 특별시장세, 호세, 가옥세, 어업세, 선세, 부동산취득세, 차량세, 특별소득세
	부세	국세부가세	지세 부가세, 소득세 부가세, 취인소세 부가세, 영업세 부가세
		도지방세 부가세	가옥세 부가세, 지세 부가세, 차량세 부가세, 특별소득세 부가세
		특별세	호별세, 특별호별세, 잡종세, 조흥세(助興稅)[4], 특별소득세, 매축면허지평수할, 토지증가세, 토지평수할
	면부과세	부가세	지세할, 영업세할, 소득세할, 특별소득세할
		특별세	특별부과금, 호별할(戶別割)[5]
	학교비부과금		지세부가세, 호세부가세, 가옥세 부가세, 호별(수)할 부가세
	학교조합비 부과금		호별할

조선의 세제는 상당히 복잡한 규모로 세원이 추궁追窮되고 있다는 것을 알 수 있다.

이같이 복잡 난해한 세제를 어찌하여 조선에 만들었을까. 다액의 단일세

---

2 소득세의 하나로 자본의 투자로 생기는 이자에 대하여 그 자본의 소유자에게 부과한다.
3 간접세의 일종으로 1919년 4월 1일부터 사탕 제조장 등으로부터 사탕, 당밀 또는 당수가 반출될 때 부과되었다.
4 요리점에 나와 돈을 받고 놀아 준 기생에게 시간당으로 따져 거두는 세금을 일컫는다.
5 호별할은 1936년 호별세가 신설되면서 호별세 부가세로 변화했다.

보다 소액의 다형세多形稅를 받는 것을 징수율을 높이고, 인민의 반감을 줄여주기 때문이다. 로이 파우엘은 "그것은 만연 복잡한 것이 아니고, 그들은 이 같은 복잡성으로 말미암아 외부로부터의 비난 공격을 방지할 수 있기 때문이다"라고 한 말을 비추어 생각할 때 그 뜻을 참작할 수 있다.

조선 조세의 누년 증가

조세는 한 나라 재정수입의 근간이기 때문에 조세가 급증한다는 것은 국가적 기능이 급한 속도로 발전된다는 것을 의미한다. 조선이 병합된 뒤로 조선의 통치 단체는 직접 통치권 확립을 촉진하는 동시에 간접적으로 식민지적 경제 기초를 급히 닦고자 하였기 때문에 국가적 통계와 활동에 상응하는 재정수입을 필연적으로 조세에 크게 기대지 않을 수 없었다. 때문에 조선의 조세가 매년 격증된 것도 우연한 일이 아닐 것이다.

　그러면 조선 조세는 합병 이래 얼마큼의 속도로 증가되어 왔는가. 이는 한 나라의 공업발달 속도를 동력 증가수로서 계량하는 것이 식민지의 자본주의화 속도를 계량하는데 합리적인 기초가 될 것 같기도 하다.

　무릇 발달된 조세제도는 자본주의 시대의 산물이므로 선진국의 조세제도는 이미 안정 상태에 도달하여 수입도 일정한 표준액에서 얼마큼 상하가 있지만, 후진국이 자본주의화 되는 과도기에는 전혀 그 반대 현상이 나타난다. 조세수입선租稅收入線은 비교적 난조 속에서도 상향선인데, 특히 식민지인 후진국에 있어서는 어느 때 그 포세飽稅 지점에 도달할지 모르는 만큼, 급히 또는 꾸준히 증가하는 것이 통칙이다.

　표 2-24를 통해 조선의 조세 증가 상황을 일별하기로 하자. 이를 그래

표 2-24 조선 조세수입 증가 누년조

	국세	도지방세	부세	면부과금	학교금	학교조합	합계
1911	12,437,869	815,009	–	–	–	–	13,252,878
1912	13,361,916	901,481	–	2,316,519	13,254	–	16,593,170
1913	13,903,622	986,874	–	2,896,646	30,331	220,048	17,789,142
1914	16,685,250	1,284,291	536,518	2,331,833	43,531	601,364	21,482,787
1915	17,494,006	1,462,211	621,544	2,249,455	53,568	558,412	22,469,196
1916	18,876,156	1,361,239	624,361	2,245,845	74,529	609,070	23,791,191
1917	22,679,456	1,387,045	645,125	2,194,258	129,023	667,321	27,702,238
1918	29,184,773	2,058,692	750,158	3,096,478	195,316	784,296	35,066,723
1919	38,518,944	3,823,228	889,875	4,311,585	527,716	1,006,268	50,040,872
1920	34,901,398	8,627,679	1,676,406	9,552,525	4,377,223	1,819,072	61,239,707
1921	36,903,221	9,945,203	1,860,842	10,562,848	4,766,945	2,049,611	66,336,621
1922	42,524,806	11,124,804	2,122,596	11,219,657	6,511,220	2,251,238	76,088,138
1923	33,974,146	11,397,257	2,191,649	11,565,277	6,956,359	2,380,808	68,463,144
1924	37,401,024	11,515,037	2,158,528	12,039,104	7,005,502	2,462,971	73,037,525
1925	38,629,221	11,687,205	2,203,383	11,335,060	6,921,161	2,403,736	73,077,804
1926	41,947,334	11,861,956	2,285,125	12,271,931	6,970,314	2,455,943	76,703,731
1927	43,363,097	17,220,145	2,513,894	12,525,950	3,053,391	2,517,706	81,169,920
1928	44,633,002	17,388,667	2,541,483	13,034,871	3,107,298	2,557,394	83,204,151
1929	45,987,938	17,820,894	2,777,744	13,386,985	3,269,390	2,628,310	85,871,262
1930	43,478,712	17,895,468	2,702,589	13,484,229	3,445,732	2,641,793	83,648,523

* ① 국세, 도지방세 이외는 전부 각 년도 예산액임. ② 1929년도 『조선총독부통계연보』, 제3회 『척무성통계 개요숫자』에 의함. ③ 합계는 필자의 계산에 의함. ④ 통계표 중 –표는 동세(同稅) 실시안 된 해를 가리킴.

프로 나타내면 그림 2-7과 같다. 이에 따르면 1911년 국세는 1,243만 7,000여 원에 불과하였으나 20년 후 1930년에는 4,347만 8,000여 원으로 3.4배가 늘었으며, 도지방세는 81만 5,000원에서 1,789만 5,000여 원으로 급증하여 실로 21.9배에 달하였다.

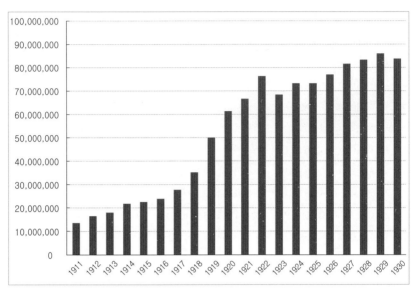

그림 2-7 조선 조세수입 추이(1911~1930)

그리고 1914년부터 징수한 부세는 53만 6,000여 원이 1930년에는 270만 2,000여 원으로 5배가 늘고, 1912년부터 실시된 면부과금은 231만 6,000여 원에서 1,348만 4,000여 원으로 5.8배 늘었으며, 또 1912년부터 실시된 학교비는 1만 3,000여 원에서 344만 5,000여 원으로 물경 259배나 증가하였고, 학교조합도 22만여 원에서 164만 1,000여 원으로 10배가 늘었다.

1914년 모든 종류의 조세가 전부 실시된 이후 징수액의 총계를 보면, 그해 2,138만 2,000여 원은 1930년까지 17년간 약 4배가 늘어 8,364만 8,000여 원에 달하였다. 병합 다음해인 1911년 조세 총액 1,325만 2,000여 원과 비교하면 6.3배의 차이다.

조세와 인민의 부담

1. 직접국세 민족별 부담액

조세 가운데는 대장세臺帳稅[6]라 일컫는 다소 고정적인 직접세(국세인 직접세와 지방세인 국세직접세의 부가세와 기타 지방세인 직접세 등을 전부 총괄)와 종율세從率稅[7]라 일컫는 다소 유동적인 간접세(지방세에는 간접세가 없음)가 있다. 부담관계를 산정할 때는 직접세 총액만을 끄집어내 전 인구수로 그 부담액을 계산하는 것이 통칙이다. 조선 내 직접세 총액에 대한 민족별 직접세 총액과 또 부군도별 민족별 직접세 총액으로 각각 부담액을 산정하여 보기로 하자.

1931년도 국세 및 지방세 총액 8,364만 8,523원 중 직접세에 해당하는 세액 총액은 578만 2,021원으로 민족별로 나눠 부담액을 보면 그림 2-8과 같다.

그림 2-8에 의하면, 조선인의 직접세 부담액은 4,340만 4,000여 원이고, 일본인은 1,301만 5,000여 원인데 전자의 부담액은 후자보다 3.3배로 직접세 총액에 76%를 점한다. 조선인은 아직도 조선의 최다액 납세자임에는 틀림없다. 그러나 이는 인구 관념을 전연 고려하지 않은 것이고, 만일 각자의 부담액을 해당 인구 총수로 계산한다면 과연 1호당 및 1인당 부담액은 얼마나 될 것인가. 조선인 측 직접세 부담액이 전체적으로 76%를 점하였다 할지라도 이것은 결코 조선인 측의 부富의 정도를 지적하는 것이 못 되는 것은 두말할 필요가 없다.

---

6 납세의무자, 과세대상, 과세표준 등을 조세대장에 기장하여 두고 그에 의거하여 과세하는 세를 일컫는다.

7 간접세의 한 가지로 과세 물건, 과세 표준 및 세율만을 정하고 과세의 원인이 생길 때마다 매김 관세가 이에 해당한다.

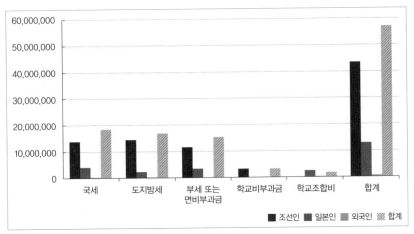

그림 2-8 민족별 직접세 부담액 비교(1930년도)

* 1. 단위는 원임. 2.『조선총독부조사월보』1931년 12월호 자료를 근거로 작성함.

표 2-25 직접세 평균 부담액(1930년도)

단위 : 리(厘)

민족별	매호당	매인당
조선인	11.799	2.204
일본인	103.049	25.933
외국인	41.932	9.580
합계	14.936	2.324

　표 2-25의 직접세 평균 부담액을 보면 조선인은 1호당 11원 79전 9리이고 일본인은 1백 3원 4전 9리로 약 9배가 많으며, 1인당으로 보면 조선인의 부담액은 2원 20전 4리인데 비해 일본인은 25원 93전 3리로 약 12배에 달한다. 즉 빈부의 차이는 대장세 부담액으로도 명확하게 나타난다.

　외국인의 1인당 부담액을 볼지라도 그것은 9원 50전으로 조선인에 비해 4배가 더 많다. 조선인이 조선 내의 전 인구 중 최빈 계급에 속한다는 것은 숫자로서도 명확하게 증거 된다.

2. 민족별 직접세 평균 부담액 누년 조사

다음으로 직접세 평균 부담액 누년 조사에 의하여 조선 내 부의 동향을 보기로 하자.

그림 2-9와 같이 1924년부터 1930년까지의 조선인 측 직접세 평균 부담액을 보면, 1928년경까지 조금 증가된 것을 볼 수 있다. 하지만, 1930년에는 또다시 위축되어 1호당 6전 6리 증가, 1인당 18전 6리 감소 현상을 보인다. 일본인 측 평균 부담액을 보면, 1924년부터 급격히 증가되어 1호당 82원 62전6리였던 것이 1930년에는 103원 4전 9리로 20원 42전 3리가 늘고 1인당 22원 47전이었던 것이 25원 93전 3리로 2원 46전 3리가 늘었다. 외국인 평균 부담액도 1924년과 1930년을 비교하면 1호당 18원 92전 1리, 1인당 2원 20전 5리로 각각 늘었다. 이로써 조선 내 자본 축적의 방향과 속도를 대개 참작할 수 있다.

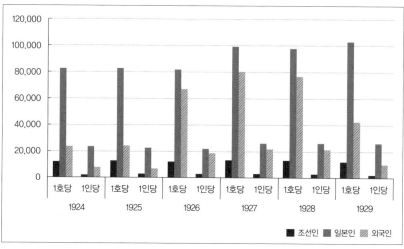

그림 2-9 민족별 직접세 평균부담액 누년 비교(1인당)

* 1928년까지는 『조선총독부통계연보』에 의하였고, 1930년은 『조사월보』 1931년 12월 자료를 필자가 계산한 것임.

3. 부·군·도별 부담액

앞에서 직접세 부담관계를 분석하였으나 부府와 군도郡島는 각각 부담액을 달리하기 때문에 이를 좀 더 정밀하게 부담 관계를 분석하여 보기로 하자.

민족별 부 직접세 부담액은 표 2-26과 같고 이에 대한 1호당 및 1인당 평균 부담액은 표 2-27과 같다.

민족별 군도 직접세 부담액은 표 2-28과 같고, 이에 대한 1호당 및 1인당 평균부담액은 표 2-29와 같다.

표 2-26 민족별 부 직접세 부담액(1930년도)

민족별	국세	지방도세	부세 또는 면비부과금	학교비 부과금	학교조합비	합계
조선인	375,838	396,293	760,124	626,296	–	2,158,551
일본인	1,991,515	858,057	2,072,846	–	1,549,113	6,471,531
외국인	296,086	39,944	203,447	–	3,000	442,676
합계	2,665,440	1,294,263	2,936,417	626,296	1,552,313	9,072,758

* ① 단위는 원, 원 이하는 사사오입함. ②『조선총독부조사월보』 1931년 12월호에 의함.

표 2-27 민족별 부 직접세 평균부담액(1930년도)　　　　　　　　　　단위 : 리(厘)

민족별	국세		지방세		부세/면비	
	매호	매인	매호	매인	매호	매인
조선인	2,137	453	2,253	479	3,323	704
일본인	31,715	7,561	13,664	3,257	33,010	7,870
외국인	53,252	11,769	7,184	1,587	18,605	4,112
합계	10,907	2,381	5,300	1,157	12,025	2,625

민족별	학교비		학교조합비		합계	
	매호	매인	매호	매인	매호	매인
조선인	3,561	754	–	–	12,276	2,601
일본인	–	–	24,669	5,881	103,059	24,533
외국인	–	–	575	12	79,618	17,596
합계	–	–	–	–	37,155	8,112

표 2-28 민족별 군도 직접세 부담액(1930년도)

민족별	국세	지방세	부세 또는 면비부과금
조선인	13,472,011	14,085,257	11,034,251
일본인	2,278,711	1,636,333	1,405,903
외국인	117,031	41,306	61,058
합계	15,967,753	15,762,897	12,501,212
민족별	학교비부과금	학교조합비	합계
조선인	2,654,814	–	41,246,333
일본인	–	1,122,587	6,343,335
외국인	–	–	219,395
합계	2,654,814	1,122,587	48,009,263

* 단위는 원, 원 이하는 사사오입함.

표 2-29 민족별 군도 직접세 평균부담액(1930년도)   단위 : 리(厘)

민족별	국세		지방세		부세/면비	
	매호	매인	매호	매인	매호	매인
조선인	3,845	714	4,020	747	3,149	585
일본인	35,875	9,554	25,761	6,681	22,133	5,895
외국인	11,441	2,661	4,083	939	5,969	1,38
합계	4,463	834	4,406	823	3,494	653
민족별	학교비		학교조합비		합계	
	매호	매인	매호	매인	매호	매인
조선인	757	140	–	–	11,772	2,187
일본인	–	–	17,673	4,707	103,018	27,437
외국인	–	–	–	–	21,448	4,991
합계	–	–	–	–	13,422	2,508

4. 세납액별 세납자 수의 비교

지세 납세 의무자의 납액별 인원 수를 살펴보는 것은 인민의 재산분배 상황을 알 수 있고, 또 이를 민족별로 나누면 재산분배 상황을 어느 정도 알 수 있기 때문이다. 이는 물론 간접적 추정 방법이고, 단일세에 한정되기 때문에 불완전하다. 하지만 조선은 1차 산업국이라 일컫는 농업 본위국이므로 부동산 소유 관계를 가장 잘 보여주는 지세를 통해 계급별·민족별로 비교하는 것 또한 의의가 없지 않다고 생각된다.

조선 내의 지세 납세 의무자 수는 400만 6,000여 명(1929년)인데, 그 가운데 최고 납세층인 500원 이상 납세자 수는 겨우 892명이며 최저 납세자층인 30전 미만 납세자 수는 90만 5,458명으로 매우 많다. 30전 미만 납세층에서 500원 이상 납세층까지 거슬러 올라가면 그것은 원추형탑을 한 층, 두 층 오르는 것같이 다액 납세층으로 올라갈수록 납세자 수는 차츰차츰 줄어들어 최고 첨단인 극소수의 납세층을 발견할 것이다.

특히 표 2-30과 같이 조선인 납액별 납세자 수를 보면 전체적 빈곤하여 다액 납세자는 극소수이지만 소액 납세자는 엄청 많다. 당해 인구 10만 중 당액 납세자 수를 일본인과 비교하면 최고 500원 이상 조선인은 겨우 2명에 불과하지만 일본인은 170명이나 된다. 이외에도 200원 이상은 14명 대 222명이며, 100원 이상은 40명대 354명, 50원 이상은 98명대 644명, 30원 이상은 151명대 793명, 20원 이상은 217명대 836명, 15원 이상은 258명대 753명, 10원 이상은 518명대 1,157명, 7원 이상은 718인명 1,176명, 5원 이상은 968명대 1,244명, 3원 이상은 1,785명대 1,811명의 비율로 다액 납세자 인구비는 일본인이 절대 우세를 보이고 있다. 이를 그래프로 정리하면 그림 2-10과 같다.

그러나 2원 이상 3원까지의 소액 납세층에서 30전 미만까지는 형세가

표 2-30 지세 납액별 납세자수와 인구비(1929년)

납세액	납세자 총수	조선인		일본인		외국인
		납세자 수	인구10만 명 중	납세자 수	인구10만 명 중	납세자 수
5백원 이상	892	364	2	515	107	3
2백원 이상	3,776	2,671	14	1,086	213	19
1백원 이상	9,255	7,482	40	1,734	354	39
50원 이상	21,609	18,496	98	3,146	644	67
30원 이상	32,366	28,418	151	3,875	793	73
20원 이상	45,035	40,882	217	4,082	836	71
15원 이상	52,264	48,526	258	3,678	753	60
10원 이상	103,180	97,453	518	5,645	1,157	82
7원 이상	140,777	143,955	718	5,745	1,176	77
5원 이상	188,150	181,964	968	6,079	1,244	107
3원 이상	344,239	335,249	1,785	8,845	1,811	145
2원 이상	374,962	366,612	1,952	8,208	1,680	142
1원 이상	645,032	633,481	3,372	11,276	2,302	175
50전 이상	625,855	616,875	3,294	8,718	1,785	262
30전 이상	613,817	507,810	2,703	5,811	1,190	205
30전 미만	905,458	896,594	4,773	8,405	1,721	459
합계	4,006,667	3,917,722	20,856	86,858	17,781	2,087

* ① 납세자 숫자는 1929년도 『조선총독부통계연보』에, 인구 10만 명 중 납세자수는 필자의 계산에 의함. ② 외국인 납세자수의 인구비 표시는 생략함. ③ 납세자수의 인구비는 1929년 말 현재 인구에 의하여 계산함.

역전되어 조선인이 절대 다수를 점하는 반면 일본인은 3원 이상 15원 이하의 납세자 수부터 30전 미만 최소액 납세자에 이르기까지 납세자 수는 조금도 늘지 않았다.

그림 2-10과 같이 일본인은 중산층 이상이 발달되었지만, 조선인은 전

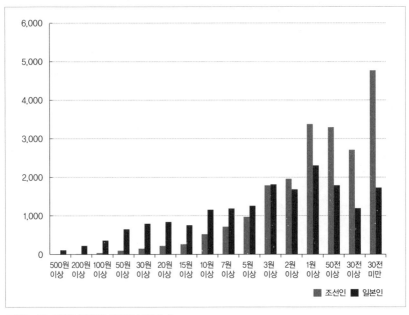

그림 2-10 지세 납세액별 민족별 납세자 수

혀 그 반대 상태에 있어 납액 2원 이하의 최저층만이 절대 다수인 것을 알 수 있다. 전체적으로 계급 대립이 첨예화되어 있는 것은 납액별 인원 수에서 그대로 드러난다(실제로 일본인의 중산층은 실제 인구비로 보아 조선인의 몇 배 이상에 달한다. 부의원 선거 때에 소수 일본인 부민이 다수의 조선인 부민보다 부세府稅 5원 이상 납세자 즉 유권자로 항상 우월한 것을 알 수 있다).

조선 조세제도의 특징

1. 조세제도의 이론적 기초

이상에서 조선 조세의 형태상 관찰을 마친 셈이다. 이제는 조선 조세의 실질적 내용을 분석하여 그 본질을 파악해 보기로 하자.

아담 스미스는 조세과징원칙으로 평등·확실·편의·최소 등 4원칙을 세우고 선량한 조세제도는 모름지기 이에 부합되지 않으면 안 된다고 주장하였으나, 그 뒤 독일 학자들은 이를 고쳐서 도의적 원칙, 재정 정책적 원칙, 국민경제적 원칙, 행정원칙 등 4개 원칙에 준거하여 어그러짐이 없어야 된다고 목소리를 높였다. 이는 현재 조세원칙으로서 가장 완전하고 면밀한 것이라 할 것이다.

4대 조세원칙은 무릇 자본주의적 조세제도에 이론적 근거가 된다. 첫째 도의적 원칙은 ① 부담공평, ② 부담보편(조세부담 자격자의 포탈, 누락 없이 부담하는 것)을 말한 것이다. 둘째 재정정책 원칙이란, ① 수입충분(국가 재정상 수요에 부족함이 없이 하는 것), ② 수입 능동(마음대로 굽혔다 펼수 있는 탄력성을 가져야 한다는 것)을 말하는 것이다. 셋째 국민경제적 원칙이란, ① 세원稅源 불가침(세가 인민의 재부를 침해해서는 안 된다는 것), ② 생산교통의 보호, ③ 국민경제의 향상을 말하는 것이다. 넷째 행정원칙이란, ① 사회정책적 고려, ② 건강의 유지, ③ 수입의 확실성, ④ 수입의 편의성, ⑤ 징수비의 최소화 등을 가리킨다. 이는 한 나라의 조세를 분석하는데 적절한 참고가 된다.

그러나 조세의 영역이 계급사회라는 인식을 자임하는 통치단체가 모든 계급에 어떻게 조세를 배정, 과징하고 있는가는 흥미있는 문제이다. 또 조선은 식민지이므로 조세의 민족적 관계를 고려해야 하고, 또한 그 특수한 경제적 관계에 의한 조세 특징에 더 주목하지 않을 수 없다.

2. 조세계租稅界에 군림한 소비세

일본의 조세 체계를 보면 소득세와 수익세가 기본세이다. 소득세는 호주격으로 제1차로 수익세의 보좌를 받고 소비세와 유통세는 제2차로 이를 보

표 2-31 조선 조세 수납액

구분		금액	비고
조세 총수입		54,133,835	1931년도 예산
소득세(법인소득세)		1,065,734	조세 총액의 1.9%
수익세	지세	15,243,723	
	영업세	1,081,301	
	자본이자세	270,681	
	취인소세	182,952	
	광세	578,873	
	합계	17,357,530	조세 총액의 32%
소비세	주세	12,388,813	
	사탕소비세	2,122,904	
	관세	9,782,880	
	톤세	54,274	
	출항세	25,746	
	합계	24,274,617	조세 총액의 45%
유통세	조선은행권 발행세	37,139	
	인지세		
	등록세	11,398,815	
	취인세		
	합계	11,435,954	조세 총액의 21%

좌하고 있는 셈이다. 이것은 물론 세질상稅質上 하는 말이다. 세수납액 차원
에서 하는 말은 아니지만, 수납액으로도 소비세가 소득세 상위를 점하였을
뿐 기타세는 모두 소득세보다 적다. 주인이 잠깐 손님 1명에게 자리를 양
보한 셈이다.

그러나 표 2-31과 같이 조선 조세의 수납액을 보면 소비세는 조세 총수
납세액에 있어서 최대 45%를 점하고 수익세는 32%로 그 다음이며, 유통

세는 21%로서 제3위요, 소득세는 겨우 1.9%로 맨 끝을 점하고 있다. 조선에서는 주인이 손님에게 완전히 쫓겨난 셈이다.

세질로 보아 소득세는 분명히 모든 세의 근본임에도 불구하고 어찌하여 조선에서는 맨 끝으로 떨어졌을까. 그리하고 소비세는 부세副稅로 보충적인 성질을 가진 것인데도 어찌하여 조세 총액의 반을 점하여 최고위에 오르게 되었을까.

무릇 소득세는 수익세와 더불어 소유 과세적 성격이 있다. 이런 종류의 조세를 실제적 주세主稅로 하여 세원을 넓히고 세율을 높이면 식민지 자본주의 발달상 중대한 지장을 초래하기 쉽다. 즉 식민지의 투자와 기업을 장려하는데 있어서 개인 자본가 계급에게만 편리를 제공하지 않을 수 없다는 것이 이런 종류의 조세가 발달하지 못하는 주된 원인일 것이다. 기술적으로 식민지에 이런 조세가 발달될 수 없다는 것은 부차적인 원인 밖에 못 될 것이다.

그러나 소비세는 대중 과세적 성질을 가진 만큼 자본가 계급에는 하등 직접적인 고통이 없으며 혹 있다할 지라도 상품의 가격을 올려 얼마든지 다른 계급에 전가할 수 있다. 때로는 뜻밖의 이익을 얻을 수도 있기 때문에 소비세를 많이 받는대도 조선의 자본주의적 성장에 직접적인 지장이 없을 뿐만 아니라, 징세에 매우 편리하고 민중이 잘 의식하지 못하는 사이에 고율의 세금을 과징할 수 있는 묘리妙利가 있기 때문에 소비세가 발달되어 왔던 것이다.

만일 2,420만여 원에 달하는 소비세에 소비세의 변종이라 볼 수 있는 전매의 이익금 1,571만여 원을 더한다면 3,998만여 원의 거액이다. 금일 조선은 정히 소비세 홍수시대에 당면하고 있다할 것이다. 일본에서도 조세 중 최고위를 점한 것이 소비세임이 틀림없지만, 표 2-32에 의하면 조선보다는 큰 영향을 미치지 못하다는 것을 알 수 있다.

표 2-32 일본 조세 수납액

구분		금액	비고
조세 총수입		982,364	1930년도 실행예산
소득세(2종)		204,018	조세 총액의 20.7%
수익세	지세	67,754	
	영업수익세	44,992	
	자본이자세	15,976	
	광업세	4,962	
	합계	133,684	조세 총액의 13%
소비세	주세	210,807	
	청량음료세	4,633	
	사탕소비세	82,533	
	직물소비세	37,977	
	관세	144,243	
	噸세	2,305	
	합계	482,497	조세 총액의 49%
유통세	태환권 발행세	6,016	
	취인세	9,816	
	상속세	27,498	
	인지수입	85,555	
	합계	138,885	조세 총액의 13%

* ① 조세 총수입 숫자가 조세내역 숫자의 합계와 약간 다르나 원문대로 게제함. ② 시사연감에 의함.

이같이 절대 우월한 조선 소비세의 숫자는 무엇을 의미하는 것일까. 소비세 최대 부분의 최후 담세자(납세의무자가 아님)가 조선의 대중층인 만큼 그들 부담을 절대로 가중시키고 있다는 것을 의미한다. 소비세란 본래 담세자의 능력 여하를 표준하지 않고(예컨대 백만장자에게도 약주 1석에 10원을 받고 무산자에게도 한 푼 에누리 없이 같은 소비세를 받는 것), 자못 품종에 따라서만 고저가 있기 때문에 무산층에게는 절대로 공평치 못한 부담이 된다는 것을 간과하지 못할 것이다. 이러한 점에 있어서 소위 '도의적 원칙'과 '행정 원칙'에 어그러지는 계급적 편중세라는 것이 숨김없이 잘 드러난다. 그것이 극도로 고조되고 있는 것을 숫자가 잘 증명하고 있다.

3. 초고속도로 늘어가는 지방세

다음으로 가장 주의를 환기시키는 것은 초고속도로 늘어가는 지방세 문제이다. 1911년 조선 조세 총액은 1,325만여 원이었다. 그 가운데 국세는 1,243만여 원으로 총액에 약 94%이고, 지방세는 81만여 원으로 7%에 불과하였다. 그러나 1930년도에는 조세 총액 8,364만여 원 중 국세는 4,348만여 원으로 52%이고, 지방세는 4,017만여 원으로 48%로 뛰어 올랐는데 이 얼마나 놀라운 증가인가.

무릇 지방세가 증가한다는 것은 객관적으로 지방자치단체의 자치 권한의 증대를 의미하는 것이지만, 조선 지방세의 증가 이유는 중앙통치단체로부터 자치 권한을 증대시키기 위한 의식적 정치적 기도에서 나온 것이 아니다. 중앙 재정 수입의 유한성으로 말미암아 지방비 보조가 뜻같이 이뤄지지 못하기 까닭에 지방통치단체로 하여금 독자적으로 재정 수입 원천을 마련토록 한 것에 지나지 않는다.

그리고 국가의 조세 정책상 조세권 주체를 많이 만든다는 것은 (조선의 조세권 주체는 조선총독부 이외에 도·부·면·학교비·학교조합 등이 있다) 인민의 조세 부담 관계의 감각을 분화시키기 위한 것이다. 중앙 정부와 인민과의 첨예한 부과자, 피부과자의 대립관계를 완화시키는 동시에 각 조세권 주체의 복잡한 세제를 잘 알지 못하게 하여 다액의 조세 징수 목적을 용이하게 도달케 하는 묘한 진리가 있는 것이다.

혹 지방세에 대해 지방행정상 불가피한 재정수입 원천이라 할 수 있지만, 교육비(학교비 포함)·토목비(광의)·권업비·원산비援産費·사회구제비·사무비·경비비(면) 등 지방 중요세 용도의 대부분은 원칙상 국세로 지불해야만 하는 것임에도 이를 지방세로 충당하겠다는 것은 그러한 의도에서 비롯된 것이다.

4. 불구적 소득세

소득세란 자본주의 경제 질서 속에서 존속하는 국가의 조세 세원으로 가장 합당한 세금이다. 선진 제국은 소득세의 범위를 확대하여 법인, 개인 및 기타의 모든 소득을 광범하게 포괄하고 있다. 일본의 경우를 볼지라도 제1종 소득세에 법인소득을 과세하고 제3종 소득세에 개인소득을 과세하며 제2종 소득세에 공채公債·사채社債·은행예금·대부신탁의 이자·회사의 배당상여금까지 과세하고 있다.

조선의 소득세를 보면, 법인의 보통소득(사업연도 총 익금에서 총 손실금 제한 금액), 초과소득(보통소득이 당년 자본금액의 10%를 초과하는 소득), 청산소득(법인해산 당시 재산의 총 가격이 불입주식금액·출자금액·적립금·최후사업연도 보통소득 등 합계액을 초과하는 금액)에만 과세할 뿐, 개인과 기타 소득에는 완전히 소득세가 면제되는데 이는 무슨 까닭일까.

소득세는 세질상 본래 중산층 이상의 세금인 만큼 납세의무자에 대한 고려는 식민지 자본주의화에 중대한 관심사가 아니었다. 만일 개인소득세를 조선에서 일본과 같이 누진세로 받는다면 양적으로는 조선인 측의 부담이 많을지 모르지만, 질적으로는 일본인 측의 부담이 분명히 많아야 할 것이다. 그렇게 된다면 조선 내 일본인의 이주 이익을 멸손滅損시키는 동시에 중산층 이상의 일본인의 조선 이주 장려가 곤란하게 될 우려가 없지 않다.

이는 급격한 몰락과정을 밟고 있는 조선인 중산층에 더한층 불안의 씨를 불리는 셈이기 때문에 법인에게만 과세한다는 특전을 베푼 것이다. 결코 막연한 식민지 조세제도 확립의 기술적 결함에서 출발한 것이 아니라는 점을 간과하지 말아야 한다.

조선의 소득세에는 전술한 바와 같이 법인의 보통소득세·초과소득세· 청산소득세 등이 있는데, 보통소득과 청산소득은 각 5%이고, 초과 소득만 4%·10%·20% 등 누진세율이 규정되어 있을 뿐이다(이것은 조선의 모든 세금 중에서 오직 하나밖에 없는 누진 세목임).

5. 식민지적 관세

관세는 국가의 재정수입과 국내의 산업진흥을 위한 조세이기 때문에 국민 경제상 극히 중대한 위치에 있다. 조선의 관세는 수입세·이입세移入稅 2종으로 나뉜다. 전자는 외국품, 후자는 일본품에 과징하는 것이다. 1929년 외지의 수이입 총액을 보면 4억 2,300여만 원에 달하였다. 그 가운데 수입 총액은 1억 1,823만여 원(일본산 수입액 116만여 원이 포함됨)으로 총액에 25.5%에 불과하다. 이입품 총액은 3억 1,532만여 원으로 74.5%를 점하였는데 관문통과 유입품 중 일본품이 대부분이다.

수이입 총액의 25.5%를 점하는 수입품 관세는 788만여 원인데 반하여, 75.5%를 점한 이입품 관세는 283만여 원에 불과하여 세액이 완전히 경도되었다. 이는 관세에 식민지적 특질이 구현되었기 때문이다. 만약 조선을 국민 경제의 한 단위로 삼는다면 조선 관세는 막대한 수입을 얻어 (그때는 이입세와 수입세의 실질적 구별이 없어지고 모두 수입세 세율로 받기 때문이다) 인민의 다른 부담을 상당히 줄일 수 있을 것이다. 다만 "그릿 쎄펜"의 국민경제 단위에 조선이 포함되어 있는 한 이를 기대할 수 없는 일이다.

현재 조선의 소위 이입세란 알코올, 주정함유 음료 및 직물 등에 약간 세를 붙인 것인데, 기타 이입품에는 그런 것이 전연 없다. 또한 이입세·소비세·출항세 등의 화물 이외에는 개항·불개항을 불문하고 자유 이입을 허가하고 있기 때문에 조선의 제조 공업은 일본 공업품에 여지없이 압도되었다. 일본인 측 특권적 공업 기업이외는 볼 만한 것이 전혀 없어 이입세의 결여, 경감은 조선 산업 부진의 극히 중대한 유기적 원인이라 할 것이다. 이렇듯 막대한 세원에 과세하지 않기 때문에 조세는 다른 부분에 전가되어 인민부담이 과중하게 되는 필연적 결과를 낳고 만다.

6. 비누진적 수익세

조선 소유세의 실질적 중추는 소득세가 아니고 수익세이다. 이 또한 소유계급에 치중한 과세이므로 만일 분배의 인위적 조화를 꾀하는 사회정책적 원칙을 따른다면 이는 모름지기 누진세율을 적용하지 않을 수 없을 것이다. 그러나 현행 수익세인 지세·영업세·자본이자세·취인소세·광세鑛稅 등 5종류 전혀 누진세랄 것이 없다. 표 2-33과 같이 각 세율을 검토해 보자.

표 2-33과 같이 모두가 고정 세율일 뿐 누진세율을 가진 것이 없다. 대자본이 소자본을 이기는 것은 철칙이므로 중산층이 빠른 템포로 몰락하는 것은 명백한 사실이다. 국가는 50만석의 대지주 동척이나 5, 6두락의 소자작농에게 똑같은 지세를 받고 있으며, 100만 원 자본의 대영업자나 '구멍가게' 영업자나 영업 종류만 같으면 이 또한 동률 세를 받는다. (기타도 모두 이런 상태임)

이 어찌 납세의무자의 부담 능력을 고려한 공평한 세율이라 할 수 있는가. 설사 상당 정도의 누진세율을 적용한다 할지라도 대자본가, 대지주층에게는 창고 안의 곡식 한 알 정도에 불과할 것이다. 그럼에도 불구하고 여

표 2-33 세목별 세원

지세	법정지가의 0.017%
영업세	영업종류에 따라 수입금액에 대한 세율이 각기 다름 0.0001% 내지 0.011%
자본이자세	자본이자금액의 0.02%
취인소세	매매 수수료 수입금액의 0.10%
광세	광구 천평 당 또는 강바닥 연장 1정보 당 연 60전

기다가 고정세율을 실시하는 것은 그들에게 자본축적(집중과 집적) 행진에만
마력馬力을 더해주는 국가적 편달鞭撻이 아니고 무엇일까.

이와 같이 조선 현행 조세의 실제는 소위 조세원칙에 위배될 뿐 아니라
식민지적 특수사정이 여기에 가미되어 모순성은 한층 노골화되었다. 통치
권력은 이 같은 세제와 세율로도 99.5%(1929년)의 징수 실적을 냈다.[8]

---

8   각종 세율에 관한 상세는 조선총독부 재무국 간행, 『조선세무법규제요』 참조.

6

조선 전매제의 내막

조선 전매제도의 의의

식민지 통치 주체는 본국의 영유領有 목적을 실현하는 정치적 조직체로서 법적 질서의 집행 권력인 동시에 거대한 자본을 여러 산업에 투자하여 이윤을 취득하는 자본주의적 기업 단체이다. 기업은 관업官業이란 이름으로 경쟁자를 용납하지 않는 독점적 경영이므로 그 수익은 실로 막대하여 식민지 정부 재정 수입에 거대한 지주가 되었다.

전매는 관업 가운데 철도에 다음 가는 기업이지만 투자 자본에 대한 직접 수익률은 오히려 철도 이상이다(철도는 연 1,600만 원의 이익을 보고 있으나 신철도 건설과 철도 개량비로 대부분을 재투자하고 있다). 독점 기업적 의의는 가장 직접적이고 더욱 선명하다 할 것이다. 조선 전매의 특징적 의의를 간단히 지적하면 다음과 같다.

1. 조세 대행으로서의 전매

조선은 ××내지에 비하여 자본주의의 발달이 뒤떨어졌기 때문에 완전한 조세제도를 시행하기에는 여러 곤란한 점이 있다. 그러나 조선총독부 살림살이에는 거액의 재정수입이 요구되기 때문에 세稅가 아니면서 그 이상의 수입을 얻을 수 있는 조세대행제도를 수립하였는데 그것이 곧 전매제도이다.

조선의 전매는 연초·인삼·소금·아편 등의 상품을 인민 앞에 내놓고 결코 세를 요구하지 않으면서도 고가로(실질적 소비세) 그 값을 받는다. 그 결과 세보다 한층 징수가 편리하고 실수가 증가하자 조선총독부는 4종의 전매제도에 철저를 기하는 동시에 더욱 범위를 넓히려 애쓰고 있다(조선의 술 전매설이 선전된 지는 이미 오래다).

2. 국가 자본주의로서의 전매

전매제의 발달은 국가 자본주의의 발달을 의미한다. 국가 자본주의란 국가의 존재가 일국의 자본주의적 질서를 유지, 발전시키는 매개적 조직체일 뿐만 아니라 국가 자체가 직접 자본주의적 산업기구에 참여하는 것을 가리킨다. 이것이 발달될수록 국가 권력의 위력은 한층 강화된다.

국내의 국가 자본주의 발달은 어떤 점에서는 국가 사회주의적 요소와 일맥상통하여 소비층에 얼마쯤 유리한 결과를 줄 수도 있겠지만, 식민지 내 전매제의 발달은 급증하는 예산보조에 맞추기 위한 조세대행제도이기 때문에 결코 소비층의 부담을 경감시켜주는 것은 아니다("조선만큼 담배 값이 비싼 데는 세계에도 드물다" 이 말은 결코 거짓말이 아닌 것을 기억하자). (이하 2쪽 삭제)

조선총독부 세입 예산과 전매

1931년도 조선총독부 특별회계 세입에 전매수입이 5,103만 8,190원으로 관업 및 관유재산 수입 총액 1억 4,900여만 원에 35%를 점하고 총독부 총 세입으로는 약 22%에 달한다. 지세를 비롯한 12종의 국세 총액 4,273만 5,020원에 비하면 약 1.2배로 830여만 원이 더 많으며, 지세 1,524만 2,700여 원에 비하면 약 3.4배에 달하기 때문에 세입 재원으로 중대성은 실로 크다(조선총독부 예산 중 철도 수입이 7,480여만 원에 달하여 세입 예산 중 제일 큰 몫을 차지하고 있으나, 거의 전부가 건설 개량비로 지출되고 만다).

이를 일본과 비교하면 일본은 국가 자본주의와 아울러 민간기업이 발달되어 전매의 예산상 지위는 조선과 정반대 현상을 보이고 있다. 1931년도 예산의 세입총액 14억 8,924만 4,000여 원 중 전매 수익이 1억 9,824만 8,000원으로 13%를 차지하고, 관업 및 관유재산수입 총액 5억 1백여만 원 중에서 39%에 달하며, 지세의 6,478만 9,000원에 비하면 3.2배 많다. 조선과 비슷하다 할 수 있지만 지세를 합한 전 조세 총액의 7억 7,828만 원에 비하면 24%, 즉 25%밖에 안 되기 때문에 조선의 1.2배인 119%와는 정반대라 할 것이다.

조선 전매제도의 내용

조선총독부에서는 연초·소금·인삼·아편 등 4종을 전매하여 막대한 이익을 취득하고 있을 뿐만 아니라 전매 이익을 옹호하기 위해 〈전매단속령〉을 시행하여 준엄한 단속을 하고 있다. 4종 전매를 개별로 내용을 살펴보면 다음과 같다(이하 2쪽 삭제).

1. 연초 전매

1) 경작 면적 및 경작인

전매 당국에서는 매년 연초 경작지와 면적 및 종류를 공시하는데, 1929
년 현재 경작지역은 평북·함남북 3도를 제외한 10도 70군 258면에 1만
8,175정보에 달하고 경작인은 12만 4,970명, 경작조합 수는 44개이며 생
산액은 조선·일본·외국 3종을 합하여 654만 92관에 달한다.

2) 연초제조공장 및 관서

전매 관서는 경성에 조선총독
부전매국이 있고 경성·대구·
평양·전주에 전매지국 부속의
대규모 제조공장이 있다. 출장
소는 주안·개성·인천·광양
만·진남포·남시 등 6개소가
있고 전매지국 출장소는 주요

경성지방전매국 인의동 공장 정문

지 28개소 외에 79개소의 파출소가 있다. 그리고 연초경작 및 수납에 관한
사무를 취급하는 11개소 출장소가 있다.

3) 연초 판매망

연초 판매망은 334개의 영업소와 6만 416명의 소매 상인이 13도 방방곡
곡에 깔려있다.

4) 제조 연초 생산고 및 판매고

4곳의 연초공장에서 제조되는 연
초는 모두 16종으로 1929년도 제
조판매고는 표 2-34와 같다. 연초
전매 판매고 3,390여만 원은 1929
년도 전매 총수입 3,854만 7,019
원의 약 90%에 해당하여 전매 수
익의 우위를 점하였다.

조선총독부 전매국 '애엽연' 포각지

표 2-34 연초공장별 제조 판매고

구별	제조고	판매고	가격
구부(口付)	7,415,000千本[1]	7,124,09천본	3,727,835원
양절(兩切)[2]	39,568,000천본	37,900,59천본	17,616,748원
세각(細刻)	14,600관	14,469관	217,582원
황각(荒刻)	3,573,300관	3,423,570관	12,185,071원
수이입품		–	162,049원
합 계			33,909,285원

2. 소금 전매

담배·술 등에 소비세를 부과한다든지 또는 이를 전매한다든지 하는 것은 현
재 국가 재정자원으로 보아 있음직한 일이라고도 볼 수 있지만, 소금과 같은
절대 필수품에 소비세적 수입을 기도한다는 것은 너무나 심한 일이다. 그러

---

1   일본에서 '가늘고 긴 것'을 세는 단위이다. '개비(담배)', '자루(연필)', '병(술)' 등이라고 세
    는 단위를 일본에서는 '본'이라 한다.
2   양쪽 끝이 모두 노출된 담배를 일컫는다.

나 조선총독부는 소금을 전매하여 매년 150여만 원의 수입을 얻어 세입 자원의 일부를 만들고 있다. 이 점에 있어서 전매가 과연 사회정책을 고려한 것이라고 할 수 있을까. 비록 액면이 적다할지라도

일제시기 천일염전

이 또한 민중의 일상생활에 밀접한 문제인 만큼 주의를 끌게 한다.

합병 이전까지는 유치한 전오식煎熬式 제염(바닷물의 염도를 높인 뒤에 끓여서 석출析出하는 소금을 일컫는다)과 중국에서 주로 수입되는 천일염을 공급하였다. 당시 한국 정부는 1907년부터 통감부의 일본인 지도로 경기도 주안에 제1기 염전축조계획을 세우고 관영으로 천일염 제조를 개시하였다.

1) 염전 면적

합병 이후 조선총독부는 제1기 계획으로 1909~1911년까지 858정보의 염전을 축조한 후, 제2기 계획으로 1917~1920년까지 주안·광양만 덕동까지 이를 확장시켜 총면적 1,205정보에 달하였다. 다시 3기 계획으로 평남 귀성, 경기 남동군자, 평북 남시 등으로 확장하고 합계 1,241정보의 염전을 축조하여 1929년 현재 조선 염전 면적은 2,446정보에 달하였다.

2) 염 생산고

조선의 염 소비량은 매년 4억 3천여만 근에 달하지만, 조선총독부 전매 관염은 년 2억 3천만 근 내외를 생산할 뿐이며, 재래 전오염煎熬鹽 5천만 근을

표 2-35 관염 제조고

연도	면적(정보)	생산고(근)	판매고(근)	가액(원)	백근평균가(원)
1906	81	996,174	627,317	2,204	357원
1926	2,446	155,094,553	117,206,244	1,310,433	1,118
1927	2,446	182,949,600	137,477,400	1,320,242	888
1928	2,446	253,755,500	196,827,881	1,334,588	780
1929	2,446	309,638,000	203,310,967	1,636,195	804

* 《조선총독부전매국연보》 제9호에 의함

합치더라도 소비량에 1억 5천여만 근이나 부족하여 나머지는 외국으로부터 수입하는 상황이다. 그러나 수입에 대한 종래 관세특례가 1930년 3월에 폐지되었기 때문에 소금 수입은 무세無稅이지만, 자유 수입 경쟁으로 시가가 요동을 쳐 1932년 3월부터 단속제령을 발포하여 공급과 수요를 통제하고 있다.

표 2-35에 의하면, 1910년 합병 당시와 1929년까지 면적에 30배, 생산고에 311배, 판매고에 약 164배, 가격에 742배로 각각 증가하였다. 이외 1929년 재래 전오염 생산고를 보면, 면적 619만 6,270평, 생산고 6,935만 8,822근, 가격 118만 672원, 제조자 6,218명이며 재염再鹽[3] 제조는 생산고 5,505만 0,492근, 가격 86만 8,906원에 달한다.

3) 염 수이입고

소금은 영국·미국·독일을 비롯하여 중국 산동·관동·청도 등지에서 수이입하는데 수이입고는 표 2-36과 같다.

---

3 천일염을 물에 풀어서 다시 고아 만든 것으로 빛깔이 희고 맛이 좀 쓴 듯한 소금을 일컫는다.

연도	수량	가격
1913	151,784,218근	755,572원
1929	226,905,538근	1,458,952원

3. 인삼 전매

(이하 4쪽 삭제)

1) 인삼 경작 면적

인삼의 경작 면적은 1929년도 현재 183만 3,107간, 경작 인원 1인 2종 이상 경작자 1,186명, 1인 1종 298명 합 1,384명으로 합병 당시 1910년의 경작면적 4만 2,874간의 4배, 경작 인원 286명의 약 5배 증가하였다.

2) 인삼제조고

홍삼 중에는 천삼天蔘[4]·지삼地蔘[5]·잡삼雜蔘[6]·소편삼小片蔘 등이 포함

제1회 개성인삼제(1935) 광고 및 인삼 캐는 장면

---

4 홍삼 중 품질이 가장 양호한 특상품으로 내용조직이 치밀하고 외형이 가장 좋다.
5 천삼 다음 등급으로 내용조직과 외형면에서 천삼에 비하여 약간 미약한 것이다.
6 홍삼 중 가장 낮은 등급이다.

표 2-37 인삼 제조고 현황

연도	수삼제조고	배상가액	홍삼제조고	배상가액
1910	4,725근	12,383원	894근	178,566원
1929	549,729근	1,315,812원	39,187근	2,417,398원

되고 이외에 미삼尾蔘이 있다. 1910년 생산고가 208근에 불과했는데 1929
년에 14,912근으로 급증하였다. 그리고 전매국에서는 인삼 진액 등을 제
조, 판매하여 적지 않은 부수익을 얻고 있는데, 수입은 1911년에는 115원
에 불과하였으나 1929년에는 6만 4,600원에 달하였다.

표 2-38을 통해 수삼과 홍삼의 수납, 제조불하, 수입을 보자.

표 2-38 영업성적

연도	수삼		홍삼		
	수확삼포평수	수납고	제조고	불하고	삼업전매수입
1911	14,345평	7,719근	39,187근	53,552근	119,573원
1921	371,328평	139,066근	31,629근	39,015근	2,102,730원
1925	303,458평	112,988근	36,266근	32,090근	2,689,420원
1929	334,479평	165,539근	2,300근	1,631근	2,081,998원

4. 아편 전매

1905년 한국 정부는 아편 및 흡연기吸煙器 수입과 판매를 금하였고 합병
이후 1912년 조선총독부는 〈조선형사령〉을 공포하여 이를 단속하였다.
1921년 전매국이 창설되자, 1925년부터 앵속罌粟(아편 원료) 재배 및 단속
사무를 경무국으로 하여금 맡도록 하고, 1929년 9월부터 아편 수납사무는
몰핀제조 판매업과 함께 전매국으로 다시 이관하여 1930년 5월부터 사업
을 개시하였다.

경작 인원은 1,454명으로 면적 및 수납고는 1920년부터 점차 줄어들었다가 1927년부터 다시 증가되었다. 이는 아편 및 흡연자의 증가에 의한 것이 아니라 의약 방면의 수요 증가에 따른 것이라 한다(표 2-39 참고).

앵속(양귀비)

표 2-39 앵속(罌粟) 재배면적 및 수납고

연도	앵속 재배면적(反)	아편수납고(관)
1919	23,082	2,022
1924	3,337	315
1929	7,529	400

전매의 단속 법령

조선총독부는 관업의 하나로 독점한 전매 사업에 대하여 면밀 준열한 법률로 단속하여 사업을 보호하고 이익 증진을 꾀하고 있다. 특히 연초는 대중적 소비품이고 빈한한 농가에서 자가용 내지 판매용으로도 비교적 용이하게 경작 재배할 수 있기 때문에 이를 단속하는데 한층 조밀 준엄한 '조선연초전매령'이란 특수 단속법을 마련, 실시하고 있다.

이에 연초도 홍삼 기타 전매품과 같이 경작지·구역·경작인·수납판매·수이출입 등 허가에 관한 일체 권리가 정부에 전속되었다. 단속 권한은 부윤·군수·도사島司는 물론 부군도 세무사 및 도경찰 등에게도 부여되어 단

조선연초전매령개정설명서(1927)

속망은 갈수록 좁혀지고 있다. 이로 말미암아 순박 무지한 농민이 2, 3평 공지에 몇 포기 연초를 심어 '순대'[全葉] 몇 대를 빨려다가 단속망에 걸려 수십 원의 벌금을 내기 위해 가재를 다 털어 바치거나, 심하면 감옥의 고초를 당하는 자가 얼마나 많았을 것인가.

인삼·아편·소금 같은 것은 경작과 제조 규모가 비교적 커서 단속령 위반자는 대개 농촌의 자작농·지주이며 도시의 밀수입자 및 기타 상인들이다. 연초는 거의 대부분 농촌에서 할 일 없는 궁농窮農들인데 1929년 전매령 위반자 수를 보면 표 2-40과 같다.

검사 수사, 제1심 재판, 〈연초단속령〉 위반자가 90% 이상이다. 제1심 재판인원을 1930년도 특별 법범 1심 재판 인원 총수 2만 9,531명(조선인)에 비하면 52%에 달한다. 8,818명이던 것이 1930년까지 5년간 약 4배가 증가하였으며 무죄는 14명에 불과하다. 전매령 적용이 얼마나 준열한지를 짐작할 수 있다.

표 2-40 1929년의 전매령 위반자 수

종류	검사 수사 인원	제1심 재판인원	무죄
연초	16,698명	15,504명	14명
홍삼	40명	36명	2명
아편	–	524명	2명

* 소금에 대해서는 숫자가 없음으로 생략함(1929년『조선총독부통계연보』).

1925~1930년간 〈연초전매령〉, 전매령 위반자에게 벌금으로 징수한 돈은 실로 적지 않다. 연초의 경우 1929년도 벌금이 33만 2,683원, 추징금이 8,190원으로 합하여 34만여 원에 달하였다. 이 막대한 돈은 순전히 조선인의 부담인 것은 물론이다. 특히 빈농층에서 짜낸 돈임을 간과할 수 없다.

전매의 막대한 수익

1929년도 전매 수입은 표 2-41과 같이 총액 3,854만 7,000여 원으로 지출 총액 2,283만 6,350여 원을 감한 차액 1,571만여 원인데 순익으로 약 4.07%에 달한다. 통상 일반사업의 부진은 더욱 심각하여 결손이 아니면 겨우 현상 유지 정도인데 반하여 전매사업만은 수입의 4% 이익을 남겼다. 전년도 1928년에 비하여 255만 7,000여 원이나 증가한 것이다. 오직 정부의 권력적 기업만이 가질 수 있는 독점적 번영이라 할 것이다. 다음으로 전매 수입·지출을 통해 그 발전의 보조를 살펴보기로 하자.

그림 2-11에 의하면, 1929년 수입이 3,854만 7,019원이고, 지출이 2,283만 6,355원이며 차액인 수익금이 1,571만 613원으로 수입에 대하여 4%, 지출에 비해 6.88% 정도이다. 1921년에 비하면 수입에 있어서 2.27배, 지출에 1.79배, 수익금에 3.69배, 수입과 지출에 대한 수익금비가 각각 약 2배씩 증가하였다.

표 2-41을 통해 최근 5년간 경성 본국과 4지국에서 인삼·연초·소금·아편을 팔아 수입된 돈이 얼마나 되는가를 보자.

전매품 중 연초 수입이 최고인 것은 전매사업 중 연초 전매가 최대한 규

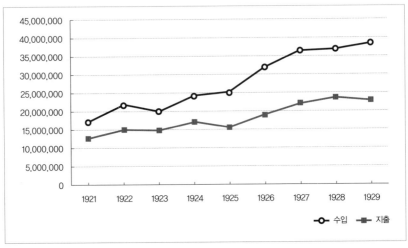

그림 2-11 전매 수입 · 지출 추이

표 2-41 전매수입의 내역표

연도	연초 판매대	인삼 판매대	소금 판매대	아편 판매대	관유물 대하료	잡수입 합계	총계
1921	13,550,940	2,102,775	1,162,775	121,779	9	32,234	16,969,470
1925	20,832,226	2,689,428	1,198,040	260,740	1,046	193,613	24,914,355
1926	27,591,010	2,768,609	1,318,182	260,740	1,884	177,718	31,852,406
1927	32,566,146	2,443,840	1,220,242	260,740	1,001	169,376	36,400,606
1928	32,060,880	3,067,774	1,534,588	264,740	1,081	174,070	36,838,395
1929	34,319,739	2,481,998	1,602,924	264,740	2,073	140,018	38,547,019

* 잡수입 중에는 관유물 불하대, 변상금 및 위약금, 징벌금, 몰수금을 포함한 합계만을 기재함)
(《조선총독부경제연보》 제9호에 의함)

모이고 또한 최대 수요인 까닭이다. 1929년에 인삼의 13배, 소금의 21배,
아편의 129배로서 총수입의 89%을 점하였다.

전매의 투자액

놀랄 만큼 큰 수익을 얻는 전매사업에 조선총독부라는 기업가는 얼마를 투자하였을까.

표 2-42를 보면, 1929년도 현재의 토지, 건물 기타 부속물 등 고정 자

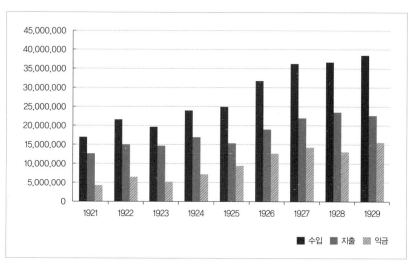

그림 2-12 관유재산 총액 추이(1924~1929)

표 2-42 전매투자액표

연도	토지 및 부속물	건물 및 부속물	고정자본가격표	관유재산총액
1924	2,583,580	3,053,410	12,330,181	5,636,990
1925	5,823,737	5,254,684	12,864,230	11,101,725
1926	5,861,312	6,500,481	12,887,834	12,389,517
1927	7,193,159	6,109,446	12,604,139	13,330,331
1928	7,246,073	6,605,297	12,806,577	13,878,094
1929	7,316,060	7,242,706	13,821,967	14,586,492

* 조선전매연보 제9호에 의함

본이 1,382만 1,967원으로 당시까지 철도 투자액 3억 7,176만 7,120원에 비하면 극히 소액이나, 투자액에 대한 수익률은 철도가 1929년도 익금액이 1,668만 1,000원으로 익금율 약 0.45%에 반하여 전매 익금은 1,571만 663원으로 10.14%에 달하였다. 이 투자액은 불변 자본만을 계산한 것이므로 물론 불충분한 것이지만 가변 자본을 약 120만 원으로 잡아도 10%로 철도의 2배되는 셈이다.

일본에서는 전매와 철도 수익금의 투자액비가 21%, 0.4%로 그 차이가 조선보다 더 크다. 어쨌든 전매 투자가 얼마나 큰 이익을 보는 가는 알고도 남음이 있다. 전매 투자액의 누년 증가를 보면 1921년부터 1929년까지 9년간 2배 증가하였는데, 전매에 대한 고정자본과 이를 포함한 전매관계 관유 재산 총액의 최근 6년간 증가를 보면 그림 2-12와 같다.

3부

조선의
산업과 실업

1

조선철도의 내막

조선철도는 언제 부설되었나?

조선총독부 철도국장 오오무라大村 씨는, "조선철도는 처음 <u>인방(조선)을 돕</u>
<u>고 아국(일본) 상권의 확장</u>을 전제로 삼아 기획되어, 먼저 경성 – 인천 간의
선로를 완성하였으나, 1904년 극동의 시국이 점차 급박하여(러일전쟁의 위
기) 남단 부산부터 국경 신의주까지 종관 선로를 부설하고, 다시 주요 항만
에 지선을 연결하는 등 오로지 군사상 당장의 필요에 급히 추진되었다.

승전 결과 조선에서의 우리 제국의 지위가 확립되자 제국 정부는 반도의
개발은 철도의 통일과 보급 개선을 기대하는 데 있다 하여, 1906년 경부철
도를 국유로 하고 경의선·마산선 양선을 아우르고 군사상 속성으로 개통
한 노선의 개량공사를 시행함에 이르렀다"[1]고 회고하였다.

그리고 조선총독부 편『조선철도상황』중에 "조선철도의 사명은 국방 및

---

1   조선철도 논찬,『조선철도의 사명』279쪽에서, 밑줄 및 괄호 필자.

통치상 극히 중요하고 조선 민도의 향상, 물자 개발에 밀접한 관계가 있다"
라고 되어 있어 조선철도가 어떻게 부설되었는가 하는 것은 어느 정도 명
백하다. 그러나 만일 철도부설의 원칙적 의의를 좀 더 명확하게 캐어 조선
철도의 근본적 기능을 지적한다면 다음과 같다.

1. 철도부설의 경제적 의의

철도는 자본주의 강철제 혈관鋼鐵製血管이다. 자본주의적 국가 경제나 개인
경제는 이 혈관을 통하여 발전 요소를 가장 많이 흡수하기 때문에 철도와
자본주의는 거의 같이 성장한다. 철도는 농촌에 상품과 화폐를 운반하고
도시에 원료와 노동과 이윤을 가져다주기 때문에 자본주의를 촉진, 발육시
키는데 가장 효과적인 산파역을 맡고 있다. 또한 선진국은 철도로써 후진
국에 막대한 금리와 이권을 걷어 들이고 그곳을 자본주의화 시킴으로써 자
국의 금융자본과 상품 수출의 판로를 개척, 확장하고 있다. 때문에 철도는
자본주의의 혈관이라 할 수 있다.

2. 철도부설의 정치적 의의

복잡한 기구를 가진 현대 국가의 중앙집권적 통치에는 영토의 최대한 거리
축소가 무엇보다도 필요하다. 행정 사무와 경찰 사무의 신속화는 '문명국'
의 자격을 부여하는 것이었다. 또 선진국은 철도를 후진국으로 가지고 들
어가 정치적 교섭의 첫 막을 열고 이를 점차 발전시켜 그 나라에 대한 정치
적 간섭을 시도한다.

3. 철도부설의 군사적 의의

모든 철도를 평시와 전시로 나눠본다면 평시에는 산업철도이지만, 전시에

는 군사철도가 된다. 이는 자본주의 산업관계와 전쟁관계가 시간적으로 연쇄적인 관계를 가지고 있기 때문이다. 그러나 지리적 특수 관계에 있어서 어떤 것은 산업선(유람선이라는 것은 극히 적다)이라 하며 어떤 것은 군사선이라 부르는데 이는 시간적, 전체적으로 엄밀히 구분하기 어렵다.

따라서 철도는 비록 산업철도라 명명할지라도 그 일면에는 전부 군사철도의 기능을 가지고 있는 것이다. 왜 철도를 군사에 이용하는 것에 대해서는 군말이 없는가. 그리고 또 한 가지를 더 집어내자면 철도의 문화적 의의를 말할 수 있으나, 그것은 철도의 너무나 평범한 부산물이므로 따로 언급하지 않겠다.

무릇 이와 같은 철도의 3대 의의는 조선철도에 있어서도 그 기능 속에서 충분히 발견할 수 있다. 경인철도가 개통 되던 때(1899년)부터 만주 출병으로 떠들썩했던 1931년 9월까지의 조선 철도사는 세 가지 의의를 충분히 발휘한 전형적 실례가 아닐까 한다. 우리는 그 구체적 관계를 다음 절에서 지적해 보기로 하자.

조선철도와 일본의 독점

한국 정부에서 철도가 무엇인지를 알게 된 것은 1889년 주미 한국대리공사 이하영李夏榮[2] 씨가 귀국할 때 미국에서 가지고 들어온 철도모형을 황제

---

2   외무아문 주사에서 사헌부 감찰을 거쳐 미국주재 공사관 서기관이 되었다. 귀국 후 옹천·
    흥덕 현감, 외무아문 참의, 한성부 관찰사를 지냈다. 1896년 중추원 의장이 되고, 이듬해
    주일전권공사로 4년 동안 일본에 있다가 돌아와 찬정·외부대신을 지내고, 법부대신 당시
    을사늑약에 찬성하여 을사5적으로 지탄받았다. 경술국치 후 일본으로부터 자작을 받고 조

시브자와 에이이치(澁澤榮一)

이하 조정 대관들에게 보인 것이 발단되었다. 그러나 당시 어두운 한국 정부는 곧바로 이를 수입할 줄 몰랐다. 1894년 조일잠정합동조관[3]을 체결하면서 경인선·경부선 양철도 부설권을 일본 측에 넘기게 되었는데, 때마침 청일전쟁이 일어나 미국인 모스에게 경인철도부설 특허를 주고 경부철도부설 특허권도 역시 서양인(러시아·프랑스)에게 넘겨주게 되었다. (확정적인 것은 아니었지만)

이에 매우 놀란 일본 정부는 시브자와澁澤[4] 등 자본가 백수십 명의 찬성을 얻는 한편 경부철도주식회사 창립을 계획시키는 동시에 한국 정부에 청원하고 모든 수단을 다하여 필사적으로 운동을 일으킨 결과 1898년 경부철도합동조약을 조인하여 부설권을 완전히 일본 측이 얻게 되었고, 1899년 경인철도부설권도 일본의 소유로 돌아가고 말았다.

다음으로 일시 프랑스인에게 넘어갔던 경의선 부설권과 조선인에게 주려고 했던 경목선京木線(현 호남선) 부설권도 차후 일본 측이 차지하였다. 또한 프랑스인이 부설권을 얻고자 운동하였던 경원선까지도 일본 측에서 가로채 일

선총독부 중추원 고문을 지냈다.

3 일본이 청일전쟁을 일으키기 전인 1894년 7월 23일 경복궁을 불시에 점령한 뒤에 조선과 철수조건으로 체결한 조약이다. 이에 조선은 일본에 경인선·경부선 철도 부설권을 내주게 되었다.

4 근대 일본의 대표적인 사업가로 '일본 경제의 아버지'라 불린다. 그는 1878년 제일국립은행의 부산지점을 개설하였고, 1880년 원산, 1883년 인천에 출장소를 설치하며 계속 한국에서 지점을 확장해 갔다. 1905년 1월 한국 국고금 취급계약을 맺어 사실상 한국의 중앙은행 역할을 하였다. 이밖에도 많은 사업을 벌였고 혼란기의 한국에서 엄청난 수익을 보았으며 한편으로는 우리의 귀중한 문화재를 가져갔다.

본은 한반도의 가장 중요한 육상 교통권을 비로소 독점하게 되었다.

철도 교섭은 무릇 한일합방 이전 일인즉 한일합방을 하는데 철도가 중매한 것이 얼마나 심했던가 하는 것은 독자가 잘 양찰할 줄 안다(『조선철도논찬』 참조). 만약 일본 측에서 경원·경의 두 중요 간선을 서양인에게 빼앗겼더라면, 금일의 중국 철도 관계와 같이 얼마나 머리 아픈 일이 많았을 것인가. 그들의 식민지 경영에 국방상 절대한 지장이 생겼을 것은 물론이다. 합방 전 당시에 일찍이 반도 철도에 착안하고 미리부터 이 같은 주요 간선에 부설권을 악착스럽게 잡아들인 일본의 자본가 및 정부의 활동 공적은 소쓰베리 경이 프랑스인과 아랍인을 제치고 수에즈 운하회사 주식을 막 사들였던 영단과 조금도 다를 바 없다 할 것이다.

조선철도의 연혁

『철마래시한수빈鐵馬來嘶漢水濱』[5]은 거의 32년 전 일이다. 즉 1899년 9월 일본인 경영의 경인철도합자회사[6]가 인천 – 영등포 간 가영업을 개시한 것이 조선철도의 효시였다. 경인선이 1900년 7월 전통全通되자 1901년에 조직된 경부철도주식회사는 같은 해 8월부터 경부선 공사를 시작하여 1905년 1월 드디어 경성 – 초량 간 개통을 보게 되고, 다음으로 마산선·경의선·평남선·압록강철교·호남선·경원선·함경선 등도 차후로 부설, 개통되었

---

5   처음으로 경인철도가 인천에서부터 노량진까지 놓여서 기차(철마)가 한강 가에 와서 기적을 울리게 된 것을 말한다.
6   시브자와가 1899년 5월 설립한 철도회사이다.

1906년 일본군 철도대대의 경의선 철로 부설 작업

다. 연혁을 일견 명료하게 적으면 다음과 같다.

1899년	9월	경인철도합자회사, 인천 노량진(현 영등포) 간 철도 개통
1900년	7월	노량진 ↔ 서대문 준공, 경인선 전통
1901년	6월	경부철도주식회사 설립, 동 8월 경성 ↔ 부산 기공
1903년	10월	경부철도부식회사가 경인철도 매수
1905년	1월	경성 ↔ 초량 개통(초량 부산역 간은 1908년 4월 영업 시작)
	5월	마산선, 일본임시군용철도감부에 의해 개통
1906년	3월	경의선, 일본임시군용철도감부에 의해 개통
	7월	경부철도 국유화, 통감부철도관리국 신설
	9월	경의·마산 양선, 통감부철도관리국 경영

서울역

부산역

대구역

대전역

1908년	4월	경의·마산 양선에 일반 운수영업 개시
1909년	12월	조선 내 철도 전선全線, 통감부 철도원 소관에 이관
1910년	10월	한일합방 후 조선총독부 철도국이 철도원 사무를 인계
	10월	평남선(평양 ↔ 남포) 개통
1911년	11월	압록강 철교 개통
1914년	1월	호남선(대전 ↔ 목포) 전통
	8월	경원선(서울 ↔ 원산) 전통
1917년	7월	조선 내 전 국유철도, 남만주철도주식회사 위탁, 경영
	11월	함경선 청진 ↔ 회령 간 개통
1918년	5월	평양탄광선 영업 개시
1925년	4월	만철 위탁경영 조선국유철도, 조선총독부 직할 철도국 설치
1926년	11월	진해선(창원 ↔ 진해) 개통
	12월	박천선(맹중리 ↔ 박천) 개통
1927년	10월	전북철도(이리 ↔ 전주 간) 국유화
	11월	천내리선(함경선 용담역에서 천내리 간) 임차 영업 개시
1928년	1월	조선철도회사의 전남선(송정리 ↔ 담양 간) 국유화
	7월	조선철도회사의 경동선(대구 ↔ 학산, 경주 ↔ 울산) 국유화
	8월	회령탄광선 영업 개시
	9월	함경목선 전통
1929년	4월	도문철도(회령 ↔ 동관진 간, 도문강 교량 중심 간) 국유화
	9월	동해 북부선 흡곡까지 연장, 함경선의 북청선·서호선

개통

9월   용산선 영업 개시

10월   평원 서부선이 신창까지 연장 개통

11월   도문 동부선(웅기 ↔ 신하산) 개통(『조선철도요람』 참조)

조선철도 12개년 계획

1. 계획 목적

조선은 일본의 독점적 식민지로 원료 획득, 상품 판매, 자본 투자지로서 식민지적 가치는 십분 발휘되고 있다. 하지만 아직 산업 개발의 처녀지가 풍부하고(특히 1922년부터 착수된 북선北鮮[7] 개발은 현 조선총독부의 제일 정강), 한편으로는 통치상 경비망의 한층 조밀을 기하며 만주 개발과 그 이익 확보 및 극동 위기의 농숙화濃熟化에 의한 국방상 필요로 12개년의 철도 부설 계획을 세워 1927년부터 실행하여 왔다.

즉 "조선 면적은 일본 본주의 약 95%으로 500만 정보의 농목지와 국경 및 척수산맥脊髓山脈에는 천고의 처녀림을 품고 있어 축적량이 약 10억 척제締(1척 제는 0.3339m²)이며, 지하에 매장된 석탄은 경제적 유효량이 10억 톤 이상에 달하고, 연장 1만 6천km에 걸치는 연해 해산의 산업적 가치, 내지 산간의 무한한 수력 등 저렴한 노력과 더불어 각종 산업의 전도가 유망하다. 그럼에도 불구하고 아직 연산액이 16억 원에 불과하다는 것은 무한한 자원의 일부가 겨우 개발되기 시작하였기 때문이다.

---

7   북한의 평양·강계·성천·홍원·길주·서흥 등지를 일컫는다.

이는 주로 철도 보급이 미비하기 때문이며 1,300km에 달하는 변경의 국방적 경비 또한 교통기관의 정비를 급히 요하는 것이다. 그리하여 조선의 산업 개발은 유독 반도 민중을 안정케 함은 물론 나아가 제국의 인구 식량 및 연료 문제를 해결하고 수입 무역을 전환케 하는데 중대한 의의가 있다. 이에 본 계획을 수립한 것이다. ……" 운운(『조선철도상황』, 11쪽)(밑줄 필자)

2. 계획 내용

본 계획은 1927년~1939년까지 12개년으로 한정하고 총계 3억여만 원의 경비를 예산하였으며, 신 건설선은 '소액의 경비로 효과가 큰 것을 선택'한 결과 다음과 같이 5개 선, 합계 1,384km를 계획하였다.

도문선圖們線 : 웅기 ↔ 동관진(약 156km)
연선沿線의 풍부한 석탄 및 간도, 훈춘지방의 무진장한 농산물을 반출하고 길회철도吉會鐵道, 길림↔회령)의 완성과 더불어 북만지방과 연계하여 경제·국방 및 경비의 충실을 도모함

혜산선惠山線 : 길주 ↔ 혜산진(약 142km)
도문 압록강 상류의 대삼림 운반을 동해와 직접 연락케 하는 중요한 교통로인 동시에 국경 경비의 충실을 도모함

만포선滿浦線 : 순천 ↔ 만포진(약 286km)
본선은 순천·개천 등의 무연탄·철광 및 오지 대삼림을 개발하는 외에 통화를 지나 만주 중부에 이르는 요로를 형성하여 역시 국방 및 경비상 중요 선로임

동해선東海線 : 안변 ↔ 포항, 부산진 ↔ 울산(약 549km)

동해안 지방의 풍부한 해산물의 탐획, 통천·강릉·삼척·영일 등지의 석탄과 광산물 및 백두 동봉東峯의 임산물의 운반을 용이케 하며 함경선과 연락하여 반도 동부의 종관선縱貫線을 형성함

경전선慶全線 : 진주 ↔ 전주, 원촌 ↔ 담양(약 251km)

남선 횡단선으로 경남 및 전남북 보고를 개발하고 다도해의 풍부한 해산물의 운송을 도모하는 한편 목포·군산·부산의 서남 3대 요항을 연결하는 중대한 가치가 있음

그리고 동 계획의 일부로 아래의 사설 철도를 2,670여만 원으로 1927년 이후 5개년 내에 매수, 직영하고자 한다.

경남선慶南線 : 마산 ↔ 진주 70km

광주선光州線 : 송정리 ↔ 담양 36.5km(1928.1.1 실시)

동해 중부선 : 대구 ↔ 학산, 경주 ↔ 울산 148km(1928.7.1 실시)

경전 북부선 : 이리 ↔ 전주 24.6km(1927.10.1 실시)

도문 서부선 : 회령 ↔ 동관진 59.6km(1929.4.1 실시)

합계 : 339.1km

본 계획의 경비는 신규 건설 및 신규 개량비 합계 2억 3,009만 1,840원으로 기존 계획인 1927년도 이후 경비 8,990만 8,160원을 더하면 총계 3억 2천만 원에 달한다.

식민지의 철도망 확장과 그 연장 수는 본국의 식민지 경영의 발전 정도

철도를 이용하여 목재를 수송하는 장면

와 비례한다. 12개년 철도계획이 완성될 때 조선은 산업이 개발되고 교통이 보급되는 한편, 민족 생활과 사회적 영향을 미리 상상할 수 있을 것이다.

조선철도의 현황

1899년 경인철도 개통 당시 선로 연장은 30km(18리)에 불과하였으나 1930년 12월 말에는 2,790.9km(1,762리)로 31년 간 근 백배에 달하였다. 그러나 이를 표 3-1과 같이 일본 본토와 북해도·대만 등지와 비교한다면 (1km는 0.25463리, 9.1666정, 0.62317리와 같음), 본토·북해도는 물론이고 대만과 비교해도 면적 1,000m² 당 16.2km 대 43.1km, 인구 10만 명 당 18.5km 대 34.1km의 차이가 있다. 조선의 철도 보급은 아직 전도 요원한 감이 없지 않다. 조선 철도의 보급 정도가 유치하다는 것은 식민지 자본주의의 발달 정도가 아직도 유치하다는 것을 가리킨다. 조선에서의 국가자본

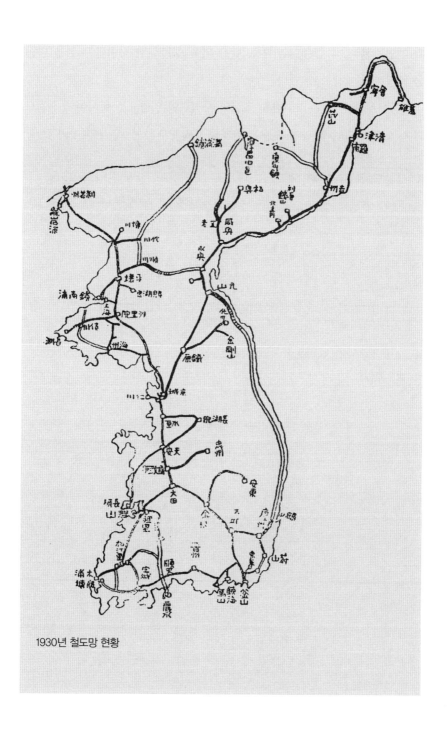

1930년 철도망 현황

과 개인자본 등의 활동이 금후로 더욱 더욱 맹렬해질 것이라는 점을 다시금 분명하게 예상할 수 있다.

다음으로 최근(1930.12.1 현재) 조선의 사철도의 일람표를 통하여 조선철도의 각 노선과 길이 및 경영 즉 모든 관계를 자세하게 살펴보면 표 3-2와 같다.

표 3-1 철도보급 비교표(1929.12)

구분	조선	일본 본토	북해도	대만
면적(km²)	220,741	232,925	88,269	35,968
인구(천명)	19,331	47,647	2,617	4,556
철도연장(km)	3,567.7	17,462.8	3,440.2	1,552.6
면적 (1천m²)	16.2	75.0	39.0	43.1
인구 십만명당 km	18.5	36.6	128.8	34.1

표 3-2 조선철도 일람(1930.12.1)

국유철도 개업선

노선		구간	영업(km)
경부선	경부본선	부산 ↔ 경성	450.5
	마산선	삼랑진 ↔ 마산	40.1
	진해선	창원 ↔ 진해	20.6
	경인선	영등포 ↔ 인천해안	31.0
	소계		542.2
경의선	경의본선	경성 ↔ 안동	499.3
	겸이포선	황주 ↔ 겸이포	13.1
	평양탄광선	대동강 ↔ 승호리	23.3
	평남선	평양 ↔ 진남포	55.2
	박천선	맹중리 ↔ 박천	9.3
	용산선	용산 ↔ 당인리	6.7
	신의주하급소선	신의주 ↔ 하급소	1.8
	소계		608.7

노선		구간	영업(km)
호남선	호남본선	대전 ↔ 목포해안	161.1
	군산선	이리 ↔ 군산	23.0
	소계		184.1
경전선	경전북부선	이리 ↔ 전주	25.3
	광주선	송정리 ↔ 담양	36.4
	소계		61.7
경원선		용산 ↔ 원산	223.7
함경선	본선	원산 ↔ 회령	617.6
	천내리선	용담 ↔ 천내리	4.4
	청진선	청진 ↔ 수성	9.0
	회령탄광선	회령 ↔ 계림	10.6
	북청선	신북청 ↔ 북청	9.4
	서호선	증산 ↔ 서호	4.9
	철산선	나흥 ↔ 이원철산	3.0
	소계		658.9
평원서부선		서포 ↔ 신창	67.0
동해선	동해중부선	대구 ↔ 학산(협) 경주 ↔ 울산(협)	107.4 41.4
	동해북부선	안변 ↔ 흡곡	31.4
	소계		180.2
도문선	도문서부선	회령 ↔ 동광진(협)	59.6
	도문동부선	웅기 ↔ 훈융(협)	31.4
	소계		164.4
합계			2,690.9

국유철도 미개업선

노선	구간	영업(km)
평원선	신창 ↔ 고원	146.8
도문선	훈융 ↔ 동광진	58.6
혜산선	길주 ↔ 혜산진	141.6
만포선	순천 ↔ 만포진	286.5
동해선	흡곡 ↔ 포항	445.8
	부산진 ↔ 울산	70.8
	소계	0
경전선	전주 ↔ 진주	212.4
	원촌 ↔ 담양	38.6
	소계	0.0
합계		1,401.1

사설철도 개업선

노선	구간	영업(km)
충북선	조치원 ↔ 충주 X	9.40
경북선	김천 ↔ 예천 X	85.3
경남선	마산 ↔ 진주 X	70.0
황해선	사리원 ↔ 수교	64.1
	상해 ↔ 내토	15.1
	화산 ↔ 학현	39.7
	신원 ↔ 하성	5.6
	소계	124.5
함남선	함흥 ↔ 상통	30.3
	오로 ↔ 신흥	24.0
	풍상 ↔ 장풍	2.6
함북선	고무산 ↔ 무산	60.1
소계		490.8

노선	구간	영업(km)
조선경남철도회사선	천안 ↔ 남포 X	100.1
	판교 ↔ 장항	19.1
	천안 ↔ 장호원 X	69.8
	소계	189.0
조선와전철도선	부산진 ↔ 온천장	9.5
금강산전철도회사선	철원 ↔ 금강 X	108.0
개천철도회사선	신안주 ↔ 천동	36.9
신흥철도회사	함남 신흥 ↔ 송흥	19.0
조선경동철도	수원 ↔ 이천	33.1
합계		906.3

사설철도 미개업선

노선	구간	영업(km)
경북선	예천 ↔ 안동 X	31.1
황해선	신천 ↔ 저도	47.0
	학현 ↔ 해주	13.2
	해주 ↔ 용당포	7.4
	해주 ↔ 연안	45.1
	신천 ↔ 해주	68.9
	연안 ↔ 토성	31.5
	수교 ↔ 장연	19.3
	소계	232.4
함남선	상통 ↔ 후주고읍	206.0
함북선	무산 ↔ 합수	133.0
	소계	602.5
조선경남철도회사선	남포 ↔ 판교 X	11.2
	장호원 ↔ 여주 X	19.8
	소계	31.0

노선	구간	영업(km)
금강산전철도회사선	창도 ↔ 화천 X	33.7
	금강구 ↔ 내금강 X	8.3
	소계	42.0
조선경동철도선	이천 ↔ 여주	16.3
남조선철도회사선	순천 ↔ 여수	39.7
	영산포 ↔ 용소	40.5
	광주 ↔ 보성	67.0
	순천 ↔ 보성	52.8
	보성 ↔ 용당	82.4
	소계	282.4
조선강색철도회사선	경성본정 5정목 ↔ 남산령	1.4
합계		975.6

* 비고 : 사철철도 중 X로 표시한 것은 4척 8촌반 궤간(軌間)임.

철도의 막대한 투자 자금

식민지에 대한 각종 투자 중 가장 큰 것이 철도이다. 철도가 식민지 경영의 기초 공작의 하나인 동시에 정부의 독점적 기업으로서 거대한 수입 자원이 되기 때문이다.

조선에는 아직도 원료 자원의 광활한 미개척지가 있기 때문에 정부는 인민의 부담이 과중해짐에도 불구하고 철도망 계획에 열중하고 있다. 그림 3-1과 같이 1929년 현재까지 증가된 투자액과 투자액 누계를 보면 감짝 놀랄 만큼 거액에 달한다.

즉 1906년 통감부 철도관리국 설치 이후 경부철도 매수비, 경의·마산 양선에 대한 군용철도감부의 철도부설비 변상비, 철도건설 및 개량비, 재

일제 강점기 당시 기차

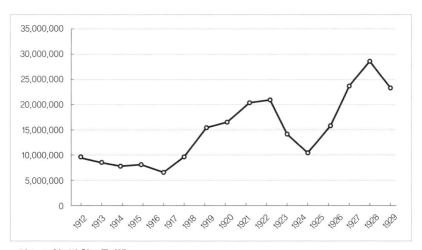

그림 3-1 연도별 철도 투자액

해비, 철도용품자금 12년 계획에 의한 사철매수비 등을 합하면 1929년말 현재 3억 7,176만 7,210원에 달하였다(1931년간 『조선철도일반』에 의함).

이상 국유철도 이외 반관적半官的 기업과 개인기업인 사설철도 7개 회사 투자금 1억 130만 원(실제투자액 8,773만 원)과 사철에 대한 1918~1930년까지의 정부보조비(결산액) 3,630여만 원(내 4,697,214원은 1930년 보조예산비)을 합산하면 총계 5억 1,100여만 원에 달한다. 만일 여기에 비보조 철도인 조선와사전기주식회사(자본금 115만 4천 원)과 조선강소철도주식회사(자본금 100만 원) 및 전용철도(삼릉제철·질소비료·동양합동광업 등 17개 회사의 126.5km)와 궤도 10개 회사 등의 철도 투자 및 건설비를 합산한다면 더욱 놀랄만한 거액이 될 것은 물론이다.

철도의 수지

1929년도 조선총독부의 특별회계 세입 2억 4,685만 2,843원 가운데 철도수입은 6,303만 9천 원으로 약 26%에 달하고, 관유재산 수입은 1억 3,679만 3,131원으로 약 46%를 차지하였다. 철도 수입은 조세 총수입 4,505만 5,531원보다 1,800만 원 많아 조선총독부 예산 수입 중 철도 수입의 중요성은 부언할 필요가 없다. 1930년도 철도수입 예산은 7,540여만 원이며 아직 결산은 되지 않았지만, 경제계 불황과 철도국의 긴축정책으로 다소 수입 감소는 면하기 어려울 것이다.

그러나 그림 3-2를 보면, 1929년에 각종 사업 부진과 일반의 소비절약 및 심각한 경제공황기에도 불구하고 총수입이 전기 6,303만 9천 원으로 영업비 총 지출을 빼고도 1,411만 7천 원의 이익을 남겨 1928년도에 비하여 160여만 원이 증가되었다. 이 독점사업이 얼마나 금성철벽 같이 확고한지를 증거하고도 남음이 있다. 즉 조선총독부 자본주의 중 최대한 빨판[吸盤]으로 예산의 최대 지주인 것을 볼 수 있다.

1920년부터 1929년까지 최근 10년 간 영업수지를 보면 표 3-3과 같다.

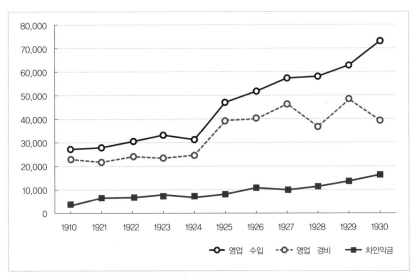

그림 3-2 연도별 철도 영업 수지(단위 : 천 엔)

표 3-3 조선철도 이익금 누계

연차	영업수입 영업비	영업자금 이익금	연차	영업수입 영업비	영업자금 이익금
1910	92	8	1920	86	14
1911	87	13	1921	77	23
1912	86	14	1922	78	22
1913	77	23	1923	77	23
1914	81	19	1924	79	21
1915	76	24	1925	75	25
1916	70	30	1926	72	28
1917	56	44	1927	71	29
1918	79	21	1928	70	30
1919	87	13	1929	68	32

* 영업자금 백원에 대한 이익금이란 것은 영업수입 백원당 영업비에 의하여 필자가 계산한 것임. 이
익금률에 있어서 전표와 다소 상위 되는 것은 『조선철도일반』과 『철도요람』이 영업수입 및 경비
에 있어서 서로 가감이 같지 않고 자금 성질이 다르기 때문임.

조선철도의 발달(1910~1930)

 이상 영업성적 연표와 같이 최근 10년간(1920~1929) 영업 수입의 증가
는 약 2.5배이고, 익금 증가는 3.7배이며 투자 총액에 대한 이익금 비율도
1920년 0.021였던 것이 1929년에 와서는 0.041로 약 배나 증가되었다.
조선총독부에서 직접 지출한 자금액에 대한 이익금 비율을 보면, 1920년
0.048에서 1929년에 0.069에 달하여 한층 고율임을 알 수 있다.
 이에 철도국편『철도요람』중에 있는 더 알기 편한 숫자를 옮겨 놓으면
다음과 같다. 즉, 1910년에는 철도영업자금 100원에 겨우 8원의 이익이
났지만, 1929년에는 32원으로 4배가 증가되었다. 1917년 당시 44원 이익
금이 발생한 것은 전시 중 한창 재황財況이 좋을 때였기 때문이다. 정상적인

익금률이 아니다. 그때와 정반대로 재계 불황 때인 1929년 이익률이 최고를 점하였다. 조선철도의 영업이 얼마나 호황였는지를 알 수 있다.

다음으로 사설철도 영업성적을 보면, 1929년 영업수입 468만 6백여 원에 지출 383만 9천 원으로 이익금이 생겼다. 수입에 대한 지출 비례는 약 80%로 투자액(건설비)에 대한 이익비율은 연 0.13%의 성적을 얻었다. 궤도의 영업성적도 동년 수입 280만 1천여 원, 지출 198만 3천여 원으로 차익금이 81만 8천 원(수입대비 지출 비례는 약 70%)에 달하였다.

여객과 화물 운수

합방 당시(1910년)는 여객이 약 2백만 명으로 연인리延人哩 92,247,005리에 불과했으나, 1929년 현재에는 2, 3백 수십만 명으로 10배 이상 여객이 늘고 연인리로는 8억 4,100만 리로서 이 또한 9배 이상 늘었다. 그리고 화물은 888,723톤에서 6,062,653톤으로 약 7배가 늘고 연인리 80,517,056톤리頓哩에서 792,645,097톤리로 근 10배가 불었다.

운수관계의 수입을 보면 그림 3-3과 같다. 여객 수입은 1910년 234만 9천여 원에서 1929년 현재 2,098만 원으로 약 10배가 늘고, 1일 1리 평균 수입은 9원 87전에서 34원 60전으로 3배 반, 화물 수입은 206만 원에서 2,040만 원으로 약 10배, 1일리 평균 수입은 8원 61전에서 33원 63전으로 약 4배가 각각 늘었다. 여객과 화물 수입의 총액을 보면 441만 원에서 4,138만 원으로 1910년을 100으로 한 지수를 보면, 1929년 말에는 938로 격증되었다. 운수 수입의 증가는 놀랄 만할 속도로 변했다는 것을 보여준다.

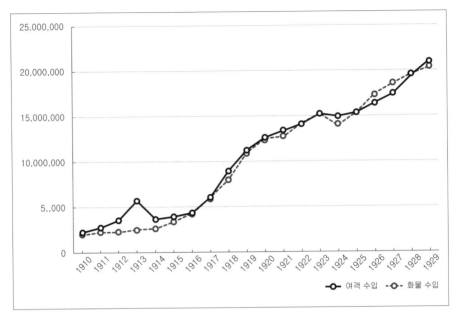

그림 3-3 연도별 열차 여객과 화물 수입액(1910~1930)

일제강점기 경의선 특급열차 히까리

조선 사철私鐵의 발달과 특수 지위

조선 사설철도는 구한국 정부시대 현 국유철도의 전신인 경부철도 외 동래 ↔ 부산진 간의 증기철도에 불과하였다. 하지만 제1차 세계대전 이후 재계호황으로 일본 재래 자본가의 주목을 받아 이후 계속하여 거대한 자본이 투자되었다. 1930년 12월말 현재 경영자 8개 주식회사와 면허만 받고 아직 회사 성립이 되지 않은 1개 주식회사를 합하여 9개 회사로 총자금이 1억 130만 원(실제 투자액이 8,773만 원), 선로 연장은 개업선이 906.3km, 미개업선은 975.9km로 합계 1882.9km에 달하였다.

단기간 내에 이와 같은 발달을 한 것은 철도 기업이 거대한 이윤을 남기는 이권에 일본인 자본가가 투자를 하였기 때문이며, 반半국가 사업으로 정부의 절대적인 보호와 보조를 받는 유리한 조건부의 기업이기 때문이다.

사설철도에 대한 보조법 요지를 보면, ① 많은 자금이 필요하기 때문에 주식회사에 한하고, ② 철도 이익금은 철도 경영에 요하는 불입주식금 및 사채 차입금이 년 8% 비율에 미치지 않을 경우에 그 부족액을 보조하며, ③ 보조 기한은 회사 설립 등기일로부터 15개년 이내, ④ 보조금 년 총액은 최고 500만 원으로 매년도 예산 잔액은 순차 익년도로 이월 사용할 수 있고, ⑤ 철도 면허가 취소될 때, 면허의 효력이 소멸될 때, 영업 개시 전 해산할 때는 보조금을 상환할 것 등이다.

일본 내지 사철보조법(보조 총액 최고 120만 원 연한 10년 등 ……)에 비하면 지극히 유리한 조건이다. 이는 첫째, 조선 내지의 기업이 역부족하여 투자자가 대부분 일본에 거주하는 일본인 자본가로서 간접적 이익이 없다는 것, 둘째, 일본인의 투자에 불안이 없도록 유치하기 위해서 상당히 유리한 보조를 필요로 한다는 것, 셋째, 대개 장거리 선로로 완전 개통까지 장기간

금강산 전기철도의 종점인 내금강역

자본 고정의 불리를 완화하기 위함 …… 이라는 이유가 되는 것이다. 그 외 국유철도와 같이 통치·산업개발·경비·국방에 있어 중대한 기능을 가지고 있는 것도 적극 보호의 이유가 될 것이다.

1915년 전북 경편철도輕便鐵道[8]에 대한 1만 원 보조에서 1930년 12월 까지 7개 회사 보조 연 총액 누년표를 보면, 1918년 147,543원, 1919년 도 1,565,000원, 1923년 3,431,474원, 1927년 5,069,188원, 1929년 5,155,741원, 1930년 12월 말 4,697,214원으로 최근 13년 간 보조 총액 은 3,630여만 원의 거액에 달하였다.

8 　궤도가 762,600mm로 좁고 규모가 비교적 간단한 철도를 일컫는다.

1. 사철회사의 총표總表

사철 각선 거리는 앞의 "조선철도의 현황"을 참조하기 바라며 1930년 12월말 현재 각 회사 자본과 면허 노선은 표 3-4와 같다.

표 3-4 사철회사와 면허노선

경영자	종별 사무소 소재지	면허노선(秆分)			자본금	불입자본 차입 및 사채
		개업선	미개업선	계		
조선철도	경성	490.8	602.5	490.8	1,093.2	불 : 17,630,000 사 : 17,300,000 차 : 6,770,000
조선경남철도	천안	189.0	31.0	189	320.0	불 : 10,000,000 사 : 6,500,000 차 : 2,900,000
금강산전기철도	철원	108.0	42.0	150	150.0	불 : 7,800,000 사 : 3,000,000 차 : 1,770,000
개천철도	군우리	36.9	–	36.9	36.9	불 : 1,000,000
남조선철도	동경	–	282.4	0	282.4	불 : 8,000,000 차 : 2,600,000
조선경성철도	수원	53.1	16.3	53.1	69.4	불 : 900,000 차 : 700,000
신흥철도	흥남	19.0	–	19	19.0	불 : 640,000
이상 보조철도 합계		896.8	974.2	896.8	101,300	불 : 45,990,000 사 : 27,000,000 차 : 14,740,000
조선와사전기철도 (비보조)	부산	9.3	–	9.3	1,154(건설)	1,134
조선?색철도 (미개업)		–	1.4	1.4	1,000	
총계		906.5	975.6	1,881.9	자본 : 102,300 건설 : 1,150	불 : 43,990 사 : 27,000 차 : 14,740 건설 : 1,134

* 현 개업선 중 증기는 42%, 증기·가솔린 병용 54%, 전기 12%이며 궤간은 광궤 64%, 협궤 36%임.

표 3-5 철도 영업실적

연도	영업리(km)	여객인구	화물톤 수	운수수입	1일1리 평균운수 수입
1920	160.2	1,148,653	277,496	1,025,938	22.86
1926	481.5	4,028,819	924,921	3,848,316	23.37
1929	492.4	2,788,359	898,450	3,863,229	21.82

2. 영업성적

앞의 "철도의 수지"에 부기한 것과 같이 1929년도말 영업수입 460만여 원, 지출 383만9천여 원으로 총 이익금 84만 원이며 영업 수지에 대한 지출 비율은 약 80%, 자본에 대한 이익금 비율 0.13%인데 최근 수십 년 간 영업 실적은 표 3-5와 같다.

전용철도와 궤도

전용철도는 공장 내 광구내鑛區內 및 이와 연관된 지역 내에 한하여 부설된 자가용 철도이므로 일반 인민과는 별반 큰 관계가 없는 것이지만, 근년 일본인 및 외국인의 대회사가 필요에 따라 많이 부설, 사용케 된 것은 자가용·트럭 같은 것도 잘 쓰지 못하는 조선인 측에 비하여 묘한 대조가 된다.

1930년 12월말 전용철도 개업선은 120.5km, 미개업선 8km, 합계 134.5km에 달한다. 조선질소비료회사의 30.6km(경인선과 거의 같다), 동양합동광업회사 29.8km, 삼릉제철회사 30km가 최대며 풍국제분·조선방직·삼릉제당·명치광업·조선무연탄(평남)·대일본제당·조선전기흥업·소야시멘트·왕자제지회사·대평양조재등합명·라이씽석유·조선무연탄(함남)·평

표 3-6 궤도의 총 영업실적

구별 연도	영업 리	여객 인원	화물톤 수	수입	지출	이익금	1일 1리 평균수입
1920	31.6	23,463,731	72,891	1,400,377	1,106,733	293,622	101.87
1925	45.3	43,925,689	70,604	2,130,404	1,316,233	387,169	130.30
1929	79.1	35,992,043	17,033	2,800,787	1,983,756	817,331	109.23

안목재·일본콘프로덕트 등의 회사에서는 각각 전용철도를 사용하고 있다.

궤도라는 것은 사설철도의 일종으로 볼 수 있으나, 그 규모가 비교적 적고 증기기관차를 사용치 않는 까닭에 보통사철과 구별된다. 궤도라는 것은 ① 전기궤도, ② 경유궤도, ③ 수압궤도 등 세 가지가 있다. 1930년 12월말 현재 전기궤도 회사는 경성·평양·부산에 3개 회사가 있고 그 궤도는 56.8km이다. 경유궤도는 경성부 외에 전남 함평에 2개 회사가 있고 10.1km의 궤도가 있다. 수압궤도는 제주도·왜관·생기령 등에 각각 1개 회사가 있는데 67km의 궤도를 가졌다.

세 가지 궤도의 총연장을 보면 134.3km으로 134.5km인 전용철도와 묘하게 길이가 비슷하다. 이 궤도 또한 일본인 자본가의 독점적 경영으로 전기궤도 같이 투자에 대한 배당 수익률이 약 13%의 호성적을 보이고 있다. 근년 경성 시민들이 경성전기의 폭리를 지적하고 승차거부 운동을 일으키고 있는 것도 이러한 이유의 한 모퉁이를 이해할 수 있는 것이다.

현재 궤도 구간별을 보면 1.067미터 57.1km, 0.762미터 9km, 0.610미터 67.4km이며 길이의 누년 증가는 다음과 같다.

1910년 : 개업선 23.3km, 미개업선 24.8km
1920년 : 개업선 50.9km, 미개업선 1.1km

1930년 : 개업선 134.3km, 미개업선 142.7km

철도의 발달과 조선인

이상 조선철도가 발달되어온 유래·현황과 장래에 더욱 발달되어 나갈 수 있는 조건을 이해하였다. 그러면 매년 발달되어 왔고 또 매년 발달될 조선철도는 조선인에게 과연 어떠한 영향을 주었는가?

앞의 "조선철도는 언제 부설되었나?"에 철도의 3대 의의라는 것을 지적하였기 때문에 대체로 철도가 조선인에게 미칠 영향도 상상할 수 있지만, 다시 좀 더 정밀하게 그 영향을 주고받는 점을 지적하여 보기로 하자.

무릇 철도는 현대 문명 이기의 하나로 가장 안전·신속·편리한 교통수단이므로 한 번 부설되기만 하면 그 지역의 모든 것은 일대 변화를 일으킨다.

1. 생산수단의 변화

조선에 철도가 부설되자 자본주의의 기계 생산품은 둑을 무너뜨릴 기세로 조선에 들어와 조선인 수공업품은 갑자기 시장으로부터 내쫓기고 말았다. 그 구축이 너무나 급박하였고 너무나 우세하였기 때문에 조선인은 생산수단의 전환을 꾀할 여유도 없이 그냥 실업 무산군無産群이 되고 말았다.

물론 극소수의 신지식 분자가 대체로 소자본을 가지고 겨우 그 생산수단을 전환한 자도 없지 않지만 압도적 우세를 가진 역외域外의 상품과는 질량 및 가격에서 도저히 경쟁할 수 없어 일체 미미한 부진 상태에 빠지게 되었다. 그러나 생산의 기계화 기형적 산업혁명은 조선철도의 발달에 따라 어찌 되었든 수행된 셈이며 장차로 그리될 형편에 있다.

2. 빈곤의 격화

철도가 처녀부_{處女富}를 개척하여 물자를 환발_{喚發}하고 산업을 진흥시킨다는 것은 옳은 말임에 틀림없다. 그러나 철도는 근대적 문화와 물화를 운반하여 자본주의 세계의 찬연한 광채를 인민에게 과시하고 유혹케 하는 것이므로 농산물의 염가 판매, 공산품의 고가구매를 중복케 하여 벌써 인민수지는 균형을 잃고 말았다. 또 철도와 상반하여 오는 근대적 도시생활은 고가로 사지 않을 수 없는 부담이다. 따라서 옛날에는 돈은 귀했으나

부산 · 신경 특급열차 히까리 식당차

경인선 기차를 타기 위해 몰려드는 조선인들

의식주에는 걱정이 없던 살림이 이제는 돈 구경만은 낮게 한 셈이지만 의식주에 큰 걱정거리가 되는 정반대 현상이 나타나게 되었다. (이후 1,008자 삭제)

3. 기타의 영향[9]

이상 조선철도의 네 가지 중대 영향을 말하였지만, 그 외에도 조선철도는 조선인 생활에 심각한 영향을 주고 있다. 그 예로 외국 문화를 현대적 스피드로 흡수하게 된 것과 조선 내 지

1929년 군산↔대전 2등 기차표

방색이 빈번한 교통으로 말미암아 점차 희박하게 된 것 등이다. 조선 민족은 원래 단일 민족으로 구성된 까닭에 지방색 이외에는 전연 다름이 없었으나, 인도나 필리핀 같은 데는 철도와 내해 기선 등에 의해 민족적 통일이 점차 가능케 되었다.

---

9   원본에서는 앞부분이 삭제되어 "5. 기타의 영향"으로 되어 있다. 이 책에서는 편의상 "3. 기타의 영향"으로 정리했다.

2

토지

조선총독부 소유 토지

1. 토지 국유

"토지 획득은 식민지 활동의 근본적 기초 중 하나이다."(矢內原忠雄, 『식민 및 식민정책』) "식민국이 식민지에서 국유지를 얻는 방법은 원주자原住者의 국유지를 정복국의 국유지로 하는 것 외에 무주지無主地를 국유지로 만들기도 한다."(동상) 그리고 "법치국 발달이 유치하고 특히 경제생활의 조직이 정착되지 않아 자연물 채취, 방목, 지역 순환식 농업 등에 종사하는 원주자에게 근대 국가의 원칙을 적용하는 것은 법률을 빙자하여 불법적으로 몰수하는 경우와 같다.

원주자가 현재 이용하지 않는다는 이유로 혹은 적극적으로 소유권을 증명하지 않았다는 이유로 그 토지를 모두 무주지로 간주할 수 없다. 예컨대 알제리에서는 1840년 법령에 따라 일정 기간 내에 소유권을 주장하지 않거나 증명하지 못하면 토지를 무주지로 간주하여 국가가 몰수하였다. 프랑

표 3-7 국유지 면적

국유 미간지	73,849정보
개간하여 논으로 만들수 있는 땅	16,441정보
역의 경비를 충당하는 역토(驛土)와 주둔 군대의 자급자족을 위해 경작하는 둔전(屯田)	76,645정보
보(洑) 및 부속지	776정보 약
늪과 연못으로 둘러싸인 습한 땅	207,465정보
개답 가능지	73,777정보
합계	448,953정보

* 1정보는 3,000평에 해당한다.

스령 기아나(1900년), 콩고 자유국(1885년) 등에서도 같은 원칙이 선언되었다. 이러한 지방의 원주민은 토지 소유권의 법률적 관념이 박약하여 이를 주장하거나 증명할 필요를 느끼지 못하였다. …… 이에 대하여 사유재산제도 하의 근대 법치국가의 통념을 적용하는 것은 매우 부자연스럽다. 그럼에도 실제에 있어서는 이 같은 방법으로 식민지의 토지, 임야를 국유로 편입하는 예는 적지 않다."(동상)

합병 당시 일반 조선인의 법률적 관념이 얼마나 박약했던가. 당시 〈부동산 증명령〉과 〈조선부동산 등기령〉[1]이 반포되었지만 그것이 무엇인지를 알지 못하였다. 결국 소유권을 법률적으로 확립치 못하여 국유로 편유(編有)된 것도 적지 않았을 것이다. 또한 조선 말기 우매하고 나약한 지방 관리가 그 어두운 토지 대장을 제대로 정리해 놓지 않아 국유로 편입된 것도 적지 않

---

1 〈부동산증명령〉은 1912년 3월 민사제법규의 정리규정과 함께 공포되었다. 종전 증명제도(토지건물증명규칙 및 토지건물소증명규칙)를 개선하여 부동산에 관한 권리보증을 종전에 비하여 한층 확실하게 한 것이다.

았다.

그러면 현재 조선 국유지는 얼마나 되는가. 1930년 조선총독부 조사에 의하면 다음과 같다.

표 3-7과 같이 국유지 면적은 모두 44만 8,953정보인데 여기에 국유임야 842만 9,745정보, 토지 및 공작물(토지에 접착되어 설치된 제방·터널·개천) 2,613정보, 건물 및 공작물 229정보 등 843만 2,587정보를 합하면, 국유 토지 총면적은 888만 1,540정보에 달한다. 이로써 조선총독부가 조선 제일의 대지주인 것을 알 수 있을 것이다. 그러면 조선총독부는 이 토지를 어떻게 분배, 관리하고 있는가?

2. 국유 토지 내역

1) 국유 미간지 불하

국유 미간지 면적은 각도 합계 7만 3,849정보이며 개답이 가능한 면적은 1만 6,441정보이다. 그외 산록 경사지의 대부분은 미간지에 속한다. 특히 함경남도 및 강원도 지방에는 수백 정보에 달하는데, 대개 적은 면적으로 산재해 있는 것이 보통이다.

1907년(통감부 시대) 〈국유미간지이용법〉이 발표되었는데, 면적 10정보 이상은 통감, 그 이하는 지방 장관의 허가를 받아 10개년 이상 대부하며 사업 성공 후에는 원칙적으로 무상 부여付與하되 면적에 대해서는 제한을 두지 않았다(조선총독부, 『조선의 농업사정』). 국유 미간지는 특별한 경우 불하가 필요하다고 인정된 경우를 제외하고는 모두 개간 목답牧畓[2], 식수 혹은 농

---

2 조선시대에 나라의 목장에서 말과 소를 먹이던 이속에게 떼 주어 농사짓게 하던 논을 일컫는다.

민·어민의 주택에 공급하는데 대부료는 1정보에 50전씩으로 하고 특별 사유가 있을 때는 감면키로 한 것이다.

국유 미개간지의 이용은 일찍부터 유리하다고 인식되어 1929년도 말 현재 부여付與 불하 9,503건에 면적 1만 8,344정보이고, 대부 허가는 5,398건에 면적 30만 798정보이며, 대부 출원 중에 있는 것이 1만 1,779건에 면적 7만 5,962정보이다(조선총독부, 1931년도『조선요람』).

국유 미간지 대부와 불하에 대한 조선인·일본인의 통계자료를 얻지 못했지만, 기회 균등이 이뤄지지 못한 것만은 분명히 지적할 수 있다. 국유 미간지를 대부 받고자 하는 것은, 토지를 갖지 못한 조선 농민들이 간절히 원하는 바이지만, 조선인 측 관리나 관변 친근자 혹은 지방 토지 자본가들도 좀처럼 대부 허가를 받지 못한다. 대개는 대부 출원에서 절망하고 만다. 혹 면장이나 그 이상 관리를 통하여 명의로 대부를 받고 그 댓가로 상당액을 떼주는 예가 없지 않지만 이 또한 많지 않다.

따라서 국유 미간지의 대부 허가는, ① 일본인 관리 및 관변 친근자, ② 일본인 토지 자본가, ③ 조선인 측 관리, 그외 토지 자본가 순으로 받게 된다. 실제로 농토를 갖지 못한 조선 농민에게는 분배가 돌아가지 못한다.

2) 역둔토 분배

역둔토는 관장토官庄土·역토·둔토의 총칭이다. 이는 조선시대 이전부터 공문서의 전달과 공무를 가진 관리 등을 위해 각도에 역참을 두고 역졸 마필馬匹을 배치하였는데 그 급여에 충당할만한 자본으로 비치하였던 전답 대지岱地를 가리킨다. 현재 역둔토 총 면적은 2억 2,984만 5,714평(약 7만 6,600정보)으로 가격은 3,066만 원에 달한다.

역둔토는 조선 전 경지 면적의 1.7%에 지나지 않지만, 대부분은 양전

옥답沃畓이고 드넓은 구역을 점하고 있
어 조선총독부 재산 중 중요한 자리를
차지한다. 조선총독부는 일본인의 이민
을 장려하기 위해 동양척식주식회사에
1만 정보를 대부하고 그 나머지 대부분
은 10개년 간 연부年賦 상환 방법으로

표 3-8 역둔토 내역

답	28,928정보
전	4,3251정보
대(택지)	535정보
기타	3,931정보
합계	76,645정보

대체로 일본인 소농과 매불賣拂 계약을 맺었다. 현재 1929년 역둔토 관계
소작인은 15만 9백여 명에 달하는 데 역둔토 내역은 표 3-8와 같다.

3) 공유수면 대부

'공유수면'이란 간석지 및 소택지인 국유 미간지를 말하는데, 20만 7,465
정보로 개답 가능 면적은 7만 3,777정보이다. '공유수면'은 영리 사업으
로 충분한 가치를 가졌고, '국토 확장, 과잉 자본의 조절 등 이익 증진에 기
여'할 것이기 때문에 '유력한 기업가' 중에서 이를 이용코자 하는 자가 점차
증가하고 있다. 1929년 말 현재 준공 인가 1,893건에 1만 4,490정보, 매
립 면허 1,691건에 7만 5,537정보, 면허 출원 중인 것이 2,916건에 13만
8,860정보에 달한다.

간석지 및 소택은 종래 국유 미간지로서 취급하였으나, 1924년 8월부터
〈조선공유수면매립령〉[3]에 따라 개척 및 매립이 적용받게 되었다. 종래 〈국
유미간지이용법〉에 따라 처분된 것 가운데 비교적 큰 덩치의 공유수면은
한 곳이 수백 정보가 되는 곳도 많다. 〈조선공유수면매립령〉은 일본의 〈공

---

3 〈국유미간지이용법〉에 따라 간척사업 허가를 받도록 되어 있던 것을 '매립법'에 의해 사업
   허가를 받도록 개정한 것이다. 주로 간척사업의 면허, 준공 관계가 규정되었다.

유수면매립법〉의 규정을 준용하여 면허제를 채용하고 면허권자의 권리 의무를 명확하게 규정하였다(조선총독부, 1931년도 『조선요람』).

공유수면은 대부분 간석지 혹은 소택지로 대개 덩치가 크고 또 많은 자금이 소요되는 대규모 공사이기 때문에 비록 그 대하[4] 이용이 유리하다 할지라도 부동산을 저당하여 식민국보다 비교적 고리인 자본을 얻어 서툰 사업을 경영하기에는 너무나 모험적이다. 또 개척 기공에 필요한 많은 자금을 얻기란 일반 조선인에게는 대단히 어려운 일이다. 비록 유산 계급에 속하는 조선인일지라도 스스로 단념하는 자가 많으며 또 출원 인가를 받기도 쉽지 않아 형세는 필연적으로 일본인 자본가에게 돌아가고 만다. 결국 광대한 공유수면도 역둔토 국유 미간지와 마찬가지로 일본인 자본가에게 실제 분배되고 있다.

농업 일본인과 토지

1. 일본인 농지와 호구

다음으로 일본인이 소유한 전체 토지 면적과 농업 경영자는 얼마나 되는지를 알아보자.

1929년 조선총독부 식산국 농무과에서 30정보 이상을 경작하는 자를 조사하였다. 그 이하를 소유한 자의 조사통계는 찾을 수 없다. 30정보 경작자는 중지주 이상 계급에 속하는데 그 전부를 알 수는 없다. 우선 30정

---

4   경제 발전과 국제 수지 개선을 위하여 민간에 융자하도록 정부가 금융 기관에 돈을 빌려
     주는 것을 일컫는다.

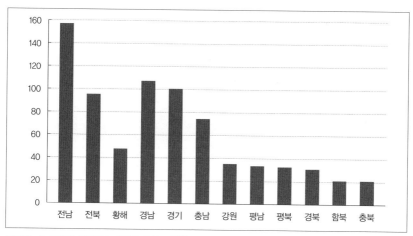

그림 3-4 지방별 일본인 농업경영자 분포 현황

보 이상을 경작하는 일본인의 조사 통계를 보면, 그 수는 497명이고(의탁자를 제외하면 464명), 경작 면적은 25만 7,268정보이며 전체 소유지 면적은 약 41만 8,480정보에 달한다.

지방별 인원 분포는 그림 3-4와 같다. 전남이 최다, 충북이 최소이다. 경영 면적은 답 11만 1,024정보, 전 5만 196정보 이외에 동양척식주식회사 경영의 전답 9만 6,338정 2반보半步, 소유지 13만 3,800정보, 관리지 2만 7,414정보이다.

다음으로 재조선 일본인 농업자 전체 인구 수를 보면(1930년 《조선》 2월호 참조), 조선 내에서 농업을 경영하는 일본인은 정부 및 대행 이민회사의 적극적인 장려 보호로 매년 증가하고 있다. 1911년 2,960호 9,409명에 불과했으나 1928년에는 1만 338호 4만 4,321명으로 증가하였다. 즉 호구에 있어서 3.5배 가량 늘고 인구에 있어서 4.7배가량 늘어난 것을 알 수 있다(1929년 조선총독부, 『조선의 농업사정』).

전자와 후자의 경작 소유, 관리지 면적을 합하면 얼마나 될 것인가. 이에 대한 관변 통계는 도저히 얻어 볼 길이 없어 오직 독자의 추정에 맡길 뿐이지만, '조선 전토의 약 62%는 일본 금융자본가가 점유하고 있다'(三上英雄, 『민족문제』, 74쪽 참조)는 것은 좋은 참고자료가 될 것이다.

과연 일본의 금융자본은 농업 조선에 어떤 활동을 펼치고 있는가. 이를 들춰 보는 것이 그들의 농지 소유관계를 보는 것 보다 더욱 흥미 있을 것이다.

막대한 농업투자

1. 일본인 농업자본의 대 진출

조선 농업에 투자한 순일본인 경영회사는 조선 내에 본점을 둔 것만 57개사가 있다. 조선인·일본인이 합동 경영하는 회사는 제외한 것이다. 출자액 또는 공채자본이 3,200만 7,400원이고 출자액 또는 불입자본[5]은 2,346만 8,700원에 달한다. 조선 내에 지점을 둔 회사는 총 20개사로 출자액 또는 공채자본은 8,380만 5,000원이고 출자액 또는 불입자본은 664만 7,250원이다. 77개 일본인 회사가 조선 농업에 투자한 출자 또는 공칭자본은 1억 1,581만 3,400원이고 출자 또는 불입자본은 8,411만 5,950원이다.

이 거대한 농업자본은 대부분 농사경영, 비료, 농구 판매, 미간지 개간, 토지개량, 농산물 생산 판매, 수리사업, 토지·가옥 임대차 및 매매 창고업, 조림, 양잠, 면화, 과수종묘 재배 등 영리 사업에 투자되는 동시에 부동산

---

5 기업주 또는 주주가 실제로 불입한 자본금을 말하는데 갹출자본 또는 투하자본이라고도 한다.

및 유가증권 등을 담보로 산업자본으로 대출되었다(1930년 4월 조선총독부 《조사월보》).

이들 회사는 먼저 토지를 소유하거나 대부貸附 혹은 부동산 담보로 정기 또는 연부年賦로 대출하였으나 상환하지 못하게 된 토지를 소유하는 등 갖은 방법으로 이를 획득하였다. 또 일본인 회사들은 막대한 부동산 담보 대출 자본으로 광대한 토지권과 관리권까지도 획득하였다. 그 결과 원주자는 토지를 상실하게 되고 농업 이익 또한 감소가 필연적으로 발생되었다. 자본에 궁한 조선 지주는 토지·임야·가장家莊 등을 저당 잡히고 스스로 채무자가 되고 있다. 그러면 농업 방면에 투자하는 가장 큰 회사는 어느 것이며 그 활동은 어떠한 것인가를 보자.

2. 식민회사 동양척식주식회사

동양척식주식회사는 척식 자본의 공급과 척식 사업 및 일본 이민을 목적으로 1908년 〈동양척식주식회사법〉에 의하여 설립된 특권 회사이다. 설립 당초의 자본액은 1천만 원에 불과하였으나, 1931년 현재 5천만 원으로 증자하고 불입금액이 3,500만 원에 달하는 큰 회사가 되었다.

이에 따라 투자와 대부에 요하는 자금 수요는 매년 증가되었다. 발행한 사채는 1928년 3월말까지 누계 3억 3,230만 원에 달하고 상환액은 1억 6,470만 원으로 현재 잔고는 1억 6,823만 원에 달한다. 이것만 보더라도 동양척식주식회사의 막대한 척식 금융활동을 알 수 있다.

동양척식주식회사는 현재 부산·대구·익산·목포·사리원·평양 등 9곳뿐만 아니라 멀리 하얼빈·대련·봉천·용정·청도·천진에까지 지점을 두고 있다. 본점은 도쿄에 두어 (4자 삭제) 일본의 경제적 활동에 최전선에서 특수 활동을 전개하고 있다.

일제의 식민지 수탈기관이었던 동양척식주식회사(현재 명동 외환은행 본점 자리)

동양척식주식회사 영업업무는 대개 3종으로, ① 금융업, ② 직영 척식사업, ③ 산미증식사업 등이다.

1) 동양척식주식회사의 금융업

금융업에 있어서는, ① 일본 이주민에 대하여 25년 이내의 연부 상환 또는 5년 이내의 정기 상환에 의한 이주비 대부, ② 생산자에게 생산물을 담보로 1년 이내의 대부, ③ 부동산 등을 담보로 한 3년 이내의 연부 상환 또는 5년 이내의 정기 상환에 의한 대부, ④ 공공단체 또는 특별법령에 의하여 조직된 산업조합 등에 3년 이내의 연부 상환, 5년 이내의 정기상환 방법에 의한 무담보 대부, ⑤ 농업자 20명 이상이 연대하여 채무를 지는 자에 5년 이내의 정기 상환방법에 의한 무담보 대부, ⑥ 척식 영업을 목적으로 하는 회사의 주권 또는 채권의 응모 인수, ⑦ 재단 기타 확실한 물건을 담보한 3년 이내의 연부 상환, 5년 이내의 정기 상황대부 등 금융대부업이다.

1930년 6월 말 대부 총액은 정기 대부 3,560만 5,432원, 연부 대부 1억 242만 9,371원으로 총액 1억 3,803만 4,802원의 거액에 달한다. 1927년 말 조선 내에만 대출이 6,638만 1,570원으로 급증한 것은 창립 당초 대출고 22만 원에 비하여 약 300배에 해당한다(이하 201자 삭제).

2) 50만 석 대지주

다음으로 동양척식주식회사는 척식사업(토지경영·산림사업·수리개간식민水利開墾 殖民·제염·기타)을 직영하고 있다. 1930년 6월 말 현재 동양척식주식회사가 소유한 토지의 총면적은 11만 4,062정보로 가격이 2,671만 4,020원에 달한다. 그 가운데 만주에 있는 4,205정보(가격 59만여 원)를 뺀 나머지는 전부 조선 내에 있다. 1927년 조선 내의 동양척식주식회사 소유지가 6만 9,213 정보였을 당시 쌀 31만 944석, 잡곡물 1만 6천 석, 면화 약 3만 근, 금납 약 12만 원의 소작료를 받았다. 1931년 현재 그때보다 소유 토지 면적이 2배로 증가했다면 적어도 쌀 50만 석은 돌파되었을 것이라 추정되며 잡곡 기타 또한 두 배로 수확량이 늘었을 것이다.

3) 일본 이민의 적극적 보호

1928년 말 현재 동양척식주식회사 이민은 총 4,004호로 약 2만 명에 달한다. 도별로 보면 경남 612호, 전남 613호, 경기 539호, 전북 487호, 경북 412호, 황해 291호, 충남 280호 순이며 충북·함남·평북·강원까지 없는 곳이 없다. 이민 할당지는 총계 1만 174정보로 제1종 이민[6]에게는 전답 약

---

6 일본 이주민은 오로지 자작을 목적으로 하는 '제1종 이민'과 논밭 10정보 이내를 할당받아 일부 자작하고 나머지를 소작시킬 수 있는 제2종 이민으로 구분되었다.

2정보씩을 할당하되 토지 대금의 6%를 부쳐 25년 연부 상환케 하고, 제2종 이민에게는 전답 약 5정보씩을 25년 연부 상환토록 하였다. 이주민 4천여 호에 대한 양도지 가격 총액을 보면 583만 7,492원으로 1호당 1,100여 원에 해당한다.

뿐만 아니라 동양척식주식회사는 이주민에게 기타 종묘·비료·농구 등을 저리 또는 무이자로 대부할 뿐만 아니라 이주지에 촉탁의囑託醫를 둔다든지, 공립병원과 교섭하여 할인 내지 무료로 의료케 하며 수해·한해 기타 재난 시에는 금품을 대부 내지 급여하고 영농에 대해 지도해주며, 우량 이주민을 우대하는 등 이주민 장려에 적극 노력하고 있다.

그러나 근년에 와서 이민이 중지되었는데 이는 조선인 측의 비난 취송聚訟을 받은 까닭도 있지만, 동양척식주식회사의 이민이 아닐지라도 연평균 1만 명 이상의 일본인이 이주하게 되어 식민의 목적을 충분히 도달할 수 있게 되었기 때문이다.

4) 조선총독부의 동양척식주식회사 보호

조선총독부는 동양척식주식회사의 사채 발행에 보증인이 되어주고 조선총독부 소유주에 배당을 면제해주고 있다. 그리고 조선총독부는 배당도 받지 않은 인수주引收株[7]의 대가로 국유지 1만 정보와 그 외 1만 9,238정보의 국유림을 양도하였으며, 3만 6,626정보의 국유림을 대부하고 또 전남·경남의 죽림竹林까지 양도하였으며 산미증식계획의 35만 정보, 토지개량사업 중 10만 정보의 토지개량사업을 대행케 하는 등 직접, 간접으로 동양척식주식회사의 사무를 적극 돕고 있다.

---

7 여러 이유로 다른 기업에 인수대상이 될 가능성이 큰 기업의 주식을 일컫는다.

5) 동양척식주식회사와 조선인

동양척식주식회사의 제20기 손해계산서를 보면, 총이익금 1,983만 2천여 원 가운데 대부 금리식 977만여 원과 지소地所 수입 566만여 원이 으뜸이다. 대부금 중에는 조선인 지주의 부동산을 담보로 대출한 것이 가장 많기 때문에 막대한 금리의 대부분도 조선인 지주층, 자작농층에서 끌어 모은 것이다. 지소 수입이란 (52자 삭제) ……. 제20기 동양척식주식회사의 순익은 253만 7600여 원에 달하였다[8].

3. 최대 농업자본 식산은행

식산은행은 1906년에 설립된 농공은행(1917년 말 조선농공은행은 본점 6곳, 지점 41곳)과 합병한 특권 은행(현재 지점 수는 52곳)인데 최초의 자본금은 1천만 원이었으나 1931년에는 3천만 원으로 증자되었고 1929년 불입자본은 2천만 원에 달하였다.

식산은행은 '조선의 식산 자금을 공급'하는데 있음을 표방하고, ① 15년 이내의 연부 상환 또는 5년 이내의 정기 상환 방법에 의한 부동산 또는 부동산상의 권리를 담보한 대부, ② 농업자 10명 이상 연대하여 채무를 지는 자에 대한 5년 이내의 정기 상환에 대한 무담보 대부, ③ 조선의 산물 또는 조선의 산업상 필요한 화물을 담보로 한 대부, ④ 조선에서 식산사업을 경영하는 회사 사채권의 응모 또는 인수 등으로 대부하고 있다.

1928년 말 대불고를 보면, 농업자금 1억 3,956만 3천여 원, 상업자금

---

8 이상은 동양척식주식회사 제20기 동회사 업무 요람과 1930년 『조선의 농업사정』, 矢內原忠雄, 『植民及植民政策』 참조.

조선식산은행 본점(현재 롯데백화점 자리)

7,180만 원, 공업자금 558만 4천여 원, 잡자금維資金[9] 1억 3,956만 3천여 원, 총계 2억 5,365만 4,730원(1929년 말 2억 6,668만 9900여 원, 단, 동업 회사의 대출금 불포함)으로 동양척식주식회사보다도 1억 1,561만 9,900여 원이 더 많고 동양척식주식회사의 조선 내 대부금 6,538만여 원에 비하면 약 네 배 많다. 농공은행 인계 당시 대부금 1,875만 원에 비하여 13배나 뛰어 오른 것이다.

식산은행은 일반 산업자본을 제공하는 은행이므로 농업 이외의 상업자본으로도 활동하고 있다. 1929년 말 식산 은행 대출금 담보 별로 보면 부동산 담보 대출이 1억 3,839만 8천 원으로 총 대출고의 50% 이상을 차지하였다. 연래의 조선 농업 공황으로 대출금의 담보 부동산이 얼마나 식산

---

9   주택설비, 구채(舊債) 및 기타에 소용되는 것을 일컫는다.

은행 소유로 돌아갔을 것인가. 1929년도 식산은행의 순익금은 282만 3천 원으로 배당 비율은 1918년 당시 14%에 대하여 4%가 늘어 18%로 올랐다.

조선총독부는 식산은행 설립 초기부터 5년간 조선총독부 소요 이외의 주식에 대한 이익금 배당이 년 70%에 달할 때까지 그 부족액을 계속 대주기로 하는 등 적극적인 보호정책을 펼쳐 업무의 발전을 촉진시키고 있다.

4. 기타 농업자본

불이흥업주식회사[10]는 농업 개간, 부동산 관리, 신탁업, 미곡 및 기타 물품의 위탁판매, 정미업 등에 투자하는 공칭자본公稱資本[11] 500만 원, 불입자본 동류의 농업회사이다. 불이흥업주식회사는 곳곳에 드넓은 비옥한 농지를 점유하여 불이농장을 개설하는 한편, 전북 옥구군 미면에는 회사 소유 간척지 1,800정보 내 기존 1천 정보에 345호의 일본 이민을 이주케 하여 불이모범농촌을 설치하였다. 강원도 평강 일본인산업조합 이민(100호 이민계획을 세우고 착착 진행 중)과 같이 조선총독부에서는 이민 1호당 3백 원의 이주장려보조금을 지급하고 회사 사업에 필요한 자금을 저리로 융통하는 편의를 제공해 주고 있다(이상 경성상업회의소 1929년 『조선회사표』) (조선총독부 1929년 『朝鮮の農業事情』 참조).

기타 공칭자본 100만 원 이상의 농업회사를 열거하면 다음과 같다. 정주주식회사 서혜농장, 목포 복전농사주식회사·남북면업주식회사, 김제 중시

---

10 후지이 간타로[藤井寬太郎]가 1914년 소작제 농업경영을 위한 매곡 증산과 인구문제 해결을 위한 이민 사업을 구상하고 한국 진출을 목표로 설립한 회사이다. 전국에 걸쳐 분포한 불이농장의 소유면적은 당시 최대 지주였던 동양척식주식회사 다음으로 많았다.
11 은행·회사 따위에서 정관에 적어 등기를 한 자본의 총액으로 불입한 자본금과 아직 불입하지 않은 자본금을 합한 금액을 일컫는다.

산업주식회사, 여수 주식회사 고뢰농장, 김포 양동식산주식회사, 예산 해외척식회사 등이 있다(『조선회사표』에 의함).

그 외에 토지매매·개량·관리 등을 주업으로 하는 회사 47개 중에서 5만 원 이상 공칭자본을 가진 곳은 경성에 있는 공칭자본 5백만 원의 조선토지개량주식회사를 비롯하여 경성 조선토지경영주식회사, 대구 조선토지흥업회사, 부산 부산진매축주식회사, 광주 전남식산주식회사, 보성합자회사 금곡상회, 경성 목포토지합자회사 등이 있다.

토지 분배

1. 호구로 본 토지 분배

토지 겸병이 급속도로 진전되어 농촌의 중간층은 사실상 몰락의 비운을 겪고 있고 지주와 소작인만 점차 증가하여 농촌의 계급적 대립은 매년 첨예화 되고 있다. 조선인 대지주는 매년 감소되는 반면에 일본인의 부재 지주 또는 토착 지주는 격증하고 있다. 지주·자작농·자작겸소작농·소작농 등의 매년 말 증감율을 보면 다음과 같다(조선총독부, 『조선의 농업사정』(1929).

1916년도에 지주는 농업 호구 백호 당 2.5호였으나 1928년도에는 3.7호로 증가한 반면 자작농은 20.1호였으나 18.3호로 줄어들었고 자작겸소작농은 40.6호에서 32.0호로 줄었으며 소작농은 36.8호에서 44.9호로 격증하였다. 이로써 농촌의 중간층이 점차 사라져 가고 있는 것을 알 수 있다.

이를 일본과 비교하면 일본은 자작 31.4호인데 반하여 조선은 19.2호로 12.2호가 적고, 자작겸 소작 42.0호에 대하여 33.6호로 또한 8.4호가 적으며, 오로지 소작 만26.6호에 대하여 47.2호로 20.6호가 더 많을 뿐이다.

이를 본다면 일본의 농촌은 아직까지 자작농과 자작겸소작농이 최다수층을 차지하여 아직 그 지위가 튼튼한 셈이다. 하지만 조선의 경우는 전연 그 관계가 전도되어 농촌에는 토지를 가지지 못한 순소작농이 대다수를 점하여 농촌의 파멸이 명백하다는 것을 알 수 있다.

2. 경지면적으로 본 토지 분배

이상은 자못 호구로만 본 것이기 때문에 다시 경작면적으로 이를 살펴보면 추세를 좀 더 명확하게 알 수 있을 것이다. 조선 농지를 자작·지주의 소유별 백분비로 보면 표 3-9와 같다.

1916년에 지주의 소유지는 자작지보다 겨우 2.2%가 많았지만, 1928년에는 8.2% 더 많아졌다. 자작·지주의 소유지 면적으로 보면 자작층의 몰락이 비교적 완만한 것 같이 보이지만, 자연 증가하는 농촌 인구는 구 자작농층이 소작층으로 전락하였기 때문에 호수 수로는 자작층 몰락의 속도보다 완만하게 보일 따름이다.

자작 및 지주의 농지소유를 일본과 비교하면 표 3-10과 같다. 일본의 자작농은 조선의 자작농보다 답이 14%가, 전의 경우는 7%가 더 많다. 하지만 지주의 경우는 일본이 답에 있어서 14%가, 전은 7%가 적다. 따라서 조선의 토지 분배는 (8자 삭제) 일본보다도 오히려 토지 겸병이 심하다는 것이

표 3-9 자작·지주별 토지 비율

연차	자작			지주(소작지)		
	답	전	계	답	전	계
1916	34.42	53.96	47.66	65.58	46.04	53.34
1928	34.43	52.40	35.85	65.57	37.60	54.14

* 이 자료는 토지대장등록지만 산출한 것임

표 3-10 조선인·일본인의 자작·지주 농지 소유 비교

구분	국적	답	전
자작	일본	49정 00	59정 74
	조선	34정 43	52정 40
지주	일본	51정 00	40정 26
	조선	65정 07	47정 60

증명된다. 다시 말하면 농민의 토지 상실 빈궁화가 일본보다 격심하다는 것을 알 수 있다.

3

농촌

농민과 생활상태

1. 농민과 양식

『경기도농촌사회사정』(1924)이라는 책에 도내 농민 월별 식량과 가격에 대하여 표 3-11과 같은 조사통계가 실려있다.

표 3-11 월별 경기도 농민들의 식량 소비량, 식사 회수 및 가격

월차	식량	쌀 분량	식사 회수	1일 식사 가격
1월	미·대두·소두·밤	6~7	2(3)	약 15~20전
2월	동	동	동	동
3월	동	동	3	약 15전
4월	동(초죽(草粥))	4~6	3	
5월	동	동	3(4)	
6월	대맥(미)	0~3	3~4	약 10~15전
7월	대맥(미)	동	3~5	동
8월	대맥·소맥(미)	동	3~5	약 10전

1920년대 불이농촌 용수로 공사에 동원된 조선인들

표 3-11에 따르면, "현재의 농민은 농산물의 수확으로 일시적, 당면적인 생활을 하고 있다는 것을 알 수 있다. 즉 쌀을 얻으면 쌀을, 보리를 얻으면 보리를 먹기 때문에 식량을 적당히 안배하여 생활하는 방법을 일정하게 세우는 법이 없다. 실제로 추수물은 곧 소비되어 버리고 겨우 2월(구 정월)까지 자급할 뿐 그 이후는 잡곡을 주식으로 하는데 이것마저도 가을까지 계속하는 자가 적다. 이들 농가의 식량 부족에 대한 보충 방법은 품삯을 가불하거나, 농번기에 출역出役을 약속하고 부유한 농가로부터 식량 또는 금전을 빌리거나, 제방수축·농장출역·기타 품삯 받는 일에 나서는 것이다. 때로는 소 등 물자를 2, 3시장에 전매하는 중개 노릇을 하는 자도 있다. 그 가운데 착실한 농민은 대체 식량을 마련하거나 식량을 줄여 식사 횟수를 줄이고 풀과 야채 죽을 먹기도 한다. 궁민 등의 생활은 실로 말로 표현할 수 없을 정도로 가련하여 때로는 어떻게 살아가는지 기괴하게 생각될 정도다.

이상의 조사는 경기도 내 저층 농민의 식량관계를 조사한 것인데, 한층 생활이 궁핍한 경상도·전라도 등의 지역을 공황기에 조사한다면 더 말할 수 없는 참상일 것이 분명하다.

2. 농작 경제의 수지

1931년 3월 조선총독부는 경기도를 중심으로 수리조합 몽리蒙利[1] 구역 안에 있는 중등답 1단보一段步(약 300평) 농작을 표준하여 소작농·자작농·지주 등의 농작 수지를 조사하였다.

① 소작농의 1단보 농작의 평균 지출이 표 3-12와 같이 28원 49전인데

표 3-12 소작농의 지출 현황

구분	양	가격
종자대	7합	84전
분회대(糞灰代)[2]	100관	25전
두백대(豆粕代)[3]	5관	1원 50전
노임	15인	10원 50전
소	1두 사용대	2원 5전
농구 사용료		1원
소작료	1석 7두 5승	9원 80전
합계		28원 49전

표 3-13 소작농의 수입 현황

구분	양	가격
고(藁, 짚)	85관	3원 83전 5리
조(租, 벼)	3석5두	19원 60전
합계		23원 42전 5리

---

1 저수지·보 따위 수리 시설을 이용하여 물을 받는 것을 일컫는다.

비해 수입은 표 3-13과 같이 23원 42전 521에 불과하였다. 결국은 5원 6전 5리의 손해가 소작농들이 차지한 풍년의 선물이다.

② 자작농을 보면 소작농보다는 "내 땅을 갖고 있다"는 생각에 비료 지출대는 84전 가량 많고, 지가에 대한 이자는 1단보 지가 200원에 비하여 16원, 일반 공과금 즉 지세와 수리조합비와 농회비 등의 합계가 2원 70전으로 지출 총계는 38원 25전으로 소작농의 농비農費보다 5원 26전이 더 든다. 그 수입에 고藁 3원 82전 5리, 조租 19원 60전 합계 23원 42전 5리와 상쇄相殺하면 14원 82전 5리의 손실이 또 매년 노력의 댓가였다.

③ 지주에 있어서도 지가 200원에 대한 연 8% 이자 16원과 중등지 표준 지세 및 수세 기타세 2원 70전과 소작관리비 1원으로 지출 총액 19원인데 반하여 수입은 조 1석 7두 5승에 9원 80전뿐이어서 9원 20전이 손실이 된다.

3. 농가의 부채

농가의 부채는 생활 궁핍으로 일어나는 필연적 현상이다. 이에 대하여 1931년《조선지방행정》4월호에 후루이치古市賢次는 표 3-14, 15, 16과 같은 조사 통계표를 발표하였다. 경상남도 권농공제조합[3] 소재 부락의 소작자 부채를 조사한 결과는 표 3-14와 같다.

이를 보면 농민 1인당 부채가 얼마나 많은 지를 알 수 있다. 농민들은 이 무거운 부채에서 어떻게 벗어날 것인가. 또 후루이치는 "소작인은 초근목

2　인분뇨와 재를 섞어 만든 자급비료로 악취가 없으며 병균과 해충의 번식을 막고 외관상 흉하지 않다.

3　1928년 소농을 대상으로 농사개선을 위해 신설한 조합이다.

표 3-14 경상남도 권농공제조합 소재 소작인 부채 현황

조사호수	26,161호
부채 인원	14,298명
부채 총액	1,528,658원
평균 1인당 부채	107원

표 3-15 농가수지 비교

농가 1호당 답 평균 경작면적	7반보(反步)[4](1926년 조사)
7반당(反當) 수확	7석
수확물 가격	105원(1석 15원)

* 전 조선 답 경작지 면적을 농가호수로 제한 商을 농가 1호당 답 경작면적으로 한 것이므로 소작농의 답, 경작지 면적이 아니라는 것에 주의

표 3-16 소작농 평균년 지출액

식료비	91.00	조세 기타 부담	1.20
관혼상제 및 기타	11.50	주택비	21.00
의복비	20.00	기타	29.00
비료농구	22.80	계	196.50

피를 먹는 참상으로 쌀농사 외에는 별다른 부수입도 전연 없다"라고 한 뒤에 표 3-15와 같이 농가 수지를 비교하였다.

이상에 의하면 일반 농가의 평균 논농사 수입은 91원 50전으로 지출 초과이다. 1931년 조선총독부 농무과 조사에 의하면, 전북 동상농장의 소작인은 1호당 평균 200원의 부채가 있고, 충남 서산군 소작인은 1호당 평균 150원의 부채를 가졌다고 한다(1931년 4월 9일 《동아일보》 사설 참조). 비록 전조선의 조사 통계를 얻지 못했으나, 이상 몇 가지만 보더라도 대개 추측할

---

4   토지 면적의 단위의 1반(反)은 1정(町)의 10분의 1로 300평에 해당한다.

수 있다.

소작농은 1년 경작에 5원 가량이 결손 되는데 평균 107원, 200원, 250원의 무거운 빚을 어떻게 갚아 나갈 것인가? 한 푼의 부채도 없다할지라도 매년 계속되는 농작의 결손으로 빚 안 지고는 살 수 없는 형편이다. 이미 무거운 빚을 걸머지고 있으니 이를 갚고 살아가기란 거의 불가능한 일이다.

4. 호황 농촌의 수지

다음으로 또 한 가지 조사통계를 인용코자 한다. 이는 모범적 생활의 안정 지역이라 할 만한 강릉군 구정면 구정리 농가 95호에 대하여, 1930년 1월 강릉공립보통학교가 조사한 생활 상태를 살펴보면 표 3-17과 같다. 상농·중농·하농 등으로 구분하여 각층에 대표적인 10호씩을 추려 평균을 낸 것이다.

이 조사에 따르면 상·중·하농 수지 잔고가 17원 11전이다. 이곳은 영동

표 3-17 농가 계층별 생활 상태

구분	상농	중농	하농	상중하농 평균
지주	답 : 0반 624보 (전 무)	0반 406보(답 무)	전답 무	전 : 0반 112보 답 : 0반 208보
자작	답 : 8반 227보 전 : 4반 521보	전 : 3반 927보 답 : 1반 918보	전 : 1반 300보 답 : 0반 200보	전 : 3반 226보 답 : 2반 422보
소작	전 : 0반 100보 (답 무)	전 : 0반 200보 답 : 3반 115보	전 : 1반 421보 답 : 3반 003보	전 : 0반 527보 답 : 2반 016보
부채	78원 000	12원 300	15원	35원
채권	12원 600	무	2원	5원
수입고	430원 889	318원 982	191원 459	313원 770
지출고	392원 850	323원 154	173원 982	296원 662
잔고	38원 039(잉여)	4원 172(부족)	17원 477(잉여)	17원 114(잉여)

지역의 부자 고장으로 예전부터 이름 있는 강릉군이고 군내에서도 살기 좋다는 우정면 소재지인 구정리 주민의 생활조사인 만큼 특수한 예에 불과한 것은 자타가 시인하는 것이다. 그러나 농황農況이 가장 좋다는 이곳도 조사 호수 30호 중에 14호가 지출 초과(특히 중농 중에 많아서 10호 중 7호가 지출 초과였다)인 것을 보면 일반 농민의 수지 관계를 참작하고도 남음이 있지 않을까.

산미증식의 이득과 손해

1. 산미증식 계획과 목적

1) 산민증식 계획

조선총독부 당국은 1920년부터 〈조선 산미증식계획〉을 세우고 계획대로 일을 착수하였으나, 사실 자금의 고율 금리에 기업가의 증가는 이에 상반되지 못하였다. 이에 조선총독부는 1926년 계획을 바꿔 저리 자금을 알선 공급키로 하고 비료 증시增施계획을 수립, 실시 중에 있다. 본 계획의 내용을 대강 추리면 다음과 같다.

『조선산미증식계획 요강』(1929. 5)

1926년부터 12개년(완성 1개년) 동안 총 사업자금 2억 8,033만 4천 원(조선총독부 보조금 6,507만 원, 기업자 조달 자금 2,206만 7천 원, 정부 알선 저리 자금 1억 9,819만 7천 원)으로 35만 정보(관개개량 19만 5천 정보, 지목 변환 9만 정보, 개간 간척 6만 5천 정보)의 토지를 개량하여 계획 종료 후에는 약 816만 석의 쌀 생산을 늘려 일본 내지로 연 500만 석을 더 이출할 수 있도록 하는 것이다 (1930년 조선총독부, 『조선의 농업사정』 참조).

본 계획의 촉진 이유로 조선총독부 측에서 발표한 바에 의하면, ① 제국 식량 문제 해결에 이바지하며, ② 무역관계를 순조롭게 하고, ③ 일본 이민 문제를 해결하는데 일조一助하며, ④ 조선 농가 경제를 향상시키고, ⑤ 조선 내 쌀 수요 증가에 대비하며, ⑥ 일반 농사개량시설에 좋은 영향을 주고, ⑦ 사상 선도 내지 조선 통치상 큰 공헌하기 위함이라 한다(矢內原忠雄, 『식민정책의 신기조』, 285쪽 참조).

계획의 규모나 목표하는 바를 보든지 조선인 실생활에 매우 중요한 관계가 있는 것인 만큼 좀 더 그 내용을 들여다 볼 필요가 있다.

2) 계획 수립의 진실과 내용

조선산미증식계획은 왜 세웠나? 본 계획은 식민지 산업행정 중 가장 중대한 것으로 일본 내지의 식량문제와 밀접한 관계가 있다. 밀접한 관계라기보다는 일본 내지의 식량문제 해결이 본 계획의 제일 목적이었다. "① 일본 내지의 식량 문제 해결에 도움을 주는 동시에, ② 조선 내의 식량 수요 증가에 대비하고, ③ 농업경제의 향상 내지 조선경제의 진흥을 도모하는데 있다"라고 한 조선총독부 측 발표를 보더라도 명백하다.

조선산미증식계획 비판 삽화

일본의 쌀 소비 누년 조사를 보면, 1897년에는 쌀 생산 3,624만 석에 소비 총액은 3,753만 석으로 수이입 초과액은 129만 석에 불과하였다. 그

일제가 군산항을 통해 한국에서 생산된 미곡을 반출하고 있는 장면

러나 1923년에는 쌀 산액 6,069만 석으로 두 배나 증가되었는데, 소비액은 6,620만 석으로 한층 격증되어 결국 551만 석의 수이입 초과를 낳게 되었다(철도운수국,『米에 관한 경제조사』(1925년)에 의함).

이상에 의하면 무릇 9년 전 수이입 초과가 550만 석을 돌파한 것을 볼 수 있다. 9년 후 오늘날 초과는 거의 1000만 석에 달하여 조선 쌀 약 500만 석, 대만 쌀 약 300만 석, 합 800만 석을 이입치 않으면(그 외 200만 석은 외국쌀) 일본 내지 식량문제는 중대한 파탄이 일어날 수 있는 것이다.

현재는 이 상태로 끌어가지만 쌀 수요가 증가될 장래에는 어떻게 할 것인가? 물론 돈만 있으면 얼마든지 외국쌀을 수입할 수도 있지만, 국민경제로 보아 막대한 손실을 각오해야 되고, 수출국과의 정치적 관계가 원만하지 않으면 위험한 처지에 빠지게 된다. 따라서 가장 안전한 해결 방법은 국내 식민지에 산미증식책을 강구, 실행하여 부족분을 식민지로부터 이입하는 것이다. 이것이 조선산미증식계획의 제일 목적인 동시에 그 계획을 세우게 된 근본적 동기였다.

일본 내지는 매년 약 80만 명 인구가 늘어난다. 생활정도 향상에 따라 1인당 쌀 수요도 증가(1897년 8두 8승 7합이던 것이 1923년에는 1석 1두 4승 7합으로 늘어났다) 될 것이기 때문에 앞으로 15년이 지나면 1,400만 석의 수이입 초과가 생기게 되어 조선으로부터 약 500만 석 현재와 합하여 약 1000만 석(조선총독부, 『조선의 산업』)의 보충미를 이입해야만 하는 상황이 된다.

조선산미증식계획에 의하면 조선의 답 총면적 115만 정보 중 완전한 관개설비가 된 것은 39만 정보에 불과하다. 이에 개량할 것이 (관개설비 시공한 것) 40만 정보가 있고, 밭을 논으로 만들만 한 것이 (소위 지목변환) 20만 정보, 개간·간척하여 논을 만들만한 것이 20만 정보가 있다(1930년 조선총독부 『조선의 미』 참조). 이 계획만 실현되면 능히 현재보다 800만 석을 증수할 수 있고 일본으로 500만 석을 더 이출할 수 있다는 것이다.

2. 조선의 식량문제

증산계획이 실현되어 800만 석이 증수된다면 과연 그 중 500만 석을 일본 내지로 이출하고도 조선 내 쌀 수요에 부족함이 없을까? 이를 말하기에 앞서 우선 조선 쌀 산액과 소비량을 보자.

쌀을 표준 식물로 하는 조선인의 처지에서는 1년에 평균 18두(실지 조사에 의함)의 쌀이 반듯이 필요하다. 그러나 1년 365일을 꼭 세 끼를 쌀밥만 먹고 지내는 사람은 극히 적기 때문에 1인당 쌀 소비량은 자연 그 이하로 떨어진다. 조선 내 일본인 대부분은 항상 쌀을 먹기 때문에 1인당 쌀 소비량은 평균 1석 2두이다.

만약 2천 43만 7,219명이나 되는(국세조사 숫자) 조선 내 조선인이 모두 년 1석 2두씩 쌀을 소비한다면 2,924만 6,628석이 필요하다. 1929년에

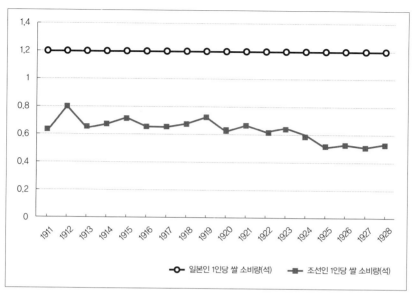

일본인 1인당 쌀 소비량(석)　　조선인 1인당 쌀 소비량(석)

그림 3-5 조선인(외국인 포함)·일본인 1인당 쌀 소비량 비교

전례가 없을 정도의 대풍작으로 1,900만 석의 쌀을 생산했다할지라도 약 1,000만 석이 부족한 것이다. 거기다가 조선 내에 거주하는 일본인 52만 7,904명(국조 숫자)의 쌀 소비량 63만 5,400여 석을 더하면 2,980여만 석이 된다. 평년도 조선쌀 산액이 1,500만 석인 것을 감안하면 약 두 배나 소비량이 부족하다. 그런데 여기에 약 500만 석을 또 일본 내지로 매년 이출하면 조선 쌀은 엄청 부족한 것을 알 수 있을 것이다. 다음에 게재한 통계는 무엇을 말하는가?

그림 3-5에 의하면, 조선인의 실제 1인당 소비량은 5두 2승 5합(1928)으로 일본인의 소비량 1석 2두에 비하여 반액 이하로 떨어진다. 그러면 조선인은 부족한 쌀로 어떻게 1년을 먹고 살아가는가? 그들은 밭작물 곡물과 만주 밤 등을 대용하여 호구를 잇고 살아가는데, 그나마 대용할 수 없는 경우에는 기근에 당면하여 초근목피로 죽을 쑤어 먹는 형편에 떨어지고 만다

3부 조선의 산업과 실업　231

(『농민의 생활상태』 참조).

1) 800만 석이 늘면

조선산미증식계획으로 지금 1931년부터 6년 뒤에 800만 석이 늘어난다고 할지라도 그 가운데 500만 석이 일본으로 이출될 것이기 때문에 조선 내에 서는 식량 300만 석이 부족하다. 혹여 300만 석의 쌀이 더 생긴다면 부족한 조선 식량에 큰 도움이 될 것이라 생각하지만, '늘어갈수록 조밥만 먹고 산다'는 조선의 변태적 식량 수요를 보면 다시금 의문이 생기지 않을 수 없을 것이다. 쌀이 늘어나는 데도 조밥만으로 배를 채워 오히려 쌀 소비량이 줄어드는 기괴한 현상을 보이고 있다. 그림 3-6을 보면 더욱 분명해진다.

1912년에 쌀 1,156만 석이 생산될 때, 쌀 소비량이 1928년에 쌀 1,729만 석이 생산될 당시보다 오히려 67만 석이 적은 것을 알 수 있다. 600만 석이나 증산되었으나 전연 소비쌀로 쓰인 것이 아니라 해외 시장으로 수출하기 위한 생산이었다는 것을 알 수 있다. 이것으로 보면 이제부터 6년 후 설령 800만 석이 증가된다해도 조선인이 쌀밥 구경을 더 많이 하리라는 것은 믿기 어려운 일은 아닐 것이다. 자못 '쌀이 늘어나면 조밥을 더 많이 먹게 된다'는 것만 더욱 분명해진다. 1912년 당시 밤 수이입은 1만 5900여 석에 불과하였는데, 1928년에는 193만 4500여 석으로 격증된 것을 보면 이를 증명할 수 있다.

인구는 매년 12.7(1928년 『태양연감』)명씩 증가하고 쌀 생산 또한 18년 간 (1911~1928년까지) 700만 석이 늘어났지만, 쌀 소비량만은 점점 줄어들고 밤 수입만 격증되고 있으니 조선의 식량문제로 본다면 산미증식이 반갑다 할 것이 무엇일까? 더욱이 산미증식을 위하여 조선 농민에게 무거운 부담을 덮어씌워 농촌 파멸의 절규를 일으키는 것인 즉 그들이 조선산미증식계

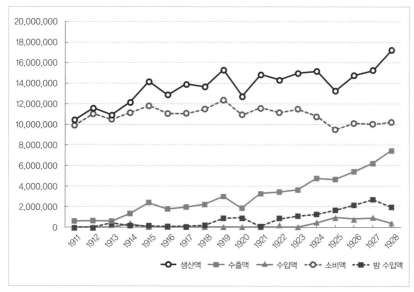

그림 3-6 연도별 조선 내 쌀 총생산액과 이출 · 소비액

획의 실시를 환영하지 않을 이유가 명백하다 할 것이다.

2) 쌀을 내면 돈이 되지 않나?

'조선산미증식계획'으로 조선의 쌀 생산이 800만 석으로 늘어나면 그 가운데 500만 석을 외지로 이출하여 조선 농가의 경제는 그만큼 풍부해질 것이 아닌가라는 의문은 누구나 가질 수 있는 만큼 그 대답에는 친절한 설명이 요구될 것 같다.

첫째, 이 의문을 풀려면 '조선산미증식계획'이 과연 조선 농가에 500만 석의 쌀 이출에 상당한 금액을 그냥 퍼줄 것인가? 또는 500만 석 이출이 가능할만큼 쌀을 증산하기 위해 소비되는 돈과 상쇄될 것인가, 또는 오히려 부족할 것인지를 물어보아야 할 것이다. 이것부터 검토에 들어가 보자.

수리조합

1. 수리조합과 농민

조선산미증식계획에는 토지개량사업이 으뜸이고 토지개량사업에는 수리조합이 으뜸이다. 그러므로 산미증식을 논의할 때는 반드시 수리조합과 농민의 이해를 살펴볼 필요가 있다. 수리조합은 1917년 〈제령 제2호〉와 1927년 〈제령 제18호〉 개정 〈조선수리조합령〉에 의해 설립되었다. 1930년 3월 전 조선수리조합 수는 149개소로 총 공사비는 1억 1,556만 5,744원(공사비란 조선총독부에서 보조금을 산출할 때 기초가 되는 순공사비와 직접 부대비용을 합친 것이다)이다. 그 해 전 조선 149개 조합의 조합비 총액(1년간)은 1,347만 4,437원에 달하였는데, 반당反當 평균 수조공과금은 6원 54전이었다(1929년도 조선총독부, 『조선토지개량사업요람』).

공사비 총액 1억 1,556만 5천여 원 내에 1억 412만 천여 원은 조합에서 이미 기채起債[5]로 사용한 것이므로 몽리 면적 20만 6,016정보는 반당 6원 54전씩을 반드시 내야만 하는 빚을 지게 되었다. 이에 농민은 과연 수세를 치르고도 먹을 것이 남을 것인가? 뿐만 아니라 몽리 구역 내에 있는 토지에 대한 일정한 과세 이외에 수리조합공과금을 부과하기 때문에 지가가 떨어져 지주는 이중손실을 보고 있다. 수리조합 구역 내에 있는 지가 하락을 도별로 보면 표 3-18과 같다.

경기·전남·황해·강원은 수리조합 시공 전보다 시공 후에 지가가 엄청나게 떨어졌다. 시공 후는 1929년 현재의 지가이기 때문에 1930년 이후

5　국가·지방공공단체·회사 등이 예산상이나 금융상의 필요에 따라 자기의 채무로서 국채·지방채·사채 등의 채권을 발행하는 것을 일컫는다.

표 3-18 수리조합 구역 내 토지 가격표

도별	구별	상답	중답	하답	상전	중전	하전
경기	시공전	155	113	75	61	42	27
	시공후	118▼	87▼	49▼	49▼	35▼	32
충북	시공전	154	122	89	73	56	40
	시공후	177	133	95	87	57	38
충남	시공전	157	107	55	73	58	39
	시공후	183	131	76	84	61	41
전북	시공전	117	76	41	43	27	11▼
	시공후	229	167	113	110	80	48
전남	시공전	195	155	119	65	53	36
	시공후	165▼	138▼	106▼	101	83	60
경북	시공전	263	213	144	60	40	28
	시공후	197▼	243	188	95	70	40
경남	시공전	145	100	64	70	51	35
	시공후	228	169	103	144	107	70
황해	시공전	163	113	59	63	44	25
	시공후	149▼	106▼	58▼	64	46	29
평남	시공전	140	103	75	57	41	31
	시공후	155	110	80	125	78	40
평북	시공전	75	60	57	50	40	20
	시공후	300	210	150	150	105	70
강원	시공전	133	93	59	66	42	21
	시공후	124▼	79▼	45▼	51▼	33▼	17▼

* 시공 후는 1929년을 가리킴. ▼ 표는 지가가 하락한 곳(1929년도 조선총독부 『토지개량사업요람』에 의함)

지가가 폭락될 때보다는 훨씬 높은 평균 숫자이다. 만일 1930년 이후 폭락된 지가의 평균 숫자를 든다면, 충북·충남·전북·경북·평남·평북 등 수리

부평수리조합 양수장 전경

동진수립조합비 영수증(1930년도)

조합 구내의 평균지가도 대체로 이전보다 더 떨어졌을 것은 상상하기 어렵지 않다.

조선총독부는 일찍부터 각 도의 수리조합 실정을 조사해 왔고 최근에 진상을 발표하였다. 이에 따르면 '전 조선 149개의 수리조합은 거개

가 경영난에 빠졌고 그 중 28개 조합은 적극적 구원을 요구하게 되었다'고 한다. 즉, 수리조합비 징수가 곤란하여 수리조합 경영이 어렵게 되었다는 것을 의미한다. 한걸음 들어가면 수리조합 공과금 과중, 수리조합 구내 지가 폭락이 조합원의 조합에 대한 애착을 여지없이 빼앗아간 까닭에 수리조합비 징수가 곤란케 되었다는 것을 의미한다.

어떤 이유로 농작農作에 결손이 생겼다할지라도 만일 지가만 올라준다면 혹여 이를 참고 수리조합비를 낼 것이지만, 이것도 저것도 결손된 것을 알

고 있는데 어찌 수리조합비 징수가 여의할 것이며 수리조합 경영이 원만히
되어 갈 것인가?

2. 수리조합 경영난의 원인

수리조합은 어찌하여 경영난에 빠졌는가? 최근 조선총독부에서 그 원인을
조사한 바에 따르면, ① 설계의 두선杜選, ② 창립비의 과대, ③ 기채起債 이
자의 고율, ④ 국고 보조의 소액, ⑤ 조합 기술자의 결핍, ⑥ 인건비 과다
등 6개항을 들었는데 대체로 이것은 그 통폐通弊로써 수긍할 점이다.

첫째, 설계 두선이라는 것은 수리공사의 대행제도에서 많이 생긴다. 대
행기관인 동척토지개량부와 토지개량회사가 지가의 중간 이익을 챙기기
위해 설계를 조작하는 것이다. 어찌 두선하는 것을 면할 것인가. 동척토개
부나 토지개량회사가 이를 영업의 중요 과목으로 잡아넣는 이상 아무리 조
선총독부가 감독에 힘쓴다할지라도 설계 두선의 폐해는 점차 늘어갈 것이
며, 대행제도로 말미암은 감독의 이중제도 때문에 이중부담이 생겨 창립비
가 과대하게 될 것이다.

그리고 기채 이자가 연 7~10% 대로 상환기간이 25년이며 거치기간[6]이
3~4년 밖에 되지 않는다. 기채 금액에 비하여 고리인데다 기간이 짧다는
점을 말하지 않을 수 없다. 조합장이나 이사 자리는 지사나 참여관직을 내
놓고도 들어올 만큼 연봉 7천 원짜리 쯤은 흔해졌다. 그 외에 국고 보조가
적고 수리조합 기술자의 결핍도 그 이유가 되지만, 이는 가장 부차적인 것
이라 할 수 있다(이상 1931.4.19 《동아일보》 사설).

---

6 금융기관으로부터 대출을 받은 후 원금을 상환하기 전에 이자만 매달 납부하도록 하는 기
 간을 말한다.

이러한 원인 외에 또 다음과 같은 원인을 더 들 수 있다.

① 수리조합 창립 시의 민의 무시, ② 수세 등급 사정의 불공평, ③ 수리조합 중역급의 관선, ④ 몽리 구역의 부당 사정

수리조합 사업은 조선총독부의 계획에 의한 것이지만 지방 농민과 직접 이해관계가 깊은 만큼 민의를 존중해야 할 것이다. 그러나 관변 친근자 등은 이를 발기한 뒤 관변의 힘을 빌려 지주 등에게 날인을 강제로 청하는 것이 비일비재하다. 처음부터 지주 등의 환심을 얻지 못한 수리조합이 어찌 잘 되길 바랄 것인가?

수세 등급을 사정査定하는 수리조합 당국의 전제적 폐단은 날로 폭로되어 농가의 비난이 비등해졌다. 보수洑水,[7] 기타 수리水利를 얻어 몽리 구역에 들 필요가 없는 곳인데도, 수리조합비를 징수키 위하여 무리하게 사정하는 등 스스로 원망을 사고 있다. 또한 수리조합 이사 등을 관선 임명하는 까닭에 조합원과 의사가 소통치 못한 대다가 그 지위의 안전 유리有利를 도모하기 위해 조합원 일반 이익을 무시하는 폐단이 적지 않아 지주 대 조합 간부의 반목은 날로 심해지고 있다. 이와 같이 수리조합은 자체 내에도 백폐가 겹쳐 있는 까닭에 경영이 원만하게 돌아가기란 극히 어려운 형편에 있다.

3. 이해利害는 어떻게 되었나.

조선 농민은 산미증식의 한 수단(수리조합을 의미함)으로 말미암아 아무 이득을 보지 못한다. 그 외에 이 계획을 촉진하기 위해 조선총독부에서 주는 65

---

7 '보'라는 것은 흐르는 냇가나 소하천 등에 뚝을 막아서 물을 가두어두었다가 논에 물을 대어 농사를 짓게 하는 시설이다.

만 원 또한 조선총독부 특별회계에서 나오는 것인 만큼, 결국 조선인의 부담이 되는 것이기 때문에 이를 받겠다는 것도 우스운 일이 아닌가. 그러므로 국고 보조 운운도 중앙 국고의 보조가 아닌 이상 수리조합비에서 실질적으로 나가는 것이다.

그리고 수리사업 당국에서는 되도록 시공 후 쌀 증식 예상량을 채우기 위해 고귀한 금비(유안琉安·대두박大豆粕·과인산過燐酸[8]·석회 등) 사용을 적극 장려한 결과 농가의 농작 수지상 결손은 더욱 증대되었다. 그 결과 산미증식계획은 실제 운용에 있어서 완전히 조선 농가의 이익과 상반되었다.

그러면 누구의 이익으로 돌아갈 것인가? 쌀 혹은 밤 등의 무역상이고, 비료·농구 등의 이입상移入商 및 제조자이고, 토지개량사업의 설계 시행을 청부하는 토목업자요, 이 계획을 위하여 정부로부터 저리 자금의 공급을 받은 금융업자이다(矢内原忠雄, 『식민정책의 신기조』, 306쪽).

이를 전체적으로 본다면, "나는 조선미 증식계획의 영향을 다음과 같이 요약해서 말할 수 있다. ① 일본 및 사실상 일본인 자본가 계급의 직접 이익으로 돌아간다. ② 이익이 있는 한 적어도 과도기적으로는 조선에 식량 문제를 일으키고 또 조선인의 생활을 향상시키지 못할 뿐만 아니라 되레 그들을 무산화無産化시킬 우려가 있다"(矢内原忠雄, 『식민정책의 신기조』, 308쪽). 그의 말에 '우려가 있다'는 것은 비록 1927년 당시 관찰이었다 할지라도 철저하지 못하였던 것을 덧붙이지 않을 수 없다.

---

8 인산수소칼슘과 황산칼슘의 혼합물로 인광석의 가루에 황산을 반응시켜서 만든다. 속효성이 있고 흡습성이 적어 비료로 쓰인다.

농민의 이산離散 상태

1. 산으로 가는 대중

농사를 잃고 심하면 집까지 잃은 뒤 살려도 살 수 없는 무리는 매년 늘고 있다. 그 일부는 이미 정든 고향을 떠나 남부여대男負女戴[9]로 정처 없는 이산의 길을 떠나게 되었다. 그들은 과연 얼마나 되며 정향定向 없는 발자취가 머문 곳은 어딘가? 이에 대하여 산으로 살 길을 찾아 들어간 화전민 이야기로 시작하겠다.

1) 화전민이 되는 이유

표 3-19를 보면, 1928년 조선에 화전민은 121만 3,160명에 달한다. 그들은 어찌하여 화전민이 되었을까? 이에 대한 원인이 구구하므로 일률적으로 규정하기 곤란하다. 함남 갑산군 화전민 1,448호에 대하여 입산 원인을 조사한 것에 따르면, ① 농촌에서 채무로 인하여 소유 토지를 다 팔고 살 길이 없어진 자 189호, ② 수확이 점차 줄어 생활이 곤란해진 자 603호, ③ 상업에 실패한 자 39호, ④ 중국에서 쫓겨 온 자 61호, ⑤ 분가하였으나

표 3-19 1928년 소유림별 화전민 호구와 인구

요존림(要存林)[10] 내	부요존림 내	민유림 내	계
149,997정	99,296정	143,715정	393,008정
77,872호	56,956호	105,563호	240,391호
410,316명	286,772명	516,072명	1,213,160명

---

9 남자는 짐을 등에 지고, 여자는 짐을 머리에 인다는 뜻으로, 가난한 사람이나 재난을 당한 사람들이 살 곳을 찾아 이리저리 떠돌아다니는 것을 이르는 말이다.

10 국토보존상 산림으로 존치할 필요가 있는 임야를 일컫는다.

분배 받은 토지가 없는 자 160
호, ⑥ 의외 재난으로 도산한
자 386호, ⑦ 기타 11호 합계
1,448호 등으로 요컨대 생계
곤란이 주요 원인이었음을 알
수 있다.

화전민

　비록 한 지방 조사에 불과한
것이지만, 전모를 가히 짐작할 수 있을 것이다. 무릇 이와 같은 원인만으로
모든 단속과 이주 곤란이 있음에도 불구하고 매년 숫자가 늘고 있다. 국유
림 내의 증가 추세를 보면 그림 3-7과 같다.

　다음으로 그림 3-8을 보면 13도에 화전민이 없는 곳이 없다. 이와 같이
화전민이 격증되어 가는 것을 볼 수 있는데, 만일 민유림으로 찾아드는 화
전민 수를 더한다면 더욱 놀랄만한 '템포'로 증가하는 것을 볼 수 있을 것이

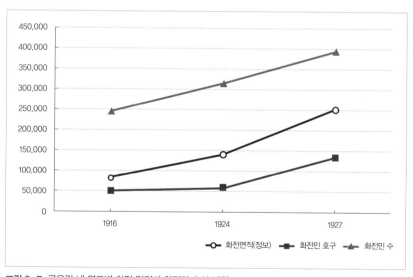

그림 3-7 국유림 내 연도별 화전 면적과 화전민 수의 변화

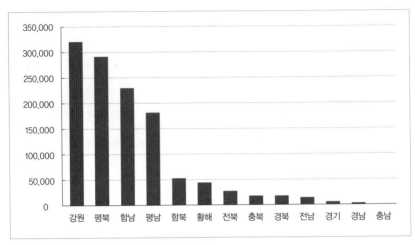

그림 3-8 도별 화전민 수

다. 현재 그들의 소유림별로 호구와 인구를 보면 표 3-19와 같다.

2) 화전민의 생활

화전민은 심산지대 산중턱 경사지에 흔히 수목, 나뭇가시荊棘에 불을 놓아 태워버린 자리, 벌목한 뒤 나무뿌리를 캐낸 자리에 밭을 만들어 마령서馬鈴薯(감자)·연맥燕麥(귀리)·율栗(밤)·대두大豆(콩)·옥촉서玉蜀黍(옥수수)·소두小豆(팥) 등을 심어 먹고 사는 사람들이다. 일반적으로 생활이 곤궁하다는 것은 두말할 필요가 없다.

화전민은 납세 공과금 같은 것이 전연 없거나 극소액이며 소작료도 없거나 평균 20~30%에 불과하고 또 반당反當 평균 경작료도 1원 내외이다. 평야지대에 농지를 가지지 못했거나 생계가 없는 궁민들은 도끼와 가래를 가지고 산으로 찾아들었다.

그러면 그들의 일반적 수지 관계는 어떠한가?

표 3-20을 보면, 화전민의 생활은 비록 쌀밥 구경을 못하고 남루한 옷을

표 3-20 전 조선 화전민 가계 평균 숫자

수지	96원 28전	지출	85원 29전	잔액	10원 99전

걸치고 심산유곡에서 살아가지만, 평야지대의 소작층 궁민보다는 되레 얼마쯤 낫다는 것을 알 수 있다. 그러나 1930년 5월 17일《조선일보》에 발표된 화전민 생활 통계에 의하면 화전민의 중상류층 수지는 표 3-21과 같다.

이를 보면 화전민의 평균 생계 잔액 10원 90전과 큰 차이가 나는 것을 알 수 있다. 그런데 이는 화전민 중상류층의 통계인 만큼 화전민 전체의 진정한 생계 숫자는 물론 그보다 떨어질 것이다. 요컨대 화전민은 그저 굶지 않고 살고 있다는 것만 짐작하면 족하지 않을까 한다.

표 3-21 중상류층 화전민의 수입·지출

수입	율	49원 50전
	대두	5원 4전
	소두	10원 80전
	옥촉서	10원
	마령서	26원
	교맥(蕎麥, 메밀)	6원
	기타	12원
	합계	119원 34전
지출	식량	86원
	피복	13원
	종자	5원
	공과금	1원 80전
	가구기타	5원 20전
	합계	111원
잔액	8원 70전	

3) 화전민의 위협

그러나 화전민에게 중대한 생활의 위협이 닥쳐왔다. 1911년 6월 제령 제10호로 발포된 〈조선삼림령〉을 비롯하여, 1926년 6월 조선 임정계획 등의 실현으로 말미암은 것이다. 삼림령은 삼림에 방화하는 자에 10년 이하의 징역, 허가 없이 타인의 삼림을 개간한 자에 200원 이하의 벌금을 규정하였다(화전민의 불을 질러 논밭을 만드는 것은 〈화전죄〉에 부치지 않았으나, 최근 판·검 사회의에서 이것도 단연 〈방화죄〉를 적용키로 하였다). 삼림보호계획은 19개의 영림 서營林署[11], 100여 개의 삼림보호구와 240여 명의 삼림 주사를 새롭게 두어 화전민을 엄중히 단속한다는 것이다. 종래 자유롭게 전전하던 화전민은 (15 자 삭제) 오직 당국의 자비와 묵인만을 기다릴 뿐이다.

화전민 존재는 삼림의 존재와 공존할 수 없으므로 이 같은 준엄한 단속 법령과 수단을 설정한 것이지만 들에서 쫓겨 산으로 들어간 그들이 산에서 쫓긴다면 다시 갈 곳이 어딜까? 문제는 결국 삼림보호를 화전민 보호의 하 위에 둘 수밖에 없을 것이지만, 판검사회의에서 화입기경자에게 〈방화죄〉 를 적용케 되었다는 것은 너무나 가혹한 일이다(《조선일보》 3, 4월 연재; 김재석 논문, 『조선의 화전과 화전민 생활』).

2. 현해玄海[12]를 건너 간 자

1) 일본 방면 도항자

주로 삼남지방의 농촌 과잉인구(인위적 과잉 인구를 지칭)는 일본의 노동시장을 향하여 끔적끔적 건너갔는데 연도별 도항자 및 귀항자와 또 도항 초과인원 수를 보면 표 3-22와 같다.

이에 따르면 도항 초과 누년 합계가 1930년 4월까지 35만 2,547명에 달하였는데, 사망자가 있기 때문에 반드시 그 사람들 모두가 일본에 체재

---

11 관할구역 내의 국유임야 및 귀속임야에 대한 관리·경영 및 대부·조림·보호·산림토목 등의 업무를 수행하는 부서이다.

12 한국과 일본 열도의 규슈[九州] 사이에 있는 해협으로 길이와 너비는 각각 약 200km이 나 너비는 최협부가 50km 정도이다. 겐카이[玄海]라고도 하며, 한국에서는 현해탄(玄海 灘)이라고 한다.

표 3-22 연도별 일본 도항자·귀환자 현황

연도	도항자 수	귀환자 수	도항 초과 수	초과 누년계
1917	14,012	3,929	10,085	10,085
1918	17,910	9,305	8,605	18,690
1919	20,968	12,739	8,229	26,919
1920	27,496	20,987	6,550	33,469
1921	38,118	25,536	12,582	46,051
1922	70,462	46,326	24,136	70,187
1923	97,395	89,745	7,650	77,837
1924	122,395	75,430	46,785	124,622
1925	131,273	112,471	18,802	143,424
1926	91,092	83,709	7,383	150,807
1927	183,288	93,991	44,025	194,832
1928	156,288	72,991	88,926	277,758
1929	101,243	40,151	61,112	338,870
1930.4	50,013	36,336	13,677	352,547

* 참고 : 조선일보 부산지국 조사

한다고 볼 수 없으나 적어도 그 숫자는 크게 틀리지 않을 것이다.

그들은 대개 오사카를 필두로 후쿠오카·도쿄·아이치현·쿄토·야마구치山口·홋가이도·가나가와神奈川·나가노長野(이상은 약 1만 명 이상) 등에 가장 많이 살고, 히로시마·나가사키·미에三重·시즈오카靜岡·기후岐阜·도야마富山·와카야마和歌山(이상은 약 3천 명 이상) 등지에 많이 산다(1930년 조선총독부《조선》10월호). 그들 대다수는 대개 최악의 노동조건 하에 자유노동을 업으로 살고 있다.

1928년 동경부 사회과가 재동경 조선인 노동자 400호, 독신자 1100명에 대한 생활 상태를 조사한 바에 따르면, 독신자의 30%를 점한 토목 공사

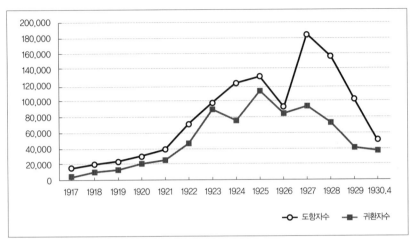

그림 3-9 연도별 도항자·귀항자 수의 변화

에 종사하는 노동자의 월평균 수입이 46원 14전, 자유노동 44원 12전, 사리砂利[13] 채굴 46원 51전, 공장 잡역 36원 75전으로 평균 수입이 43원이었다. 그러나 3호구 생활비 평균은 56원 94전이고 독신자 평균 생활비가 35원이라고 한다면(1929년 동경부 사회과 『재경 조선인 노동자의 현상』) 호구당 월 13원 가량, 독신자는 8원 가량 수입이 부족하다.

대개 자유노동인 까닭에 직공과 같이 월수입이 고정된 것이 아니기 때문에 생활의 위협은 날로 닥쳐 예상한 월수입을 얻지 못하는 것은 결코 특별한 일이 아니다. 비록 예상 월수입을 틀림없이 받는 독신 노동자라할지라도 일자리를 찾는데 필요한 교통비와 질환에 약값 같은 것이 빠진다면 평소 웬만한 생활비 절약으로서는 그 구덩이를 메울 수 없게 된다.

13　강이나 바다의 바닥에서 오랫동안 갈리고 물에 씻겨 반질반질하게 된 잔돌을 일컫는다.

1930년대 도쿄 조후시마치(調布町)에 있었던 조선인 집단거주지 모습

2) 도일 노동자의 귀환

1928년 이후 일본을 엄습한 불경기에 관업官業은 소위 '긴축정책'을 쓰고 민중에게는 '산업합리화'를 실행하여 노동자의 임금 삭감, 해고가 격심하여 품팔이로 먹고사는 조선 노동자에게까지 영향을 미처 노동 조건의 저하, 실업 격증 등으로 도저히 생계를 이어 나 갈 수 없어 날로 귀환하는 자가 증가하는 반면 도항자는 점차 줄어들기 시작하였다.

1931년 봄 경남도경찰부의 조사 발표에 의하면, 1930년 일본에 도항한 조선 노동자는 6만 4,184명이고 귀환자는 7만 8,112명으로 1만 3,928명의 귀환자가 늘었다. 이를 월평균으로 계산하면 도항자 5,349명이고 귀항자 6,510명으로 1,161명이 매월 돌아오는 셈이다. 조선총독부에서는 일본 노동시장의 안전을 도모하기 위하여 오랫동안 막연하게 일본으로 건너가고자 하는 자에게는 '만연도항자漫然渡航者'라는 이름을 붙여 도항 허가를 내주지 않고 도항을 강제로 저지하였다. 이제야 도로 귀항자가 도항자보다 많은 것을 보게 되었은즉 장차 어느 것을 단속할 것인가?

조선 땅에서 살지 못하여 집을 팔고 혹은 저당 잡히고 혹은 빚을 내어 겨우 일본 노동시장에 몸뚱이를 내놓고 오로지 노동력을 팔아 살아왔는데 그곳에서 업을 잃고 조선으로 돌아온들 살 길이 없는 것은 마찬가지이다. 만연도항자만을 단속하고 만연귀항자에 대해서는 아무런 대책을 강구치 않으니 그 까닭을 모를 일이다.

3. 만주로 이사 간 이들

1) 재만 조선인 수

산으로 들어가 화전민이 되고 바다를 건너가 노동자가 된 사람들은 대개 경제적 이유 때문이라고 한다면, 북방 대륙을 향하여 떠나간 사람들은 경제적 이유 외에 정치적 이유를 농후히 발견할 수 있다. 그들은 조선말부터 두만강·압록강을 건너가기 시작하여 혹은 연해주 방면으로 혹은 남북 만주로 이주하였다. 당시 과연 얼마나 건너갔는지는 명확한 조사 통계가 없어 알 길이 없으나, 1910년 9월부터는 어찌 되었든 조선총독부에서 만든 통계가 있어 이를 옮겨 놓는다.

표 3-23을 보면 총수는 36만 2,804명으로 그 가운데는 약 7만 명 정도가 간도 이외 이주자(북만주·노령 등지의 이주민을 가리킴)이기 때문에 만주 이주자만의 적확한 수효는 적발摘發하기 곤란하나, 좌우간 연평균 1만 8,000명 이상이 두만·압록강을 넘은 것만은 확실하다.

조사 통계는 조사된 것을 기초로 한 것이기 때문에 빠진 것이 있을 수 있지만, 이전에 이주한 자는 포함하지 않았기 때문에 1910년 9월 이후 이주자만의 통계 숫자인 것은 물론이다. 조선총독부 촉탁 요시나가善永 씨의 발

1930년대 연해주로 북간도로 살길을 찾아 떠나는 농민들의 행렬

표 3-23 연도별 만주 이민자 수

기간	북간도	서간도	기타	합계
1910.9~1920.12	88,826	98,657	40,487	227,970
1921~1929	75,540	23,735	29,563	134837
합계	164,366	122,392	70,050	362,804

*1931년 조선총독부『조선예산서참고통계』.

표 3-24 재만 한인 수

지역	인원수(명)	지역	인원수(명)
북간도 및 훈춘지방	291,400	길림·봉천	44,217
서간도 지방	178,263	관동주	90
동지철도연선 및 그 이북지방	10,745	계	839,079

표에 의하면 표 3-24와 같다.

즉, 북방 대륙에 이주한 총수는 83만 9,079명인데, 모두 합쳐서 100만 명 이내로 잡았으나, 인구조사가 극히 어렵기 때문에 실제 숫자보다 엄청 차이가 나는 것은 누구나 다 아는 사실이다. 최근 만주에만 100만 명, 시베리아에 50여만 명으로 어림잡아 150만 명 정도라 해도 뭐라 하지 못할 것이다.

2) 여기도 귀환자 격증

고향을 떠나 북방 대륙을 향하여 정처 없이 떠나간 100만 이주군은 워낙 토지가 흔하고 미개간지가 많은 만주이기 때문에, 수농水農에 대한 숙련 노동자이기 때문에, 어찌 되었든 중국인 지주의 소작인이 되어 피땀 흘린 대가로 강낭밥·수수밥·감자밥· 굵고 거친 덩어리 소금 등으로 호구를 잇고 살아간다.

하지만 중국인 지주의 학대와 중국 관헌의 압박으로 언제든지 생활 기반을 잃을 수 있다. 권력자나 지배 계급이 반정부 세력이나 혁명운동에 탄압을 하는 백색공포가 일어나 무고한 조선 농민도 거듭거듭 그들에게 유린되었다. 가끔 일어나는 공산주의자들의 폭력 행위에 그들의 생활은 항상 불안, 공포에 쌓여 실로 무사하고 평안한 날을 보내지 못해 할일 없이 고향으로 다시 돌아오는 비참한 경우에 빠져 귀환자 수가 늘고 있다.

1931년 4월 경무국에서 접수한 함북경찰부 보고에 의하면, 간도 방면에서 귀환하는 자가 날로 격증하고 있다. 1930년 12월부터 1931년 3월까지 귀환자 수는 전례를 뛰어넘어 6,084명에 달하였다. 또한 조선총독부 외사과와 보안과에서 조사한 바에 따르면, 해마다 봄철 농사를 시작하는 시기를 앞두고 조선에서 간도로 떠나가는 사람이 매우 많았지만, 1931년 1월 간도에서 귀환자 2,500명에 비하여 도거자渡去者는 겨우 400여 명에 불과하였다(《조선일보》 1931.2.10.).

비록 단편적 조사 통계일지라도 귀환자 수효가 격증하고 있는 것만은 짐작할 수 있을 것이다. 이에 조선 무산 농민은 산에서 쫓기고 일본에서 쫓기는 것 같이 만주에서도 쫓겨나 고향을 다시 찾게 되었다. 고향을 찾아간들 무슨 살 길이 있을 것인가. 오로지 살 길 없는 빈궁한 유랑군은 매년 격증되어 갈 뿐이다.

재만 조선인 문제

1. 재만 조선인 생활 상태

재만 조선인의 90%는 빈궁한 소작농인데 그들은 과연 어떤 생활 조건에서 살아가고 있는가. 이에 대하여 주청옹朱靑翁 씨의 논문 『재만 조선농민의 소작 정세』(《조선일보》 1931.1.20)에 의하면, 남만 하얼빈·장춘哈長, 중동 길림·장춘吉長, 심양·해룡瀋海, 길림·해룡吉海, 길림·돈화吉敦 등 철도 연선沿線과 주요 성시城市에 가까운 지방에는 35% 내지 50%의 소작료가 보통이고, 기타는 25% 내지 40%가 보통이다. 소작 기간이 2~5년 내지 6~7년이기 때문에 조선에 비하여 얼마큼 너그러운지 알 수 있다.

남만의 일부를 제하고는 대개 비료를 사용치 않기 때문에 농자農資는 적게 들고 토지 매상每晌(약 1일경, 1500평)에 대하여 평년 쌀 수확량이 최하 12~13석(280근, 1석)에서 최고 20석 내외에 달한다. 평균 15, 16석으로 칠지라도 1명이 2상답晌畓을 경작할 수 있기 때문에 약 30석을 수확한다. 절반을 지주에게 준다할지라도 15석은 남게 된다. 그런데 재만 조선 농민은 어찌하여 생활의 안정을 얻지 못하고 있는가.

재만 조선인의 빈궁 원인은 상술한 바와 같이 결코 농작 수지의 결손으로 말미암은 것이 아니다. 그러면 무슨 까닭으로 못살게 되는 것인가?

이에 대하여 여러 복잡한 원인이 있을 것이다. 이제 그 중요한 몇 가지만을 들면, 첫째로는 견딜 수 없는 중국 관헌의 가렴주구이다.

① 한교손韓僑損 : 교거僑居 조선인 상호上戶 대양大洋[14] 10원, 중호中戶 8원, 하호下戶 6원 등으로 세액을 매긴 뒤 매년 봄 현재縣財 정국으로부터 순경을 파견하여 강제로 징수함.

② 인구조사비 : 한교韓僑에게만 1년에 4차에 걸쳐 매차 1원씩 징수하는 데 임시조사 시도 1원씩 추징하기 때문에 매년 어림잡아 8, 9원에 달함.

③ 인세손人稅損 : 세금 중에서 가장 악랄한 세금으로 한인에게만 징수하는 인두세인데 매사람 6원씩, 12세부터 60세까지 징수(1931년부터 실시한 것인데 체납자에게는 축출 명령을 내린다).

④ 각촌 경비 부담액 : 상호 30원, 중호 20원, 하호 9원(이하 이세二稅와 같이 임의로 정하되 한교로서는 간여할 권리가 없다).

⑤ 문호전門戶錢 : 상호 10원, 하호 5원씩 징수.

⑥ 민병비民兵費 : 몇 등급으로 나눠 최고 5원, 최하 1원 5각 징수.

⑦ 수리가무손水利加畝損 : 매무每畝(1무, 약 180평)에 본 수리세 7각을 징수하는 외에 매 6무(6무가 약 1일경=1天地에 2무를 더하여 또한 7각을 징수하고, 그 외 수로가 지나가는 지구에는 별도로 수구水溝 통과 수세를 지주에게 납입케 되는데, 전후 합하면 매무에 약 1원 2, 3각 이상에 달함).

⑧ 순검횡징비巡檢橫徵費 : 중국 법망에 걸려 검거될 때는 재산 정도에 따라 기백 원 내지 천 원을 과하고 이를 내지 못하는 능력 없는 자에게는 추태형箠笞刑을 가하는 것이 통칙이다. 추箠에는 방전綁錢이 있고 타打에는 타전打錢이 있어 역시 재산에 따라 1, 2원 내지 10원씩을 징수하고 감

---

14 중국 화폐인 '은전'이다.

금 시 매일 1원을 징수하는 외에 임시로 또 금전을 강요하는 일이 허다하다(1931년《조선일보》봉천 관조생觀照生 논문, 「압박 받는 근황」에 의함).

이상은 비록 봉천성 청원현 일대만을 조사한 것이지만 대체로 이러한 종류의 악세惡稅를 강제 징수하고 있는 것은 일찍부터 다 아는 사실이다. 설령 상술한 바와 같이 농작에서 얼마쯤의 여유가 생긴다할지라도 견뎌내지 못하는 것은 명료한 일이다.

그리고 경무국에서 간도영사관에 의뢰하여 1930년 1년간 간도 용정을 중심한 연길 등 각처에서 일본 관헌에게만 발견된 공산당원의 폭동, 습격한 건 수를 조사한 바에 의하면, 총 2000여 건으로 월평균 170여 건에 참가 인원수는 2만여 명에 달하였다(《조선일보》 1931.3.19). 완전히 전쟁터와 같은 그 곳에서 어찌 안도할 수 있을 것인가. 공산당원이 지난 간 뒤에는 관헌이 닥쳐오고 그들이 지나가면 또 저들이 닥쳐와 피해 정도를 통계적으로 표현할 수 없지만, 대체로 거듭 유린蹂躪 당하고 있는 것만은 사실이다.

다음으로 중국 당국의 구축驅逐 정책을 기화奇貨로 가혹한 소작 조건을 내세우고 이를 강박하는 중국인 지주의 횡포다. 이는 조선인 소재지마다 있는 사실이지만, 일일이 하나씩 들어서 보여줄 수 없지만, 마적 등 토비土匪의 습격 또한 그들의 생활에 중대한 위협이다. 이와 같은 3, 4중의 괴로운 처지에서 그들은 늘 생계의 질서를 잃고 파산자가 속출하여 만주 내 각지로 유리 전전하는 자 많으며 상술함과 같이 조선 내로 귀환하는 자 또한 격증하고 있다.

2. 재만 조선인 구축 원인과 정책

1927년부터 동북 3성 정부는 성령省令으로 조선인 구축 정책을 시행하고 있다. 당시 구축 원인은 ① 조선인의 만주 이주는 일본 세력이 북만을 유도한다는 것(즉 조선인은 객관적으로 일본 대륙 정책의 선봉이 된다는 것), ② 만주개간 사업은 산동 이주민으로 충분히 실시할 수 있기 때문에 조선인은 불필요하다는 것, ③ 조선인은 중국과 습속이 전연 달라(예로 중국인 상복색인 백의 착용) 중국인과의 생활 의식상 조화되지 못한다는 것이었다.

그런데 최근에 와서는 적화赤化의 선봉이라 하여 조선인을 한층 증오하고 구축 정책을 더욱 노골적으로 실행하고 있다. 1931년 국민당 정부가 동북 각성에 만주사정 및 일본 세력에 관한 조사를 명하여 동북 정무위원회가 작성한 재만 조선인에 관한 조사 보고를 보면 더욱 분명해진다.

① 만주 각지에 산재한 조선인은 약 70만 9천 명 전후로(유동 생활자는 제외함) 매년 평균 4만 명(? - 필자)이 증가하고 있다.

② 조선인은 전부가 빈농 계급에 속하는데 일본 측은 저리 자금을 융통하여 조선인을 경제적으로 지배하고 있다.

③ 제3 국제당과 및 중국공산당은 조선인을 이용하여 만주 적화의 계획을 실현하려 한다. 그리하여 비적화匪賊化한 조선인의 폭동 약탈 사건이 증가되고 있다.

④ 제3 국제당은 만주 적화의 제일보로 거액의 운동자금으로 조선인 주의자를 매수 유인하여 공산당 반대의 민족주의자 암살정책을 행하여 피해자가 속출하고, 민족주의자의 기관인 국민부를 파괴하여 그들 상호 간의 잔살殘殺 사건이 빈번하다.

⑤ 조선공산당은 무지몽매한 청년에 대하여 선동 혹은 강제적 수단으로 조선공산당에 가입케 하여 당원이 상당히 많아졌고 러시아 측은 무기를 비밀리에

공급하여 동북의 치안을 요란擾亂케 함으로써 그 침략책에 이용하고자 한다.

이에 대하여 동북 제성諸省의 원칙적 단속 방침을 열거하면 다음과 같다.

① 이민계획을 실현하여 금후 5개년 내에 500만 호를 중국 내륙으로부터 만주 각지에 이주케 할 것, ② 조선인 입적을 신중 처리할 것, ③ 조선인 교육을 엄중히 감독할 것, ④ 일반 중국 국민의 자치 조직을 힘써 행할 것, ⑤ 조선인 공산당원은 〈도비징치법盜匪懲治法〉[15] 의하여 엄중히 처치할 것, ⑥ 조선인 중 주요 인물과 연락하여 조선인 관리책을 개진할 것, ⑦ 호적법, 인구조사, 위험분자 명부 작성, 적화 단체를 단속할 것, ⑧ 조선인의 무기 소지를 엄금할 것, ⑨ 조선인의 출입을 엄중히 경계할 것 등이다.

이상에 의하면 중국인은 조선인을 눈에 가시처럼 생각하고 쫓지 못해 애쓰고 있다는 것을 알 수 있다. 그러나 중국 정부는 국책으로서 재만 조선인의 엄중 단속을 결정하였을지언정 강제 구축을 결정, 실행키는 곤란한 형편에 있다. 그렇다고 조선인 귀화를 적극 환영하는 것도 아니어서 형세를 유리하게 전화轉化시키는 데는 오직 조선인 자체의 적극적인 활동에 달렸다 할 것이다.

3. 재만 조선인의 지배 상황

재만 조선인은 물론 중국 영토 내에 거주하는 만큼 중국 동북 정책의 직할 통치를 받고 있는 것이 사실이다. 하지만 치외법권을 가지고 있는 재만 일

---

15 '비적(匪賊)'에 관한 형벌법규로 항일 무장 세력의 수뇌나 지휘관급은 극형, 즉 사형에 처하고 관계 사안에 대해서는 상소를 허가하지 않을 뿐 아니라 즉결처분도 가능하다고 되어 있다.

본영사관 또한 재만 조선인의 지배 기관이 되었으며, 그 권력이 덜 미치는 곳에는 조선인 정치단체가 이들을 지배하고 있다. 이러한 다원적 정치지배 관계를 자세히 살펴보면 다음과 같다.

재만 조선인의 지배 기관은 중국 정부 이외에 조선총독부 및 영사관이 북간도 일대를, 만주철도 연선에는 관동청 및 만청이, 남만 중부에는 국민 정부가, 국경지방에는 참의부와 정의부 잔당이 각각 이를 맡고 있다. 길림 부근은 한족노동당·한교동행회 등이 맡고, 동철연선은 신민부 및 공산당 이 맡게 되어 각각 그 지배 구역을 달리하게 되었다. (원래 이중적 피치계급에 있는 조선인의 어떤 집단이 같은 재류 조선인을 지배한다는 것은 우스운 일 같으나, (16자 삭제) 재류 조선인에게 의무 및 군자금 등을 징수하는 등 정부와 같은 지배권을 행사하고 있다)

이와 같이 구역을 나눠 볼 수 있으나, 물론 이것은 엄밀한 정치적 구획이 아니고 주된 지배 기관만을 가리킨 것임으로 실제로 3중, 4중의 정치적 지 배가 한꺼번에 내려누르는 셈이 된다. 재만 조선인 자치단체는 실제에 있 어서 정치적 무소속 지위에 처한 대다수의 재만 조선인 처지로 보아 그 존 재가 반드시 필요한 일이지만, 의무금 기타 부과금 징수에 왕왕 민도民度를 무시하기도 한다.

가짜 독립단과 탈선한 공산당원 등의 횡행을 충분히 경계할 능력이 없어 파쟁이 격화하여 재류 인민의 치안이 요란擾亂케 되었다. 이에 더욱 통합된 자치단체의 존재를 기대하기 어렵게 되어 재류 조선인은 정치적 귀의처를 잃고 있다. '중국 측에 귀화할 수도 없고 일본 측에 따라 갈 수도 없으며 조 선인을 신뢰할 수도 없'는 것은 이를 가장 잘 말해주는 것이라 할까.

이러한 처지에 있는 재만 조선인 대중에게 무엇을 제의하여야 되는지, 이는 재만 조선인의 중대한 당면 문제일 뿐만 아니라 전 조선인의 중대한 문제가 아니면 안 될 것이다.

4

조선 도시의 추이

도시의 발달

도시 발생은 역사가 매우 오랜 것이지만 도시가 오늘날과 같이 현저하게 발전을 한 것은 불과 1세기 밖에 지나지 않았다. 그것은 19세기 말부터 세

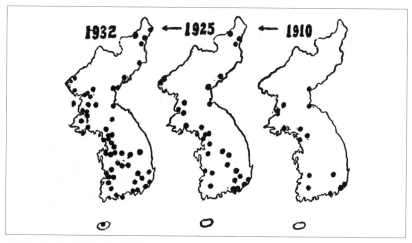

그림 3-10 1만 명 이상 도시 증가도

표 3-25 인구 1만 이상 도시분포 누년 비교

도별	1910		1925		1932	
	5만 명 이상	1만 명 이상	5만 명 이상	1만 명 이상	5만 명 이상	1만 명 이상
경기	경성	인천·개성	경성·인천	공덕리·수원·개성	경성·인천·개성	공덕리·안성·수원·영등포
충북	-	-	-	청주	-	청주·영동
충남	-	-	-	공주	-	대전·공주·예산·천안
전북	-	전주	-	군산·전주	-	군산·전주·정읍·이리
전남	-	광주	-	목포·광주	목포	광주·여수·순천·제주
경북	-	대구	대구	김천·상주	대구	김천·경주·상주·안동
경남	부산	동래·통영	부산	마산·진주·밀양·통영	부산	마산·진주·밀양·통영
황해	-	해주	-	해주·사리원	-	해주·신천·재령·겸이포·사리원
평남	-	평양·진남포	평양	진남포	평양	진남포·순천·안주·승호리·신안주·개천
평북	-	-	-	신의주·의주	-	신의주·의주·선천
강원	-	-	-	-	-	철원
함남	-	함흥·원산	-	원산·함흥·북청	-	함흥·원산·흥남·북청
함북	-	-	-	청진·나남·회령	-	청진·회령·웅기·나남·성진
합계	2	12	5	26	7	51

계적 규모로 자본주의가 발전된 데서 기인한 것이다. 중세 도시가 주로 정치적·군사적·종교적 도시인 반면에 근대 도시는 주로 경제적 성질을 가지게 되었다. 1910년부터 조선의 도시가 획기적으로 발전된 까닭도 물론 여기에 있다.

그림 3-10을 보면, 1911년만 하더라도 조선의 도시는 인구 1만명 이상

5만 명 이하가 12곳이고, 인구 5만 명 이상의 도시는 겨우 2곳(경성·부산)밖에 없었다. 1925년에는 인구 1만 이상 5만 명 이하가 26곳으로 14처가 늘고, 인구 5만 명 이상도 5곳으로 3곳이 불었다.

표 3-25를 보면, 1932년 말에는 인구 1만 명 이상 5만 명 이하가 51곳으로 1925년보다도 또다시 25곳이 늘고 인구 5만 명 이상도 7곳으로 2곳이 늘었다. 이를 통해 도시를 중심으로 한 조선의 자본주의가 과거 24년간 얼마나 빠른 템포로 발전했는지를 충분히 알 수 있다.

최근 10년간 도별 도시의 인구 동태를 보면 표 3-26과 같다. 조선의 대표적 도시라 할 만한 경성·인천·개성·군산·목포·대구·부산·마산·평양·진남포·신의주·원산·함흥·청진 등 14부이다. 경성은 10년간 8만 6천여 명, 부산은 6만 8천 명, 평양은 5만 명, 대구는 4만 명, 목포는 3만 명, 신의주는 2만 9천 명, 인천은 2만 7천 명, 군산은 1만 5천 명, 함흥과 청진은 각각 1만 4천 명, 진남포는 1만 3천 명, 마산은 9천 명, 개성은 7천 명씩 증가하였다. 증가 총수는 41만 9천여 명에 달하여 10년 전 1923년 말 현재 총 인구수보다는 실로 52.9%가 증가되었다. 이를 그래프로 정리한 것이 그림 3-11이다.

만일 금후에도 이와 같은 속도로 인구가 늘어간다면, 20년 만큼씩 인구는 배가되고 말 것

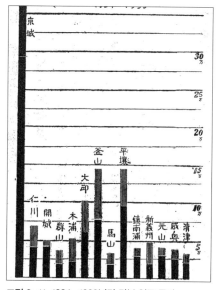

그림 3-11 1924~1933년간 각부 인구 증가

표 3-26 10년간 부의 인구 증가

부명	1923년 말 인구	1932년 말 인구	10년간 증가 총수
경성부	288,260	374,909	86,749
인천부	40,932	68,181	27,357
개성부	42,795	49,703	7,908
군산부	19,984	35,579	15,591
목포부	22,233	52,511	30,278
대구부	62,895	103,511	40,616
부산부	79,352	148,156	68,604
마산부	*17,985	27,375	9,386
평양부	95,049	145,455	50,406
진남포부	26,730	40,568	13,838
신의주부	19,543	48,677	29,134
원산부	31,611	42,140	10,529
함흥부	25,140	40,276	14,836
청진부	21,106	35,120	14,014
계	792,515	1,212,161	419,146

* ① 1923년 말 숫자는 동년 『조선총독부통계연보』에 의함. ② 1932년 말 숫자는 1933년판 《부산상의통계연보》에 의함. ③ *표는 마산부 마산과 마산부 구마산 인구의 합계임.

표 3-27 각국 도시의 인구 집중 상태

국명	연도	10만 명 이상 도시 수	10만 명 이상 도시 인구(천명)	총인구 백분비
미국	1930	93	226,326	29.6%
독일	1933	52	19,677	30.1%
영국	1931	50	16,663	38.9%
일본	1934	34	16,720	24.5%
(조선)	1932	4	782	3.3%
이태리	1931	22	7,172	17.4%
프랑스	1931	17	6,585	15.7%

* ① 《동양경제신보》 1934년 11월 24일호에 의함. ② 조선 숫자는 필자가 기입한 것임.

이다. 1932년 말 14부 인구 121만 2천여 명은 1957년에 가서는 242만 4천여 명으로 증가될 것으로 예상할 수 있을 것이다.

조선 도시의 팽창은 최근 30년래의 일이므로 아무리 그 속도가 빠르다할지라도 발달 정도는 아직도 선진 제국의 그것에 크게 미치지 못한다. 그 자세한 것을 보면 표 3-27과 같다.

미국은 인구 10만 명 이상의 도시가 93개소로 인구 합계는 국내 총인구의 29%를 점하고, 독일은 52개소로 30.1%, 영국은 50개소로 38.9%, 일본은 34개소로 17.4%, 프랑스는 17개소로 15.7%을 점하였다.

그러나 조선은 경성·평양·부산·대구 등 4개소가 있을 뿐이다. 인구 합계는 78만 2천 명에 불과하여 겨우 3.3%에 불과하다. 발달 정도는 아직도 극히 유치한 상태에 있다는 것을 알 수 있다.

도시의 상공 발전

근대화 과정에 있는 조선 도시의 가장 큰 특징은 도시 상공업의 급속한 발전에 있다고 볼 수 있다. 1910년 이후까지도 조선 물화의 거의 대부분은 물물교환 시대의 산물인 정기시장(소위 제1호 시장)에 집산되었다. 도시 상공업의 발달은 실로 보잘 것이 없고, 자못 객주·여각·도매상·전당포·복덕방·모물전毛物廛(갖옷과 털로 만든 방한구 따위의 모물을 팔던 가게)·혜전鞋廛(신발 가게)·

일제시기 서울의 잡화점

복덕방(1930년대)

인천 미두취인소

철물전·포목전·입자笠子·신건新巾·유기전·장전欌廛(뒤주·찬장 따위의 방세간을 파는 가게)·옹기전·사기전·금은방·반찬가게·약재약국·상두도가喪頭都家(장례용품 가게)·세물전貰物廛(혼인·장례 물품 대여 가게) 등 공업기관 내지 상공 겸영기관이 도시에 집중되어 겨우 도시의 면목을 이루게 된 것에 불과하였다. 그 뒤 고도의 산업자본과 새로운 상업기술이 물밀듯 들어오자 도시 공업은 이에 큰 자극을 받게 되면서 새로운 상업 기관도 뒤따르게 되었다.

정기시장은 물화집산의 독점성이 점차 희박해진 것도 당연한 일이었다.

그 결과 금일 조선 도시는 주위에 많은 공장을 가지고 있으며, 시가에는 상점·회사가 들어차고 또 취인소·어음교환소를 비롯한 각종 상공단체·회의소가 생겨나 상공 도시로서의 기초적 조건이 점차 성숙되어 가고 있다.

1932년 말 5대 도시의 공장 현세를 보면 표 3-28과 같다.

표 3-28에 의하면, 5대 도시의 공장 총수는 1,400여 개소이고, 종업원은 37,000여 명이며 생산액은 1억 3,399만 원이다. 공장 수로는 1932년도 전 조선 공장 총수의 약 23%, 종업원과 생산액으로는 약 42%를 점하여 중요한 몫을 차지하게 되었다. 만일 이 통계에 포함되지 않은 나머지 9부의 숫자를 더한다면 조선 공업은 대부분 도시에 집중되어 있다는 것을 알

수 있다. 또 금일 정세를 돌아보면 이러한 형세는 금후 더욱 현저히 될 것이라 추측할 수 있다.

표 3-28 1932년 말 5대 도시 공장

부명	공장 수(소)	종업자 수(인)	생산액(원)
경성부	669	12,992	32,048,096
평양부	231	7,703	19,127,505
부산부	328	7,527	31,701,593
대구부	140	5,500	19,855,090
인천부	109	3,522	31,259,827
합계	1,477	37,214	133,990,109

* 1932년도 각부(各府) 부세일반(府勢一班)에 의함.

표 3-29 5대 도시 직업별 인구 비율 비교

업종별	경성부 실수/백분비	평양부 실수/백분비	부산부 실수/백분비	대구부 실수/백분비	인천부 실수/백분비	합계 실수/백분비
농림·목업	18,146 /5	8,727 /6	8,560 /5	9,069 /7	679 /1	45,181 /5
어업 및 제염업	647 /-	345 /-	5,660 /3	69 /-	160 /-	6,883 /1
상공업	105,967 /28	61,814 /42	65,374 /44	51,112 /49	20,604 /30	304,871 /36
공무 및 자유업	115,056 /30	40,003 /27	21,947 /14	22,463 /21	9,546 /14	207,215 /25
기타 유업자	107,051 /29	26,002 /17	37,835 /28	12,332 /13	34,130 /4	217,350 /26
무직업 내지 무신고자	29,842 /8	8,564 /6	8,777 /5	8,466 /10	3,065 /5	18,714 /2
합계	374,909 /100	145,455 /100	148,156 /100	103,511 /100	68,184 /100	840,215 /100

* 1932년도 각부 부세일반 숫자에 의하여 계산함.

1932년 말 5대 도시의 직업별 인구 수를 보면, 어느 도시를 막론하고 상공업자가 다른 업자보다 단연 많으며 도시 행정 및 생활의 중견이 되어 있다. 그 자세한 내용은 표 3-29와 같다.

표 3-29에 의하면, 경성은 상공업자보다 공무 및 자유업에 종사하는 자가 어느 정도 많지만, 기타 4개 도시에 있어서는 상공업자가 단연 많다. 5부 합계에는 농림·목업자가 4만 5천여 명으로 총 인구 수의 5%, 어업 및 제염업자가 6천 8백여 명으로 1%, 공무 및 자유업자가 20만 7천여 명으로 25%, 기타 유업자가 21만 7천 명으로 26%, 무직 및 무신고자가 1만 9천 명으로 2%를 점하고 있지만, 상공업자가 30만 5천 명으로 36%로 단연 도시의 최다수 직업 인구층을 형성하고 있다.

5대 도시 상공업자를 다시 인구별로 나누어보면 표 3-30과 같다. 경성부 상공업자 중 조선인은 조선 총인구 수에 27.16%, 일본 내지인은 29.46%로 일본 내지인이 많으며, 평양부는 42.94% 대 38.36%으로 일본 내지인이 적고, 부산부는 38.70% 대 55.13%으로 조선인이 매우 적으며, 대구부는 50.23% 대 46.56%로 일본 내지인이 적고, 인천부는 27.79% 대 45.86%로 조선인이 적다.

이를 합산하면 조선인 총인구 62만 2천여 명 중 상공업자가 21만 8천 명을 점하여 총 인구 수의 35.08%에 상당하며, 일본 내지인은 20만 9천 8백 명 중 상공업자가 8만 2천여 명으로 39.19%에 달한다. 따라서 조선인 상공업자는 인구비로서도 일본 내지인에 미치지 못하다는 것을 알 수 있다. 현재 5대 도시 내 상공업자의 실수로 본다면 조선인 7에 일본 내지인은 3의 비율이다.

표 3-30 5대 도시 인구별 상공업자 비율

부별		부의 총인구	공업, 상업, 교통업자	인구총수에 대한 백분비
경성부	총수	374,909	*105,967	28.26%
	조선인	265,954	72,298	27.18%
	일본내지	104,656	30,838	29.46%
평양부	총수	145,455	*61,814	42.49%
	조선인	124,620	53,515	42.94%
	일본내지	19,459	7,466	38.38%
부산부	총수	148,156	65,374	44.12%
	조선인	99,956	38,686	38.70%
	일본내지	47,836	25,372	55.13%
대구부	총수	103,511	51,113	49.37%
	조선인	76,537	38,445	40.23%
	일본내지	26,550	12,364	46.56%
인천부	총수	68,184	20,604	30.21%
	조선인	55,377	15,393	27.79%
	일본내지	11,271	5,170	44.86%
계	총수	840,215	304,871	56.28%
	조선인	622,444	218,337	35.08%
	일본내지	209,772	82,210	39.19%

* ① 1932년 말 각부 부세일반 또는 부세요람에 의함. ② *표는 광업자를 포함함. ③ 이 표에서는 외국인 상공업자 수를 생략함. ④ 조선인과 일본 내지의 백분비 숫자는 각자 인구 총수에 대한 백분비임.

도시 경비의 증가

도시의 근대화는 도시 자체의 생활 수준이 향상된 것을 의미하기 때문에 생활비도 필연적으로 늘 수 밖에 없다. 근대 도시는 넓은 직선도로에 포장

인천 도화동 화장장

1930년대 전당포

동래온천장 공중목욕탕

된 인도·차도가 필요하고, 수도와 하수도의 설비가 갖춰져 있어야 하며, 전신·전등·전차·가스 설비와 공원·운동장이 있어야 하며, 직업소개소·학교·시영병원·시민관(공회당)·시영주택·공동숙박소·전당포·탁아소·보호소·인사상담소·공설시장·공중목욕탕·공설식당·화장장·묘지·기타 사회적 시설 등이 요구된다. 때문에 도시의 살림 규모는 갈수록 커지며 그 사무는 갈수록 복잡해져 경영 경비가 늘어나는 것도 정한 이치다.

조선의 도시는 아직 이와 같은 근대 도시로서의 설비를 완전히 갖추지 못하였지만, 이러한 목표로 나아가는 것만은 사실이기 때문에 그 경비는 매년 격증하고 있다. 표 3-31에서 19년 전 215만 원에 불과하던 부府 일반 경비 총액이 1932년에 와서는 1,514만 원으로 약 4배 증가하였으며 앞으로도 이와 같은 추세로 나아가게 될 것이다.

다음으로 표 3-32를 통해 직접세에 의한 부민의 총평균 부담액을 보면,

표 3-31 부(府) 예산 증가(부 일반경비)

| 연도 | 세입 경상부 | | | | 세입 임시부 | 합계 |
	부세(府稅)	사용료 및 수수료	기타 수입	계		
1914	536,518	19,358	84,659	814,695	1,340,136	2,154,831
1919	889,875	426,287	129,854	1,446,016	942,105	2,388,121
1924	2,258,528	2,155,495	596,377	4,910,420	3,555,047	8,465,467
1928	2,541,438	3,382,429	548,160	6,472,072	5,175,798	11,647,870
1933	2,709,653	4,990,353	464,273	7,645,219	7,499,606	15,144,825

* ① 1933년도 『조선총독부통계연보』에서 인용. ② 세입임시부는 국고보조금·도보조금·부채·기타를 가리킴.

표 3-32 부(府) 직접세 인별 평균 부담액 누년 조사

| 연도 | 조선인 | | 일본 내지인 | | 외국인 | | 합계 | |
	1호당	1인당	1호당	1인당	1호당	1인당	1호당	1인당
1915	–	–	–	–	–	–	5.85	1.39
1925	12.58	2.79	82.65	20.62	30.16	7.73	33.01	7.66
1933	12.36	2.60	105.12	24.49	62.12	12.36	35.42	7.62

* 『조선총독부통계연보』(1933년) 및 《조선총독부조사월보》 1934년 12월호에서 인용.

1915년에는 1호당 5원 85전, 1인당 1원 39전에 불과하였으나, 1925년에는 1호당 33원 1전, 1인당 7원 66전으로 격증하였고, 1933년에는 1호당 35원 42전, 1인당 7원 62전으로 또 다시 증가하며 19년 동안 1호당 부담액이 약 6배가 늘고 1인당 평균 부담액은 약 5배가 늘어난 것을 볼 수 있다.

그러나 개인별로 보면 조선인은 1925년 1호당 12원 58전, 1인당 2원 79전, 1933년 현재 1호당 12원 36전, 1인당 2원 60전으로 되레 줄어들고 있다. 이는 조선인 부민의 경제적 동태를 반영한 것인 만큼 부담 총량이 증가했을지언정 질의 증가는 없었다는 것을 의미한다. 일본 내지인은 1925

표 3-33 부(府) 직접세 인별 총 부담액 조사

연도	조선인	일본 내지인	외국인	합계
1922	1,316,092원	4,356,759원	118,687원	5,831,756원
1931	2,228,491원	6,056,551원	207,280원	8,492,322원

*『조선총독부통계연보』(1933년).

년 1호당 82원 65전, 1인당 20원 62전이었는데, 1933년 현재 1호당 105원 12전, 1인당 24원 49전으로 사뭇 증가하여 그 부담이 늘어난 것을 알수 있다.

다음으로 표 3-33과 같이 인별 총 부담액을 보면, 조선인은 1922년 131만 6천여 원, 1931년 222만 8천여 원으로 90여만 원이 늘어났으며, 일본 내지인은 439만 7천 원에서 605만 7천 원으로 160만 원이 늘어나, 합계 580여만 원에서 849만여 원으로 266만여 원이 증가한 것을 알 수 있다.

도시 세궁민 및 실업자 증가

오늘날 도시 발달은 경제·정치·사회상 놀랄 만한 결과를 보여주었다. 놀랄 만한 생산력의 증진, 거대한 부의 축적, 과학 기술의 경이적 진보, 문물 제도의 획기적 개변, 사회시설의 정비, 생활편리의 향상 등으로 도시 인구를 획기적으로 증가시켰지만, 반면에 실업자와 세궁민細窮民의 증가, 계급투쟁의 격화, 시민 건강의 퇴폐, 범죄율의 격증 또한 증가하였다.

표 3-34와 같이 5대 도시의 세궁민 수를 보면, 경성은 3만 4,093명, 평양은 1만 5,650명, 부산은 1만 1,030명, 대구는 5만 523명, 인천은 4,903명으로 총 11만 6,199명에 달하여, 5대 도시 총 인구수 83만 9,222

표 3-34 5대 도시 세궁민 수

부명	조선인		일본 내지인	
	호수	인구 수	호수	인구 수
경성부	7,855	34,081	4	12
평양부	3,419	15,622	7	28
부산부	2,074	10,942	2	88
대구부	10,362	46,754	770	3,769
인천부	1,104	4,877	10	26
계	24,814	112,276	795	3,923

* 1933년 6월 말 조선총독부 사회과 조사에 의함.

표 3-35 5대 도시 실업자 수

부별	조선인	일본 내지인	합계
경성부	6,275	1,038	7,313
평양부	1,533	173	1,706
부산부	2,653	390	3,045
대구부	580	42	622
인천부	604	59	663
계	11,645	1,704	13,394

* 1933년 6월 말 조선총독부 사회과 조사에 의함.

명 중 13.8%에 해당한다. 세궁민 총수 가운데 조선인은 11만 2,276명으로 96%에 달하여 다시금 놀라지 않을 수 없다.

이상 세궁민 통계에 따르면 도시에 약 14%의 세궁민이 거주하고 있다는 것을 알 수 있지만, 도시는 빈민군을 부단히 밖으로 내몰기 때문에 도시 빈민 대부분은 도시를 에워싸고 있다. 만일 행정구획으로 도시를 보지 않고 경제적으로 부외府外까지를 포함시킨다면 세궁민 수는 현재보다 몇 배 이상에 달할 것이다.

표 3-36 5대 도시 직업소개소 성적

부별	구직자 수	신직(新職)자 수	미취직자 수
경성부	19,254	7,039	12,215
평양부	23,568	1,212	349
부산부	5,389	1,450	3,229
대구부	27,573	23,679	3,884
인천부	1,810	758	1,052
계	57,584	34,145	23,439

* 1932년도 각부 부세일반에서 인용.

표 3-35에서 5대 도시의 실업자 수를 보면, 조사 총수는 1만 3,300여명에 불과하지만, 표 3-36에 따르면 경성부영직업소개소의 1932년도 구직자 1만 9,254명 중 미취직자가 1만 2,215명에 달했던 것만 보아도 조사통계를 신뢰하기 어렵다. 더욱이 5대 도시의 부영 직업소개소에 나타난 통계를 종합하면, 구직자 수 5만 7,584명에 취직자 수는 3만 4,145명에 불과한 반면, 미취직자가 2만 3,439명에 달한 만큼 실업자가 많다는 것을 알 수 있다.

혹은 부영 직업소개소에 나타난 실업자가 부내에 주거하는 자만을 가리키는 것이 아니고, 또한 부영 직업소개소의 구직자가 반드시 구직자 전체가 아니기 때문에 적어도 실업자 수는 그 이상일 것이다.

도시계획령과 도시

오랫동안 문제되어오던 〈조선시가지계획령〉은 1934년 6월 19일 제령으로 드디어 발포되었다. 동령은 전문 3장 50조로 된 것인데, 제1장은 총칙

으로 시가지 계획에 관한 전반적 규정을
언급하고, 제2장은 지역 지구의 지정 및
건축물의 제한에 관한 규정을 정하였으
며, 제3장에는 토지구획정리에 관한 사
항을 규정하였다.

요컨대 본령의 내용은 시가지 계획 구
역 및 계획 자체의 결정, 계획 사업 집행
기관의 지시, 비용 부담의 구분, 사업 용
지의 수용, 지역 및 지구의 지정, 건축물
의 제한, 토지구획정리 및 사업 집행자

『조선시가지계획령 시행규칙』

와 집행에 필요한 비용 부담 관계 사항의 결정 등이 골자이다. 일본 내지의
〈도시계획법〉·〈특별도시계획법〉·〈건축물법〉·〈토지개량법〉 등을 일괄한
종합적 도시 계획인 만큼 적용 범위와 경우는 지극히 광범위하다.

오늘날 조선의 도시 현상을 보면 인구는 매년 증가되어 밀도가 올라가고,
이에 따라 도시 혼란의 강도도 점차 증가하는 것이 사실이어서, ① 도시의
위생, ② 도시의 미관, ③ 도시의 발전을 위해 유감 되는 점이 많은 것도 사
실이지만 〈조선시가지계획령〉이 어느 시가지에 적용된다면(적용 도시는 조
선 총독이 지정함) 다음과 같이 여러 문제에 있어서 주거의 이익과 대립된다는
것을 간과해서는 안 될 것이다.

1. 중소 상가의 환산

〈조선시가지계획령〉이 실시되어 시가지가 상업구·공업구·풍기구風紀區·
주택구·풍치구風致區 등으로 분명하게 나눠지면 상업구에 들지 않은 구상가
는 흩어지지 않을 수 없게 된다. 혹은 새로운 상업구로 주택·공장 등이 옮

아갈 것이기 때문에 구상가는 상업구 내에 다시 집중될 것이라 하겠지만, 대개 상업구로 지정된 곳은 시가 교통의 요충지대이기 때문에 지가가 비싸고 도로 수익세가 붙어 중소 상업자로서는 발붙이기 어렵게 된다. 따라서 한 번 헐린 중소 상업 상가는 좀처럼 재건이 힘들고, 재건된다 할지라도 상황商況 복구를 기대하기 어렵다.

2. 시민 부담의 증가

시가지 계획은 많은 비용을 필요로 한다. 그 비용은 국가 공공단체(도·부·읍면·학교비·학교조합을 가리킴) 및 개인이 특정한 경우에 부담하는 것이라 규정되어 있다. 하지만 국가나 공공단체가 비용을 부담한다는 것은 결국 그 성원의 부담이 되는 것인 만큼 인민의 부담은 늘게 된다. 도시의 위생화·도시의 미화도 좋지만 몰락 과정에 있는 소시민 계급에 부담이 가중되는 것을 생각하면 이 또한 경시할 문제가 아니다.

3. 소시민의 토지 상실

자본이 가장 활발히 활동하는 시기는 경제적 활동의 창시기 또는 변동기이다. 그러므로 시가지계획령이 실시되면 도시 경제는 그 이상의 동요가 생겨 토지 건물에는 급격한 겸병兼併 현상이 나타나 소시민은 토지를 대다수 상실하게 된다. 또한 토지 수용에 있어서도 그러한 현상이 나타나기 때문에 지금까지의 토지 및 건물의 소유자가 차지借地·차가인借家人으로 전락하기 쉽다.

4. 주거난

도시는 자본경제의 발상지고 고도의 인구 밀도를 가진 곳이므로 그것의 발전 과정에는 필연적으로 주택난을 수반하게 된다. 다시 말하면 도시는 자본경제의 총 역량과 신경이 집중되어 자본 활동이 가장 빠른 곳이기 때문에 도시 내의 토지 및 건물의 겸병 집중은 비상한 속도로 진전되어 소수의 지주 및 자본가가 이를 독점하게 되어 토지 및 건물 가격은 비상히 비싸지며, 인구의 이주 증가율이 높아져 차지借地·차가료借家料가 점차 올라가 소시민의 주택난도 더욱 심각해진다.

〈조선시가지계획령〉이 실시된다면 획기적인 주거 이동이 생기기 때문에 자본가는 신요지에 대규모로 토지 및 건물에 투기적 매매를 개시하여 폭리를 얻으려 하는 반면, 소시민 계급은 폭등된 토지 및 건물을 사든지 차지借地·차가료借家料를 지불하지 않을 수 없기 때문에 주택난은 격화될 수밖에 없다.

5. 계획령 실시와 악덕 브로커 대두의 우려

〈조선시가지계획령〉은 어디까지든지 도시의 성장 발달을 돕고 또 그것의 위생화 및 미화를 목표로 하겠지만 때로는 악덕 브로커의 대두로 말미암아 계획 자체의 공정한 운용이 방해될 우려도 없지 않다. 다시 말하면 계획령이 잘못하면 악덕 브로커의 활동 대상이 되기 쉽다는 것이다. 이것의 실지 운용에 있어서 특히 공정한 태도와 치밀한 주의가 요구는 까닭도 여기에 있다.

중요 도시의 인별人別 경제 현 상황

도시의 인별 경제 현 상황을 이해하기 위해서는 개인별 재산 소유 관계와 경제 구성의 전체를 통해 그 실제적 기능 관계 여하까지를 참작하지 않으면 안 된다. 이는 너무나 광범위하고 오류가 많아 어려운 일일 것이다. 따

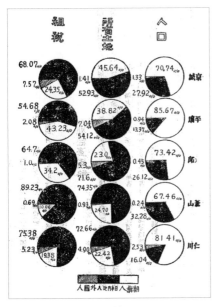

租税　所有地　人口

68.07%
7.57% 24.35% 52.93%
45.64% 1.41 1.33
70.74% 27.92%
城京

54.68%
2.08% 43.23% 54.12%
38.82% 7.04 0.94
85.67% 13.37%
廣平

64.7%
1.0% 34.2% 71.6%
23.0 5.3 0.45
73.42% 26.12%
邱大

89.23%
0.69% 10.06% 74.35%
74.35% 0.93 0.24
67.46% 32.28%
山釜

75.38%
5.23% 19.38%
72.66% 4.90 2.53
81.41% 16.04%
川仁

人國外 人地內 人鮮朝

그림 3-12 조선 도시 현상황 도표

라서 필자 스스로 역량이 매우 부족하므로 가급적 인별 경제 현상황을 결과적으로 잘 표현된 부분만 대조하여 이해를 돕고자 하는데, ① 각부의 인별 인구 대조, ② 인별 토지 소유량 대조, ③ 인별 납세액 대조 등이 그것이다. 이를 도표로 보면 그림 3-12와 같다.

표 3-37의 경성부의 인별 경제 현상황을 보면, 총 인구 38만여 명 중 조선인은 27만 명으로 70%를 점하고 있지만, 소유 토지는 총 평수 300만 평 중 140만 평으로 45%에 불과하며 납세액은 총액 418만 원 중 100만 원으로 겨우 24%에 불과하다.

일본 내지인은 10만여 명으로 총 인구의 28%에 불과하지만, 소유 토지는 160만 평으로 52%를 차지하여 전자보다 7% 우월하며 납세액은 285만 원으로 총 납세액의 68%에 달하여 전자보다 44%나 높다. 그리고 외국인도 그 수효는 약 5천 명으로 1.3%에 불과하나 토지 1.4%, 납세액 7.6%을 점하여 역시 우세한 것을 볼 수 있다.

경성부민 개인당 토지소유 및 납세부담액을 보면 조선인은 1명에 토지 5평 2합슴 2작슴, 납세액 3원 76전에 불과한데 일본 내지인은 1명에 토지 15평 3합 5작, 납세액 26원 68전이고, 외국인은 1명에 토지 8평 5합 8작, 납세액 61원 94전에 달하여 조선인의 경제적 단위가 3위로 밀려나 있는

표 3-37 1932년 경성부 인별 경제 현상황

구별	조선인	일본 내지인	외국인	합계
인구	270,590명 (70.74%)	106,782명 (27.92%)	5,119명 (1.33%)	382,491명
토지 소유	1,413,646평 (45.64%)	1,639,627평 (52.93%)	43,970평 (1.41%)	3,097,243평
납세액	1,019,697원 (24.36%)	2,849,893원 (68.07%)	317,074원 (7.57%)	4,186,664원

* ① 동아일보 각 지분국 조사에 의함.

표 3-38 경성부 개인당 토지소유 및 세납부담

구분	조선인	일본 내지인	외국인	합계
토지 소유	5.22평	15.35평	8.58평	8.09평
세액	3.76원	26.68원	61.94원	10.94원

* 표 3-37에 의하여 계산함.

것을 알 수 있다.

둘째 평양부는 총 인구 14만 5천여 명 중 조선인은 12만 5천 명으로 85.7%을 점하여 경성보다 14.9%가 많지만 토지소유는 총평수 280만 평 중 110만 평으로 38.8%에 그쳐 경성보다 6.4%가 되레 적은 것을 볼 수 있다. 따라서 평양이 경성과 같이 여긴 것은 벌써 옛일이라 하겠다.

그러나 조선인의 납세는 총액 61만 9천 원 중 26만 7천 원으로 40%에 달하여 경성의 24%보다 거의 배나 많은 것을 볼 수 있다. 그리고 부내 일본 내지인으로 보면, 인구는 1만 9천 명으로 13%인데 소유 토지는 153만 평으로 54%를 차지하여 납세액도 33만 8천 원으로 약 55%로 우위를 점하게 되었다.

표 3-40과 같이 평양부 개인당 토지 소유 및 납세부담을 보면, 조선인은 1명에 토지 8평 8합 4작, 납세액 2원 15전에 불과하지만, 일본 내

1930년대 명치정(현재 명동 입구)

표 3-39 1932년 평양부 인별 경제 현세

구별	조선인	일본 내지인	외국인	합계
인구	124,620명 (85.67%)	19,459명 (13.37%)	1,376명 (0.94%)	145,455명
토지 소유	1,101,063평 (38.82%)	1,534,984평 (54.12%)	199,889평 (7.04%)	2,835,934평
납세액	267,435원 (43.23%)	338,314원 (54.68%)	12,872원 (2.08%)	618,621원

* ① 동아일보 각 지분국 조사에 의함.

표 3-40 평양부 개인당 토지소유 및 납세부담

구분	조선인	일본 내지인	외국인	합계
토지 소유	8.84평	78.88평	145.27평	19.50평
납세액	2.15원	17.39원	9.254원	4.25원

* 표 3-39에 의하여 계산함.

1930년대 평양부 거리

지인은 1명에 토지 78평 8합 8작, 납세액 17원 39전으로 사뭇 우세하고 외국인은 1명에 토지 145평 2합 7작, 납세액 9원 25전으로 토지는 1위, 납세액은 제2위를 점하게 되었다.

셋째 부산부는 표 3-41과 같이 총 인구가 14만 8천여 명으로 조선에 둘째가는 대도시이지만, 조선인은 9만 9천여 명으로 총인구에 비하여 67%밖에 못되기 때문에 5대 도시 가운데 인구 비율이 가장 낮은 곳이다. 그리고 조선인은 소유 토지에서도 총평수 330여만 평 중 81만 7천 평으로 겨우 34.7%, 납세액도 총액 109만 7천 원 중 11만 원으로 10%에 불과하여 조선인 경제력 또한 5대 도시 가운데 가장 빈약한 상태에 있다는 것을 알 수 있다.

그러나 일본 내지인은 인구가 4만 7,800명으로 총인구의 33%밖에 안되지만, 소유 토지는 총평수 331만여 평 중 246만여 평으로 74%, 납세액은 109만 7천여 원 중 97만 8천여 원으로 89%에 달한다.

1930년대 부산부 거리

　표 3-42의 부산부 내 개인당 소유토지 및 납세액을 보면, 조선인은 매인당 토지 8평 1합 8작, 납세액 1원 10전이지만, 일본 내지인은 토지 51평 4합 6작, 납세액 20원 46전, 외국인은 토지 84평 9합 8작, 납세액 21원 9전에 상당하다. 외국인이 1위요 일본 내지인이 이에 근접하지만 조선인은 이와 전연 비교할 수 없는 정도로 뒤떨어져 있다.

　넷째 대구부는 표 3-43과 같이 총 인구 10만 5천 8백여 명 중 조선인은 7만 7천 6백여 명으로 73%를 점하지만, 소유 토지는 총 평수 195만 6천여 평 중 45만여 평으로 34%에 불과하고 납세액도 총 납세액 72만 7천 9백여 원 중 24만 9천여 원으로 겨우 24%에 불과하였다.

　반면에 일본 내지인은 인구 3만 76,000여 명으로 총 인구의 26%에 불과하지만, 소유 토지는 190여만 평 중 140만평으로 64.7%를 점하고 납세액은 72만여 원 중 47만여 원으로 71.6%에 달하여 5대 도시 중 비항만 도시로서는 일본 내지인의 경제력 비율이 가장 우수한 곳임을 알 수 있다.

표 3-41 부산부 인별 경제 현상황

구별	조선인	일본 내지인	외국인	합계
인구	99,956명 (67.46%)	47,836명 (32.28%)	364명 (0.14%)	148,156명
토지 소유	817,979평 (24.70%)	2,461,525평 (74.35%)	30,934평 (0.73%)	3,310,438평
납세액	110,424원 (10.06%)	970,832원 (89.23%)	7,677원 (0.69%)	1,096,933원

표 3-42 부산부 개인당 토지소유 및 납세부담

구분	조선인	일본 내지인	외국인	합계
토지 소유	1.10평	51.46평	84.98평	33.34평
납세액	8.18원	20.46원	21.09원	7.40원

표 3-43 대구부 인별 경제 현세

구별	조선인	일본인	외국인	합계
인구	77,689인 (73.42%)	27,638인 (26.12%)	480인 (0.45%)	105,807인
토지 소유	450,315평 (34.20%)	1,400,755평 (64.70%)	105,347평 (1.00%)	1,956,417평
납세액	249,017원 (23.00%)	471,225원 (71.60%)	7,714원 (5.30%)	727,956원

표 3-44 대구부 개인당 토지소유 및 납세부담

구분	조선인	일본 내지인	외국인	합계
토지 소유	5.80평	50.68평	219.47평	68.49평
납세액	3.21원	17.05원	16.07원	6.88원

표 3-44와 같이 대구부 내 개인당 토지소유 및 납세총액을 보면, 조선인은 매인당 토지 8평 5합, 납세액 3원 20전, 일본 내지인은 토지 50평 6합 8작, 납세액 17원 5전, 외국인은 매인에 토지 219평 4합 7작, 납세액 16

1930년대 대구부 본정통(현 중구 서성로)

1930년대 인천부 신생동 일대

표 3-45 인천부 인별 경제 현상황

구별	조선인	일본인	외국인	합계
인구	59,321명 (81.41%)	11,690명 (16.04%)	1,849명 (25.30%)	71,860명
토지소유	262,491평 (22.42%)	850,552평 (72.66%)	59,424평 (4.90%)	1,170,467평
납세액	80,316원 (19.38%)	312,416원 (75.38%)	21,675원 (5.23%)	414,406원

표 3-46 인천부 개인당 토지소유 및 납세부담

구분	조선인	일본내지인	외국인	합계
토지소유	4.42평	72.76평	31.06평	16.06평
납세액	1.35원	26.73원	11.72원	5.69원

원 7전에 달하여 조선인은 소유 토지나 납세부담액에 있어서 문제된 만큼 뒤떨어져 있다.

다섯째 인천부는 표 3-45와 같이 총 인구 7만 1,800여 명 중 조선인은 5만 9천여 명으로 총인구의 81%로 5대 도시 가운데 평양 85.7%의 다음가는 인구 비율을 가지고 있지만, 토지 소유자는 총 평수 117만 평 중 26만여 평으로 22%, 납세액은 총액 41만 4천여 원 중 8만여 원으로 겨우 19%밖에 안 된다.

그러나 일본 내지인은 인구 1만 1천여 명으로 16%에 불과하지만 토지소유는 85만 평으로 72.7%, 납세액은 31만 2천여 원으로 75%을 점하여 역시 부산 다음가는 경제적 우세를 보이고 있다.

이는 부산·인천에서만 볼 수 있는 현상이 아니라 항만 도시는 대개 비항만 도시보다 경제가 집중되어 겸병의 도가 심하여, 조선인 경제가 대부분 성 안에서 거래되고 해외 무역이나 해운 같은 데에 있는 것이 아니기 때문

표 3-47 5부 인별 경제 현상황 및 백분비

구별	조선인/백분비	일본인	외국인	합계
인구	632,167명 (73.95%)	213,405명 (24.84%)	9,188명 (1.07%)	854,769명
토지소유	4,045,494평 (32.97%)	7,787,443평 (63.46%)	437,564평 (3.57%)	12,270,501평
납세액	1,726,888원 (24.51%)	4,950,681원 (70.26%)	367,012원 (5.21%)	7,044,581원

* 이상 각부 숫자에 의하여 계산함.

표 3-48 5부 합계 개인당 토지소유 및 납세부담액

구분	조선인	일본내지인	외국인	합계
토지소유	6.40평	36.49평	47.62평	14.36평
납세부담	2.73원	33.20원	39.94원	8.24원

* 위 표에 의하여 계산함.

이다. 또 항만 도시는 가장 다원적인 인구를 구성하고 있는 데서 기인한 것이라 하겠다.

표 3-46과 같이 인천부 내 개인당 토지 및 납세를 보면, 조선인은 매인당 토지 4평 4합 2작, 납세액 1원 35전, 일본 내지인은 토지 72평 7합 2작, 납세액 26원 73전, 외국인은 토지 31평 6작, 납세액 11원 72전으로 일본 내지인이 단연 우월하며 조선인이 최저율로 떨어져 있다.

이상 5대 도시의 개인별 경제 현상황을 살펴보았다. 더불어 전체적인 경제 현상황을 아는 것도 조선 도시 전반의 전체 경제 대세를 유추, 인식하는 데 필요한 것이기 때문에 5부 숫자를 종합하여 표 3-47과 같은 통계표를 꾸며봤다.

표 3-47에 의하면, 5부의 인구 합계는 85만 4,700여 명인데 조선인은 63만 2천여 명으로 총수의 약 74%를 차지하였고, 일본 내지인은 21만 3

천여 명으로 25%, 외국인은 9천 1백여 명으로 1%를 점하였다.

토지 합계는 1,237만 평에 달하였는데, 조선인 소유 토지는 404만 5천 평으로 총 평수의 약 37%, 일본 내지인은 778만 7천여 평으로 63%, 외국인은 43만 7천여 평으로 약 4%에 상당하다.

납세액 합계액은 704만 4천여 원인데 조선인 납세부담액은 172만 7천 원으로 총액에 대하여 25%, 일본 내지인은 495만 원으로 70%, 외국인은 36만 7천 원으로 5%를 점하였다.

표 3-48의 5부 합계 개인당 토지소유를 보면, 조선인은 매인당 토지 6평 4합, 일본내지인은 36평 4합 9작, 외국인은 47평 6합 2작으로 평균 14평 3합 6작이다. 개인당 납세액을 보면 조선인은 매인당 2원 73전, 일본 내지인은 33원 20전, 외국인은 39원 94전으로 평균 8원 24전이다. 이로써 일본 내지인은 토지 소유에 있어서 조선인보다 약 6배, 납세액에서는 약 12배 많은 것을 알 수 있으며 외국인은 이보다도 얼마쯤 많은 것을 볼 수 있다.

도시 발전의 한계

조선의 도시는 약 30년간 매우 빠른 속도로 발달되어 온 것도 사실이지만, 다른 한편으로 자유로운 발달을 제약하는 역사적 또는 현실적인 객관적 조건을 열거하면 대개 다음과 같다.

1. 농업 경제의 도시에 반영

농업 경제는 필연적으로 인구를 논밭과 들에 흩어지게 한다. 조선은 역사적·현실적으로 농업 경제가 조선 경제의 중축이 되어 왔기 때문에 도시 발달은 상공 경제의 발달과 더불어 이뤄진다. 때문에 상공업 발달이 이제는 도시 발달에 박차를 가하고 있지만 의연한 농업 경제의 중요성은 도시 발달의 견제력이 되고 있다.

2. 시장 제도의 도시에의 영향

조선의 시장은 대부분이 정기시장이므로 장이 서는 날에는 물화의 집산교역이 매우 왕성하지만 장날이 지난 뒤에는 매우 한산하여 도시의 상설 점포 및 상업기관에 막대한 악영향을 주게 된다. 즉 조선의 상거래는 1억 8천만 원의 거래액을 가지고 있는 1천 4백여 개소의 정기시장을 중심으로 이뤄지기 때문에 도시 상업은 그만큼 발달의 제약을 받게 되는 동시에 도시의 발전도 이에 밀접한 상관성을 가지게 된다.

일제강점기 대구 서문시장 모습

3. 동족 동업 부락의 도시에의 영향

조선에는 동족 내지 동일 직업 관계의 무수한 특수 부락이 곳곳에 산재해 있다. 시세의 변천과 생활 방편으로 개화 이후 부락 이외 산거하는 경향도 생기게 되었지만 아직도 부락은 엄연히 존속하고 있는 것이 사실이다.

가령 동족 부락으로 몇몇 예를 들면, 강릉 유, 진주 하, 담양 전, 제주 고, 정선 전, 수원 백, 현풍 곽, 밀양 손, 평해 황, 여산 송, 양천 허, 청송 심, 평산 신, 강릉 최, 해주 최, 연안 김, 선산 김, 청풍 김, 반남 박, 함양 박, 연안 이, 광주 이, 한산 이, 덕수 이, 진보 이, 강릉 김, 평창 이, 의성 김, 안동 김, 연안, 문화 유, 남양 홍, 순흥 안, 인동 장, 창령 조, 남평 문, 경주 최, 안동 권, 청주 한, 광주 김, 진주 강, 경주 김, 김해 김, 밀양 박 등으로 대부분이 이에 속할 것이다[善生 씨 조사에 의하면, 조선 내 동족부락은 약 2천개 소가 있다고 한다(『조선의 취락』 중편)].

동일 직업 부락으로는 각도에 산재한 역리驛吏 부락, 승려 부락, 재가승

월성 손씨와 여강 이씨 가문에 의해 형성된 경주 양동마을

在家僧 부락, 백정白丁 부락 등이 그것이다. 이와 같은 각종 특수부락은 대개 도시 이외에 분포되어 있는 반도시적 생활이기 때문에 도시의 인구 집중에는 그 만큼 제약을 받게 된다. 그러나 전술한 바와 같이 특수부락은 점차 생활경계가 희미해지고 있다.

4. 일반 산업의 유치와 도시에의 영향

조선의 산업은 아직도 유치한 상태에 있어서 총 생산량이 13억 1천 300만 원(1932년)에 불과하여, 같은 해 일본 내지의 총 생산액 약 80억 원에 비하면 6배 이상 뒤떨어져 있다. 이에 도시 경제성도 그 만큼 박약한 것은 물론이다. 만일 한 나라의 도시 발전 속도가 산업의 발전 속도와 어느 정도 조화롭게 나간다면, 조선만이 예외일 수 없다. 다만 조선의 도시는 아직도 유치한 산업으로 발전 한계를 스스로 제약하고 있다 하겠다.

특히 공업은 도시의 근대적 발달에 전제가 되는 산업이지만 조선인 도시는 대부분 비공업적 소비 도시이기 때문에 도시의 인구 집중은 비교적 완만하고 또한 어업이 유치한 까닭에 항구 도시의 발전도 많은 제약을 받고 있다.

5. 여러 역사적 조건의 타성과 도시에의 영향

조선 말엽의 조선은 탐관오리의 발호로 정치가 문란하여 인민이 도탄에 빠진 때였으므로 백성을 돌 볼 겨를이 없었을 것이다. 되레 시민에게 가렴주구로 공적인 것을 빙자하여 사적인 이득을 꾀하려는 풍조가 만연해 있었다. 이에 자력 있는 자는 되도록 이를 숨기기 위해 대문과 토곽을 적게 지을 수 밖에 없어 도시는 경제적으로 고갈되었고 생업은 극도로 한산하여 퇴보에 퇴보를 거듭하고 말았다.

그리고 특산물을 대부분 관부의 강제적 공납물로 만들었기 때문에 산업이 쇠퇴하고 도시 상업이 발달하지 못하였으며, 도시라고 해서 특별한 교육기관의 시설도 들어서지 못해 지방 유학생을 볼 수 없었으며 그 번성을 도모할 하등의 '짬'을 가지지 못했다.

그뿐 아니라 소위 양반 계급은 우열한 풍수설을 믿어 복향거주卜鄕居住하는 것이 보통이었기 때문에 도시 관리의 권력과 이러한 향촌 토호의 권세는 권력의 대척적對蹠的 존재가 되어 도시는 권력적으로도 완전한 독점적인 형태를 갖지 못하게 되었다. 이 또한 도시발달에 큰 지장이었던 것을 부인하지 못할 것이다.

그리고 당시 철저한 쇄국주의는 항만을 닫아 대외무역을 절대로 허용하지 않았기 때문에 무역으로도 능히 발달할 수 있는 항구 도시도 모조리 빈한한 어촌으로 남고 말았다. 최근 약 30년간 일체 경우가 바뀌었다 할지라도 이 같은 여러 역사적 사실은 어느 정도 전통적 타성惰性에 움직이는 것이 사실이기 때문에 오늘날 도시 발전에 있어서 간과하지 못할 큰 영향력이 되었다.

5

조선의 공업 해부

조선 공업의 현상

1. 공업의 구성

1) 공장공업

조선공업을 대별하면 표 3-49와 같이 열 가지로 꼽을 수 있다. 방직 공업, 금속 공업, 기계기구 공업, 요업, 화학, 공업, 제재 및 목제품 공업, 인쇄 및 제본 공업, 식료품 공업, 와사瓦斯[1] 및 전기공업, 기타 공업 등이 그것이다. 이 모든 공업의 공장 총수는 4,643개소(1932년)이고, 직공 수는 8만 9,600명이며, 총 생산액은 3억 2,086만 8,717원에 달하였다. 직공 외에 직원 10,727명, 직공 및 직원 이외에 종업원 10,323명을 포함하면 조선 내 공장 종업자 총수는 110,650명이다.

---

1 석탄가스를 일컫는다. 석탄가스를 대롱으로 연결하여 불을 켜기도 했는데 이를 와사등이라 한다.

표 3-49 공업별 생산액·공장수·직공수 및 백분비(%)

공업별	생산액(원)	공장 수	직공 수	노임 지불액	원료 소비액
방직공업	30,612,211 (9.54)	264 (5.68)	17,832 (19.90)	2,085,544 (11.3)	23,526,660 (12.8)
금속공업	21,523,961 (6.71)	238 (5.12)	4,681 (5.22)	534,030 (2.8)	1,700,239 (0.9)
기계기구공업	2,279,550 (0.71)	253 (5.45)	3,379 (3.77)	1,439,593 (7.8)	1,638,882 (0.8)
요업	7,582,060 (2.36)	319 (6.87)	4,945 (5.52)	715,830 (4.0)	920,922 (0.5)
화학공업	35,361,410 (11.02)	750 (16.15)	19,192 (21.42)	4,007,216 (21.7)	12,583,761 (6.8)
제재 및 목제품공업	6,753,975 (2.11)	174 (3.75)	2,838 (3.16)	1,976,609 (10.7)	4,140,437 (2.2)
인쇄 및 제본업	9,179,005 (2.86)	240 (5.16)	4,503 (5.02)	1,515,016 (8.2)	3,204,339 (1.7)
식료품공업	192,064,000 (59.86)	2,142 (46.13)	28,531 (31.84)	5,068,901 (27.9)	133,685,104 (72.7)
와사 및 전기업	11,069,339 (3.45)	50 (1.07)	550 (0.61)	413,907 (2.2)	160,839 (0.8)
기타 공업	4,443,207 (1.38)	213 (4.59)	3,149 (3.51)	632,300 (3.5)	2,197,624 (1.1)
합계	320,868,718 (100)	4,643 (100)	89,600 (100)	18,388,946 (100)	183,758,807 (100)

* ① 1932년도 『조선총독부통계연보』 참조. ② 5명 이상 직공사용공장을 조사한 것임(금속공업 내 제련 및 재료품 제조업에 한해서는 30명 이상의 것을 조사한 것임). ③ ( )은 백분비임.

첫째, 공장 순으로 보면 양조·제분·정미·제과·통조림 제조·축산 및 수산 제조·제면·제빙·기타 등 식료품 공업 공장이 가장 많은 2,142개소로 46%를 점하였다.

다음으로는 제약·염료 및 도료 제조·광식동물유지 제조·고무제품 제조·제지·제비製肥(비료), 제혁製革(가죽), 제촉製燭(초), 석령石鹼(비누) 및 화장료

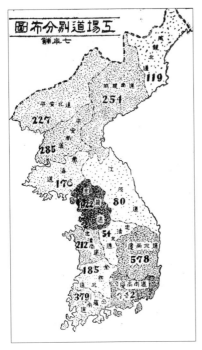

그림 3-13 도별 공장 분포도(1932)

제조 등의 화학공업인데 750개소로 16%를 점하게 되었다.

도자기·초자硝子(유리)·연와煉瓦(벽돌) 및 와瓦(기와)·석탄·법랑철기 등을 제조하는 요업 공장이 319개소로 6.9%, 방직공업 공장이 264개소로 5.7%, 기계기구 공장이 253개소로 5.5%, 인쇄 및 제본공장이 240개소로 5%, 금속정련 및 재료 제조, 주물 제조, 건축 및 가구용 금물 제조, 각종 금속기 제조 등 금속공업 공장이 238개소로 5%, 제재 및 제품 공장이 174개소로 3.8%, 와사 및 전기 공장이 5개소로 1%, 기타 공업 공장이 213개소로 4.5%를 점하게 되었다.

둘째, 직공 사용 순으로 보면 역시 2만 8,531명이 종사하고 있는 식료품 공업이 31.8%로 가장 많고, 1만 9,192명의 화학 공업이 21%를 점하여 2위이며, 1만 7,832명의 방직 공업이 약 20%로 3위다. 그리고 요업 4,945명 5.5%, 금속 공업 4,681명 5%, 인쇄 및 제본업 4,503명 5%, 기계 및 기구 공업 3,379명 3.8%, 제재 및 목제품 공업 2,838명 3%, 와사 및 전기업 550명 약 1%의 순위며 기타 공업은 3,149명으로 3.5%를 점하게 되었다.

셋째, 생산액 순으로 보아도 식료품 공업이 1억 9,206만 4천여 원으로 총생산액의 59.9%를 점하여 단연 타업의 추종을 불허하는 지위에 있다. 이것은 물론 조선이 농업 본위의 산업을 가지고 있고, 조선의 공업 진도가 아직도 저급한 상태에 있기 때문이다. 식료품 공업이라 할지라도 고급 기술을 요하는 것이 없지 않지만, 평양의 곡산穀産회사와 경성의 풍국제분豊國製粉[2]을 제외하고는 대개 중소규모의 공장으로 공정도 극히 단순한 것이 보통이다.

그림 3-14 공장 및 가내 생산액

식료품 공업 다음으로는 조질朝窒이 758만 원으로 2.4%, 제재 및 목재품 공업이 675만 원으로 2%, 기타 공업이 444만 원으로 1.4%를 점하게 되었다.

넷째, 노임 지불액과 다섯째 원료재료 사용액을 보족적補足的으로 들어보면 노임 5만 원으로 총 노임 지불액의 27.9%, 원료 1억 3,360만 원으로 총액의 72%를 점하는 식료품 공업이 또한 우세한 것을 볼 수 있다. 화학 공업의 노임지불이 총 400만 원(21.7%)으로 그 다음이고, 약 200만 원(11.3%)의 방직 공업, 제재 및 목제품 공업 10.7%, 인쇄 및 제본업 8.2%, 기계기구 공업 7.8%의 순이다.

원료 사용 순으로는 식료품 공업 다음으로 12.8%의 방직 공업, 제재 및 목제품 공업 6.8%의 순위이다.

---

2   우리나라 제분공장의 효시는 1918년 진남포에 세워진 만주제분주식회사 진남포공장이다. 그 후 1931년 풍국제분주식회사 용산공장이 설립됐고 1935년에는 현 대한제분의 전신인 일본제분주식회사 인천공장과 재등제분주식회사 인천공장이 세워졌다. 1938년 조선제분주식회사 진남포공장, 1939년 조선제분주식회사 해주공장 등이 당시 소맥의 주산지였던 황해도와 경기도를 중심으로 설립되어 1940년경에는 도합 15개 공장에 연간 가공능력이 23만 4천 톤에 이르렀다.

2) 가내 공업

조선에는 3억 2천여만 원의 산액産額을 가진 공장 공업과 1억 3천만 원의 산액을 가진 가내 공업이 있다. 가내 공업이 공장 공업에 완전히 압박된 것이 사실이나, ① 공업 종류가 늘어감에 따라 수공업 종류도 늘어나고, ② 잉여 노력이 많으며, ③ 사용 원료가 풍부하고, ④ 농가 생활이 빈궁하며, ⑤ 농가의 수공업 기계화의 역량 결핍에 아직도 가내 공업에 종사하는 호수는 647만 5,691호에 달하며 업종은 27종이고 총산액은 1억 2,912만 원에 달한다.

가내 공업 중 특히 주요한 공업 품목인 탁주, 장유醬油(간장) 및 류溜(콩간장), 과자, 입叺(가마니), 백목면白木綿, 국자麴子(누룩), 생사, 소주燒酎, 소맥분小麥粉(밀가루), 양복류, 해태, 평견平絹(평직의 얇은 견직물. 일본옷의 안감 등으로 쓰인다), 미쟁味噌(된장), 면류, 식염, 온교조鰡絞糟, 조선지, 저마포苧麻布, 일본가구和家具, 생견生絹(삶지 않은 명주실로 짠 깁으로 정련하지 않고 세리신이 붙은 채로 사용한다. 빳빳하고 단단한 촉감이 있으며 켕김이 있는 의복으로 된다) 및 백견白絹(물들이지 않은 흰 명주를 일컫는다), 청주(일본술), 호마유胡麻油(참기름) 등 26종이다. 그런데 업종을 늘리면 물론 몇 배도 될 수 있는 것이다. 자세한 내용은 다음과 같다.

표 3-50에 의하면, 식료품 공업은 가내 공업 중에서 6,300만 원으로 총생산액의 48.9%를 점하여 단연 최우위를 점하고 있다. 다음에는 방직공이 2,051만 원으로 15.9%를, 화학 공업이 2,200만 원으로 9.5%를 점하고 있고, 기타 금속 공업 2.5%, 목제품 공업 2.4%, 요업 1.6%, 기계기구 공업 1.5% 순위다. 중공업이 부진 상태에 있다는 것은 가내 공업의 특질을 말해주는 것이라 하겠다.

표 3-50 가내공업 업종별 생산액

공업별	업종별	생산량	생산액(원)	비고
방직 공업 20,557,251원 (15.9%) 방직공업	생사	596,887kg	4,729,467	외에도 견제사(繭製絲) 9만 4000kg, 33만 8천 원이 있음
	면직물	3,882,000반(反) 1반 300평	5,466,095	소폭물로서 백목면 3백만 반, 5백만 원을 점함
	견직물	779,700반	3,227,148	주로 명주(명주실)임
	마직물	3,099,590반	5,638,504	대마포 259만 원, 400만 원, 저마포 50만 반, 100만 원
	양축(洋縮)	404,000타(打) ; 1타 12본(本)	517,870	
	녹자교[3] (鹿子絞)	–	100,000	일본 내지의 위탁으로 경북 일대에서 생산
금속 공업 3,309,355원 (2.5%)	과금(노구솥)·철병 및 기타		358,669	
	못[釘類]	–	53,252	
	깡통[洋鐵罐類]		160,773	
	금·백금 및 은기		809,507	
	진유기(양푼)		706,960	
기계기구 공업 1,949,765 (1.5%)	농구 및 토공구	–	578,976	

---

3 일본 부인들이 쪽진 머릿속에 진홍색, 자색 혹은 청벽색의 수병(手柄)을 일컫는데 조선 여인네들의 댕기와 같은 것이다.

공업별	업종별	생산량	생산액(원)	비고
기계기구 공업 1,949,765 (1.5%)	공구 및 날붙이 [刀物類]	–	184,903	
	하차(짐수레)	9,617양	351,170	
	선박	2,513척	592,920	
	선구(船具) ; 노· 닻·키·돛 등	–	75,018	
요업 2,141,616원 (1.6%)	도자기	–	1,140,652	
	연와(벽돌)	8,846,410	177,699	
	옥근와(지붕기 와)	8,160,000	287,076	
	시멘트 제품	–	174,031	주로 기와, 관(管)
	석탄	46,534kg	327,483	
화학공업 12,290,251원 (9.5%)	약제	–	2,372,204	개성인삼이 대부분
	식물유지	3,647,282hl	2,122,167	참기름, 들기름, 피마 자기름 등이 대부분
	동물지유	12,468,529hl	1,096,580	온유(정어리 기름) 1,124만 kg, 80만 원, 소기름, 돼지기름이 그 다음
	종이	–	1,182,866	조선지 7만 괴(塊), 110만 5천 원이 주산
	동물질 비료	23,300,000kg	1,472,279	온교조(정어리 지게미) 2,300kg 145만 원이 주임
	연탄	70,117kg	918,519	
	목탄	77,154kg	1,992,431	
목제품공업 3,113,072원 (2.4%)	가구	–	1,568,205	일본 가구 107만 원, 양가구 43만 원
	술통 및 통	–	196,170	
	나막신[下駄]	595,502족	1,995,605	

공업별	업종별	생산량	생산액(원)	비고
식료품공업 63,259,356원 (48.9%)	주류	2,072,874hl	25,110,864	탁주 178만 hl, 1,600만 원, 소주 16만 8천 hl, 450만 원을 주로 함
	간장 및 콩간장	796,609hl	10,636,569	
	된장	26,195,008瓩	1,772,467	
	식초	18,189hl	196,558	
	밀가루	19,224,021瓩	3,705,943	주로 소맥분 270만 원
	녹말	4,956,591瓩	710,830	
	과자류	–	6,065,728	빵·물엿을 포함함
	해태		2,089,143	
	곡자(누룩)	19,299,832瓩	4,089,143	조선술 원료
기타 공업 22,496,535원 (17.4%)	지(紙) 제품	–	723,078	
	죽제품	–	658,024	
	완초연(왕골)	–	687,173	
	고제품 (짚으로 만든 제품)	–	10,481,093	가마니 525만 원을 주로 하고 새끼 390만 원이 그 다음
	피혁제품	–	930,005원	가죽(靴) 13만 족, 86만 6천 원이 주임
	양복외투류	–	2,525,871	

가내 공산품 중 100만 원 이상의 것을 순서로 나열하면 표 3-51과 같다. 1,670만 원의 산액을 가진 탁주가 가장 으뜸이며, 1,064만 원의 장유 및 류溜가 다음이고, 500만 원 정도에는 과자·가마니·백목면이고, 400만 원 정도에는 누룩·생사·소주·대마포, 300만 원 선에는 새끼繩, 200만 원 선에는 약주·소맥분·양복류·해태, 100만 원 선에는 목탄·평견·미쟁·면류·온교조縕絞糟·조선지·저마포·가구·생견 및 백견·청주·참기

표 3-51 주요 가내공산물 산액 및 종업 호수

품목 구별	생산액(원)	종업호수	주요산지	비고
탁주	16,726,911	3,383	경상·경기·전남	황해·평남북 생산 무, 자가용 포함
장유 및 콩간장	10,638,569	1,182,554	충남·황해·전남·경기	자가용 포함
과자	5,416,492	46,789	경기·경상·전남	대부분 일본인
가마니	5,259,983	420,356	전라·경기·경북	
백목면	5,170,170	678,989	경상·전남·평남	함북, 생산 무
누룩	4,740,559	494	강원·경남·전남·경기	충북·함북 무
생사	4,729,476	139,370	평남·경북·전북·충남	
소주	4,519,413	489	평북·경북·전북·충남	주로 경기 이북
대마포	4,266,399	631,079	함남·경상·평북	
새끼	3,962,918	1,220,686	경남·전남·평북·경북	
약제	2,792,418	1,947	경기·전북·충남·황해	
소맥분	2,707,433	438,540	황해·전남·강원·경기	평북·함북 생산 무
양복류	2,525,872	2,062	경기·평남·경상	자가용 거의 없음
해태	2,089,143	40,559	전남·충남·경남·황해	전남 80% 차지
목탄	1,992,431	24,881	함남·경기·강원·함북	
평견	1,807,272	90,016	경북·함남·황해·평남	
미쟁	1,772,467	1,022,672	전남·황해·경상	자가용도 포함
면류	1,556,035	52,486	경기·황해·경상	자가용 대부분
식염	1,540,546	3,404	평남·전남·경남·충남	
온교조 (鰮絞糟)	1,495,151	3,733	강원·함북·경남·충남	강원·함북 산액 90%
조선지	1,105,727	6,551	전북·경남·경기·충북	
저마포	1,096,172	64,754	충남·전라·경남	
일본가구	1,073,844	3,571	경기·전남·경상	
생견 및 백견	1,049,268	76,744	평남·전남·평북·강원	견수(비단) 및 평견 은 불포함
청주	1,029,172	40	전북·충남·함남·충북	전부 일본인
호마유	1,023,922	328,522	전남·경기·경북·황해	

*《조선상공장려관보》1934년 3월호에 의함. 경상(경남·경북), 전라(전남·전북)

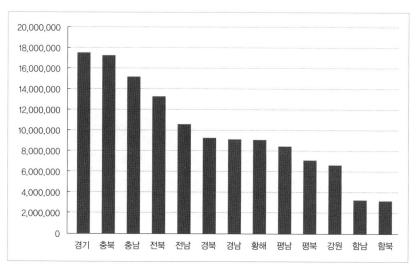

그림 3-15 도별 수공업 생산액(《조선상공장려관보》 1934년 3월호에 의함).

름 등의 순서다.

그림 3-15를 통해 가내공산액을 도별로 보면, 경기와 전남이 각각 1,600만 원 이상으로 총생산액에 13% 이상을 차지하여 가장 왕성하다. 경남 1,500만 원, 경북 1,200만 원이 11.7%, 9.5%를 점하여 3, 4위를 차지하였다.

2. 조선 공업의 규모

조선 공업은 규모에 있어서 너무나 균제성均齊性이 결핍되었다. 조선 내 대공업은 대부분 일본 내지의 대공업회사 또는 대자본단이 경영하는 것이거나 혹은 직·간접적으로 밀접한 관계를 맺고 있다. 규모가 뜬금없이 큰 것이 있는 반면에 대부분의 공업은 이보다 엄청 떨어져 규모랄 것도 거의 보잘 것 없다. 즉 전자는 타방적(이식적)이고 후자는 자력적인 비타방적 공업이 절대 우세를 점한다. 자력적 공업이 그 반대 지위에 있다는 것은 조선의 후진성을 여실히 말해주는 동시에 자원적 공업 발전의 객관적 조건이 아직도 그만큼 성숙되지 못하였음을 보여주는 것이라 하겠다.

1) 자본적 구성 규모

1933년 1월 1일 현재 조선 내 공업회사는 회사 수 960개, 공채 자본금 1억 4,856만 5,717원, 불입자본금 1억 1,118만 2,192원으로 공업회사 한 회사당 평균 공칭公稱자본금 15만 4,755원, 불입자본금 11만 5,814원이었다. 그러나 960개 회사 가운데 공칭자본금 1천만 원 이상은 단 2개사로 공칭 6천만 원 불입제拂入濟의 일본 콘프로덕트회사 2개사(동사는 현재 760만 원으로 감자, 일본 곡산회사로 개칭) 뿐이고, 100만 원 이상도 25개사에 불과하다.

위의 두 회사를 제하면 한 회사당 공칭자본금 평균액은 8만 2천여 원, 동 불입자본액은 4만 3천 원으로 사뭇 떨어진다. 기업 규모의 대소가 너무나 현격하다는 것을 알 수 있다. 두 회사의 공칭자본은 전 공업회사의 47%를, 100만 원 이상 25개사는 22%를 점하여 잔여 33%를 933개사가 분점하고 있다. 이로써 공업회사의 일반 규모를 알 수 있다.

2) 노력 사용으로 본 규모

조선 내 공장에는 직공 5명 이상, 50명 이내의 공장이 총 4,244개(1930년) 중에서 4,019개를 차지하여 94%에 해당한다. 50명 이상 100명 이하는 128개 공장으로 3%, 100명 이상 200명 이하는 54개 공장으로 1.2%, 200명 이상의 공장은 48개 공장으로 1.1%에 불과하다. 소규모 공장이 매우 많은 것을 알 수 있다.

지금까지 발표된 통계는 매 공장당 직공 수를 구체적으로 표시하지 않아, 5명 이상 10명 이하의 4,019개소 소공장 직공 수와 200명 이상의 48

개 대공장의 직공 총수를 비교할 수는 없지만, 1당 100 내지 1당 1000이 될 것은 숫자를 보지 않아도 충분히 알 수 있는 것이다.

3) 생산액으로 본 규모

1933년 6월말, 일본 내지 총생산액은 59억 원의 거액에 달하였다. 그 가운데 47억 원, 즉 총생산액의 84.6%가 중소공업 생산액이었다. 따라서 일본의 중소 공업 지위는 극히 중요한 것이지만 조선은 이와 정반대의 지위에 있다.

1931년 조선 공장 총생산액은 2억 7,365만 원이다. 그 가운데 공업 자

표 3-52 1931년 중소공업 생산액

제산품(製産品)	가격(천 원)	제산품(製産品)	가격(천 원)
견직물	102	통조림(罐詰)	806
마직물	95	수산품	1,337
인견직물	313	비누류	696
도기류	466	식물유	574
술병류(罐類)	135	고무제품	4,495
연와, 내화벽돌(耐火物)	745	정어리류	2,210
메리야쓰	892	제재류	5,087
장갑류	25	목제품	790
레스류	20	청량음료	349
주물류	987	제분	619
기타 금속류	1,300	누룩류	1,600
기계기구	1,500	칠기류	48
주류	16,893	합계	42,445
간장, 미쟁	2,350		

* ① 합계 숫자가 맞지 않으나 원문대로 둠. ② 『조선대공업의 현재 및 장래』(공업협회 간)에 의함.

체의 성질 및 자본 관계로 보면 제사·제사포 공업·제련 공업·시멘트 공업·요업 공업·특수적 곡산 공업·제당업·제초업 등의 중소 공업은 이에 포함되지 않는다. 때문에 그런 종류의 공산액을 총생산에서 뺀 잔여 공산액은 4,244만 5천 원에 불과하다(표 3-52).

조선의 중소공업 공산액은 총생산액의 15.5%에 불과하기 때문에 일본의 84.6%에 비해서 중소공업의 지위가 사뭇 저열한 것을 알 수 있다. 중소공업 공산액은 대공업 공산액을 공제한 잔여의 공산액으로 그것을 추정한 데 불과한 것이기 때문에 중소공장의 1개 공장당 생산액은 알 수는 없다. 따라서 대공장과 중공장, 소공장의 산액을 비교해 볼 수 없지만, 대공장 84.5%에 중소공장 15.5%의 생산액 비인 것만은 소박하게나마 지적하고자 한다.

3. 조선 공업의 스케일

조선 공업은 각 공업부문을 대표하는 수십 개 공업회사를 제외하고는 전부가 소규모 공업회사이기 때문에 생산의 일반적 스케일이란 보잘 것 없다. 그리고 조선 내 대공업회사의 비교적 뛰어난 대량생산이라는 것도 대개가 조선 내 시장을 목표하는 것이기 때문에 외국으로 뻗어나갈 만한 스케일을 가진 것은 극히 적다. 1933년 중 조선 내 공업생산물 총액은 3억 2,086만 원인데 비하여 수이출 총액은 1억 1,886만 원에 불과하였고, 그 대신에 수이입 총액은 3억 1,814만 원에 달하여 공산 총액과 맞먹게 되었다. 이는 일반적으로 조선 공산의 스케일이 얼마나 작은 상태에 있는지를 말해준다. 이를 일본 내지와 비교하면 다음과 같다.

표 3-53에 의하면, 조선은 1개 공장당 생산액이 평균 5만 9,600여만 원인데 비하여 일본 내지는 8만 300여 원으로 조선이 약 2만 원 정도 생산액

표 3-53 민족별 공장수·공산총액 비교

지방별	공장 수	공산 총액(원)	1공장장 공산액(원)
조선	4,612	273,151,290	59,647
일본 내지	64,425	5,174,576,927	80,307

*『拓務統計』 1931년도 숫자에 의거하여 계산함.

이 적음을 알 수 있다. 하지만 일반적으로 중공업이 발달된 일본 내지와 전연 그 반대 상태에 있는 조선과는 평균 공산액으로 실제의 스케일을 헤아리기는 불가능하다. 숫자로만 볼 것이 아니라 좀 달리 생각해 보아야 할 것이다.

이 같이 스케일이 작은 조선 공업이므로 보다 많은 액수의 생산비를 소비하게 되는 것도 필연적 사실이다. 타지의 공산품이 물 밀 듯 거침없이 들어오는 것도 경쟁이 불가능한데서 기인되는 것이라 하겠다.

4. 조선 공업의 자원

조선은 총면적 1만 4,312m²에 불과한 작은 땅이지만 들과 산과 바다에는 거의 없는 것이 없을 만큼 각종 다양한 원생산물(자연산물)과 복複생산물(재배·양식산물)이 있다. 그리고 지역비地域比로 보아 비교적 생산량 및 생산 예상량이 풍부하고 품질도 일반적으로 양호하다. 또한 동력자원이 풍부하고 노동력이 저렴한 것은 조선의 공업적 건설을 가능케 하는 기본적 조건이다. 이제 농산물·광산물 수산물 등 산업자원 및 생산액을 들면 표 3-54와 같다.

1) 농산물

쌀은 조선의 생산물로서 조선 공산액의 95.86%를 차지하는 식료품 공업 중 정미업의 중요 원료이다. 최근에는 쌀 소비의 한 방법으로 주정酒精(알코올) 제조를 시험하고 있다. 그리고 180만 석의 소맥은 제분 및 양조 원료로 소용되고 있지만 아직도 수요에 부족하다. 440만 석의 대두는 품질이 세계적으로 양호하여 제유용製油用으로는 너무 아까워 두부·된장·장유 등의 원료로 쓰이며 일본으로 170만 석 가량 이출되고 있다.

옥촉서玉蜀黍(옥수수)는 전분제조(평양곡산공업회사)에 쓰이며, 면화는 조선 명산의 하나로 아직은 연산 1억 5,400여만 근에 불과하나 1933년부터 증산책을 실시하면 20년 후에는 면화 6억 근(일본 수요량의 약 절반)을 거둘 수 있다고 한다. 면화는 방직 공업의 원료가 될 뿐만 아니라 세루로이드 및 화약제조의 원료가 되기 때문에 현재 국책적으로 때로는 반강제적으로 재배를 장려하고 있다(이를 이용하는 조선 내 회사는 조선면화·남북면화·조선방직·동양방직 등 4개 회사임). 그리고 소위 특용작물 중 대마·저마·완초·천일초·저 등은 직포·제승·제연·제지용에 쓰이고 있다.

연초는 연산 530여만 관으로 전매국이 독점 사용하고 있으며, 고치繭 60만 관은 금후 증산될 것이다. 산십山十·편창片倉·군시郡是 등 대제사 공장이 고치를 공동 구매하여 그 원료를 삼으며 산누에柞蠶도 근 천만 과顆가 산출되고 있다.

2) 축산물 자원

소는 평양우를 비롯하여 노역용·식용에 최적한 우량종이므로 매년 56만 두가 일본으로 이출되고 조선 내에서도 연평균 25만 두가 도살되어 우육 통조림 제조와 일반 식용에 공급되며, 우량한 우피와 다량의 우골·우지를

표 3-54 농산물 총 생산가액(원)

구분		생산물	총생산량·총생산가액
농산물	곡물	미류(米類)	16,345,825석
		맥류(麥類)	10,619,158석
		두류(豆類)	5,525,035석
		잡곡	9,007,508석
	특용작물	면류(綿類)	154,277,757근
		대마(大麻)	5,275,116관
		저마(苧麻)	145,406관
		연초	5,309,923관
		임(荏 ; 들깨)	54,481석
		호마(胡麻 ; 참깨)	37,866석
		완초(莞草)	1,316,012관
		저(楮 ; 닥나무)	1,894,898관
	소채(蔬菜)	감저(甘藷 ; 사탕수수)	35,686,400관
		마령서(馬鈴薯 ; 감자)	183,901,129관
		나복(蘿蔔 ; 무)	154,194,416관
		백채(白宋 ; 배추)	103,355,655관
		첨과(甜瓜 ; 참외)	35,215,867관
	과물	이(梨 ; 배)	3,896,762관
		평과(苹果 ; 사과)	12,717,027관
		포도	305,049관
		제비용작물(製肥用作物)	48,823,451관
		고치(繭)	593,058관
		작잠(柞蠶 ; 산누에)	945,000관
농산물 총 생산가액 합계			607,329,548원
광산물		금	17,809,438원
		사금	1,823,736원
		금은광	944,252원

구분	생산물	총생산량·총생산가액
광산물	태광(汰鑛)	638,421원
	은	552,714원
	동광	33,817원
	동	307,027원
	연	64,375원
	수은	5,183원
	철광	749,259원
	선철(銑鐵 ; 무쇠)	4,114,012원
	유화철광(硫化鐵鑛)	43,997원
	텡스턴광	29,845원
	수연광(水鉛鑛)	55,636원
	안치모니	1,279원
	운모(雲母)	10,271원
	흑연(黑鉛)	255,847원
	석탄	5,970,119원
	고령토	77,840원
	규사(硅砂)	55,332원
	명반석(明礬石)	50,186원
	형석(螢石)	94,697원
	중정석(重晶石)	51,672원
	납석(蠟石)	8,004원
총 생산가액 합계		33,746,959원
수산물	청(鯖 ; 고등어)	5,258,116원
	온(鰮 ; 정어리)	3,428,881원
	석수어(石首魚 ; 조기)	3,340,236원
	편온(片鰮)	2,749,221원
	명태	1,965,145원
	대구	1,783,522원

구분	생산물	총생산량·총생산가액
수산물	도미	1,762,992원
	동(鰊 ; 청어)	1,726,051원
	소(鰺 ; 전갱이)	1,726,051원
	춘(鰆 ; 삼치)	1,685,954원
	접(鰈 ; 넙치)	1,367,808원
	새우	1,347,593원
	태도어(太刀魚 ; 갈치)	1,269,905원
	기타 어류	12,928,941원
	조류(藻類)	2,279,206원
	패류(貝類)	1,670,930원
	소금	42,000,000원
총 생산가액 합계		46,263,592원

산출하고 있다(조선 내 대표적 피혁회사는 영등포조선피혁회사임).

면양綿羊은 아직 그 두수가 적으나 (1935년이 되면 약 7천 두가 됨) 소위 '남면 북양주의南綿北羊主義'[4]에 의해 조선총독부는 동양척식주식회사를 통해 열심 히 그 사육飼育을 장려하고 있으며 명천에는 국립모장을 두어 조선총독부가 직접 그것을 경영하고 있다. 특히 북조선 지방은 사육의 최적지이므로 전 도는 매우 유망하다. 현재 일본의 양모 수요량은 2억 4천만 봉도封度[5], 즉 양 1마리가 8봉도를 생산한다면 약 3천만 두의 면양이 필요하다. 하지만 일본 내 면양 두수는 3만 두에 불과하기 때문에 매년 1억 수천만 원의 외국

---

4   1930년대 일제가 자국의 공업원료로 이용하기 위해 한반도의 남쪽에서는 목화 재배를, 북쪽에서는 양 사육을 강요한 식민 정책을 일컫는다.

5   파운드를 의미하는데 영국에서 쓰는 무게의 단위로 0.4536kg에 해당한다.

조선피혁주식회사 공장 모습이 새겨진 엽서

양모를 사들여야 한다. 만주의 1천만 두 증식계획과 더불어 조선에서도 예
상과 같이 3백만 두를 사육할 수 있다면 무역 적자를 크게 덜 수 있는 동시
에 양모 군수품을 자급할 수 있기 때문에 당국은 백방으로 그 증설을 꾀하
고 있다(1934년도 면양증식 예산은 25만 원).

3) 임산물

임야 총면적 1,646만 정보 중 입목지立木地는 1,072만 정보, 산생지散生地는
285만 정보인데, 일반적으로 삼림 수목의 품질과 생장 상황이 보잘 것 없
다. 하지만 깊은 척양산맥脊梁山脈[6]에는 아직도 부월斧鉞(도끼)이 들어가지 못
한 원생原生 임야가 있으며 특히 압록, 두만 상류지방의 수백만 정보의 대삼
림은 무진장의 재고材庫이다.

---

6   지역 등을 종주 또는 횡단하여 주분수령을 이루는 위치에 있는 산맥을 일컫는데, 로키산
     맥·안데스산맥·알프스산맥·태백산맥·낭림산맥 등이 해당된다.

목포 면화 판매소에 쌓여 있는 면화

조선 전 임야의 축적蓄積을 대강 어림잡으면 나무 종류는 600여 종에 달한다. 그 중 침엽수는 5억 5천만 척체尺締(1척체=0.35m³), 활엽수는 2억 7천만 척체로 합계 8억 2천만 척체에 달한다. 교통만 점차 편리해진다면 건축재료·

압록강에서 목재를 운반하는 모습

가구재료·함재函材·포장판·경목원료·성냥 나뭇개비燐寸軸木·제지 원료 등의 원료 자원으로 더욱 충분한 효과를 낼 수 있을 것이다.

4) 광산물

조선에 금 매장액은 1932년 현재 금광구의 매장량을 대략 추산한다 할지라도 약 5백억 원에 달할 것이다. 현재 채굴량을 2,500만 원으로 치면 실로 2천 년을 채굴하게 될 것이기 때문에 무진장의 대부원大富源이라 하겠다.

철은 황해·평남·함남북에 약 14억 톤이 매장되어 있다. 그 가운데 무산 일대에 있는 것은 노천굴이 가능한 것만 약 10억 톤에 달하고, 또 안산鞍山[7]과 같은 적철광赤鐵鑛[8]이 아니기 때문에 배소焙燒 공정이 불필요하며, 철분 함량도 40% 이상이어서 안산의 35%보다는 제련 채산상 유리한 조건을 가지고 있다.

따라서 겸이포 제철 이외에 또 한 개의 큰 제철회사가 생겨날 것이라고 한다. 그렇게 된다면 조선철의 해외 수출량은 격증할 것이다. 현재 50만 톤의 철광이 생산되어 절반인 20여만 톤은 조선 내에서 소비되고 나머지 반은 일본으로 이출되고 있다(일본의 철광 수요량은 연 1백만 톤 이상임).

석탄은 총 매장량 21억 6천만 톤인데 그 가운데 13억 4천만 톤은 무연탄이고 4억 9만 톤은 유연탄이다. 1933년 중 채탄량은 유연탄 45만 톤, 무연탄 65만 톤, 합 110만 톤에 달하여 가까운 장래에는 석탄의 자급자족을 얻게 될 뿐 아니라 해외로 다량 수이출하게 될 것이라 한다.

금·철·석탄과 같이 조선의 4대 광산물 중 하나인 흑연은 매산 1만 6천 톤 이상으로 세계에서도 드문 생산액을 가지고 있다. 전극·윤활제·연필 등에 용도가 넓기 때문에 수이출액만 70만 원 이상에 달한다.

---

7 강원도 인제군 북면에 있는 산으로 높이가 1,430미터이다.

8 불투명으로 금속질의 짙은 회색부터 검정색을 나타낸다. 제철용의 철광석으로도 사용되는데 보석용은 금속 광택이 있으며, 경철광(鏡鐵鑛)이라고도 한다.

중정석重晶石은 황산바륨(BaSO₄) 함유량이 90% 이상의 광석 매장량만 약 1백만 톤으로 추정된다. 매염제媒染劑[9]·제지·비누·인견제조·알미늄 제조에 사용되는 명반석은 품질 50% 이상의 매장량이 1천 백만 톤이다. 현재 일본에서의 알루미늄 소비량은 72만 톤에 달한다. 명반석은 알미늄 제조에 필요한 인조빙정석제조人造氷晶石製造, 시멘트제조, 화장품 비누, 직물 등에 널리 사용되고 있다.

제철소 노재爐材·탄산炭酸 마그네슘·금속 마그네슘 제조 원료가 되는 마그네싸이트는 단천에서 6억 5,700만 톤의 매장량을 가진 대광상大鑛床이 발견되었다.[10]

도자기 원료로 쓰이는 고영토는 함북·경남·평남·전남에서 다량으로 산출된다. 특히 평양 부근에서 산출되는 것은 도자기 원료, 내화 재료뿐만 아니라 알루미늄 45%를 함유한 1500만 톤의 매장량을 가지고 있다.

일본 내에서 전연 없는 니켈광도 조선에서는 단천에서 세계적인 니켈광상(노출부만 폭 42척, 장 2천 척)이 발견되었다. 그것만으로도 금후 백년 간 일본 총수요에 공급할 수 있을 것이다. 운모雲母는 박천·단천·길주에 다량 매장되어 있으며 군수품 제조에 절대 필요한 리튬 운모도 단양에서 새로 발견되었다. 또 아연은 강원·황해·평남·함남에 풍부한 광상이 발견되었고 납도 금광맥에 수반하여 매장된 것이 대단히 많으며 중석(텡스텐)·규사硅砂·석탄암(시멘트 원료) 등도 매우 풍부하고 최근에는 백금 광맥까지 길주에서 발견되어 광산 자원은 족히 세계에 자랑할 만한 처지에 있지만, 아직 채

---

9   옷감에 염료를 결합시켜 발색하도록 매개역할을 하는 약제를 일컫는다.

10 일미합판 불입자본 420만 원의 일본 마그네슘 금속주식회사는 흥남에 본사를 두고 단천에 마그네슘 광상을 개발키로 되어 있다. 금속 마그네슘은 알미늄 보다 3할이나 가볍고 강철과 같이 강하기 때문에 비행기·군함·탱크 기타 군기 제조에 많이 쓰인다.

일본인들이 경영하는 광산에서 일하는 조선인 노동자들

산성 관계로 개발이 여의치 못한 것은 유감이라 하겠다.

5) 수산물

3면의 바다로 둘러싸인 조선에는 바다에서 사는 동물이 매우 풍부하여 연산 8, 9천만 원을 초과한다고 한다. 조선 측 수산 통계에 의하면 약 5천만 원에 불과하지만, 일본의 통어선이 저편 해안에서 바다에 있는 것을 뭍으로 올리는 것을 합산한다면, 그 숫자가 결코 과대한 것은 아닐 것이다.

그러나 조선의 어업은 아직도 유치한 상태에 있기 때문에 어업의 발달에 따라 그 생산액은 더욱 증가될 것이다. 이를 원료로 하는 수산 제품 공업은 현재의 생산액, 3천만 원을 뛰어 넘을 것이다.

현재 수산 제품으로는 건어 1천만 원, 소금에 절인 생선 8백만 원, 비료 5백만 원, 어유 3백만 원, 통조림 1백만 원, 기타 3백만 원이다. 그 가운데 특히 중요한 것은 온조鰮糟 5백만 원, 건온乾鰮 3백만 원, 온유鰮油 3백만 원 (온유는 다이너마이트 제조 원료가 되기 때문에 군수 공업에 불가결한 것임), 해태 230

1930년대 부산 어시장

만 원, 건명태 150만 원, 굴비와 염청어鹽鯖魚 120만 원이다.

소금은 관염官鹽 3억 5천만 근, 민간 전오염煎熬鹽 7천만 근, 합 4억 2천만 근이 생산되고 있다. 하지만 조선 내 소금 소비는 6억 5천만 근이기 때문에 아직도 중국염 3억만 근을 수입하고 있는 상태이다.

6) 동력

전술한 바와 같이 조선은 21억 6천만 톤의 석탄 매장량을 가지고 있고 연산이 100만 톤 이상에 달하기 때문에 화력 동력의 연료로서는 자못 풍부하다. 최근 석탄 액화업이 발달되고 있는 것은 더 한층 연료 보급상 도움이 될 것이다.

그러나 동력 자원으로서 조선이 자랑할 것은 화력 동력보다 차라리 수력 동력이다. 이는 척량산맥에 수량이 풍부하고 낙차가 충분한 곳이 많기 때문이다. 1933년 현재 수력발전이 가능한 지점은 146곳인 데 예정 출력수량은

5억 엔을 들여 1944년에 준공한 압록강 수풍댐 수력발전소

실로 222만 kW에 달하여 이것의 이용 여하에 따라 조선 공업의 발전 가능을 충분히 미리 점칠 수 있다. 현재 조선 내 발전전력은 29만 6,236kW인데, 그 가운데 기력(증기 힘) 66,314kW, 와사력 2,587kW, 전력 1,000kW, 중유력 6,015kW로 수력이 단연 우세하여 220,320kW에 달하였다.

5. 조선 공업과 노동력

조선의 공업은 아직도 유치한 상태에 있기 때문에 공장 종업자의 총수는 11만 650명(1932년)으로 인구 1000명 가운데 5, 6명에 불과하여, 일본 내지 종업자 수 175만 명 인구 1000명당 27.2명에 비하면 21.6명이나 적다. 공업의 기계화가 불충분하여 비교적 많은 노력을 사용해야만 하는 조선공업인 것을 감안하면, 공업 수준이 더 뒤떨어져 있다는 것을 짐작할 수 있다. 그러나 합병 당초의 종업자 수 8천 명에 비하면 실로 약 14배의 증가를 보게 된 셈이니, 이 템포로 나간다면 오래지 않아 20명 이상의 숫자를 발견하게 될 것도 의심할 여지는 없다.

특히 농촌의 인위적 인구 과잉이 심한 조선에서는 도시에 집중된 산업 후보군이 얼마든지 있기 때문에 노동력 공급은 문제될 것이 없다. 하지만 자못 기술적 능률적 직공이 부족한 것은 농업 조선으로서는 단시일 내에 해결될 문제가 아니다. 초등 교육이 보급되고 공장 수가 늘어감에 따라 점

표 3-55 직업별 임금 비교

직업별	인별	1931년 6월 평균	1932년 6월 평균	1933년 6월 평균
목수	B	3.00	2.96	2.81
목수	A	1.64	1.60	1.56
미쟁이	B	3.38	3.28	3.23
미쟁이	A	1.85	1.86	1.75
석수	B	3.43	3.33	3.08
석수	A	1.79	1.71	1.63
기와쟁이공	B	3.06	2.28	2.78
기와쟁이공	A	1.41	1.46	1.40
공	B	2.84	2.61	2.63
표구사	B	2.93	2.65	2.51
양복재봉공	B	2.54	2.65	2.58
제화공	B	2.53	2.26	2.16
제화공	A	1.46	1.44	1.36
활판식자	B	2.20	2.26	2.09
활판식자	A	1.29	1.38	1.29
이발사	B	1.79	1.93	2.02
이발사	A	1.10	1.08	1.10
보통인부	B	1.46	1.52	1.44
보통인부	A	0.67	0.67	0.65
흙일꾼	B	1.78	1.78	1.59
흙일꾼	A	0.89	0.89	0.81
짐꾼	A	0.61	0.58	0.59
농작부	B	1.10	1.10	1.10
농작부	A	0.61	0.54	0.56
짐꾼[仲仕]	B	2.42	2.37	2.07
짐꾼[仲仕]	A	1.35	1.25	1.17

* ① 1934년판 『조선의 경제사정』에 의함. ② A는 조선인, B는 일본 내지인임.

차 해결될 것이다.

그러나 조선 노동자의 능률과 기술 문제는 저렴한 노임으로 이미 환산되었기 때문에 공업 경영자에게 손실이 없을 것은 물론이다. 공업 경영자들이 조선 노동자는 되레 언어·기술·능률·생활 수준이 다르고 혹은 떨어진다는 핑계로 실제 노동 효과보다도 사뭇 더 떨어뜨려서 임금을 주기 때문에 막대한 이익을 얻는 것이 통례가 되었다.

표 3-55에 의하면 1932년 당시 조선인 노동자의 1일 평균 노임은 90전인데 비하여, 일본 내지인 노동자는 1원 94전(인별노임, 평균액 숫자는 1934년판 『조선의 경제사정』 148쪽)으로 2배 이상의 저렴한 노임인 것을 알 수 있다.

6. 조선 공업과 조선인 공업의 지위

1910년 이후 갑자기 들어온 근대적 기계 생산력은 극히 저급적인 가내 수공업 시대에 있던 조선 공업에 전례 없는 큰 파문을 일으켰다. 이는 생산수단 전환의 주관적 내지 객관적 가능성을 많이 가진 모든 선진국의 산업혁명과는 전연 다른 경제적·정치적 처지였기 때문에 그 혼란은 한층 심각하고 또 길지 않을 수 없었다.

그 뒤 24년이 지난 지금 혼란의 시기는 완전히 지나가지 않았지만 가내수공업은 업종에 따라 결정적으로 없어질 것과 겨우 남아있을 것이 분명해졌다. 신 공장 기업도 발전 가능성 여부가 현저히 드러나 점차 귀추가 명료하게 되었다. 이에 조선인 공업도 어느 정도 결정적 기업형태를 가지게 되었다. 이제 그것의 양과 질을 살피는 동시에 조선 공업의 지위를 천명하여 보기로 하자.

먼저, 표 3-56에서 공장 수의 현세를 살펴보면, 조선 내 공장 총수 4,602개소 중에서 조선인 경영은 2,128개소로 46%를 점하게 되었다. 조

표 3-56 1932년 경영자별 공장 수

구별 공업별	공장 총수		조선인		일본인		외국인	
	실수	허수(%)	공장수	비율	공장수	비율	공장수	비율
방직공업	270	100	143	53.0	118	43.7	9	3.3
금속공업	233	100	92	39.5	122	52.4	19	8.1
기계기구공업	235	100	177	75.3	57	24.3	1	0.4
요업	322	100	118	26.7	207	62.7	2	0.6
화학공업	677	100	156	23.0	521	77.0	0	–
제재·목제공업	181	100	141	77.9	38	21.0	2	1.1
인쇄·제본공업	237	100	163	68.8	74	31.2	0	–
식료품공업	2,273	100	933	43.0	1,235	56.8	5	0.2
와사·전기공업	52	100	48	92.3	3	5.8	1	1.9
기타공업	222	100	157	70.7	54	24.3	11	5.0
합계	4,602	100	2,128	46.2	52.7	52.7	50	1.1

* 1932년 상공과 조사에 의함. 공업분류는 조선총독부 자원조사 방식에 의한 것으로 광물·양재·놋쇠·건축용 금속물 등은 금속 공업에 속하고 농구·펌프·기타 기계 등 공업은 기계기구공업에 속함. 요업도 화학공업의 일종이나 나눌 수 없어 원문대로 둠.

선인 공업기업의 모든 객관적 조건과 아울러 생각하여 볼 때, 이만한 수효를 가지게 된 것 조차 차라리 많다고 할 수 밖에 없다. 그러나 공장 수의 46%라는 것은 극히 막연한 형식적 숫자에 불과한 것이므로 그 내용에 들어가 보지 않으면 안 된다.

그러면 그 업무를 아는데 경영자별 생산액, 직공 사용 수, 임금 지불액, 동력 사용량 등이 꼭 필요하다. 그러나 필자는 불행하게도 이를 구비한 자료가 없다. 따라서 매우 불충분하나마 노동자 사용 수로 업세業勢의 내용만을 일견키로 하고 조선인 공업의 중견이라 할 수공업의 지위를 약간 언급하기로 한다.

표 3-57을 통해 직공 사용 수로 경영자별 업세를 살펴보면, 5명 이상 50명 미만의 직공을 사용하는 공장은 조선이나 일본 모두 최다수를 점하고 있다. 하지만 50명 이하 100명 미만의 공장은 43대 90으로 조선인 공장은 거의 배 이상 적다. 100명 이상의 200명을 사용하는 공장은 15대 33으로 역시 배 이상 적다. 200명 이상을 사용하는 대공장은 8대 42로 거의 비교할 수 없을 정도다.

조선인 경영공장으로 200명 이상 직공을 사용하는 공장은 방직공장 : 경성방직주식회사·충남제사주식회사·대창직물주식회사, 화학공장 : 일영고무공장, 생산조합대동고무공업소, 생산조합평안고무공업사, 식료공업 : 삼성정미소이다.

조선은 생산액, 임금 지불액, 원료 사용액 같은 것도 일본보다 적을 것이라는 것을 충분히 상상할 수 있을 것이다. 특히 조선인 공업은 대부분 소자본 경영의 소규모 공장이므로 불변 자본, 즉 건물 및 설비에 많은 자본을 투자하기에 불가능하기 때문에 제조량과 능률은 당연히 감퇴하지 않을 수 없다.

이에 조선인 공업은 첫째 공장 수나 규모면에서도 일반적으로 적으며 공장의 기계화도 전연 불충분하여 공업 생산은 다른 공업 생산의 보조적 지위에도 서기 어렵다. 또한 제품 판매에도 대개 무조직, 무계획한 개별적 경쟁이기 때문에 기존 판로가 확고할 뿐 아니라 자본 계통과 공업 동업조합 등을 통한 다른 부분과는 결정적으로 경쟁할 수 없는 처지에 있다.

다음으로 가내 수공업을 살펴보면, 총생산액이 1억 3천만 원에 달하여 상상 이상으로 많다. 그 가운데도 일본 내지인이 있기 때문에 조선인이 거의 전부라고 생각하는 것은 매우 경솔한 판단이다. 다만 대부분의 조선 농가 가내 공산액은 약 1억 원으로 치면 조선인 공장 공산액보다 도리어 많다

표 3-57 1932년 직공 사용별 공장 수

공업별	조선인 공장				일본내지인 공장			
	5~	50~	100~	200~	5~	50~	100~	200~
방직공업	84	5	3	3	105	14	8	21
금속공업	120	–	–	–	99	1	–	–
화학공업	517	14	11	4	177	11	8	6
제재·목제품업	39	–	–	–	221	13	2	–
인쇄·제본업	60	4	–	–	160	9	4	1
기계기구공업	55	–	–	–	179	8	–	2
요업	170	2	–	–	105	11	–	3
식료품공업	1,038	18	1	1	967	17	9	8
전기·와사공업	3	–	–	–	44	2	–	–
기타 공업	35	–	–	–	155	4	2	1
합계	2,121	43	15	8	2,112	90	33	14

* ① 위 표는 조선공업협회 간 『조선공장명부』에서 계산 작성함. ② 공장 수 합계가 1933년도 조사와 약간 다른 것은 본 표에 휴업공장이 빠진 이유도 있지만 다른 두서너 가지의 이유도 있음.

는 것은 참작할 수 있다. 그러므로 조선인 공업에 있어서 수공업 지위는 자못 중대하여 개량, 지도 보호는 극히 중요한 문제라 하겠다.

하지만 아직까지 이에 대한 적극적인 보호 정책이 실시되지 못하고 있기 때문에, 가내공업은 ① 공장 공업화할지라도 채산상 유리하지

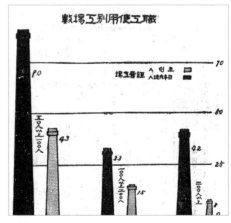

그림 3-16 직공사용별 공장 수

못하며, ② 원래 수요가 일정해서 공장 공업화시킬 필요가 없고, ③ 일부 생산이 기계화되어 오래지 않아 대부부 폐절廢絶될 것이기 때문에 전도유망한 것은 극히 적다고 볼 수밖에 없다.

그러므로 오늘날 조선 공업이 중견적 지위를 점하고 있다는 것에 한심하게 생각하지 않을 수 없는 일이다.

조선 공업의 특질

1. 대공업의 절대적 우월성

대공업의 우월성은 어느 나라에서도 볼 수 있는 보편적 현상이지만, 특히 조선의 경우 '절대적'인 우월성을 가진 중소공업은 결정적 혹은 항구적으로 그것과 경쟁할 수 없는 위치에 있다. 공업 규모가 너무 다른 만큼 대소 공업은 경쟁이 성립되지 않기 때문에 대공업이 들어앉는 사업 부문에는 중소공업이 그 자리를 피하여 다른 사업 부문으로 돌려야 한다. 현재 조선의 대공업 업태별 형성 윤곽을 보면 다음과 같다.

방적업

조선 내에서 생산되는 면사綿絲 대부분은 조선방직회사의 제품이다. 동 회사는 미쓰이三井 '콘체른'의 자본적 한 세포인 만큼 자본 배경이 튼튼하지만, 1930년 상반기까지 조선총독부는 이 회사에 연액 20만 원의 막대한 보조금을 주어 사업 발전을 도왔다.

제품은 '십번수十番手'(보통 광목실보다 굵은 것) 이하이나 조선 내 면사 시세는 조선방직과 미쓰이 시세(오사카의 면, 면사, 면포 시세)가 결정하는 만큼 조선

방직의 사업은 독점적이어서
타의 추종을 불허한다.

조선방직에서 일하는 조선인 여직공들

면직물 공업

조선에서 생산되는 면직물粗
布·세포細布 연액은 약 1천만
원에 달한다. 그 태반은 조선
방직주식회사·경성방직주식
회사·동양방직인천공장(1932년 기공, 곧 준공)·동양면화주식회사의 제품으
로 점령되었다. 조선의 방직물 공업은 이입 면직물로 말미암아 부단히 압
박을 받아 중소공장 공업으로서는 기업을 유지하기 곤란하여 농가부업 또
는 소규모 가내공업으로 겨우 그 명맥을 이어 갈 뿐이다.

제사製絲 공업

경성·대구·평양·전주·광주·청주·대전·함흥·진해·사리원 등지에 공장
을 가지고 있는 편창片倉·산십山十·군시郡是·동양東洋·종방鍾紡 등 큰 제사
회사 제품은 총 생산액의 반 이상을 점하고 있다. 이는 금후로도 발전할 여
지가 있지만, 이 또한 소규모 경영으로 사업자체를 유지, 발전시키기 어려
운 것이다.

양조업

장유醬油(간장)·미쟁味噌(된장)·포도주·일본주·맥주 등은 전부 일본인 공장
에서 독점 제조하는 것이어서 조선인 양조업자는 아직 발을 디밀어 본 일
이 없다. 조선인은 대개 탁주·청주·소주만을 제조하고 있는데, 이 업의 대

1920년대 마산의 일본인 양조장

규모 경영이 유리하다는 것을 알게 된 일본 내지인 자본가는 이미 인천에 조일양조, 평양에 평양양조, 부산에 대선양조, 마산에 소화주류 등의 회사를 설립하여 조선주를 대량 생산하고 있다. 조선인 중소 양조업자는 이로 말미암아 치명적인 타격을 입었는데, 최근 미쓰이 물산이 소주 통제권을 독점하게 됨에 따라 조선인 중소업자의 기업적 곤란은 배가 되었다.

요업窯業

조선 말엽까지도 조선에는 도자기 제조업자가 있었으나 이입 도자기가 물밀듯이 들어오게 되면서 다 흩어져 버리고 말았다. 현재는 부산의 일본경질도자기회사, 경성의 요업회사가 이 부문을 독점하고 있다.

시멘트업

생산 제품의 전부는 소야전小野田시멘트회사의 조선지사 제품이며 기타는 이입품이다. 이 업은 성질상 대기업 경영이 아니면 안 되는 것이기 때문에 조선인 기업가는 좀처럼 덤벼들지 못하고 있다. 북조선(석탄석의 원석산原石山이 있는 청진 부근)에 천야淺野시멘트의 공장이 신설될 것이라는 소식은 이미 퍼진 지 오래다.

제철, 금속기계 공업, 제철업

겸이포에 있는 미쓰비시三菱의 겸이포제철소가 조선에서 유일하며, 금속기구 기계 제조의 철공업은 조선총독부 철도국 부속공장 3개소와 용산공작회사·경성전기회사공장·부산전중田中제선소 등이 있을 뿐 조선인 경영은 하나도 없다.

1930년대 여주군 오금리 도자기공장 내부

곡산穀産 공업

조선은 원료가 풍부하고 만주시장이 인접하여 제분 공업은 발달될 좋은 조건을 가지고 있으나, 현재로는 경성에 풍국豊國제분회사와 진남포에 만주제분회사 대공장이 있을 뿐이며 전분殿粉 제조 공업은 평양의 일본곡산공업회사 공장이 이를 대표한다.

겸이포제철소

조선피혁주식회사 석회작업장   흥남비료공장 내부

제혁製革 공업

양질의 우피가 많이 생산되고, 유피용鞣皮用(가죽에서 털을 제거하고 유성鞣成한
것)·단녕수피單寧樹皮(타닌(tannin) 성분을 지니고 있는 나무껍질)까지 많이 나는 조
선에는 제혁 공업이 발달될 조건을 가지고 있다. 그러나 대규모 경영이라 할
만한 것은 조선피혁주식회사 영등포공장뿐이며 그 다음에는 대전피혁회사
공장이 있고 기타는 몇 개의 소규모 복수福壽 공장이 있을 따름이다.

화학 공업

공업 부문에는 자본 6천만 원으로 조선공업계에 군림한 흥남의 조선질소비
료회사가 있는데, 황산안모늄 또는 류린안비료 연산 45만 톤으로 조선 내
수요 이외에 대량 수이출을 하고 있다. 동 회사는 함북 영안에 저온건류低
溫乾餾 공장을 설립하여 석탄액화공작으로 휘발유·중유·파라핀Paraffin 등을
제조하고 있다. 이 모든 것은 자본적·기술적으로 완전히 그 회사가 독점하
고 있다.

유지油脂 공업

식물성 유지공업에는 목포의 일화제유日華製油회사가 압도적인 지위에 있

다. 어유魚油 제조, 특히 경화
유硬化油 제조에는 흥남 조선
질소비료공장이 독점적인데
그 회사는 경화유 분해에 의
하여 지방산·글로세린 등을
제조하고 있기 때문에 군사
공업공장으로서의 특수 지위

목포 일화제유공장

를 가지고 있다. 최근 같은 목적으로 설립되는 조선유지회사와 더불어 결
정적으로 독점적인 공업회사다.

제지 공업

신의주의 왕자王子 제지회사 공장은 조선의 종이 생산 연액 382만 원 중
230만 원을 점유하여 단연 독점적 지위를 가지고 있다. 조선 종이의 소규
모 제조 공장은 상당히 많이 있지만, 닥나무를 원료로 하는 '수초지手抄紙'이
므로 근대적 기술 방법에 의한 종이, 펄프제조공장으로 발전하기까지는 거
리가 멀며, 자본적으로도 거의 희망 없는 것이라 하겠다.

제당 공업

이것은 특수가공 공업인 만큼 대일본大日本 제당회사 평양공장이 독점하여
1932년 정제당精製糖 744만 원, 당밀糖蜜 10만 원의 생산액을 가지게 되었다.

이상 13개 공업이 대개 조선 대공업의 분야인데 소수의 대공업회사는 항
상 그 공업에 반 이상의 세력 또는 독점적 세력을 가지고 시장에 군림하며
시장가를 좌우한다.

이와 같이 조선의 대공업은 현재에 있어서도 절대적 우월성을 보이고 있지만, 앞으로도 ① 노임의 저렴, ② 공장법의 결여, ③ 시장의 접근, ④ 공업자원의 풍부, ⑤ 경쟁자의 과소, ⑥ 보호의 충실 등으로 더욱 가속적인 발전을 보여 줄 것이다. 이를 부문적으로 살펴보면 대개 다음과 같다.

1) 면직 공업

면직물 공업에는 조선방직·경성방직·동양방직·동양면화회사 등 대공장이 이미 기반을 잡고 있다. 최근에는 종연방적회사鍾淵紡績會社가 광주에 진출하여 기지 5만 5천 평을 매수한 뒤 공사비 6백만 원으로 공장을 짓고 약 2,500명의 직공을 고용할 대규모의 계획을 진행하고 있다. 그리고 조선방직·동양면화·경성방직에서도 확장 계획을 실행 중에 있는데, 약 2억 5천만yd²의 면포 수요량을 가진 조선의 면포 자급은 조만간 넉넉히 해결될 것이고, 만주 시장으로의 대량 수출을 보게 될 것이다.

2) 인견 직물 공업

인견人絹 직물의 최근 연 이입액을 보면 1931년에는 1,958만 yd²에 598만 2천 원, 1932년에는 2,814만 yd²에 791만 7천 원, 1933년에는 3,840만 9천 yd²에 1,222만 9천 원으로 매년 수요가 격증하고 있다. 이에 조선직물회사는 최근 갑자기 16만 5천 원에서 200만 원으로 대증자를 단행하고 안양공장의 대확장을 기획 중이며, 대창직물회사의 청량리공장도 이제 준공되어 금후 더욱 대량 산출을 보게 될 것이다.

3) 마포 공업

최근 제국제마帝國製麻회사(安田, 재벌)는 조선총독부와 도의 후원으로 10년에 아마亞麻[11] 6천 정보의 재배 계획을 세우고 갑산에 공사비 100만 원을 요하는 대공장 2개를 설치하기로 하였다. 이것이 완성되면 마포麻布의 가내 공업은 자취를 감추게 될 것이고, 또 원료 매입 관계로 타의 추종을 불허할 것이기 때문에 장차 조선 마포계에 군림하게 될 것도 명약관화한 일이다.

4) 경금속 공업

명반석明礬石 및 반토혈암礬土頁岩이 평양 무연탄전 및 전남 옥리산·가사도 방면에 다량 매장되어 있는 것을 알게 된 주우住友[12] 및 일본전기공업 등이 알루미늄 제조를 대규모로 계획하고 있다. 만철滿鐵 측의 약 3천만 원의 대경은大輕銀회사, 조질朝窒, 야구野口 재벌 등도 알루미늄 공업회사를 설립한다는 얘기도 들린다. 또 단천 마그네슘 대광산이 발견되자 뭇 재벌들은 호시탐탐 이를 노리고 있는 중이다. 이는 섬광제閃光劑[13]·탈산제脫酸劑[14] 등으로 사용되는데 항공기용 금속재의 합금용으로 쓰이게 되면서 더욱 장래가 주목된다. 물론 이 같은 공업은 대공업으로서만 가능한 것이다.

5) 시멘트 공업

조선에는 시멘트 원료인 석탄암이 무진장 있고 점토·석탄 또한 풍부하여 시

---

11 아마과에 딸린 한해살이풀로 껍질은 섬유자원으로서 방직·여송연 종이 등을 만드는 데 쓴다. 종자에서 짠 기름은 아마인유라고 하는데, 건성유이므로 인쇄잉크·수채화·페인트·약재 등으로 이용한다.

12 스미토모(Sumitomo Corporation)를 일컫는데 1919년 설립된 일본의 종합무역상사이다.

13 사진 촬영의 섬광 광원으로 쓰는 마그네슘 가루와 염소산칼륨 가루의 혼합물이다.

14 용융 금속의 탈산에 사용하는 약제로 구리나 합금에는 인이나 규소를 쓰고 제강에는 망간이나 알루미늄 등을 쓴다.

멘트 공업의 전도는 매우 유망하다. 현재로는 오노다小野田의 승호리 공장[15] 및 천내리 공장이 있을 뿐이지만, 아사노淺野가 조만간 진출할 것이라 한다.

6) 제유 공업

만주국 성립과 길회吉會철도(길림 ↔ 회령) 개통은 만주 대두大豆 수입의 편익을 돕고, 당국의 면화 증산계획은 면실棉實(목화씨)의 대량 산출을 가능케 하였다. 따라서 1933년 말에는 청진에 미쓰이 계열의 북선제유회사가 새로 설립되어 대두유를 제조하게 되고 목포에는 전부터 일화제유日華製油가 있어 면실유를 제조하고 있는데, 금후 더욱 사업규모를 확대하게 될 것이라한다.

7) 제분 공업

현재 조선에는 만주제분 사리원공장·풍국제분 경성공장이 조선 제분계의 쌍벽인데, 일본제분회사가 인천에 대공장을 신설하여 두 공장을 압박하려는 계획을 세웠다(일본 제분회사 제품은 현재 약 200만 대가 조선에 이입되고 있음).

8) 제지 공업

전술한 바와 같이 신의주왕자제지공장은 조선 제지업을 대표하는 유일한 대공장으로 제지 원료가 무진장한 북조선이므로 1910년 초 왕자제지는 미쓰이 등 다른 자본도 참여시켜 다시 2000만 원의 대펄프회사인 북조선제

---

15 1919년 12월 일본 최대의 시멘트 회사였던 오노다 시멘트 회사가 우리나라에서 처음으로 승호리의 경의선 철로변에 세운 공장으로 연간 6만 톤의 생산능력을 갖고 있었다. 제1차 세계대전 이후 일본이 만주, 중국 시장에 진출하기 위한 발판을 마련하기 위해 세워졌다.

지화학공업주식회사를 설립하고 공장 설치를 위해 방금 함남 길주·성진 등을 물색 중이라 한다.

9) 제과 공업

제분공업의 발전에 따라 제과공업도 많은 자극을 받아 풍국제분은 풍국제 과공장을 신설하고 동해제과(교토)가 경인지방에 공장신설을 계획중이며, 마에다前田 상점(오사카)이 또 신용산에 대공장 설치를 계획 중이다(조선의 과 자 수요는 년 약 1000만 원, 조선 내 생산은 약 800만 원임).

10) 저마(모시) 및 제직 공업

조선에서는 저포 수요가 많은 것은 사실이지만 아직 이를 전문으로 생산하 는 대공장은 없었다. 대부분 가내공업이나 매뉴팩처적 공업에서 생산하곤 했는데, 종연방적이 대전에 대규모 저마포苧麻布 방적 공장을 설립하여 생산 을 독점하려고 이미 1만 평의 기지를 매수하고 3,500명의 직공이 들어설 공장을 설계 중이다. 이것이 준공된다면 영향이 막대할 것이다. 북조선제 국제마의 아마제직亞麻製織 사업과 더불어 익산에는 조선섬유공업회사가 자 본금 100만 원으로 창립되어 고제섬藁製纖 사업을 조만간 개시하면 제섬량 이 월 300만 관에 달할 것이라 한다.

11) 기타 제공업

무산 부근에 거대한 철광을 원료로 하는 대제철 공장, 산금장려에 관련된 대정련 공장, 수산물을 원료로 하는 통조림大罐詰 공장과 최근 오사카상선 남양항로의 부산기항 실현에 그곳 중심의 남양향법랑철기·유리·도자기· 고무제품·방직제품·철주물 등의 제조 공업은 조만간 출현할 것인데 가장 유망한 공업이다.

상기한 바에 의하면 조선 공업의 전도는 실로 양양하다고 볼 수 있으나 대부분 대공업자의 수중에서 요리되고 있다. 그들 외에는 이를 요리할 수 없는 성질의 것이다. 조선에서의 대공업의 절대적인 우월성은 금후에 더욱 현저한 것이라 본다.

2. 대공업 자본의 우월성

표 3-58에 따르면, 조선 내 공업회사 자본 총액은 공칭公稱 1억 9,423만 원, 불입 1억 4,003만 원이다. 이 가운데 일본 내지인 경영회사의 자본은 공칭 1억 7,480만 원으로 총공칭 자금의 약 90%, 불입은 1억 3,130만 원으로 총불입 자금의 약 94%를 차지한다. 조선인 경영회사의 자본은 공칭 1,942만 원으로 총공칭 자금의 10%, 불입은 8,873만 원으로 총불입 자금의 약 6%에 불과하다.

이로써 조선공업에 대한 대공업 자본이 얼마나 압도적인 지위에 있는 지를 충분히 알 수 있다. 조선에 지점을 둔 일본 내지인 경영지점회사(19개사)의 공칭자금 2억 6,289만 9,050원, 불입 1억 1,781만 3,225원을 조선 내에 본점을 둔 일본 내지인 경영회사의 총자본을 더한다면 조선인 경영의 회사자본은 공칭으로는 22분의 1, 불입으로는 28분의 1에 불과하여 주종 관계는 더욱 명확하게 드러난다.

상술한 것은 일반 공업회사 자체의 자본액만을 말한 것이지만 자본적으로 우수한 공업은 공업금융에도 우수하여 은행·신탁회사·보험회사·증권

표 3-58 경영자별 공업회사 자금

구분	공칭자금(원)	총자금 비율	불입자금(원)	총자금 비율
조선인 경영공업회사 자금 (회사 수 332개사)	19,422,410	10%	8,735,585	6.1%
일본인 경영공업회사 자금 (회사 수 687개사)	174,800,307	89.9%	131,302,807	93.7%
조선 내 공업회사	194,222,717	100%	140,038,392	100%
일본인 경영공업회사 자금 (지점회사 수 19개사)	262,899,050		117,813,225	
일본인 경영공업회사 총자금	437,699,357		249,116,032	

회사·투기업자·주식취인소[16] 등이 제공하는 모든 자본적 편의를 독차지하게 된다. 그 결과 공업 기업계에 군림하여 자본 내지 공업 금융적 조건을 가진 공업기업은 필연적으로 건실한 발육을 할 수 없게 된다. 조

1937년 금답협동조합에서 발급한 출자증권

선인 공업기업은 이런 점에 있어서 최대 난관에 부딪히게 된다.

---

16 보험회사는 원래 금융기관이 아니지만 보험료 총액으로부터 지불금액을 공제한 잉여금은 투자자본이 되어 산업자본에 적지 않은 몫을 잡고 있다. 그리고 주식취인소는 모든 주를 공정하게 사고 파는데 불과하지만 증권투자를 자극하게 되므로 공업금융에 공헌하게 된다.

3. 재벌에 철저히 집중된 조선 공업

금융자본이 산업을 지배하는 것은 자본주의가 고도화되었기 때문이라 한다. 모든 선진국은 이미 금융 자본시대로 접어들었지만, 후진국의 경우 금융 자본이 갑자기 산업을 지배한다는 것은 산업의 혁명적 집중을 의미하는 것이므로 중소기업의 몰락 및 기업 불능은 더욱 현저하게 된다.

조선은 후자에 속하기 때문에 조선 공업 기업에 가장 유망한 것과 또 가장 유망할 것까지를 포함한 거의 대부분이 재벌의 지배망에 걸리게 된 것을 발견할 수 있다. 표 3-59를 보면 명료할 것 같다.

즉, 조선방적·소야전시멘트·왕자제지·조선질소·일본곡산·겸이포제철 등은 각각 조선의 방직업·양회업·제지업·화학공업·곡산공업·제철업을 대표하는 대회사임에는 틀림없다. 미쓰이·미쯔비시 양대 재벌은 이를 완전히 양분하여 각각 지배망에 감아 넣고 말았다. 따라서 상계한 각 회사는 재벌의 권세를 빌려 중소공업의 성장과 발전을 더욱 위축시켜 독점적 지위를 한층 확보하였다.

앞의 회사 이외에도 장차 조선 제일의 규모를 가지게 될 인천의 동양방적공장은 종연방적의 유력한 '빽'이 있고 조선 유일의 대요업 회사인 부산

표 3-59 조선 대공업의 자본 계통

재벌	공업별	피지배회사	지배회사
미쓰이(三井) 재벌	방적업	조선방적	삼정물산
	양회(洋灰)업	小野田시멘트	삼정물산
	제지업	왕자제지	삼정사업
미쯔비시(三菱) 재벌	화학공업	조선질소	日窒을 통하여 → 三菱
	곡산(穀産)공업	일본곡산	삼릉상사(자본적 참가)
	제철업	겸이포제철	삼릉사업

의 일본경질日本硬質 도기회사는 조선 어업왕이라 칭하는 카시이겐타로香椎源太郞[17]의 계통이다. 평양의 대일본제당공장은 그 자체가 대일본제당이란 재벌의 사업이지만, 스츠키鈴木 상점이 쓰러진 뒤로 미쯔비시에 넘어간 것이 사실이다. 영등포 조선피혁회사는 원래 반관 반민적이며 경성풍국제분회사는 대일본제분의 '빽'이 있다.

이렇게 본다면 조선의 대공업회사 및 공장은 모두 배후에 대재벌을 끼고 있는 셈이며 그렇지 않으면 그 자체가 대재벌의 사업이다.

4. 조선인 경영 공업의 제문제

공업은 미래 조선의 산업 기축이다. 공업자원 조사의 진전과 그 인식의 보급, 농업의 만성적 공황에 의한 전업轉業의 충동, 일반 공업 지식의 계발과 공업 기술자의 증가 등으로 금후 더욱더 조선 공업 발전에 박차를 가하게 될 것이다. 그런즉 현재(1932년) 3억 수천 원의 공산액이 약 8억 원의 농산액을 따라 잡을 날도 먼 장래의 일이 아닐 것이다.

그러나 조선 공업의 진도란 결코 조선인 공업을 의미하는 것이 아니다. 조선인 공업은 조선 공업의 분위기에 따라 어느 정도 특수 발전 양태를 지니고 있다. 발전의 특수 한계가 과연 조선 공업의 일반적 발전 한계와 얼마만큼 거리가 있는 것일까 하는 문제는 우리에게 자못 흥미 있는 문제일 것이다.

---

17 후쿠오카현(福岡縣) 지쿠시군(筑紫郡) 출신으로 통감부 총무장관 쓰루하라(鶴原定吉)과 이토(伊藤博文)의 도움을 받아 이왕가어장에 대한 어업권을 획득하였다. 1920년 이후 부산상공회의소 소장으로 부산상공업계에서 활약하였을 뿐만 아니라 동양척식주식회사 고문, 부산상공회의소 회장, 조선와사전기회사 사장, 부산수산주식회사 사장, 일본경질도자회사 사장 등을 역임하였다.

이에 대하여 그 역사성을 무시하지 않는 한도 내에서 현실적인 조선인 공업의 모든 문제를 추출하고 발전 한계를 어렴풋하게나마 객관적으로 언급하고자 한다.

1) 조선시대 비정秘政의 유얼流孼과 기형적 산업혁명

삼국시대에 찬란하던 공예는 고려 때까지 그 유화流華가 빛나고 있었지만, 조선에 들어와서는 숭유배불주의에 의해 사원 공예의 쇠침衰沈으로 말미암아 공예는 전통까지 잃게 되었다. 또한 사士를 너무 우대하며 농農을 중시한 나머지 상공工商을 매우 천대하는 나쁜 전통을 낳았다. 이에 공예는 퇴보하였으며 공산工産은 감소되고 말았다. 더욱이 그 말엽에 이르러서는 서정문란, 탐관오리의 발호가 극도에 달하여 공업은 전면 황폐화 되어 공예 및 공산이 보잘 것 없이 되고 말았다.

참담한 폐허에서 남은 것이라고는 매우 원시적인 수공업뿐이고 그 대부분은 자족자급 생활에 필요품을 생산하는 것이었다. 그밖에는 관변 어용품을 제조하는 것뿐이었다. 정기시장이 있어서 공산품이 얼마간 판매되고 있었으나 현물 교환이 성행하였기 때문에 제품은 상품으로서 화폐경제 영역에 완전히 들어서지 못했다.

따라서 1910년 전 조선 공업의 발달 정도는 중상주의 시대(16~18세기)의 영국과 원록元祿[18] 연간의 일본보다도 더욱 저열하였던 것을 알 수 있다. 이러한 조선에 고도의 자본주의적 기계 제품이 무제한 또는 급격히 들어오게 된 것을 생각하면 두렵지 않을 수 없을 것이다.

어느 나라 공업사를 볼지라도 업류業流는 생산 방법에 따라 변천한다 할

---

[18] 겐로쿠 시대(1688~1704)를 일컫는다.

지라도 갈수록 넓고 깊게 발전하는 것이 보편적인 형태이다. 저급 수공업 → 고급 수공업 → 매뉴팩처적 공업 → 간단 기계공업 → 고도 기계공업 등의 발달과정을 말하는 것이다. 영국만 보더라도 중상시대에 들어와 매우 발달하였던 수공업을 토대로 18세기 후반부터 산업혁명이 개시되었고 정부는 극력極力 업자의 경제를 보호하였기 때문에 공업은 자못 순조롭게 발달되어 금일에 이르렀다.

그 보다 훨씬 뒤떨어진 일본을 보더라도 원록 시대부터 비교적 순조롭게 발달한 수공업을 토대로 서양 기계생산 방법을 수입하였고 정부는 국내 산업을 보호하기 위해 초기에는 국영 공장만 기계 생산 방법을 채택하였는데, 민지민력民智民力이 계발됨에 따라 국영공장을 민간에 불하하였다. 정부가 업자의 경제 방조에 진력하여 합리한 발전을 얻어 오늘날 일본 공업을 보게 되었다.

완전히 초기적 수공업 시대에 있던 조선에 고도의 기계 상품이 조수같이 밀려들어 온 것은 정히 건설 없는 산업혁명을 의미하는 것인 만큼 산업의 개량 발달이 아니라 포기전업抛棄轉業의 충동을 가지게 된 것도 무리가 아닐 것이다. 이것이 조선인 공업 재건에 미친 영향이 막대하였다. 다시 말하면 조선인 공업의 근대화에는 관심과 기술의 연계성이 중단되어 있는 뿌리에 접붙이는 것이 아니라 마른땅에 씨 뿌리는 격이 되고 말았다. 뒤떨어진 조선인 공업이 더욱 뒤떨어지지 않을 수 없는 이유도 여기서 이해된다.

2) 자본의 결핍

산업자본은 수급관계 여하와 정책 여하에 따라 풍요·고갈의 분기점이 된다. 첫째 수급관계로 보면 조선은 일본보다 금리가 일반적으로 높은데다가 대출에 완고한 유담보주의와 담보물 엄선주의로 확실한 토지·건물과 공장

재단의 담보를 제공해야만 대출을 받을 수 있기 때문에 중소공업자에게 금융난이 초래되는 것은 당연한 일이다. 신용차금信用借金을 목표로 많은 은행 거래를 기도하는 통례도 있지만, 각자 이 방법을 취할수록 금융 통로는 점차 경색되기 때문에 결국 상호 신용계로 떨어지든지 고리대로 내몰리고 만다.

그러므로 조선 내 일본 내지인 경영의 공업회사는 대부분 일본 내지의 이입자금으로 충용하고 있다. 부父 회사로 하여금 주식을 인수케 하거나 부 회사 또는 부 회사와 관계 깊은 금융기관에서 자금을 차입하거나 사채를 발행하며, 그렇지 않으면 생명보험회사로부터 자금을 차입하는 것이 통례 이다. 그밖에도 인적·지역적 편의에 따라 저리 자금을 융통 받는 것이 많아 자금의 풍부, 저리 등은 조선인과 비할 바가 아니다.

특히 공업 자금은 상업 자금과 본질적으로 달라 반환 기간이 긴 저리 자금이 요구된다. 그뿐 아니라 자금 융통에 있어서 금융 번한繁閑(금융 거래의 양과 질)의 영향에 쉽게 좌우되지 말아야 한다. 이러한 조건을 가진 공업 자금을 풍부히 가질 수 있는 조선인 공업회사는 과연 몇이나 될 것인가. 조선인 공업 진흥을 위해 풍부한 장기 저리 자금이 요구되며 또 융통에 있어서 대인 신용을 중시하여 공업 진흥에 봉사하는 특수 금융기관이 요구된다.

상술한 바와 같이 오늘날 조선인 공업 경영에는 일반적으로 자금이 결핍되어 있기 때문에 공업기업에 투하될 자본액이 결정적으로 많지 않다. 공업기업에 합리한 조건을 갖지 못한 조선인 기업가는 그만큼 투자의 위험률이 높기 때문에 실력 이상으로 투자에는 인색한 태도를 보이는 것이다.

또한 공업투자에 역량을 가진 지주 계급도 없지 않지만, 일반 조선인 지주란 가장 전형적인 비생산적·비진취적인 산업 관리자인 까닭에 소작인과의 강력적 사실 관계나 작료 분배 관계 등에만 몰두한다. 그들은 농사 및 토지개량 등으로 인한 자본생산의 우회적 수익을 깨닫지 못하기 때문에 더욱이 공업투자에 관심을 가져 경영방법과 기술관계를 연구하는 자는 극히 드물다. 그들 대부분은 의연 토지를 기계적으로 집중하는 지주로의 발전만을 꾀하기 때문에 조선인의 공업투자가 뜻같이 늘지 않는 것도 우연한 일이 아니다.

요컨대 금일 조선의 자본 발전 단계는 아직도 농업자본에서 상업자본으로 움직이려는 과정에 있을 뿐 상업자본 단계에 미치기에는 요원하다. 최고단계인 금융 자본 단계는 조선인 자본 자체의 발전력으로 거기까지 도달할지도 아직 의문시되지 않을 수 없다.

3) 기술적 결함

공업은 가공적 생산과 경영을 가리킨다. 자세히 말하면, ① 물체의 물리적 성질을 변형하고 또는 구축하는 행위, ② 유리하게 이용할 수 있는 상태에서 동력을 물체에 부여하는 행위, ③ 화학적 방법에 의하여 물체의 화학적 성질을 변화시키고 또는 물체에 적당한 화학적 능동성을 부여하는 행위 등을 어떤 통일된 의사로 독립한 생산 조직체를 만들어 경제성을 목표로 경영하는 것을 일컫는다.

공업은 필연적으로 일반 자연 산업보다는 비교적 고도한 기술과 경영 지식이 요구된다. 이런 점에서 조선인 공업 기업을 타진한다면 거의 예외 없이 심히 저어한 상태에 있는 것을 볼 수 있다. 가장 큰 이유는 물론 조선인이 신문화에 그만큼 뒤떨어진 까닭이지만, 양전良田이 아니면 미곡美穀을 거둘 수 없는 것과 같이, 공업 기술과 지식을 잘 갖추지 못한 금일의 실정이 조선의 진보 발달을 그만큼 저해했다는 것을 부인하지는 못할 것이다.

그리고 중농주의의 교육방침에 오늘날 공업 교육 기관이 결핍하여 공업 지식을 배우기에도 막대한 불편이 있기 때문에 조선인은 공업 지식과 담을 쌓지 않을 수 없게 되었다.

이상은 주로 생산 기술 방면을 말한 것이지만 공업 경영 지식에 있어서는 해박한 경제 지식과 풍부한 실제 경험이 필요한 것은 물론이고, 가장 탄력적인 두뇌와 수완이 있어야 '과학적 경영법'을 운용할 수 있을 것이다. 이러한 모든 지력적智力的 요소가 부족한 것도 조선인 공업 발달에 한 장애라 하겠다.

4) 중농 정책

중농정책과 식민지 경략經略과는 불가분의 관계가 있는 만큼 조선에 중농정책이 실시되고 있는 것도 특례가 아니다. 중농정책은 농업으로 산업의 대본大本을 삼는 후진 지역에 가장 순응적인 산업정책인 동시에 식민국에 풍부하고 저렴한 원료 및 식료품을 능률적으로 공급하는데 효과적이며 또 식민국 자본 및 상품에 독점적 시장을 만드는 데에도 적합한 정책이었다.

그러므로 중농주의는 식민지 정세 순응이라 하여 고조될 수도 있고 기타의 경우에도 제창될 수 있을 것은 물론이다. 1918년 인도의 '몬택 횔름스포드' 공업진흥안은 식민지 중농정책의 포기를 의미하는 것은 아니었지만, 인도의 빈곤을 완화하기 위한 공업진흥정책이었던 만큼, 평자評者는 '전시戰時 인도의 마음을 사기 위한 영국 정부의 정치적 양보'라고 할 정도로 중농정책은 중공정책과 성질상 대립되어 있는 것임을 알 수 있다.

돌이켜 금일 조선의 경제 실정을 돌아보면 단일적 산업인 농업은 중농정책에 의하여 산미증식·전작田作 증식·농사개량을 대규모로 실행한 결과 질이 나아지고 양이 증가된 것은 사실이지만, 농작 수지는 의연 결손으로 일관되어 이제는 농작경제의 밑바닥이 거의 드러나게 되었다.

그러나 조선에 있어서 '몬택 횔름스포드' 안은 아직도 마련될 낌새가 보이지 않는다. 선진국에 있어서도 공업 입국을 달성하는데 나라의 재산을 소비함이 거대하였고 법률적·정책적으로도 이를 보호 장려에도 최선을 다한 것이다. 정치적·경제적 특수지역인 조선에 있어서 적극적 진흥정책이 실시되지 않는다면, 여하히 다른 객관적 조건이 성숙되었다 할지라도 용이하게 달성되지 않을 것이라는 것은 예상할 수 있는 것이다.

5) 공업의 영세적 분산

공업발달에는 분업·분직分職이 필요한 동시에 집중·결합이 요구된다. 그러나 조선인 경영 공업은 거의 전부가 영세 공업인데다 또 분산적이다. 그러므로 그것은 필연적으로 조선 내 우수 공업과 일본 내지 공업에 2중 3중의 압박과 견제를 받고 있는 것이다. 영세공업이라 할지라도 상호 긴밀한 연락과 결합이 있으면 공업조합 같은 것으로 소공업의 특수 이익을 옹호할 수 있고, 또 어느 정도 경쟁자에 대항할 가능성도 있지만, 실제로 그것은 전연 도외시되고 있다. 그리고 대자본·대역량을 가진 대기업가가 없기 때문에 영세공업을 집중하여 유력한 대공업을 건설할 수도 없다. 이에 일반 조선인 공업은 사업 기초가 심히 박약하여 외부적 경제 변동과 유력한 경쟁자 출현에 따라 기궐흥폐起蹶興廢는 매우 무상無常한 상태에 있다.

조선인 공업은 영세공업인 만큼 '경영의 전문화'를 볼 수 없을 뿐만 아니라 '전문화된 경영'을 결합시키는 고급적 경영 형태('카르텔', '트러스트' 등)를 갖지 못한 까닭에, ① 원료 구입, ② 부분품 구입(자기 공장에서 생산하지 않는 것), ③ 부산품 혹은 폐물의 이용, ④ 열熱의 경제 등에 유리한 생산 관리 수단(생산비 저렴화)을 가질 수 없어 대량생산을 꾀할 수 없다. 또한 ① 선전, ② 제품 배급, ③ 판로 개척 등 제품 판매 수단도 효과적인 편의를 갖기 어렵다.

6) 보호관세정책의 불완전

독립적 경제지역의 산업 보호는 성장 발육을 침해, 견제하는 외래적 경제 요소의 침입을 조절, 방지할 필요가 있다. 특히 산업 발달이 유치한 후진 지역에서는 내부적으로 적극적인 보호 장려의 수단을 강구하기 보다는 외부적 침해 세력을 방지하는 것이 한층 효과적이다. 그러므로 각국은 국내 소비층의 적지 않은 손실을 희생하고라도 다투어 보호관세정책을 실시하고 또 환율 가격 변동으로 인해 수출 감소, 수입 초과될 경우에는 환율 '덤핑' 전戰을 개시하여 어디까지든지 자국 산업과 무역을 보호 조장하고자 한다. 더욱이 국제 경제적 지위를 향상시키기 위해 경제 '블록'을 결성하기에 이른 것이다.

보호관세정책을 새삼스럽게 말한다는 것은 이미 철늦은 말이 되고 만다. 그러나 조선을 경제의 한 단위로 본다면 조선에는 아직도 보호관세정책의 불완전을 지적하지 않을 수 없다. 즉 조선 이외에서 유입되는 물화의 총액 (수이입 총액) 3억 2,040여 만 원 중(1932년) 이입액은 2억 5,867만여 원으로 총액의 81%를 점하였다. 하지만, 세액은 271만 원에 머무른 반면 수입액은 6,174만 9천여 원으로 총액의 겨우 19%를 점하였고, 세액은 525만여 원에 달하여 이입세보다는 약 배가 많게 된 것이다.

이것은 동일 국민경제 체계 내에 있기 때문에 이입세율을 수입율과 같이 올린다는 것은 기대할 바가 아니지만, 경제와 산업 발달의 정도가 다른 조선이란 특수경제지역의 특수성을 고려한다면 현행 이입세율은 매우 타당하지 못한 것이다.

현행 이입세를 보면 주정酒精·주류酒類·직물 등에 약간의 이입세를 부과할 뿐(직물 중 면직물은 종래 이입세율의 3분지 1을 감하여 종가 5분으로 됨) 그밖에는 전연 이입세가 철폐되었다. 그러므로 조선의 유치한 공업은 일본 내지의 그것에 압박되지 않을 수 없는 역경에 처하게 되었다. 이것이 조선 공업 진흥에 중대 문제일 것은 더 말할 필요가 없다.

만일 이입세율을 현행 수입세율의 반액만큼 올린다 할지라도 이입액 2억 5,867만 원에 대한 이입세 총액은 1,107만 5천여 원[19]에 달할 것인즉 그만큼 재정수입은 느는 동시에 조선 내 공업진흥에는 적지 않은 영향을 미칠 것이다.

7) 소규모 공업으로서의 결함

조선인 경영의 공업은 대개 소규모 공업이므로 본질적 결함을 필연적으로 가지고 있다. 그 중요한 것을 들면 다음과 같다.

① 공장은 기계화된 부분이 적기 때문에 주로 수공적 소량 생산에 그쳐 생산 단가가 비싸며, ② 또한 품질의 균일성을 잃게 된다(규격 불통일). ③ 그리고 공장 설비가 불비 불완전하고 구식인 것이 많아 이용율이 낮고 낭비가 심해 생산 능률이 향상되지 않으며, ④ 기업起業이 용이 간편한 까닭에 자연 경쟁자가 많이 생겨 각자는 경쟁에 열중하기 때문에 때로는 생산비 이하로 팔게 되고, ⑤ 조제품粗製品 남발로 신용을 실추하기 쉽다. ⑥ 또 경제계·시장계에 전문적 연구가 부족하여 원료 구입, 제품 판매에도 불리를 초래하기 쉬우며, ⑦ 자금력이 빈약하고 금융조직의 불완전으로 항상 중매인과 도매상에 끌려 다니게 되고, ⑧ 기업 경제와 가정 경제가 혼동되기 쉬워 기업 자체의 건실한 발전을 볼 수 없게 된다.

---

19 수입품 종별 세율의 반액으로서 이입품 중 당해 품종의 양에 곱한 것이 아니라 수입세 총액의 반액으로서 이입액에 대한 비례액을 계산한 것임.

8) 공업기초에 대한 인식의 결여

공업기업에는 원료 자원과 동력 자원의 인식, 이용에 밝은 지식이 필요하다. 그런데 이에 대한 당국의 조사도 불충분한 것이 사실이지만, 이미 조사되었다 할지라도 조선인 기업가는 이를 재조사, 재연구할 뜻이 극히 적기 때문에 일반적으로 그 실정에 견문이 좁고 사리에 어두운 것이 사실이다. 따라서 기업 영역은 극히 보편적으로 알려진, 다시 말하면 남이 이미 기반과 세력을 가지고 있는 것이든지, 한번 씩 거쳐 간 공업 부문만 따라가기 때문에 새로 유망한 사업을 개척할 수 없다. 그러므로 조선은 공업적 처녀기에 있으면서도 신흥 기분氣分이 없고 업태는 쇠미한 상태에 있다.

6

조선 노동자 현황

조선 노동자의 수효

조선에 노동자 수효는 얼마나 될까. 농촌인구의 과잉(주로 인위적 인구 과잉을 가리킴)으로 농민 이촌자의 격증, 도시 실업군의 증대, 조선 내 근대산업의 발달과 공장 수의 격증, 토목사업의 발전 등은 필연적으로 많은 노동자를 만들어 냈다. 그러나 조선의 자본주의는 농업경제의 뱃속에서 성장된 것이 아니고 외부의 자본주의가 급류 같이 몰려들어 형성되었다. 이에 농업경제는 건설 없는 파괴만을 입게 되어 신 경제 산업 후보군이 갑자기 길가로 쏟아져 나왔기 때문에 그들을 흡수할 만한 산업기관이 미처 준비되지 못하였다.

따라서 무수한 무산자군無産者群은 겨우 그 일부만 공장노동자가 되었을 뿐 대부분은 옥외屋外 자유노동자가 되어 실업失業과 싸우고 있는 상황이며, 나머지는 완전히 실업군이 되어 기근에 당면하여 정처 없이 떠돌아 다니는 형편이다. 이제 많은 무산 실업군 가운데 노동자화한 수효와 실업 상태에 있는 것을 불충분하지만 조사한 바에 따르면 표 3-60과 같다.

표 3-60 노동 종류와 조선·일본·중국인 현황 (단위 : 명)

노동 종류	조선인	일본인	중국인	합계
보통 인부	286,631	1,436	6,289	294,356
십장	3,380	573	507	4,460
토공	32,726	998	5,183	38,907
습응토연공(濕凝土練工)	4,284	267	515	5,066
벽돌공(煉瓦積工)	1,139	210	650	1,999
석공	5,076	656	1,577	7,309
대리석공	217	22	81	320
갱부(광산갱부 아님)	12,672	432	1,283	14,387
우물파는사람(井戸堀工)	3,085	244	91	3,420
뱃짐운반부(仲仕)	9,475	539	181	10,195
삼 엮는 사람(薦人夫)	1,288	239	29	1,556
목수(토공용)	5,267	1,326	722	7,315
목수(家作)	18,954	2,950	1,001	22,905
목수(家具)	4,416	677	406	5,499
목수(窓戸)	3,577	595	349	4,521
목수(彫刻)	923	48	44	1,015
미쟁이	8,592	730	223	9,545
짐이는사람	5,424	95	194	5,713
양철공	2,157	332	184	2,673
자리제조공(筵席工)	314	451	5	770
대장장이(鍛冶工)	12,817	835	510	14,162
나무꾼(木挽)	7,918	176	733	8,827
빵기공	669	206	25	900
목형공(木型工)	297	45	23	365
잠수부	725	111	—	836
광산노동자	22,670	215	728	23,613
공장노동자	37,247	2,330	2,607	42,184
짐꾼(擔軍)	84,681	8	28	84,717
선동(鮮童)	155,995	79	61	156,135
선부(鮮婦)	163,215	24	32	163,271
기타(분류 불명한 것)	157,039	3,783	1,827	162,649
우마차부	83,147	1,859	408	85,414
계	1,136,017	22,491	26,496	1,185,004

* 조선철도협회 철도관계조사위원회 1928년 7월 말조에 의하여 계산함.

표 3-61 조선·일본·중국인 반농반노재(半農半勞) 및 실업자 수 (단위 : 명)

종류	조선인	일본인	중국인
반농반노자	987,778	10,395	1,934
실업 및 유민(遊民)	97,332	3,143	204
합 계	1,085,110	13,538	2,138

* 노동 능력 없는 자는 계상치 않음.

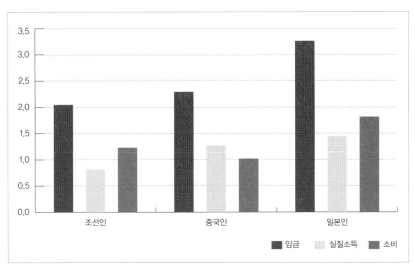

그림 3-17 조선인·일본인·중국인 평균 노동수지 비교도

즉, 조선인 노동자의 총수는 113만 6,017명으로 조선 내 노동자 총수 118만 5,004명의 95.8%를 점하고 있으며 일본인 노동자는 2만 2,491명으로 1.8%, 중국인 노동자는 2

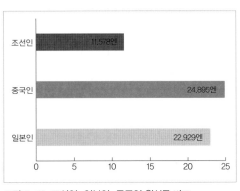

그림 3-18 조선인·일본인·중국인 월실득 비교

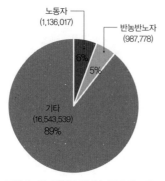

노동자
(1,136,017)

반농반노자
(987,778)

6%

5%

기타
(16,543,539)
89%

그림 3-19 전인구 대비 노동자 비교도

만 6,496명으로 2.2%를 넘지 못한다.

이제 조선인 노동자 총수 113만 6,017명을 1928년 말 당시의 조선인 총인구 수 1,866만 7,334명과 비교하면 6.1%에 지나지 않는다. 만일 여기에 농촌의 최저인 소작농(순소작농) 125만 5,954호를 1호 1인으로 대표시켜 노동자 수와 합하면 239만1,971명으로 전 인구(조선인)의 12.8%를 점하며, 또 반농반노자 및 실업자 총수 108만 5,110명을 합산한다면(표 3-61 참조), 347만 7,081명으로 전 인구 수에 28.6%를 차지한다.

그러나 347만 7,081명이라는 숫자는 1명이 각각 평균 4명 내지 5명씩의 가족을 대표하는 숫자이기 때문에 실상은 1,390만 내지 1,700만 명을 의미하는 것이니 얼마나 놀라운 수효인가.

공장 노동자 수

다음으로 공장 노동자의 수효를 보자. 무릇 공장 노동자는 근대적 산업의 중추로서 그들의 사회적 지위는 18세기 '부르조아지'의 지위 이상으로 중대하다. 조선의 농업노동자가 프롤레타리아화하기 시작한 지는 아직 수십여 년에 지나지 않아 짧을 뿐만 아니라 같은 토종 계급 가운데도 극히 적은 부분을 차지한다. 그런데 1910년 합병 당시와 비교한다면, 놀랄만한 속도로 그 수효가 늘어났다.

표 3-62 전조선 공장노동자수

구분	공장 수	종업원 수(명)
일반 5인 이상	3,943	91,676
관영	14	6,952
전기제조	74	606
특련	2	1,370
합계	4,033	100,604

* 1912년에는 공장 15개소, 종업원 8,330명임(1931년 조선총독부 자원조사에 의함)

최근 조선총독부 자원 조사 중에서 얻은 공장 노동자의 숫자는 표 3-62와 같다. 이에 따르면 조선 공장 종업원의 총수는 10만 604명에 달한다. (조선철도협회 철도관계 조사원에서 조사한 것과는 5만 명 이상 많다. 조사 시점이 2년 정도 다르지만 이처럼 차이가 큰 이유는 철도협회 측과 조선총독부 측 조사가 공장 단위를 서로 달리하였기 때문이다. 즉 조선총독부 측 조사는 5명 이상 직공 사용처를 공장으로 인정하였지만, 철도 측은 훨씬 그 단위를 높여 계산한 것이 아닌가 한다. 두 가지 조사 통계의 소용되는 점은 전자는 전 조선 노동자 수효를 아는 데, 후자는 공장 노동자의 전수를 아는 데 있다).

이제 10만 604명이라는 숫자는 곧 노동자의 수효가 아니고 직원 수까지를 포함한 소위 공장 종업원 총수이므로 약 만 명 가량은 빼는 것이 옳을 것 같다. 1929년 조선총독부의 공장 종업원 조사 통계에 총 종업원 9만 2,566명 가운데 공장 직원수 9,138명이 포함되었기 때문이다. 1931년도에 종업원 총수가 8,038명이던 것을 참작하여 직원 수를 약 만 명으로 잡고 그것을 총 종업원 수효로부터 뺀 약 9만 명 가량을 공장노동자로 치는 것이 옳다는 것이다(종래 잡지·신문 등에서 왕왕 종업원 수효를 직공 수효인 것처럼 발표하고 있지만 그것은 착오이다).

공장 노동자의 산업별 분포

다음으로 공장노동자의 산업별 분포수는 표 3-63과 같다. 이것을 다시 산업별 분포순으로 총 노동자 수에 대한 백분비로 산출하면 표 3-64와 같다.

식료품공업 부문에 취역하는 노동자가 총수의 33%를 점한다는 것은 조선이 판에 박힌 농산국이라는 것을 잘 말해주는 것이다. 방직공이 그 다음 순이 된 것은 조선의 값싸고 풍부한 노동력과 원료에 일본의 방직업 자본이 더해졌기 때문이다. 그런데 선진 제국에서 가장 발달한 중공업(금속·기계·제련 등 공업)이 조선에서는 아직도 매우 유치한 상태에 있기 때문에 종업원 수가 맨끝이다.

공장노동자의 연령별 수와 성별 수를 보면, 16세 이하 소년공이 2,326명이고 소녀공은 6,241명으로 소녀공이 3,900여 명이나 더 많다. 이와 달리 50세 이하 16세 이상의 노동자는 남자 4만 7,927명이고 여자 1만 9,473명으로 남공男工이 2만 8,454명이 더 많다. 무릇 소녀공이 많은 것은 비교적 근력을 많이 필요치 않는 방직공업에서 가장 저렴한 최저 노동력을

방직공장에서 일하는 여성노동자의 모습

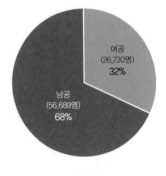

그림 3-20 노동자 현황

표 3-63 공장노동자의 산업별 분포(1929년) (단위 : 명)

산업별	공장수	직공						기타		합계
		16세 이하		50세 이하		50세 이상				
		남	여	남	여	남	여	남	여	
방직공업	240	444	4,703	3,274	9,039	21	46	553	188	18,268
금속공업	225	223	–	2,452	18	46	–	70	–	2,809
기계기구공업	218	163	–	3,183	1	53	2	104	2	3,508
요업	314	224	27	5,120	373	108	4	779	76	6,711
화학공업	392	176	446	4,614	3,995	141	6	592	107	10,077
제재 및 목제품 제조업	152	128	23	2,942	36	29	1	523	–	3,682
인쇄 및 제본업	208	171	4	3,778	64	31	–	100	5	4,153
식료품공업	1,950	272	644	1,8383	4,947	306	204	2,577	315	27,648
와사 및 전기업	75	–	–	815	–	–	–	13	–	828
기타 공업	235	425	394	3,366	1,000	112	19	278	50	5,644
총계	4,009	2,226	6,241	47,927	19,473	847	282	5,589	743	83,328

* 본 표는 5인 이상 상용공장의 직공수 만을 뽑은 것임(원표에는 직원수도 가산되었음). 관영공장은 이에 포함되지 않았음. * 1931년 간 『조선총독부통계연보』에 의하여 채산함.

표 3-64 산업별 노동자 비율

순	산업구별	노동자 수	백분비(%)	순	산업구별	노동자 수	백분비(%)
1	식료품공업	27,648	23	7	기계기구공업	3,508	4
2	방직공업	18,268	21	8	금속공업	2,890	3
3	화학공업	10,077	12	9	와사전기업	828	0.9
4	요업	6,711	8	10	기타공업	5,644	6
5	인쇄 및 제본업	4,253	5	합계		83,428	100
6	제재 및 목제품 제조업	3,684	4				

* 백분비에 1이하의 단수를 제함.

사들인 까닭이며, 또 중년급에 남공이 압도적으로 많은 것은 여공보다 고임일지라도 작업 능률이 높기 때문이다. 그리고 50세 이상에서도 남공의 수가 약 3배 많다. 연령 미상한 기타에 속하는 남녀 공수에도 남공이 여공보다 7.5배 많은데 이를 남녀별로 총계를 내면 그림 3-20과 같다(관영공장 노동자 6,952명은 포함치 않음).

조선 노동자의 임금

값싼 노동력은 싼 원료와 같이 제3기 자본주의의 구성을 가능케 한 근본적 요건이다. 즉 이는 일본 자본주의의 국외 진출을 유인한 절대적인 매력이었던 것이다. 조선은 이 같은 매력을 가진 처녀지였기 때문에 조선에 건너온 일본 자본주의는 가변 자본의 감소 – 생산비 저하로 막대한 이윤을 획득하였다. 표 3-65의 업종별 민족별 노임통계는 그 관계를 설명하고도 남음이 있다. 먼저 일반 노동자의 임금부터 살펴보기로 하자.

　일반 노동 25종의 임금 평균을 보면, 일본인은 2원 97전, 조선인은 1원 76전, 중국인은 1원 60전[1]으로 임금 고저의 상중하는 스스로 판명되었다. 그렇다고 각 민족의 일반 노동자가 실제도 평균적으로 받는 노임으로 알아서는 큰 착오이다. 왜냐면 노동자가 실제로 분배 받고 있는 노임은 일반업 평균 노임에다 그 업무노동자 수를 곱한 뒤 그 합계를 총 노동자 수효로 나눈 것이 아니기 때문이다. 그러므로 상술한 민족별 평균 노임이란 자못 민족별, 고저 차이만을 알고자 하는 데만 효용이 있을 뿐이다.

1　표의 수치와 다르지만 책자에 실린 그대로 둔다.

표 3-65 업종별 노동자 임금대조표(1929년 중 평균, 단위 원)

목수	일본인	3.64	**양조공**	일본인	×76.38
	조선인	2.18		조선인	×36.34
	중국인	1.94		중국인	×30.00
미쟁이	일본인	3.85	**간장[醬油]제조**	일본인	×60.00
	조선인	2.40		조선인	×34.77
	중국인	2.30		중국인	×20.00
석공	일본인	3.95	**흙일[土役]**	일본인	3.13
	조선인	2.25		조선인	1.62
	중국인	2.30		중국인	1.40
나무꾼 [木挽]	일본인	3.67	**보통인부**	일본인	1.72
	조선인	2.16		조선인	0.91
	중국인	2.06		중국인	0.90
집수리 [家葺]	일본인	3.47	**흙파는사람**	일본인	2.18
	조선인	2.12		조선인	1.05
	중국인	2.14		중국인	0.90
벽돌공 [煉瓦積]	일본인	3.97	**자동차 운전**	일본인	2.58
	조선인	2.58		조선인	2.00
	중국인	2.35			
빼기공	일본인	3.55	**인력군**	일본인	2.90
	조선인	2.12		조선인	2.32
	중국인	1.59		중국인	1.59
제조공자리 [疊工]	일본인	3.09	**짐꾼[擔軍]**	조선인	0.85
	조선인	1.57			
	중국인	0.89			
표구공 [塗紙工]	일본인	3.38	**농업노동(월급)**	일본인	20.00
	조선인	1.89		조선인	11.25
	중국인	1.80		중국인	12.00

	일본인	3.51		일본인	1.50
술통 및 통공 [桶工]	조선인	2.08	농업노동(일급)	조선인	0.77
	중국인	2.00		중국인	0.50
	일본인	3.33		일본인	2.28
수레제조	조선인	2.19	어부	조선인	1.50
	중국인	2.00		중국인	2.00
	일본인	2.42		일본인	2.70
염물	조선인	1.31	뱃짐운반[船荷運搬]	조선인	1.41
	중국인	1.65		중국인	1.50
	일본인	3.13		일본인	×21.12
양복재봉	조선인	1.83	하남(下男)	조선인	×13.35
	중국인	1.30		중국인	×8.42
	일본인	2.68		일본인	×17.63
제화공[靴工]	조선인	2.13	하녀(下女)	조선인	×9.77
	중국인	1.50			
	일본인	2.43		일본인	×34.94
활판식자	조선인	1.41	하급선원	조선인	×26.86
				중국인	×21.00
	일본인	2.22		일본인	2.97
이발	조선인	1.49	평균	조선인	1.76
	중국인	1.25		중국인	1.63

* ① ×표는 식사부 월급이므로 평균에서 제외함. ② 1931년간 『조선총독부통계연보』에 의하여 채
산함.

조선인 노동자 가운데는 최저임 노동을 업으로 하는 보통 인부가 전 조
선인 노동자 수효의 25.2%(철도협회조사 숫자에서 계산함)에 달하지만 일본인
노동자 가운데는 그 수효가 6.2%에 지나지 않는다(중국노동자 중에는 24%).
이것만 보아도 각 민족 노동자들에게 실제로 분배되는 노임은 상술한 민족

별 노임액과 다르다는 것을 알 수 있다. 즉 조선인 노동자 중에는 숙련자가 적은 만큼 일반 노임 실수액은 자못 떨어지며 일본인과 중국인은 미숙련 노동자가 적은만큼 정반대의 결과가 나오는 것이다.

공장 노동자의 임금

다음으로 1929년도 공장 노동자의 민족별 임금 평균을 보면 표 3-66과 같다.

조사공장 : 50명 이상 직공 상용 공장 196곳

조사업종 : 37개 업종

조사기간 : 1929년 1월 초부터 12월 말까지

표 3-66 1929년 민족별 공장노동자 임금 대조표

구분			임금(엔)	업종시간	종업원수
일본인	남	성년공	2.32	10.2	2,307
		유년공	0.71	10.1	39
	여	성년공	1.01	9.8	158
		유년공	0.61	10.4	4
조선인	남	성년공	1.00	10.1	23,404
		유년공	0.44	9.9	1,177
	여	성년공	0.59	9.9	14,072
		유년공	0.32	9.8	606
중국인	남	성년공	1.04	10.1	1,981
		유년공	0.39	10.4	18
	여	성년공	0.56	9.7	23
		유년공	–	–	–

표 3-67 일본인·조선인·중국인의 최고 최저 임금

구분			최고		최저	
			업종	임금	업종	임금
일본인	남	성년공	병기제조업	3.82	과자제조업	1.50
		유년공	제사업	1.00	의복재봉업	0.38
	여	성년공	고무공업	1.60	성냥제조업	0.70
조선인	남	성년공	조선업	1.80	온박제조업	0.70
		유년공	차륜제조업	0.65	가발제조업	0.25
	여	성년공	양말제조업	0.98	가발제조업	0.35
		유년공	고무공업	0.54	의복재봉업	0.19
중국인	남	성년공	시멘트제조업	2.56	모자제조업	0.50

표 3-66은 공장수, 조사기간 등으로 한정되었기 때문에 자못 정확한 숫자를 알기 곤란하지만 대체로 임금의 민족별 차별 개황을 살피는데는 크게 크게 어그러짐이 없을 것이다. 위 표에 의하면 일본인 공장 노동자의 평균 임금은 1원 16전(남녀 성·유년공 총평균)이고, 조선인은 58전이니 일본 인은 꼭 두 배나 많은 임금을 받는 셈이다. 아무리 조선인 노동자가 공업 노동자로서 능률이 낮다할지라도 절반 밖에 안 된다는 것은 능률 이외에 다른 이유, 즉 노동자가 흔해 빠졌다는 것과 민족적 차별 대우가 심하다는 것을 말해준다.

다음으로 일본인·조선인·중국인의 최고 최저 임금을 보면 표 3-67 과 같다. 일본인은 최고 3원 82전, 조선인은 1원 80전으로 1원 10전 차이 가 있고 중국인과 비교하여도 76전이 떨어진다. 최저임은 조선인 소녀공이 19전으로 최저다. 임금 문제는 조선 노동 문제에 지대한 관계가 있는 만큼 좀 더 정밀하게 각 업종 민족별 임금 내용을 살펴보기로 하자.

1930년은 전년도보다 한층 재계의 불황이 심각하여 각 공장에서는 노동력 구매를 철저히 긴축하였다. 양적으로는 해고를 무자비하게 단행하는 동시에 질적로는 노임을 사뭇 저하시키고 말았다.

표 3-68의 1930년도 민족별 공장노동자 임금 대조표를 보면, 가장 많은 사용자인 성년남공成年男工의 경우 임금이 모조리 1929년보다 떨어진 것은 특히 주의할 요점이다. 성인 남녀 노동자의 임금을 그래프로 나타낸 것이 그림 3-21이다. 무릇 불황의 책임을 노동자에게 전가시키는 것은 자본주의 생산조직에 있어서 새삼스러운 일이 아니지만, 노동자의 자위 능력이 극히 적은 식민지에서는 자주 일어나는 일이다. 이는 공장 직공에 있어서도 그렇지만 특히 일반 노동자의 임금에 있어서 더욱 심하다. 예로 사방에서 옳다 그르다 비판을 받고 있는 궁민구제窮民救濟 공사임금 같은 것은 얼마나 언론 도단적인 저임低賃인가.

표 3-68 1930년 민족별 공장노동자 임금 대조표

인원 구별			임금	종업시간	종업자수
일본인	남	성년공	1.96	8.48	5,399
		유년공	0.63	8.42	65
	여	성년공	1.02	9.30	344
조선인	남	성년공	0.94	9.48	26,272
		유년공	0.47	10.18	1,072
	여	성년공	0.61	10.42	16,682
		유년공	0.39	10.42	3,939
중국인	남	성년공	0.85	10.06	2,247
		유년공	0.34	10.36	24

*《조선총독부조사월보》에 의함. 조사공장 : 58개 이상 사용공장 233개소, 조사업종 : 37개의 업종, 조사시기 : 1930. 1~12월까지

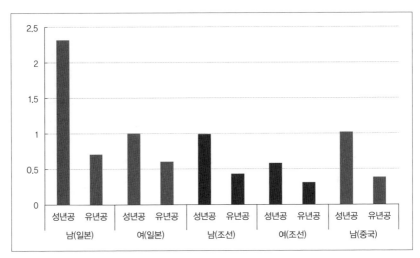

그림 3-21 1929 · 1930년 성인 남여 노동자 임금 비교도

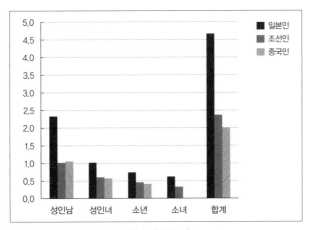

그림 3-22 민족별 각 연령 1인당 공장 임금 비교

노동자의 수지

노동자의 수지관계를 어떻게 하면 명확하게 알 수 있을까. 이것은 여간 어려운 일이 아니다. 첫째, 업종별에 있어서 빠짐 없어야 될 것이고, 둘째 조사인원 수가 전 노동자수의 적어도 3분의 1가량은 되어야 할 것이며, 셋째 조사기간에 있어 사계는 물론이고 흉년·풍년과 호황·불호황 등 모든 통계년의 평균 숫자를 얻지 않으면 안 될 것이다. 그러나 이 같은 조건 하에서 얻은 조사통계를 아직 발견하지 못하였기 때문에 불충분하나마 1928년 7월 철도업무 관계조사위원회에서 조사한 것에 의거하여 일반을 들춰보기로 하자.

이는 38개 업종을 선택하여 조선인 426명, 일본인 123명, 중국인 64명 합계 615명 개개인의 수지 관계를 조사한 것이다. 이를 직업별·민족별로 노동자의 1일 임금을 정리한 것이 표 3-69이고 1일 비용과 단체 소감所感을 보여주는 것이 표 3-70이다.

표 3-69의 총계 중 임금 평균 숫자는 한 개인 노동자가 실제로 받는 노임 평균 숫자가 아니라 각 노임 업종의 평균 임금 숫자임을 독자는 특히 주의하기를 바란다. 다시 말하면, 본 표의 총계 중 평균 숫자는 민족별 각 업종 상대적 평균노임이지만 전 조선 각 민족별 노임 총액에 전 조선 각 민족별 노동자 총수를 제한 것이 아니기 때문에 한 노동자의 실제 분배액이 아니다. 따라서 저임 노동자가 최대 다수인 조선 노동자 실제의 평균 노임은 본 표 총계의 평균 노임보다 훨씬 저하된다.

단체 소감이란 것은 '동업조합과 및 기타 단체'에 대한 노동자 자신의 감상을 희망, 무관심 등 2종으로 나눠 조사한 것이다. 1일 평균 실제 수입이란 것은 1일 임금에서 1일 생활비를 공제한 잔액이고, 본 표는 조선인·일

표 3-69 직업별·민족별 노동자의 1일 임금

직업별	조사 인원			1일 임금		
	조선	일본	중국	조선	일본	중국
보통 인부	104	–	25	0.810	–	0.861
삼 엮는 사람(鳶)	43	4	1	1.860	2.371	2.500
목수	132	24	16	2.000	3.450	1.942
석수	14	21	8	2.214	3.685	1.750
미쟁이	6	4	–	2.216	3.750	–
짐 이는 사람	11	3	–	2.554	3.500	–
양철공	6	–	–	1.933	–	–
자리제조공(莚席工)	–	2	–	–	3.000	–
대장장이(鍛冶工)	19	3	1	1.950	3.833	3.000
나무꾼	2	–	–	2.000	–	–
뺑끼도공	7	2	–	2.700	3.500	–
표구공(塗紙工)	2	2	2	2.000	3.000	2.000
목도꾼(木頭)	33	–	–	1.281	–	–
하역인부(濱仲仕)	1	3.000	–	1.500	1.977	–
벽돌공(煉瓦工)	8	3.500	2	1.162	1.856	0.641
선원	1	–	–	1.500	–	–
갱부	18	2700	1	1.183	1.386	0.580
대리석공	6	3250	–	1.700	1.873	–
목형공(木型工)	2	3500	–	3.000	2.174	–
우물파는 사람(井戶堀工)	1	–	–	2.250	–	–
흙파는 사람(土方)	4	–	–	1.750	–	–
유리공(硝子工)	4	–	–	2.500	–	–
습응토련공(濕凝土煉工)	18	–	1100	1.125	–	0.601
철근공(鐵筋工)	13	3.500	–	2.615	2.971	–
잠수부	2	6.000	–	5.000	1.988	–
우마차인부	9	–	–	3.561	–	–
짐차인부	4	–	–	1.200	–	–
화작공(火作工)	2	2	2	2.000	4.000	2.000
기계공(機械工)	2	2	–	2.000	3.500	–
마무리공(仕上工)	2	–	2	2.250	–	2000
제철공	2	2	–	2.500	3.000	–
주물공	3	–	2	2.150	–	2.000
기계운전수	2	3	–	1.792	2.886	–

직업별	조사 인원			1일 임금		
	조선	일본	중국	조선	일본	중국
전기공	3	3	–	2.000	3.333	–
봉제공	2	2	–	1.700	2.000	–
십장	15	–	1	1.193	–	1.000
집사·감독(世話役)	1	28	–	2.500	2.258	–
공부(工夫)	3	3	–	1.200	1.500	–
합계	426	123	64	2.022	5.250	1.796

표 3-70 직업별·민족별 노동자의 1일 비용과 단체소감

직업별	1일 비용(費用)			단체 소감					
				망(望)			무(無)		
	조선	일본	중국	조선	일본	중국	조선	일본	중국
보통 인부	0.715	–	0.539	68	–	21	35	–	4
삼 엮는 사람(薦)	1.023	1.277	0.604	32	4	1	11	–	–
목수	1.174	1.914	0.822	22	17	15	11	7	1
석수	1.091	1.786	0.746	7	14	6	7	7	2
미쟁이	1.381	1.833	–	5	2	–	1	2	–
짐 이는 사람	1.396	1.735	–	11	2	–	–	1	–
양철공	1.416	–	–	6	–	–	–	–	–
자리제조공(筵席工)	–	1.778	–	–	–	–	–	2	–
대장장이(鍛冶工)	1.218	1.684	0.795	18	3	1	1	–	–
톱질하는 사람(木挽)	1.473	–	–	2	–	–	–	–	–
팽기(塗工)	1.427	1.814	–	7	2	–	–	–	–
표구공(塗紙工)	1.142	1.955	0.685	2	2	2	–	–	–
목도꾼(木頭)	0.830	–	–	24	–	–	9	–	–
하역인부(濱仲仕)	1.165	1.977	–	–	–	–	1	1	–
벽돌공(煉瓦工)	0.956	1.856	0.641	8	3	2	–	–	–
선원	1.207	–	–	1	–	–	–	–	–
갱부	0.895	1.386	0.580	15	2	1	3	–	–
대리석공	1.230	1.873	–	6	2	–	–	–	–
목형공(木型工)	1.820	2.174	–	–	–	–	–	–	–
우물파는 사람 (井戶堀工)	1.016	–	–	1	–	–	–	–	–
흙파는 사람(土方)	1.384	–	–	4	–	–	–	–	–

| 직업별 | 1일 비용(費用) | | | 단체 소감 | | | | | |
| | | | | 망(望) | | | 무(無) | | |
	조선	일본	중국	조선	일본	중국	조선	일본	중국
유리공(硝子工)	1.221	–	–	4	–	–	–	–	–
습응토련공(濕凝土煉工)	0.815	–	0.601	10	–	1	8	–	–
철근공(鐵筋工)	1.489	2.971	–	13	9	–	–	2	–
잠수부	1.353	1.988	–	2	–	–	–	1	–
우마차인부	2.360	–	–	5	–	–	4	–	–
짐차인부	0.990	–	–	4	–	–	–	–	–
화작공(火作工)	1.207	2.047	0.673	2	2	2	–	–	–
기계공(機械工)	1.482	1.935	–	2	2	–	–		
마무리공(仕上工)	1.054	–	0.781	2	–	2	–		
제철공(製鐵工)	1.429	1.888	–	2	2	–	–		
주물공(鑄物工)	1.238	–	0.707	3	–	2	–		
기계운전수	1.128	1.754	–	12	3	–	9		
전기공	1.398	1.936	–	–	–	–	–		
봉제공	1.125	1.274	–	–	–	–	2		
십장	0.973	–	0.768	6	–		10		1
집사·감독(世話役)	1.172	1.474	–	1	16	–			
공부(工夫)	0.833	1.219	–	–		–	–		
합계	1.234	1.813	0.687	307	87	56	112	23	8

1일 1인 평균 실득 : 조선인 0.788리, 일본인 1.437리, 중국인 1.109리(위 숫자에서 계산함)

* 철도업무 관계조사회 제4부 1928년 9월조의 기본 숫자에 의하여 채산함.

본인·중국인 노동자 합 613명을 조사한 것인데 각자 모두 취업지역을 달리한 점에 있어서 조사의 고심을 알 수 있다.

이상에 의하면 조선 노동자 37업종의 매업每業 1일 평균 노임은 2원 2전 2리로 민족별로 보면 제2위를 점하고 있는 셈이다. 1일 노임에 대한 소비액의 백분비는 표 3-71과 같다.

이와 같이 조선인 노동자가 최고위를 점한 까닭에 임금이 한층 저렴한 중국인 노동자보다도 22전 1리이지만, 실질 소득액이 적다.

표 3-71 민족별 1일 노임 백분비

민족별	임금	소비
조선 노동자	100	61%
일본노동자	100	55%
중국노동자	100	43%

그리고 표 3-70에서 단체 소감은 노동자 자신이 동업자 단체, 즉 노동자 단체 등에 어떠한 감상을 가지고 있는가를 조사한 것이다. 이에 의하면 노동자의 대다수가 전부 동업자 단체를 희망하고 있다. 특히 노동조건이 비교적 열악한 조선·중국 노동자가 더욱 많이 희망하고 있는 것은 퍽 흥미 있는 현상이다. 조사인원 613명 중 444명이 그러한 단체를 희망, 찬성하고 나머지 153명은 무관심자이다. 그런데 일본인 노동자일지라도 한 명의 반대자가 없었던 것을 보면(철도업무관계조사회 조사 원본에는 희망·평범·무관심 세 가지로 나눴으나, 편의상 나는 희망·무관심 두 가지로 하여 평범을 무관심 부류에 집어넣었다), 조선 내 노동계급 전체의 생활상, 직업상 불안을 여실히 말해주는 것이 아니고 무엇일까.

지금까지 노동자 '1일 수지' 관계를 민족별로 비교하여 보았으나, 이는 실업 일수를 치지 않고 받은 임금과 1일 소비액의 업종 평균으로 그 실질 소득을 찾고자 한 것이다. 그러므로 노동자의 1개월 간 실제 소득과는 많은 차이가 있다.

이제부터 그들의 1개월간 총수지 관계를 한 번 살펴보겠다. 노동자의 1개월 수지는 실업일의 임금이 공제되었기 때문에 실질 소득액은 1일 실질 소득액의 30배가 아니라 그보다 훨씬 떨어진다. 조선인 노동자의 월업 종별 평균 실질 수입은 11원 57전 8리로 일본인 22원 92전 9리보다 11원 35전 1리가 적으며 중국인 24원 89전 5리보다는 13원 31전 7리가 적다.

조선인 노동자 생활의 비참함이 다른 노동자 보다 배 이상에 달한 것은 물론이다. 조선인 노동자는 임금에 있어서 비록 중국인 노동자와 비견할만하다고 하지만 조선 내 다른 어느 노동자보다 실업률이 가장 높기 때문에 실질 소득이 가장 적은 것이다.

만일 이를 업종 평균으로 따지지 않고 임금 총액에 소비 총액을 뺀 뒤에 노동자 총수로 나누면, 조선 노동자 1명의 월평균 실질 소득이 마이너스가 안 되는 것이 의문이다.

일례로 조선 노동 업종 중 최다수를 차지하는 보통인부 104명의 1개월 실질 소득을 조사하면, 71명이 평균 4원 77전 9리 정도 수입이 부족하고, 겨우 33명이 평균 3원 1전 4리의 잉여가 있을 뿐이다. 결국 1인 평균 2원 30전 6리 정도의 수입이 부족하다(철도업무관계조사회 조에 의하여 채산함). 여기에 비록 숙련 노동자의 플러스 실질 소득을 더한다 할지라도 소수이기 때문에 전체적으로 실질 소득이 업종별 평균의 실질 소득보다 매우 떨어지는 것이 당연하다.

노동자의 교육상황

조선에서 학교 교육 받는 학생 총수는 57만 8,391명(1930년도)으로 서당 수학자 16만 2천여 명을 합산한다 할지라도 74만 6백여 명에 불과하다. 전인구의 3.1%에 겨우 해당(서당 학동을 합산함)하는 피교육자의 수에 사회적 최저층인 노동자 계급이 참여하기란 매우 어려운 일이다. 1922년 조선인 노동자 4만 8,043명에 대하여 교육상황을 조사한 것에 의하면 그림 3-23과 같다.

무교육자는 전 조사 인원 중 57%를, 피교육자는 43%를 점하였으나 보통학교 중퇴자가 8%, 서당 수업자(반문맹으로 인정함)가 24%로 소위 피교육자는 피교육자 중에서 3분의 1에도 미치지 못한다. 즉 조사인원 총수에 11%가 겨우 문맹을 벗어난 셈이며 32%가 반문맹 상태에 있고 나머지 57%가 전연 문맹 지옥에서 헤매고 있다. 이 얼마나 비참한 일인가. 근래 중앙과 지방의 각 사회문화단체에서 문맹타파운동을 힘있게 일으켜 노동야학·농촌야학·한글강습회 등의 개설이 많은 것은 크게 기쁜 일이다.

일본인 노동자는 도쿄 지방에 조사 인원 16만 4,890명 중 중학 출신자가 6%, 소학 출신자가 54%, 기타 수업자가 32%에 달하여 무학자는 겨우 8%에 지나지 않는다(경성제대, 『조선의 경론연구經論研究』). 오사카 지방에는 16만 7,670명 중 중학 출신자가 7%, 소

동아일보 브나로드 운동의 일환으로 추진된 한글강습회 신문보도

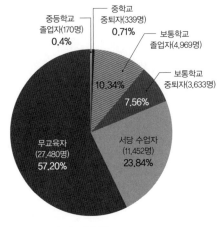

중등학교
졸업자(170명)
0.4%

중학교
중퇴자(339명)
0.71%

보통학교
졸업자(4,969명)
10.34%

보통학교
중퇴자(3,633명)
7.56%

서당 수업자
(11,452명)
23.84%

무교육자
(27,480명)
57.20%

그림 3-23 노동자 교육상황

학 출신자가 41%, 기타 수업자가 45%로 무학자는 역시 7%를 넘지 못하였다(동상). 이것을 조선 노동자와 비교하여 볼 때 정반대다. 조선 노동운동에 노동자 문맹퇴치 사업이 중요한 과목 중 하나가 된다는 것은 다시 말할 필요가 없다.

조선의 실업자

심각한 조선의 실업 문제

왜 조선에는 실업자가 많은가? 우리는 먼저 그 이유를 간단히 지적하여 보기로 하자.

1. 농업경제의 전환기
농업경제가 자본주의 경제로 급격한 전환을 수행하게 될 때에는 농지의 소유 관계는 급격한 변화를 일으켜 무수한 무토지자를 낳고 그 대부분은 실업자화하여 농촌을 떠나 유리케 한다.

2. 기형적 산업혁명
수공업국에 기계공업이 금새 압도적으로 전개되어 수공업자의 대량적 실업을 초래케 하였다.

(이하 1쪽 삭제)

3. 만성화한 농업공황

조선의 농업공황은 흉년으로 인한 수확량 급감과 풍년으로 인한 미가 하락으로 만성화되고 말았다. 이에 농민 파산자가 속출하고 실업 이촌자는 급속히 증가하였다.

4. 불변자본의 증가와 가변자본의 체감[1]

자본주의 조선은 이제야 4천여 개의 공장과 9만여 명의 공장 노동자를 갖게 되어 자본주의의 원칙적 속성(불변자본의 증가와 가변자본의 체감)이 유감없이 발휘되어 실업자는 필연적으로 증가하게 되었다.

무릇 이와 같은 원인으로 조선의 실업자는 격증하고 있다. 문제 해결이 직업소개소·인사상담소나 또 3년 계속사업인 "궁민구제공사"같은 것에 십분 기대할 수밖에 없다는 것은 자명한 일이다.

찻집에 앉아 시간을 때우는 실업자의 비애를 그린 안석영의 그림《조선일보》 1934년 2월 9일자)

---

1 불변자본은 기계·원료 등 고정자본을 가리키는 것이고, 가변자본은 노임을 가리킨 것이다. 자본 축적이 진행됨에 따라 불변자본은 가변자본에 비하여 체증된다. 즉 기계·원료 등 수요 증가량에 비하여 노동력의 수요량은 체감되는 고로 인구가 증가되면 될수록 실업자(인위적 과잉인구)는 체증된다(상세한 설명은 하상조 저, 『자본론약해』 제1권 제3분책 참조).

조선 실업자 조사 수

1930년 조선총독부 제1회 실업자 조사가 있기 전에는 조선에 실업자 조사라는 것이 없었다. 조선총독부는 때론 실업 방지, 실업자 구제를 운운하여 온 터이지만, 과거 20년간 한 번도 실업자 조사를 시행한 바 없었다. 실업자 수도 모르고 대책을 운운함이 어찌 생색내는 호도책이 아니었다고 변명할 수 있을 것인가.

1930년 1월에 제1회 조사가 실시되고 1931년 11월에 제2회 조사가 실시되었지만, 이 또한 부 및 읍의 실업 상황을 극히 제한된 범위 내에서 조사한 것이기 때문에 그것으로 전 조선의 실업 상황을 참작하기는 불가능하다.

그러나 조선의 실업 상황 조사는 이것이 최초이고, 유일한 것이니 어찌되었든지 조사의 기조가 될 것만은 거부하지 못할 것이다. 우선 이를 자료 삼아 실업 상황을 살펴보기로 하자.

"유업자有業者 또는 실업자의 범위는 종래 일본에서 행한 이런 종류의 조사 예에 준하여 급료생활자 및 노동자로 한정하고, 노동자를 다시 일용노동자와 기타 노동자로 구분하였으며, 학생과 기타의 무직자, 고주雇主, 자영업자, 월수 2백 원 이상의 급료생활자 및 외국인 등은 본 조사에서 제외하였다.

그리고 조선 종래의 사정에 따라 여자는 특히 본 조사에 집어넣지 않았다. 실업자는 실업 당시 급료생활자 또는 노동자로서 조사 당시 실업상태에 있는 자를 원칙으로 한 것이다. 일용노동자에 대해서는 조사 당일을 기점으로 과거 1개월 대개 50% 이상 취업한 자는 실업자로 보지 않기로 하였다. 그리고 조사 당일의 기후 등에 좌우되는 일 없이 실업자 수의 상태를 알고자 유의하였다.

무릇 실업이라는 것은 취업 능력 및 의사를 가졌음에도 불구하고 취업 기회를 얻지 못한 상태를 가리키는 것이다. 노쇄자·상병(傷病), 술주정 또는 나태 등의 이유로 취업에 부적한 자, 임의 불취업자, 동맹파업 또는 공장봉쇄로 취업 않는 자 등은 또한 실업자로 치지 않았다."

이상은 동조사의 범위를 말한 것인데, 이를 보면 조사(제2회 조사를 가리킴. 제1회 조사도 대략 이와 같은 범위임)가 얼마나 제한된 범위 내에서 실시된 것인가를 충분히 알 수 있다.

조사의 인원 총수로 보면, 조선인 23만 2,815명, 일본인 5만 9,278명, 합계 29만 2,093명으로 이를 전년 1월 31일(제1회 조사 시) 당시 조사 인원에 비하면 조선인 5만 6,242명, 일본인 1만 4,693명 합계 7만 935명이 늘어난 셈이다.

이를 1930년 말 현재 부 및 읍의 총 인구 및 호구 수 조선인 154만 7,508명, 32만 185호, 일본인 35만 3,259명, 8만 5,345호 계 190만 767명, 40만 5,530호에 비하면 조선인은 인구에 있어서는 1.5%이며 호구에 있어서 7.33%이고, 일본인은 인구에 있어서 1.7%, 호구에 있어서 6.9%에 해당하는데 전체로 보아 인구에 1.5%, 호구에 7.2%에 불과하다. 2백 원 이상 급료자, 고용주, 자영업자, 학생 등등의 무업자 등은 치지 않는다 할지라도 허다한 누락이 있을 것은 비난하지 못할 것 같다.[2]

조사 인원의 업태별을 보면 표 3-72와 같다. 즉, 조선인은 일용생활자 및 기타 노동자는 각각 45%, 33%를 차지하고 급료생활자는 22%에 불과하다. 일본인은 반대로 급료생활자가 71%의 다수를 점하였다. 이 현상만

---

2 동 조사서에는 고급 급료생활자, 고용주, 자영업자, 학생 등 무업자와 여자, 맹타업자 등을 빼면 대개 포괄된 것이라고 하였다.

표 3-72 민족별 업태 인원 및 비율

민족별	업태	인원	비율
조선인	급료생활자	52,265	22%
	일용생활자	103,733	45%
	기타 노동자	76,817	33%
	합계	232,815	100%
일본인	급료생활자	41,798	71%
	일용생활자	7,995	13%
	기타 노동자	9,485	16%
	합계	59,278	100%
합계	급료생활자	94,063	32%
	일용생활자	111,728	38%
	기타 노동자	86,302	30%
	합계	292,093	100%

표 3-73 1931년 제2회 실업상황조사

구분	조사인원	유업자	실업자	실업률
조선인	232,815	197,864	34,951	15.0%
일본인	59,278	54,986	4,292	7.2%
합계	292,093	252,850	39,243	13.4%

* 비고 조선총독부 제2회 실업상황조사서에 의하여 작성함.

표 3-74 1930년 제1회 실업상황조사

구분	조사인원	유업자	실업자	실업률
조선인	176,573	154,428	22,145	12.5%
일본인	44,585	41,946	2,639	5.9%
합계	221,158	196,374	24,784	11.2%

* 비고 조선총독부 제1회 실업상황조사서에 의하여 작성함.

보아도 조선인과 일본인의 경제적 지위는 판연히 다르다할 것이다. 같은 급료생활자라 할지라도 조선인은 대부분 2백 원 이하 급료생활자인 반면에 일본인은 결코 그렇지 못하다. 같은 노동자라 할지라도 일본인은 조선인보다 보통 그 배액의 임금을 받고 있다. 조선인과 일본인의 실질적 경제지위가 또한 층이 다른 것은 물론이다.

그들의 실업자 수 및 실업률을 보면 표 3-74와 같다.

즉, 1931년 조선인의 실업자 수는 3만 4,951명으로 실업률은 15.0%이지만, 일본인의 실업자 수는 4,292명으로 7.2%에 불과하다. 양자의 실업률을 보면 조선인은 2배 뛰어오른 것을 볼 수 있다.

이를 표 3-74의 1930년 제1회 조사와 비교하여 보면 다음과 같다. 전체적으로는 2.2%의 실업률이 증가된 셈이며, 조선인과 일본인의 실업비율을 견줘보면 5.9%대 12.5%로 의연 배 이상의 고율인 것은 변함이 없다. 취업의 기회 균등이 이뤄지지 못하고 있다는 것은 이를 통해 증거 되고 남음이 있다. 또 조선인의 실업률이 2.5%로 일본인의 실업률 1.3%보다 더 많이 증가된 것에 특히 주목할 필요가 있는데 이는 차별적 경향에 기인한 것이다.

다음으로 이를 지방별로 실업자 및 실업률 다소를 순위로 작성하면 표 3-75와 같다. 그리고 실업자 수를 업태별로 구분하면 표 3-76과 같다.

일본인 측은 급료생활자의 실업자 수가 총실업자 수의 60%를 점하였으나 조선인 측은 일용 노동자 및 기타 노동자의 실업자 수가 총실업자 수의 73%를 점하여 전연 반대되는 현상을 보여준다. 업태별 실업자 수로 보면 일본인의 실업 문제는 보다 고급층인 급료생활자층에 심각하게 나타나지만, 조선인은 노동생활층이 가장 심각한 것을 알 수 있다.

실업률로 보면 조선인 급료생활자와 노임생활자는 각기 15.1%와 15%로 비슷하지만, 일본인은 급료생활자 6.2%에 비하면 임노생활자는 9.6%

표 3-75 지방별 실업자 및 실업률 수치

조선인	지역	수치	일본인	지역	수치
실업자	경기	14,371명	실업자	경기	2,890명
	경남	7,059명		경남	480명
	전북	2,499명			
	평북	2,442명			
	강원(최저)	114명		강원(최저)	7명
실업률	평북	30.6%	실업률	경기	14.9%
	경남	22.8%		전남	6.9%
	경기	20.9%		전북	6.3%
	전남	19.9%		경남	5.7%
	전북	17.7%		황해(최저)	0.7%
	경북(최저)	4.3%			

표 3-76 조선인·일본인 실업자 업태별

업태	민족별	조사인원 수	실업자 수	실업자 비율	실업률
급료생활자	조선인	52,265	7,823	23%	15.0%
	일본인	41,798	2,593	60%	6.2%
	합계	94,063	10,416	27%	11.1%
일용생활자	조선인	103,733	15,024	43%	14.5%
	일본인	7,995	728	17%	9.1%
	합계	111,728	15,752	40%	14.1%
기타노동자	조선인	76,817	12,104	35%	15.8%
	일본인	7,485	971	23%	10.2%
	합계	86,302	13,075	33%	15.2%
계	조선인	233,815	34,950	100%	15.0%
	일본인	39,278	4,292	100%	7.2%
	합계	292,093	39,245	100%	13.4%

로 노동자층에 되레 심각하다. 이 또한 조선 노동자 실업률인 15.1%에 비하면 5.5%로 낮다.

민족별 실업률 비교

일본 자본의 축적 과정은 속도가 가장 빠른데, 인구는 연 8, 90만 명씩(일본 인구의 증가 실수 및 1,000명 중 증가율은 다음과 같음. 1928년 962,259명 14.84%, 1929년 815,798명 14.65%) 늘어나 허다히 과잉 인구화되고 있다. (이는 자본 구성과 인구 증가의 사이에 필연적으로 일어나는 사회 근본적 모순 현상이므로 식량의 산술 급수적 증가와 인구의 기하 급수적 증가의 차이로 일어나는 '맬더스'식 비사회적인 인구 과잉 문제는 아니다) 과잉 인구라는 말과

그림 3-24 실업률 비교도

실업자라는 말이 얼마나 어의語義가 밀접할까. 과잉 인구 전체를 실업 인구로 볼 수 없지만, 실업 인구 전체가 과잉 인구라는 것은 틀림없는 말이다.

1931년 일본 내무성 사회국 실업자 조사에 의하면, 조사 인원 74만 7,713명 중 실업자 총수는 47만 736명에 달하여 전년도 조사보다 10만 8,616명으로 격증되었다. 이 숫자는 조선총독부의 실업자 조사가 일본 내지 조사 방법을 모방하였기 때문에 조선 실업자 조사와 대략 같다고 생각한다. 조선과 일본의 실업자 비율을 비교하는 것이 전혀 조사방법을 모르

표 3-77 실업률 비교표

구분	조사 인원	실업자수				실업자율
		급료자	일용자	기타 노동자	합계	
조선인	231,815	7,823	15,024	12,104	34,951	15.0%
조선내 일본인	59,278	2,593	728	971	4,292	7.2%
일본내 일본인	7,047,713	77,350	188,936	204,450	470,736	6.7%

* 비고 조선인 및 조선 내 일본인의 실업자 수는 조선총독부 1931년 조사에, 일본 내 일본인 실업자 수는 1931년 12월 1일 현재 내무성 사회국 조사에 의함. 일본 내 일본인 실업률은 6.68%이지만 조선 내 실업률과 같은 단위로 비교하기 위하여 사사오입함.

는 외국과 비교하는 것보다 훨씬 합리적이라 할 것이다.

표 3-77에 의하면 일본의 실업자 비율은 100명 중 6.7명이고, 조선 내 일본인 실업률은 7.2명으로 전자보다 0.52가 높고 조선인 실업률은 15명 으로 7.8명이 높다. 그런즉 조선인 실업률은 일본인 실업률보다 실로 8.3 명 차이로 2배가 훨씬 넘는 실업률을 보여준다.

반갑지 못한 통계 숫자의 우월! 우리는 또 여기서 조선인의 사회적 지위 를 재인식하게 될 기회를 봉착한다.

조선의 실업자와 무업자

조선총독부 실업자 조사는 상술한 바와 같이 극히 제한된 범위 내의 실업 현상을 조사한 것이고, 또 조사 가능한 범위 내에서 조사한 것에 불과하다. 때문에 3만 4,950명이라는 조선인 실업자 수에 지극히 의심을 하지 않을 수 없다.

1930년 인구 조사에 의하면, 조선 내 무업자 총수는 896만 4,551명인

표 3-78 조선인 무업자 조사(1930년)

업태	유업자(명)	무업자(명)
농업/임업/목축업	9,338,020	6,515,312
어업/제염업	180,294	132,357
공업	210,510	238,752
상업/교통업	613,403	641,492
공무업/자유업	219,274	303,831
기타업	455,298	492,780
무직 및 무신고자	–	345,264
합계	11,015,799	8,669,788

데 그 가운데 조선인 무업자는 866만 9,788명에 달하였다. 무업자 중에는 허다의 무업여자, 노유老幼, 상병傷病 불구자가 대부분을 차지하였다. 얼마나 많은 실업자가 이에 포함되었으며, 또 얼마나 많은 취업 무산자가 무업 상태에 빠져있을 것인가(실업자와 무업자 조사는 각각 별개 조사이므로 상호 하등 연관이 없다. 즉 실업자 수를 조선인 무업자 조사 중 유업자 수에서 뺀 것도 아니고 또 무업자에 더할 것도 아닌 것을 주의).

이상에서 실업자와 무업자를 각각 통계 숫자에 의하여 본 바 있었지만, 아직도 반실업 상태, 반무업 상태에 있는 절대 다수의 군중을 살펴보지 못했다. 만일 이들을 각각 실업자 수와 무업자 수에 더한다면 조선의 실업자와 무업자 총수는 얼마나 놀랄만한 수에 달할 것인가. 즉 표 3-78에 유업자 총수 1,101만 5,799명 중 몇 십 퍼센트가 반무업자 대열로 떨어질 것인가. 이에 대해 우리는 통계 숫자를 가지고 있지 못하지만 기근 상태에 있는 궁민窮民을 모두를 여기에 넣어서 생각해 볼 일이다.

직업소개소 현황

1930년 현재 조선 내 직업소개소를 운영하는 곳은 경성부·화광교단和光敎團·경성구호소·인천기독청년회·대구부·부산부·부산노동공제회·평양부·신의주부·선천면·함흥면·청진부·총독부사회과속 등으로 모두 13개소가 있다. 그 외는 각지 경찰서 상담소에서 일부 직업 소개 사무를 보고 있는데 최근 3년간 총 업적을 보면 표 3-79와 같다.

직업을 잃고 소개소의 문을 두드리는 자는 매년 증가하여, 1930년에는 2만 8,800여 명의 '일반' 구직자가 있고, 또 8,300여 명의 '일용' 구직자가 있다. 그러나 취직자 수를 보면 '일반'에는 9,293명으로 취직율은 32%라는 비참한 성적을 보이고 있다. '일용'에는 6,652명으로 80%라는 높은 취직율을 보이고 있지만, 1928년 85%, 1929년 88%보다도 오히려 떨어진다.

특히 일본인 실업자가 적지 않은데 직업의 분배를 받게 되어 있기 때문에 1929년 취직자 총수 17,917명 가운데 조선인은 16,442명, 1930년에는 총수 15,545명 가운데 13,236명뿐이었다는 점을 간과해서는 안 된다.

표 3-79 직업소개 성적

연도	구인 수		구직자 수		취직자 수		취업률(%)	
	일반	일용	일반	일용	일반	일용	일반	일용
1928	10,026	9,272	17,091	5,815	5,100	4,963	30	85
1929	11,329	13,768	20,973	13,180	6,330	11,587	30	88
1930	16,326	7,511	28,816	8,353	9,293	6,652	32	80

*《조선총독부조사월보》 1930년 4월호 및 1931년 4월호에서 인용. 취업률은 구직 수에 대한 취직 수의 비율임.

4부

조선인의 삶과
민족 차별

1

조선의 인구 문제 및 인구 현상

조선의 인구 문제

인구 문제는 세계적인 문제이므로 특히 조선에만 있는 문제는 아니다. 시대에 따라 발전 정도가 다른 것 같이 지역에 따라 완급 정도가 서로 다르기 때문에 인구 문제가 전 세계적인 점을 이해하는 동시에 조선적인 특질을 구명할 필요가 있다.

맬서스(T. R. Malthus)

일찍이 맬서스는 그의 인구론에서 인류가 먹을 것 없이 살 수 없는 것과 인류 양성兩性의 정욕이 필연적, 불변적인 것을 지적하면서 만약 인류 생활에 제한을 가하지 않는 경우에는, 생활 자료는 등차 급수(산술급수)적으로 증가하는데 비하여 인류는 등비 급수(기하급수)적으로 증식되기 때문에 인류는 필연적으로 인구 과잉에 신음하지 않을 수 없게 된다고 논단하였다.

즉 인류의 빈곤(생활자료 결핍)은 사회제도로 말미암아 일어나는 현상이 아니라, 전연 인류의 자연증식에서 유래된 일종의 자연현상이므로 인류의 빈곤 퇴치는 인류의 성욕 퇴치만큼이나 불가능한 문제이다. 빈곤자를 구제한다고 하지만, 이로 인하여 인구는 한층 더 늘어나고 빈곤도 한층 더 심각해질 것이다. 차라리 '자유방임'이 상책이고 도덕적 성욕 절제를 장려하는 것이 옳다는 것이다.

이에 대하여 마르크스와 마르크스주의자들은 인류의 수적 증감의 기초가 생활 자료에 있다는 데는 물론 긍정하지만, 인류는 기술로써 자연을 변경하여 생활 자료를 획득하는 특종 동물임을 강조한다. 따라서 인류의 생활 자료인 획득 수단(생산 수단)을 소유했는 지가 생활 자료의 많고 적음을 결정하는 동시에 인류의 수적 증감의 조건이 된다. 그러므로 과잉 인구 문제는 사회 생산 수단의 내용을 해부해 보지 않으면 완전히 이해하지 못할 것이라 주장한다.

현 자본가 사회의 생산 수단은 노동자와 자본가의 분업으로 생활 자료를 생산하는 것이지만, 노동자는 생산 수단의 객체로서 노임을 받는 것이 목적이고, 자본가는 생산 수단의 주체로서 가치 증식, 이윤 획득이 목적이기 때문에 생산 본래 목적은 전혀 망각 되어 버리고 자본가의 무제한 이윤 추구에 따라 생산력은 증대될 대로 증대된다.

생산력이 증대된다는 것은 즉 공장·기계·원료 등 불변자본 부분의 증가와 노임 등 가변자본 부분의 증가를 의미하는 것이다. 이 문제는 '노동 생산력과 자본 고급화' 문제인 만큼 큰 관심을 끌게 한다. 즉 자본의 두 요소(불변자본과 가변자본)는 산업 발전에 따라 점차 변화가 생겨 불변자본은 가변자본에 비하여 체증遞增하게 되고, 가변자본은 불변자본에 비하여 체감遞減하는 경향을 가지고 있다. 때문에 자본구성이 고급화될수록 노동력의 수요는 상대적으로 감소되어 과잉 인구가 발생하게 된다.

그러므로 자본가 사회의 과잉 인구는 자연적, 절대적인 것이 아니고 자본적·상대적이다. 즉 인구의 절대적 증가로 말미암은 것이 아니라 자본의 상대적 감소로 말미암은 것이며 인구의 변동이 아니라 자본의 변동이라고 본다.

마르크스(Karl Heinrich Marx)

이상의 두 가지 설을 다시 한 번 요약하면 맬서스는 인구 증가율이 생활 자료 증가율보다 크기 때문에 과잉 인구가 자연적, 절대적으로 발생된다는 것이다. 마르크스는 자본 증가율이 노동 증가율보다 적기 때문에 과잉 인구가 인위적 상대적으로 발생된다는 것이다.

이에 비추어 오늘날 세계적 인구 과잉 문제의 실제 출발점이 어디에 뿌리를 내리고 발전되어 갔는지를 살펴보자.

(이하 11행 삭제)

이상은 극히 상식적으로 이해되는 것이지만 일보 나아가 오늘날 과잉 인구라는 것이 자본의 혜택을 받지 못하는 자, 즉 무업 빈곤자, 실업 빈곤자 등을 가리키는 것이라 하면, 이 같은 과잉 인구의 발생 이유는 분명히 자본 부족에 있는 것을 알 수 있을 것이다. 만일 자본의 성장 속도가 인구의 증가 속도보다 빠르다든지 같다고 한다면 성장하는 자본은 기아선에 떨어지려는 과잉 인구를 소화 방지할 수 있지 않을까.

그러나 자본은 그 자체의 발전 철칙에 따라, 그것이 발전할수록 즉 고급화할수록 구성의 2개 요소 중 하나인 불변자본 부분(기계·원료 등)은 다른 요소인 가변자본 부분(노임)보다 점차 줄어들게 되어 자본이 늘어난 만큼 노동자를 사용하지 못하게 된다. 즉 노동자 후보군이 늘어난 만큼 자본이 그것을 사주지 못한다.

(이하 10행 삭제)

그리고 공업이 유치한 조선이기 때문에 급증하는 인위적 과잉 인구(생계를 가지지 못한 빈곤자) 즉 노동 후보군을 갑자기 수용할 만한 노동시장(공장 및 기타 작업장)이 부족하기 때문에 만성적 무업군, 실업군은 과잉 인구현상으로 나타나 역내 역외를 떠돌고 있는 형편이다.

(이하 7행 삭제)

조선의 과잉 인구 수

앞에서 조선의 인구과잉 현상이 다른 나라에 비하여 한층 더 심각할 수밖에 없는 이유를 언급하였다. 이제는 과잉 인구의 협의적 실수實數를 들어 구

표 4-1 조선궁민 누년 비교

구분	1926년		1930년		1931년	
	인구 수	비율	인구 수	비율	인구 수	비율
세민(細民)	1,860,000	9.7	3,466,104	17.1	4,203,104	20.7
궁민(窮民)	259,620	1.5	876,283	4.3	1,048,467	5.1
걸인	20,066	–	?	–	163,753	0.8
합계	*2,155,620	11.2	4,342,387	21.4	*3,439,446	26.8

① 1926년 조사는 善生씨 『조선의 범죄와 환경』에, 1930년은 동씨의 『朝鮮及滿州』(1933년 1월호) 기고에, 1931년은 1931년 9월 현재 조선총독부 사회과 조사에 의함. ② 세민이란 생활이 극히 궁박한 상태에 있으나 우선 연명해가는 자, 궁민이란 긴급구제를 요할 상태에 있는 자를 가리킴. ③ *표시는 1926년의 경우 걸인수를 포함하지 않은 것임. 1931년의 경우는 합계숫자는 내용숫자와 상반되나 원문대로 인용한 것임.

체적인 현황을 살펴보기로 하자.

과잉 인구의 협의적 실수란 무엇을 어떻게 산정하는 것일까. 이는 요컨대 토지와 자본의 이용과 사용에서 전연 별개의 인구 부분만을 가리키는 것으로, 궁민이라 일컫는 기아선상 이하의 생활군은 대개 이에 속한다. 만일 넓은 의미의 과잉 인구를 지적한다면, 일반 빈궁 계급 전부가 이 권내에 들 것이다. 그러면 너무나 범위가 사막 같이 넓기 때문에 가장 생활이 궁박한 궁민 부분만을 조선의 과잉 인구현상이라 말하기로 하자. 무릇 이 같은 생활 정상 조사의 범위가 전 조선적인데다가 실정 인식이 매우 곤란하기 때문에 대부분 누

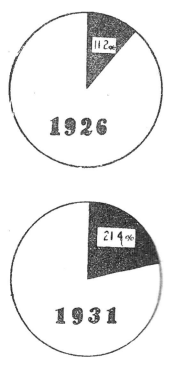

그림 4-1 6년간 궁민 증가도

락되었을 것이다. 이 또한 당국의 조사통계에 의거하여 우선 개황만이라도 살펴볼 수밖에 없다.

표 4-1에 의하면 조선의 궁민은 놀랄만한 숫자이며 또 놀랄만한 속도로 늘어가고 있다는 것을 알 수 있다. 즉 1926년에 궁민 총수는 216만명으로 전 조선 인구에 11% 정도를 차지했지만, 1930년에는 걸인 조사가 빠졌음에도 434만 명으로 늘어나 21%를 차지하였다. 5년간 궁민 수가 갑절이나 늘어난 것을 볼 수 있다. 그리고 1931년에는 궁민 총수가 543만 명으로 인구 총수에 27%를 점하여 인구 전체의 4분지 1 이상에 달할 정도다. 이전보다도 궁민 실수가 108만 7천명이 늘어나 5.4% 증가하였다.

1910년 한일병합 이후 토지를 빼앗긴 채 도시로 온 토막민들의 집

과연 이와 같이 비대한 궁민 실수의 비율, 또 이와 같이 경이적인 궁민 증가의 속도는 조선 이외에 어느 나라에서 발견할 수 있을 것인가.

토지와 자본에서 멀리 떨어진 과잉 인구가 연 11.96%씩 늘어가는 것은 자연 증가 인구로 말미암은 것이 아니라는 것을 앞에서 이미 천명하였기 때문에 재론하지 않겠다. 다만, 한 가지 말해 두고자 하는 것은 조선보다 훨씬 인구 자연 증가율이 높은 모든 선진국에서도 조선과 같은 인구과잉율 즉 궁민증가율을 가진 데가 없다는 것이다. (이하 3행 삭제)

표 4-1에 의하여 6년간 궁민증가율을 산출해보면 궁민은 매년 평균 54만 7,304명씩 늘어나 전 인구에 비하여 평균 2.6%씩 불어난 것을 알 수 있다. 궁민 증가율은 점차 가속도로 증가되고 있기 때문에 해가 지날수록 평균 증가율도 사뭇 늘어가는 경향이 있다(1926년 11.2%에서 1931년 26.8%로 증가).

다음으로 1931년 9월 현재 조사를 통해 도별 궁민수와 또 궁민 중 생계궁박자生計窮迫者 및 무생계자 수無生計者數를 나눠 살펴보기로 하자.

그림 4-2의 도별 순으로 궁민 수를 보면 충남이 60.6%로 가장 많다. 전북이 36%로 두 번째이며, 충북과 전남은 각 30%로 세 번째요, 경북·경기·함남은 각 26%, 평남은 20%, 평북·강원은 각 18%, 경남 15%, 황해 14% 순이다.

궁민 내용별로 보면, 조선 내 궁민 총수 543만 9,000여 명 가운데 겨우

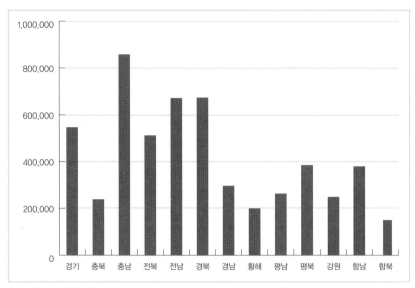

그림 4-2 도별 궁민수(1931년 9월 현재)

연명해가는 궁민 수(편의상 세민이라 함)는 42만여 명이고, 다른 긴급 구제가 없으면 살 수 없는 궁민 수가 104만 8,000여 명이며, 걸인이 16만 3,000여 명에 달한다(그림 4-3 참고). 그 가운데는 일본인 궁민(3종 합산) 5,166명,

1930년대 궁민의 삶

외국인 궁민(3종 합산) 3,200명이 포함되었다. 일본인 궁민은 전 인구에 비하여 1%, 외국인 궁민(거의 전부 중국인임)은 해당 인구에 비하여 7%가량에 불과하다. 인구 대부분이 전 조선 궁민비율 27% 속에 포함되기 때문에 조선인의 궁민비율은 그 이상일 것이라 추정할 수 있다.

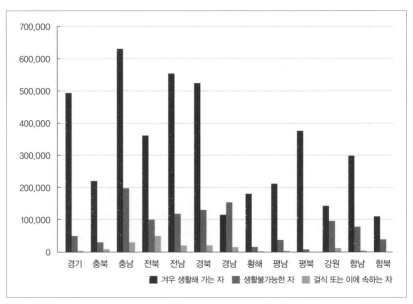

그림 4-3 도별 궁민 세부 내용

조선 인구의 구성

표 4-2를 보면, 1395년(태조 4)의 인구는, 당시 서울 5부 인구가 포함되지 않았지만, 32만 2,746명에 불과하였다. 그 후 256년이 지난 1651년(효종 2년)의 서울 5부를 포함한 전 조선 인구는 186만 184명밖에 안 되었다. 오늘날 경남 인구보다도 약 20만 명이 오히려 적은 셈이었다. 당시 인구조사가 과연 얼마나 정확했는지는 의문이지만, 그 후 282년이 지난 1930년에는 2,025만 6,563명으로 불어났는데, 속도가 그다지 빨랐다 할 수 없을지라도, 이대로 계속된다면 약 3억 6천만 명으로 놀랄만한 숫자가 된다.

당시 인구 조사나 그후 인구조사도 극히 소박한 인구 수 조사에 불과한 것이기 때문에 당시 인구 구성 상태를 전면적으로 알 길이 없다. 정조 7년

표 4-2 조선 역대 인구

조선연대	연도	호수	인구수	비고
태조4년	1395	153,403	322,746	서울 5부 조사 불포함
인조17년	1639	441,827	1,521,165	동상
효종2년	1651	580,539	1,860,484	
현종원년	1660	758,417	2,479,658	
숙종원년	1675	1,250,298	4,725,704	
경종3년	1723	1,575,966	6,865,404	증보문헌비고 : 1,560,561호, 6,846,568명
영조2년	1726	1,614,598	6,695,400	증보문헌비고 : 1,576,598호, 7,302,425명
정조원년	1777	1,715,371	7,238,523	남 : 3,537,786명, 여 : 3,700,737명
순조7년	1807	1,764,504	7,561,403	
헌종3년	1837	1,591,963	6,708,529	
철종3년	1852	1,588,875	6,810,206	
고종원년	1864	1,703,450	6,828,521	
순종4년	1910	2,804,103	13,313,017	

* 善永生助, 『조선의 인구현상』에서 인용.

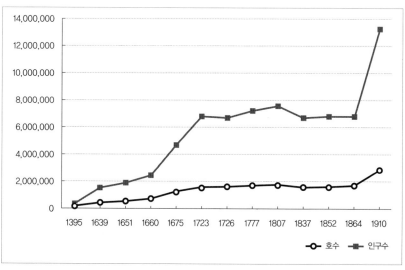

그림 4-4 1395〜1910년 조선인구 수의 변화

표 4-3 민족별·연도별 호구·인구 누년 비교

구별	민족별	1909	1912	1917	1921	1926	1930
호 수	조선인	2,742,263	2,885,404	3,107,219	3,201,125	3,484,779	3,679,463
	일본인	43,405	70,688	92,357	99,955	117,001	126,312
	중국인	1,865	3,427	4,722	7,093	13,255	13,270
	외국인	358	449	469	441	470	519
인 구	조선인	12,934,282	14,566,783	16,617,431	17,059,358	18,615,033	19,685,587
	일본인	146,147	243,729	332,456	367,618	442,326	501,867
	중국인	9,568	15,517	17,967	24,695	45,291	67,794
	외국인	1,059	1,072	1,143	1,247	1,250	1,315
남	조선인	6,862,650	7,585,674	8,552,392	8,778,862	9,509,323	10,003,042
	일본인	69,947	131,518	177,646	196,142	230,228	260,391
	중국인	9,163	14,593	16,241	21,912	39,820	55,973
	외국인	709	919	636	668	632	681
여	조선인	6,071,632	6,981,109	8,065,039	8,280,496	8,280,496	9,682,545
	일본인	66,200	112,211	154,810	171,476	212,098	241,476
	중국인	405	924	1,726	2,783	5,471	11,821
	외국인	350	453	507	579	618	634
합 계	호수	2,787,891	2,959,968	3,205,767	3,508,614	3,614,504	3,821,564
	인구	13,091,065	14,827,101	16,968,997	17,452,918	19,103,900	20,256,563
	남	6,952,269	7,732,404	8,746,915	8,997,584	9,780,003	10,320,067
	여	6,138,587	7,094,697	8,282,082	8,455,334	9,323,897	9,936,496

* 《조선총독부조사월보》 1931년 10월호.

(1777)에서야 성별性別 조사가 비로소 이뤄져 남자 100명에 여자 119명이라는 비율을 알 수 있게 되었다.

다음으로 표 4-3의 최근 20년간 근대적 방법에 의한 조선 인구조사를 통해 인구 수의 구성 및 성별의 구성 상태와 그 변화된 자취를 살펴보기로 하자.

표 4-3에 의하면, 1909년 조선 인구는 1,293만 4천여 명, 일본인은 14만 6천여 명, 중국인은 9천 5백여 명, 기타 외국인은 1천여 명으로 합계 1,309만여 명이었다. 인구 총수를 천이라 하면 조선인은 980명, 일본인은 11.1명, 중국인 및 기타 외국인은 0.8명을 점하였다. 1930년에는 조선인 1,968만여 명, 일본인 50만 2천여 명, 중국인 및 기타 외국인 6만 9천여 명, 합계 2,025만 6천여 명으로 조선인은 총 인구 1,000인 중 971.8명, 일본인은 24.8명, 중국인 및 기타 외국인은 3.4명을 점하여 21년 전보다 조선인은 총 인구 1,000인 중 17명이 줄어들고 일본인은 그 반대로 13명이 불었으며 중국인 및 기타 외국인도 약 2명이 늘어났다.

(2행 삭제)

이 또한 조선 인구 문제의 한 중요한 특징이다. 이에 1911년부터 1930년까지 조선 내 민족별 인구비례를 살펴보면 표 4-4와 같다.

다음으로 1930년 말 현재 도별 인구 수를 보면, 표 4-5에서 보듯이 경북이 233만 명으로 제일 많고, 전남이 224만 명으로 그 다음이고, 경기와 경남은 각각 200여만 명 정도로 그 수가 비슷하며 함북은 72만 명으로 가장 적다. 이를 그래프로 나타내면 그림 4-5와 같다.

일본인은 경기도가 12만 6천 명으로 가장 많고, 경남이 8만 3천 명으로 그 다음이며, 경북 5만 명, 전남 4만 명, 함남 3만 5천 명, 전북 3만 3천 명, 평남 3만 2천 명, 함북 2만 7천 명, 충남 2만 2천 명, 평북 1만 9천 명, 황해 1만 7천 명, 강원 1만 명, 충북 1천 명의 순이었다.

조선 내 성별 인구 구성을 보면, 1930년 조선인은 남 1천만 3천여 명, 여 968만 2천여 명으로 남자 1,000명에 여자는 968명이다. 일본인은 남 26만여 명, 여 24만 1천여 명으로 남자 1,000명에 여자는 927.4명이고, 외국인은 남 5만 6천 6백여 명, 여 1만 2천 4백여 명으로 여자가 220.3명

표 4-4 조선 내 민족별 인구비례

연도	인구 1,000에 대하여		
	조선인	일본인	외국인
1911	984.1	15.0	0.9
1916	979.6	19.3	1.1
1921	977.4	21.1	1.5
1926	974.4	23.2	2.4
1930	971.8	24.8	3.4

* 1932년 『조선총독부통계연보』에 의함.

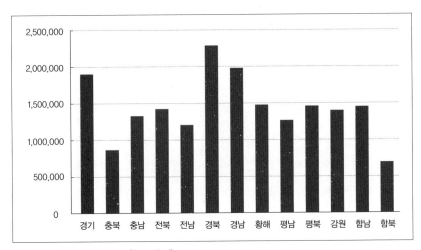

그림 4-5 도별 조선인 인구수(1930년 말)

의 비례에 상당하는데 그 누년를 비교하면 표 4-6과 같다.

표 4-6에 의하면 조선인 남자는 여자에 비해 점차 줄어들고 여자는 반대로 점차 늘고 있는 것을 볼 수 있다. 1911년에는 남자 100인에 대하여 90.23명에 불과했으나 1930년에는 96.80명에 달하여 6.57명이 늘어난 셈이다. 이는 조선 여성의 신문화 흡수로 지능이 계발되는 동시에 건강 레벨이 향상되어 사망률이 비교적 낮아진 때문일 것이며, 일본인도 이주자의

표 4-5 1930년 말 도별 인구 수

도별	조선인	일본인	중국인	외국인	합계
경기	1,902,861	126,410	11,571	566	2,041,408
충북	866,628	7,847	1,215	18	875,708
충남	1,327,242	22,127	2,700	13	1,352,082
전북	1,420,349	32,561	2,990	46	1,455,946
전남	1,197,420	39,952	2,115	69	2,239,556
경북	2,280,965	50,155	2,384	73	2,333,577
경남	1,975,238	82,786	1,614	66	2,059,705
황해	1,469,799	17,247	4,520	36	1,491,602
평남	1,260,833	31,542	5,635	170	1,298,180
평북	1,460,589	19,322	16,771	117	1,496,799
강원	1,398,965	10,528	1,664	17	1,411,174
함남	1,441,898	34,720	8,216	76	1,484,910
함북	682,800	26,669	6,399	48	715,916
총계	19,685,587	501,867	67,794	1,315	20,256,563

* 《조선총독부조사월보》 1931년 10월호에 의함.

생활 안정으로 말미암아 아내를 둔 사람이 점증하여 1911년 남자 100인에 대한 여자 85.59가 1930년 92.74로 증가된 것을 볼 수 있다.

조선 인구의 분포

조선 인구조사에 의하면, 1910년 인구는 1,331만 3천 17명으로 1km² 당 평균 930.3명에 불과했지만, 1930년에는 2,025만 6,563명으로 평균 1,415.4명에 달하여 485.2명이 늘어났다. 그 결과 조선 인구의 밀도는 벨

표 4-6 조선 내 인구 성별 비례

연도	남자 100인에 대한 여자수		
	조선인	일본인	외국인
1911	90.23	85.59	9.35
1916	94.45	86.90	11.81
1921	94.32	87.42	14.89
1926	95.76	92.13	15.05
1930	96.80	92.74	22.03

* 1932년 간행 『조선총독부통계연보』에 의함.

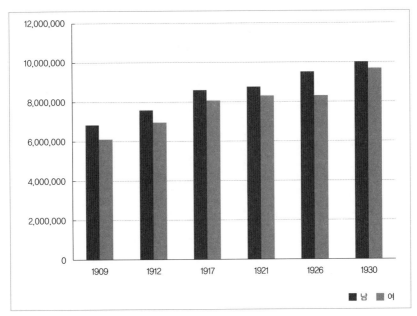

그림 4-6 연도별 조선인 인구 남녀 비율

기에·네덜란드·(2자 약)·영국·독일·이태리·체코슬로바키아·스위스· 헝가리 등 모든 선진국을 뺀 나머지 선진국 즉 덴마크·오스트리아·포르투갈·프랑스 등 보다 오히려 밀도가 앞선다. 그리고 인도·아일랜드愛蘭·네

표 4-7 각 국과 조선의 인구밀도 비교표

지역 명	면적(1km²)	조사연도	인구 총수 (1,000인)	매 1km² 인구밀도(인)
벨기에(본국)	30	1930	8,060	264
네덜란드(본국)	34	1930	7,920	231
1행 략				
영국(본국)	244	1931	46,037	146
독일	470	1925	63,178	134
이태리(본국)	310	1931	41,145	132
체코슬로바키아	140	1930	14,726	109
스위스	41	1930	4,067	98
헝가리	93	1930	8,683	93
덴마크	43	1920	3,550	83
오스트리아	83.8	1923	6,505	78
인도	4,675	1931	352,936	75
포르투갈(본국)	92	1930	6,660	75
프랑스(본국)	551	1926	40,744	74
하이치	29	1929	2,028	71
폴란드	388	1921	27,201	70
루마니아	295	1930	18,024	61
유고슬라비아	249	1931	13,929	56
불가리아	103	1926	5,478	53
그리스	130	1928	6,204	47
아일랜드	70.2	1926	2,971	42
스페인	505	1920	21,390	42
중화민국	11,081	1920	433,000	39
리투아니아	55.6	1923	2,170	39
알바니아	27.5	1930	1,005	36
네덜란드령 동인도	1,900	1930	60,731	35
필리핀	296	1918	10,314	35

지역 명	면적(1km²)	조사연도	인구 총수 (1,000인)	매 1km² 인구밀도(인)
라트비아	65.7	1930	1,900	29
베트남(安南)	737	1926	20,698	28
태국(暹羅)	518	1929	12,607	22
이집트	900	1927	14,169	12
러시아	21,176	1926	147,028	7
캐나다	9,557	1931	10,374	1
조선	219	1930	20,256 21,058	92 95

* ① 1932년도 시사연감에 의함. ② 조선숫자는 조선총독부 통계연보와 1930년도 국세조사 속보에 의함. ③ 조선숫자 중 고딕체는 국세조사 숫자임.

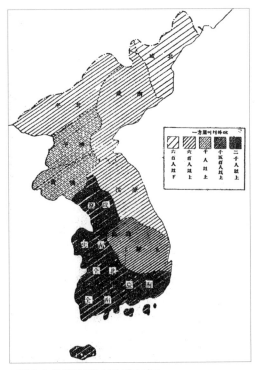

그림 4-7 1930년10월 도별 인구 밀도

덜란드령蘭領 동인도·필리핀·베트남·이집트 등보다 비교할 수 없을 만큼 밀도가 높게 나타난다. 이를 좀 더 자세히 살펴보면 다음과 같다.

표 4-7에 의하면, 조선 인구밀도는 세계 9위 또는 10위에 해당한다. 이 표는 상기와 같이 시사연감에 의한 것이나 비교적 큰 나라들만을 골랐고 또 조선과 비교하여 흥미 있는 나라만을 대상으로 조사한 것이다. 조선은 후진농업국으로서의 인구밀도로 보면 실로 세계 1위를 점한다. 이는 조선 인구 문제의 중대한 한 특징일 것이다(필자는 위 표에 대하여 더 이상 설명하지 않 겠지만 독자는 각 국 국정과 인구밀도에 대해 세심히 주의하기 바란다.)

다음으로 그림 4-7을 통해 조선 내 지방별 인구밀도를 보면, 전북이 1km² 평균 2,632.8명으로 가장 높고, 경남이 2,581.1명으로 그 다음이 며, 충남이 2,575.4명으로 3위이고, 전남 2,480.4명, 경기 2,456.6명, 경 북 1,895.7명, 충북 1,820.6명, 황해 1,374.7명, 평남 1,341.9명, 강원 828.6명, 평북 811.7명, 함남 716명, 함북 542.8명의 순이다. 전남과 함 북을 비교하면 전남이 4.8배가 많다.

조선 인구의 증가율

무릇 인구의 증감은 출생·사망과 해외에서 이주해오거나 나가는 정도에 따 라 결정된다. 조선 인구의 증가율을 말할 때에도 자연 증가율과 사회적 증가 율을 동시에 고려하지 않으면 안 될 것이다. 이는 물론 금년도와 전년도 총 인구 수의 차이로 나타나는 총 증가율 속에 포함되지만 조선의 인구 증가율 을 논하고자 할 때에는 자연 증가율과 사회적 증가율로 나눠 봐야 한다.

우선 조선 전 인구의 증가율을 보기로 하자. 표 4-8은 조선 인구 총 증가

표 4-8 인구 증가 총수 및 증가율 누년 비교

연도	인구 총수	매년 증가실수	인구 1,000명에 대한 증가율
1910	13,313,017		
1911	14,055,869	742,855	55.80
1912	14,827,101	771,232	54.87
1913	14,458,863	631,762	42.61
1914	15,929,962	471,099	30.47
1915	16,278,389	348,472	21.87
1916	16,648,129	369,740	22.71
1917	16,968,997	320,868	19.2
1918	17,057,032	88,085	5.19
1919	17,149,909	92,877	5.45
1920	17,288,989	139,080	9.81
1921	17,451,918	163,929	9.48
1922	17,626,761	173,843	9.96
1923	17,884,963	258,202	14.65
1924	18,068,116	183,153	10.24
1925	19,015,526	947,410	52.44
1926	19,103,900	88,374	4.65
1927	19,137,698	33,798	1.77
1928	19,186,699	52,001	2.72
1929	19,311,061	141,362	7.31
1930	20,256,563	925,502	45.96

* 1930년도 『조선총독부통계연보』에서 인용

율을 보여주는 유일한 자료이다. 증가율(1,000명에 대한 증가율)을 보면 1911
년에는 55명 정도였으나 1927년에는 겨우 1.7로 비교할 수 없을 정도로 떨
어졌다. 매년 증가 실수로 보면, 1927년에는 33,798명에 불과했지만 2년
전인 1925년에는 물경 947,410명으로 거의 백만을 바라보게 되었다. 이

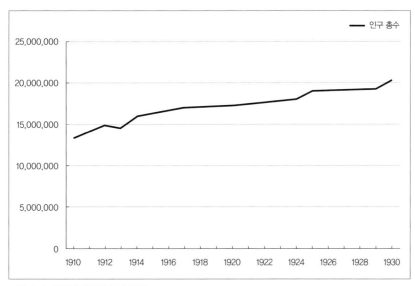

그림 4-8 연도별 총인구 증가 추이

어찌 괴이한 격증, 격감이 아닐까.

만일 947,410명이 조선 인구의 진정한 증가라 한다면, 인구 6천만 명을 가지고 있는 일본 내지의 인구 증가 실수와 같게 되는 셈인즉, 아무리 자연 증감과 이동 인구의 증감이 크다할지라도 엄청난 통계 숫자를 도저히 그대로 믿을 수 없다. 이 도깨비불과 같이 성쇠가 일반적인 궤도를 벗어난 인구 증가통계는 『조선의 인구현상』의 저자 젠쇼 에이스케善生永助 씨도 시인하는 바와 같이 조사 방법의 부적확, 불완전성을 부인하지 못할 것이다.

그러므로 이러한 통계 숫자에 의하여 인구 증가의 평균 보조步調를 살피고 또 미래의 인구 추세를 추산하기는 매우 곤란한 점이 있다. 하지만 오직 의거할 만한 것이 이것밖에 없기 때문에 1911년으로부터 1920년까지 10년간 평균 증가율과 1921년으로부터 1930년까지의 10년간 평균 증가율을 각각 계산, 비교하고 또 과거 20년간 이를 통계하여 평균 증가율을 살피

표 4-9 매년 조선인 인구수 증가

기간	총 증가 실수	매년 평균증가실수	매년 평균증가율
1911년(전 10년)	3,975,990명	397,599명	25.21명
1921년(후 10년)	2,967,574명	296,757명	16.12명
1911~1930	6,943,564명	347,178명	20.66명

도록 하자.

표 4-9에 의하면, 1911년부터 1920년까지 전 10년간은 매년 평균 증가 실수가 39만 7,599명으로 1,000명 중 25.21명이 증가되었다. 1921년부터 1930년까지 후 10년간 매년 평균 증가 실수는 29만 6,757명으로 줄어들어 16.12명이 증가하였다. 1911년부터 1930년까지 전후 20년간의 매년 평균증가실수는 34만 7,178명으로 매 1,000명에 20.66명이 증가된 것을 알 수 있다.

조선 인구의 자연 증가율

인구의 자연 증가율이란 자못 출생·사망 차이를 가리키는 것이다. 이를 알아보는 것은 직접 그 민족의 생존력과 나아가 번영과 쇠락의 대세를 헤아리는데 좋은 참고가 된다.

그러나 우생학적 견지로 보면 다산多産이 소산少産보다 질적 우열화를 초래하기 쉽고, 또 실제 양육에 있어서도 다산은 소산보다 질적 우량을 기대하기 어렵기 때문에 양적 증가만을 보고 민족 성쇠를 딱 잘라 결정하는 것은 경솔한 판단일 것이다. 그렇지만 아메리카 인디언족이나 북해도 아이누족과 같이 인구가 매년 감소된다는 것은 두말할 것 없이 민족 사회의 쇠망

표 4-10 조선 내 전 인구 자연 증가표

연도	실수			인구 1,000에 대한 증가율
	출생	사망	차이	
1910	180,529	110,569	69,960	5.26
1911	282,867	167,157	115,710	8.23
1912	428,308	237,001	191,307	12.90
1913	459,988	278,363	181,625	11.75
1914	447,985	307,482	140,503	8.82
1915	443,851	343,024	100,827	6.19
1916	561,264	370,746	190,518	11.45
1917	572,176	409,330	162,846	9.60
1918	578,591	533,606	54,985	3.22
1919	474,417	392,288	82,129	4.79
1920	474,833	404,240	72,593	4.20
1921	518,063	345,262	172,801	9.90
1922	595,005	377,750	217,255	12.33.
1923	719,161	367,120	352,041	19.68
1924	690,622	387,586	603,036	16.77
1925	722,493	392,497	329,996	17.35
1926	676,176	387,743	288,433	15.17
1927	698,189	411,015	287,174	15.03
1928	721,594	433,375	288,219	15.06
1929	730,179	461,729	268,450	13.99
1930	772,270	381,877	390,393	14.34
합계	11,750,357	7,489,716	3,977,370	11.24

을 의미하는 것이다.

표 4-10을 통해 조선 전 인구의 자연 증가를 돌이켜 보면, 과거 21년간 매년 평균 1,000명에 대하여 11.24명씩 늘어나 전 인구 총 증가율 20.66

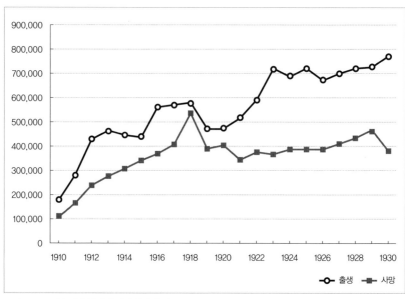

그림 4-9 조선 내 출생자와 사망자의 추이

표 4-11 1926∼1930년간 조선 인구 자연 증가율

연도	출생률	사망률	자연 증가율
1926	35.88	20.37	15.52
1927	36.69	21.60	15.10
1928	37.71	22.62	15.09
1929	37.85	24.00	13.85
1930	39.63	19.89	19.74
5년간 평균	37.55	21.70	15.86

명의 약 54%에 달하였다. 이를 그래프로 나타낸 것이 그림 4-9이다.

과거 20년간 조선 인구의 자연 증가율은 11.24명이다. 이를 각 국과 비교한다면, 최고인 러시아 17명(1929년), 최소인 프랑스 2.4명(1930년)의 중간이기 때문에 가장 평범한 것이 틀림없다. 하지만, 1921년부터 1930년까지의 최근 10년간 자연 증가율을 산출하면 14.96명으로, 즉 21년간 총 평균 증가율보다 3.72명이 더 높다.

그리고 또 젠쇼가 1926년부터 1930년까지 최근 5개년간 조선 인구 자연 증가율을 계산한 것을 보면(1932년 3월 《조선총독부조사월보》에 발표됨) 인구가 한층 더 증가되어 15.86명에 달한 것을 알 수 있다.

표 4-11의 자연 증가율이 표 4-10과 약간 다른 것은 전 조선 41개읍을 제외하고 집계, 산출하였기 때문이다. 그런즉 숫자상으로 보면 조선의 인구는 점차 늘어나고 있는 것이 사실이지만, 이 또한 얼마큼 정확한 조사 숫자일는지 모르기 때문에 통계에 의심을 품지 않을 수 없다.

다음으로 민족별 출생, 사산死産, 사망 수를 민족별 자연 증가수와 또 그에 대한 누년 추세 및 평균 비율을 살피고자 한다.

표 4-12에 의하면, 과거 21년간 조선인의 평균 출생율은 32.17명으로 재조선 일본인 24.12명보다 8.05명이 더 많다. 그러나 평균 사망율은 21.22명으로 일본인 19.68명보다 1.54명이 높은 것을 볼 수 있다. 결국 '다산다사多産多死, 소산소사少産少死'라는 인구 법칙에 준칙 되어 있음을 알 수 있다. 그림 4-10은 조선인과 일본인의 출생률 사망률을 그래프로 나타낸 것이다.

그런데 재조선 일본인의 출생률이 조선인보다 8.05명이나 낮은 것은 무슨 까닭일까. 이에 대한 세간의 해석을 들으면, 조선인의 고율 출생은 흡사 조선 민족 독특한 번식력에 의존한 것처럼 말하지만, 이는 어림도 없는 성급한 판단이다.

이제 갑甲 민족이 을乙 민족보다 번식률이 높다든지 낮다든지 하는 것을 단안斷案하자면, ① 결혼율 및 이혼율의 상호 비교, ② '호戸'수에 대한 '주거' (현재 가족 집합 생활을 영위하고 있는 호구) 비율 상호 비교, ③ 생산에 대한 특수

표 4-12 조선 인구의 출생·사산 및 사망률

연도	조선인			일본인		
	출생	사산	사망	출생	사산	사망
1910	13.35	0.32	8.17	30.94	3.28	19.01
1911	20.06	0.38	11.80	25.60	3.24	18.55
1912	28.95	0.31	15.93	27.82	3.11	19.68
1913	29.84	0.31	18.00	36.57	2.43	18.52
1914	28.14	0.27	19.21	28.59	2.56	19.66
1915	27.35	0.23	21.11	24.40	2.72	19.71
1916	33.90	0.24	22.29	26.19	2.51	22.06
1917	33.93	0.26	24.22	25.21	2.35	20.47
1918	34.14	0.28	30.85	24.85	2.35	24.02
1919	27.76	0.22	23.37	22.91	1.74	21.93
1920	27.71	0.18	23.25	23.35	2.09	26.06
1921	29.85	0.20	24.05	19.80	1.92	19.57
1922	34.02	0.21	24.72	21.44	2.20	22.36
1923	40.69	0.18	22.89	20.60	1.73	18.88
1924	38.64	0.19	23.70	21.50	1.85	20.95
1925	38.41	0.15	23.99	20.74	1.53	17.93
1926	35.76	0.17	20.43	23.79	1.39	16.60
1927	36.88	0.16	21.62	24.07	1.46	17.33
1928	38.06	0.16	22.75	23.23	1.42	17.69
1929	38.28	0.15	23.11	22.22	1.49	17.03
1930	38.64	0.18	18.88	22.78	1.59	15.30
평균	32.17	0.23	21.22	24.12	2.14	19.68

* ① 1930년도 『조선총독부통계연보』에 의함. ② 21년간 평균 숫자는 필자의 계산에 의함.

풍습의 상호 비교 등 민족의 번식력을 제약하는 여러 조건을 정밀히 대조 연구한 뒤에 자연 증가율을 비교하지 않으면 소위 번식력은 알 길이 없다.

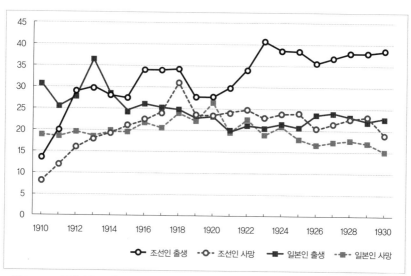

그림 4-10 조선인·일본인 출생률 및 사망률 변화

표 4-13 민족별 결혼율, 이혼율 누년 비교(10년간)

연도	결혼자 수(1,000인 중)		이혼자 수(1,000인 중)	
	조선인	일본인	조선인	일본인
1921	9.12	2.03	6.43	0.19
1922	11.27	2.26	0.42	0.27
1923	14.80	2.30	0.50	0.23
1924	8.79	2.73	0.40	0.31
1925	9.17	2.79	0.41	0.24
1926	8.99	2.68	0.38	0.26
1927	9.37	2.83	0.38	0.27
1928	10.28	2.85	0.44	0.28
1929	10.26	3.12	0.43	0.32
1930	10.06	3.35	0.45	0.35
10년간 평균	10.21	2.69	0.42	0.27

* ① 1930년도 『조선총독부통계연보』에 의함. ② 평균숫자는 필자의 계산에 의함.

민족의 번식력이란 일종 생리적 작용이므로 이를 실제로 정확, 주밀하게 비교 판단한다는 것은 거의 불가능한 일이다. 그러므로 우리는 번식력이란 추상적 능력, 계획에 정력을 쓸 것이 아니라, 차라리 증가율이란 구체적 숫자의 계산으로 주의를 집중할 필요가 있다.

그러나 결혼율 및 이혼율은 인구의 자연 증가에 가장 중요한 연관성을 가지고 있는 것이기 때문에 민족별 자연 증가율을 비교하기 전에 먼저 이것을 서로 대조하여 보는 것이 옳을 것 같다.

표 4-13과 같이 과거 10년간 조선인과 일본인의 결혼율·이혼율의 평균을 보면 조선인은 토착 주민인 만큼 1,000명 중 결혼자 10.21명이고, 일본인은 독신자가 많은 만큼 2.69명으로 조선인보다 약 4배가 적다. 이혼율은 일본인은 0.27명, 조선인은 0.42명으로 1명 미만의 차이 밖에 나지 않기 때문에 그 영향은 극히 적다고 볼 수 있다. 그리고 주거와 호구 관계로 보더라도 최근 조선인은 호구 100호에 대한 주거수가 94.6호에 달하지만, 일본인은 91.7호에 불과하다(호구(세대)에 대한 주거비율은 1930년 조선일본 인구수 및 주거수에 의하여 계산한 것임). 조선인의 생산율이 일본인보다 대체로 많을 것은 극히 당연한 귀결일 것이다.

다음으로 이러한 조건 하의 조선 내 민족별 자연 증가율을 비교하여 보기로 하자. 표 4-14에 의하면, 조선인의 20년 평균 자연 증가율은 11.96명(약 12명)이지만, 일본인은 18년 평균 5.67명으로 약 4배 많다. 주거 100분비로 보더라도 92대 95호로 우월하지만, 조선인의 자연 증가율은 오히려 재조선 일본인보다 낮다고 볼 수밖에 없다. 그러면 조선인의 자연 증가율은 세계적으로 어떠한 지위를 가지고 있는 것인가.

표 4-15에 의하면, 조선인 20년 평균 자연 증가율 11.96명은 그다지 높은 것도 낮은 것도 아니다. 그러나 1923년부터 격증된 증가율은 괄목할 만

표 4-14 조선 내 민족별 인구 자연증가표

연도	조선인				일본인			
	출생	사망	차증 (差增)	가증률 (加增率)	출생	사망	차증 (差增)	가증률 (加增率)
1911	277,473	163,253	114,220	8.25	5,394	3,904	1,490	7.01
1912	421,500	232,115	189,385	13.00	6,781	4,796	1,985	9.42
1913	452,725	273,235	179,490	11.83	7,220	5,047	2,173	8.09
1914	439,613	301,649	137,964	8.83	8,328	5,727	2,601	9.61
1915	436,403	336,936	99,467	6.23	7,409	5,984	1,425	4.89
1916	552,820	363,556	189,264	11.60	8,404	7,080	1,324	4.26
1917	563,772	402,410	161,362	9.71	8,381	6,806	1,575	4.90
1918	570,195	515,243	54,952	3.29	8,372	8,092	280	0.84
1919	466,275	384,505	81,770		8,099	7,600	499	1.48
1920	468,721	394,986	73,735	4.35	8,087	9,065	△978	−
1921	509,122	337,934	171,188	10.03	8,914	7,196	1,718	4.93
1922	585,419	368,988	216,431	13.15	8,559	8,642	△83	−
1923	709,908	359,358	350,550	20.09	9,224	7,610	1,614	4.17
1924	680,828	378,779	302,049	17.14	9,755	8,606	1,149	2.85
1925	712,728	384,673	327,606	17.66	10,189	7,615	2,574	6.25
1926	665,604	380,361	285,243	15.32	10,521	7,164	3,357	7.90
1927	687,142	402,840	284,302	15.26	10,950	7,882	3,068	6.93
1928	710,558	424,642	285,916	15.32	10,897	8,296	2,601	5.71
1929	719,135	451,853	266,282	14.17	10,855	8,317	2,538	5.41
1930	760,602	373,722	386,880	19.14	11,531	7,681	3,751	7.34

누년 평균자연 증가율 조선인 11.96, 일본인 5.67

* ① △표는 사망률이 출생율보다 많은 것을 표함. ② 출생에는 사산을 포함하지 않음. ③ 일본인은 조선 내 일본인을 가르킴. ④ 가증율은 1,000인에 대한 증가율임. ⑤ 본 표 기본 숫자는 1930년도 『조선총독부통계연보』에 의함. ⑥ 외국인 출생, 사망은 전 인구에 비하여 극히 적음으로 생략함.

표 4-15 각국 인구 자연 증가율 비교

국명	매 5년 평균			최근	조사연도
	1901~1905	1906~1910	1921~1925		
러시아	16.4	16.8	20.0	17.0	1929
칠레	6.1	7.0	9.2	4.9	1930
네덜란드	15.5	15.3	15.3	14.0	1930
1행 생략					
루마니아(舊)	13.9	14.6	14.4	12.7	1929
이태리	10.7	11.4	12.2	12.3	1930
불가리아	18.1	18.4	17.8	14.5	1930
스페인	5.2	9.1	9.6	11.6	1930
뉴질랜드	16.7	17.4	13.0	10.2	1930
헝가리	11.0	11.5	9.5	9.4	1930
덴마크	14.2	14.5	10.9	7.9	1930
홍위(洪威)	14.1	12.5	10.9	7.0	1930
미국	–	–	10.7	7.0	1929
독일	14.4	14.1	8.8	6.4	1930
핀란드	12.7	13.7	9.0	7.4	1930
스코틀랜드	12.0	11.1	9.1	6.1	1930
아일랜드	5.6	6.1	5.7	5.7	1930
스위스	10.4	9.9	7.0	5.0	1930
잉글랜드 사우스 웨일즈	12.1	11.4	7.7	4.8	1930
오스트리아	11.4	11.3	6.5	3.3	1930
벨기에	10.6	6.8	7.1	5.4	1930
스웨덴	10.8	11.1	7.1	3.6	1930
프랑스	1.6	0.7	2.0	2.4	1930

* ① 위 표는 인구 1,000에 대한 인구증가율임. ② 1932년 간행《시사연감》에 의함.

한데 19.14명 내지 20.09명에 달한 때도 있었다. 러시아·네덜란드·불가리아·루마니아·뉴질랜드 등과 대등할 만한 비율에 도달된 것을 간과하지 못할 것이다.

조선 인구의 사회적 증가

인구의 사회적 증감은 출생·사망의 차이로 발생되는 소위 자연 증감 이외의 관계 즉 해외 이주 등으로 발생하는 인구 이동 현상을 말하는 것이므로 정치·경제 사정에 따라 가장 민감하게 변동되는 인구 현상이다. 특히 조선은 정치적 특수지역이고, 자본경제의 처녀지이기 때문에 해외 이주는 극히 번다하여 조선 인구 문제에 제일 특수성을 갖고 있다. 과거 20년간의 통계를 살펴보면 다음과 같다.

표 4-16에 의하면, 1911년부터 1920년까지 전 10년간은 내주来住 초과만 있었으나, 1921년부터 1930년까지 후 10년간은 왕주往住 초과한 해가 많다는 것을 알 수 있다. 이 통계에 의하면 해외 이주가 너무나 불규칙적으로 급증·급감하기 때문에 이주의 점차적 경향은 알 길이 없다. 다만 10년간 해외 이주가 격증한 것은 이 기간에 농민 이촌자가 격증한 대서 기인한 것이 아닐까한다.

전체적으로 보면, 과거 20년간 내주 초과 총수는 388만 5,497명이고, 왕주 초과 총수는 108만 2,747명인데 전자에 후자를 뺀 280만 2,150명이 20년간의 사회적 인구 증가 수이다. 조선 인구의 왕래의 대세를 보는데 유용할 뿐만 아니라 인구의 실수가 조선 인구에 포함된 것은 물론이다.

다음으로 표 4-17에서 조선 인구를 민족별로 나눠 사회적 이동을 살펴보

표 4-16 사회적 인구 증가 누진 비교

연도	매년 증가 총수	매년 자연 증가 수	매년 이주 증감 수
1911	742,852	115,710	(來) 627,142
1912	771,231	191,307	(來) 579,925
1913	631,762	181,625	(來) 450,137
1914	471,099	140,503	(來) 330,596
1915	348,472	100,627	(來) 247,645
1916	369,740	190,518	(來) 179,222
1917	320,868	162,846	(來) 208,022
1918	88,035	54,985	(來) 33,050
1919	92,877	82,129	(來) 10,748
1920	139,080	72,593	(來) 66,487
1921	163,929	17,801	(往) 8,872
1922	173,843	217,255	(來) 43,412
1923	258,202	352,041	(往) 93,839
1924	183,153	303,036	(往) 119,883
1925	947,410	229,996	(來) 617,414
1926	88,374	288,433	(往) 200,059
1927	33,798	287,174	(往) 253,376
1928	52,001	288,219	(往) 236,218
1929	141,362	268,450	(往) 127,088
1930	925,502	390,393	(來) 535,109

* ① 해외에서 이주 온 초과 총수 3,885,497명, 해외로 이주 간 초과 총수 1,082,747명, 차이 2,802,750명. ② 1930년도 『조선총독부통계연보』의 기본 숫자에 의하여 계산함. ③ 來는 내주 (來住), 往은 왕주(往住)를 의미함.

면, 과거 20년간 일본인의 내주 초과 인구수는 29만 3,595명으로 한 해도 왕주 초과가 생긴 적이 없었다. 조선인은 내주 초과 337만 7,600명, 왕주 초과 151만 3,119명으로 186만 4,481명이 총 내주 초과 수로 나타난다.

표 4-17 민족별 인구의 사회적 이동 누년 비교

연도	일본인 내주 증가수	조선인 왕주 증감수
1911	(來) 37,656	(來) 589,376
1912	(來) 31,055	(來) 545,022
1913	(來) 25,689	(來) 423,650
1914	(來) 17,025	(來) 312,833
1915	(來) 11,017	(來) 237,443
1916	(來) 15,936	(來) 152,285
1917	(來) 9,943	(來) 146,890
1918	(來) 4,136	(來) 24,634
1919	(來) 9,248	(來) 4,723
1920	(來) *1,231	(來) 58,313
1921	(來) 18,050	(往) 27,908
1922	(來) 17,958	(往) 67,650
1923	(來) 14,904	(往) 111,776
1924	(來) 7,425	(往) 139,422
1925	(來) 10,571	(來) 596,181
1926	(來) 14,229	(往) 213,536
1927	(來) 9,486	(往) 267,842
1928	(來) 11,567	(往) 250,076
1929	(來) 16,897	(往) 149,179
1930	(來) 9,638	(來) 285,730
내주총수(來住總數)	(來) 293,395	(來) 3,377,600
왕주총수(往住總數)	(往) −	(往) 1,513,119

* ① 이 표는 1930년도 『조선총독부통계연보』의 기본 숫자에 의하여 다음과 같은 방법으로 계산한 것임. ② 來는 내주 초과년, 往은 왕주 초과년임.

일본인의 내주 초과현상은 조선과 일본의 경제적·정치적 관계로 보아 당연한 일이라 하겠지만, 조선인의 내주 초과현상은 무엇으로 설명할 것

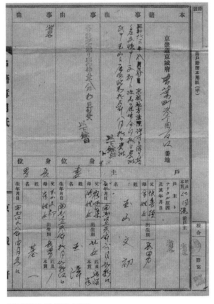

일제시기 경성부 호적

인가. 합병 이후 조선인 인구의 해외 이주가 늘게 된 것은 어기지 못할 사실이다. 조선인 내주 초과 인구는 어디서 뛰어 들어온 것일까. 이는 조선총독부 시정 초기(1911~1920년) 호적에 빠진 자가 매우 많았기 때문에 매년 새로 호적이 오르게 된 까닭이 아닐까 한다.

즉 실제 인구이동으로 말미암은 내주 초과가 아니고, 장부 상 내주 초과에 기인함이 많을 듯하다. 때문에 통계로써 조선인 인구의 해외 이산을 거부하는 태도를 가진다는 것은 큰 과오를 범하는 것이다. 이와 같은 이유로 전 10년은 내주 초과이나 후 10년은 1925년과 1930년에 재만 조선인의 구축驅逐 문제와 관동지방 대진재[1]로 인한 내주 초과가 있었을 뿐 그 외는 모두 왕주 초과였던 것을 특히 주의할 필요가 있다.

표 4-17을 통해 매년 일본인이 조선으로 얼마나 건너오는 지를 살펴보면 14,679명에 달하는 것을 볼 수 있다. 이 숫자가 조선 인구의 매년 평균 증가 실수인 34만 7천여 명에 비하여 그다지 큰 것은 아니지만, 도래한 일

---

1   1923년 9월 1일 일본 관동에서 큰 지진이 일어났는데 일제는 국민들의 불만을 다른 데로 돌리기 위해 당시 사회 불안을 악용하여 한국인과 사회주의자들이 폭동을 일으키려 한다는 소문을 조직적으로 퍼뜨렸다. 이에 격분한 일본인들은 자경단을 조직, 관헌들과 함께 한국인을 무조건 체포·구타·학살했다.

본인 1명의 생활비 평균은 조선인 1명의 생활비 평균보다 사뭇 많을 것이기 때문에 실제 영향은 5, 6만 명 내지 6, 7만 명이 도래하는 것과 맞먹는다.

일본인 내주 증가수는 일본인 각년 증가 총수에 자연증가수를 공제한 잔수殘數이고, 조선인 왕주 증감수도 동양의 방법으로 계산한 것이다. 자연증감에 있어서 외국인 인구의 사회적 이동은 그 수가 비교적 소수이므로 복잡을 피하기 위해 생략하였고, 이 표에 있어서 외국인 인구의 사회적 이동은 그 수가 비교적 소수이므로 복잡을 피하기 위하여 생략하였다.

조선 인구의 직업별

조선은 후진농업국이므로 농업에 종사하는 인구는 전 인구의 대부분을 차지한다. 조선인 인구의 직업별 인구 수를 보면, 농업자가 1,585만 명으로 조선인 인구 총수의 80.5%를 점하고, 다음으로는 상업 및 교통업자는 6.3%에 그쳐 농업 인구에는 비교할 수 없을 정도이다. 그리고 셋째로는 공무 및 자유업자 2.6%, 넷째로는 공업자 2.2%, 다섯째로 어업자 1.5% 순이다. 이외 기타 유업자 합계가 4.8%이고, 무직자 및 직업무신고자가 1.7%에 상당하였다.

조선 내 일본인 직업별 인구비율을 보면 공무 및 자유업자는 35.2%로 가장 많은 수를 점하고 상업 및 교통업자는 29.3%로 다음 순이며, 공업자는 14.2%로 제3위이고, 농업자·어업자는 각각 8.3%·2.5%로 이에 버금간다. 기타 유업자는 6.3%이고 무직 및 무신고자는 3.7%에 상당하였다.

민족별·직업별 인구 수를 대조하면, 조선인과 일본인의 직업별 인구라고 지적하지 않아도 그 차이가 분명하게 드러난다. (61~62쪽 삭제)

2

교육

교육의 지도 정신

1. 신교육의 진출기

식민지 조선의 교육권을 누가 가지고 있으며 어떠한 정신·목적·방법으로 교육하는가 하는 것은 두말할 필요가 없을 것이다.

조선이 일본에 병합되기 전 유교를 교시敎是로 하고 봉건적 교육제도를 5백년 간 계승하였던 구시대 교육과 청일전쟁 이후 일본 세력이 점차 침입해 들어온 1904년부터 1906년 통감부시대까지의 과도기 교육은 우리의 흥미 밖에 있다.

그러나 ① 그 후 1906년부터 합병 당시까지 즉 조선지배의 정치적 기초 공사 확립기에 구한국 정부가 일본으로부터 차관한 5백만 원 중 50만 원으로 일본인이 계획에 참여하여 만든 모든 교육법령의 공포, 일본인 교원의 진출, 교육제도의 변경을 보게 된 교육지배 확립기 – '보호시대 교육'와, ② 1910년부터 1919년 전반기까지 즉, 정치적 지배권이 확립됨에 따라

1911년 칙령 229호로써 〈조선교육령〉이 발포되고 학제를 보통, 실업, 전문으로 구분한 뒤 학교 계통과 목적, 수학 연한, 입학 자격을 규정한 '소위 신교육 여명기'에 이르러 비로소 흥미를 가지게 되었다.

1911년 조선교육령 초안

이상 1904년부터 1910년까지의 '보호시대 교육'과 1910년부터 1919년의 '신교육 여명기'까지의 무단 전제적 통치기에 있어서 교육도 정치를 반영하여 소위 '차별 교육'을 하였다. 그 후 1919년부터 문화적(!) 동화정치기에 들어서 1922년까지 '3면 1개교제' 완성, 학년 연장, 기타 학제 개정, 임시교육조사위원회, 교과서조사위원회 설치 등 소위 '신교육 혁신기'로 되었다. 이 시기부터 현재까지 조선 교육도(8자 삭제) 아름다운 광채를 발휘한 셈이다(『조선의 교육』 참조).

신교육에 있어서 ① 조선 교육제도는 민도 사정이 허락하는 대로 내지(일본) 교육제도에 준거함, ② 조선인 교육에 관하여 특별한 제도를 만들 경우에도 그 제도 하에 내지인 교육을 방해치 못함 등의 요강이 확립되고, 1922년 2월 4일에 공포된 개정교육령은 '일시동인一視同仁[1]의 취지에 따라 차별을 철폐하고 내지와 동일한 제도로 함'이라고 한 후, 학교 계통을 '국어(일본어)' 상용하는 자, 상용치 않는 자, 일선日鮮공학제로 대별하였으며 대학

---

1   조선인과 일본인을 하나로 평등하게 보아 똑같이 사랑한다는 뜻이지만, 식민지배 정책인 동화정책의 일환으로 추진된 것에 불과하다.

일제강점기 초등학생들 수업 장면

및 사범교육을 추가하여 교육 수준을 높이고 일본 내지의 모든 학교와 동
등한 자격과 연계를 인정하였다.

　이상 개정 〈조선교육령〉의 실시는 조선 교육의 혁신적 기원이 된 것은
사실이지만, 반면에 동화교육의 기초를 완전히 확립하고 그 정체를 분명히
하였다. 무릇 동화주의 교육은 정치기관을 반영한 본국 주의적 문화정책이
므로 교육제도의 형식에 있어서 얼마쯤 변화가 있다할지라도 본질적 정신
과 방침은 변하지 않은 것은 물론이다.

2. 조선교육령의 개략

〈조선교육령〉은 1910년 일한합병 후 1911년 8월에 공포된 것으로, 1922
년 2월에 전술한 것과 같이 내용이 혁신된 개정 교육령이 실시된 후 금일까
지 근본 취지가 일관하였다. 교육정신을 말한 조선교육령의 대의를 들면,
① 교육에 관한 칙어의 취지를 높이 받들고 충량한 국민을 양성함, ② 국
어를 습득케 하고 그 숙달을 목적함 …… 그리고 동 시행에 관한 유고諭告에

"그 교육은 특히 적성赤誠의 함양과 국어(일본어) 보급에 치력致力하여 제국 신민된 자격과 품성을 구비시킴에 있음을 요함"이라 하였다. 즉 조선인은 이와 같은 정신과 교육을 받아 제국 신민된 자격과 품성을 구비하여야 하고, 충량한 국민된 의무와 성격을 가져야 하며, 국어가 보급되어야 한다는 것이다. 이하 조선총독부에서 직접 간접으로 발표한 통계를 통해 조선 교육 현상을 살펴 보자.

전 조선의 생도 수

개정 조선교육령에 의하면 학교 종별種別을 ① 국어를 상용하는 학교, ② 국어를 상용치 않는 학교, ③ 조선인·일본인 공학, ④ 사립 각종학교 등으로 대별하고, 제1에는 일본인 소학교·중학교·고등여학교, 제2에는 보통학교·고등보통학교·여자고등보통학교, 제3은 실업학교·사범학교·관립전문학교·대학 예과 및 대학, 제4는 사립 일반 또는 종교학교로 규정하였다. 조선인은 제3 부류에 취학하는 자가 있고, 제1 부류에도 취학하기 때문에 좀 길지만 이하 학교 수, 생도 수의 조선·일본 양자의 비교 숫자를 들어보겠다(1931년도 『조선예산 참고서』에 의함).

1. 생도 수와 학교 수

1929년도 전 조선 서당 수 1만 1,469개소에 생도 16만 2,247명이 있는데, 이를 포함시켜 1년 동안 교육 받은 조선인은 총 74만 633명에 달한다. 표 4-18에 따르면, 조선인 전 인구 2,043만 7,219명(1930년 12월말 현재) 중에 교육 받는 자는 57만 8,386명으로 전 인구의 2.7%에 불과하다.

표 4-18 학교별 학교 수와 생도 수

학교별	구별	학교 수	생도 수		
보통학교	관립	2	817명(남녀 합)		
	공립	1,627	464,007명	남 : 387,282명	
				여 : 76,725명	
	사립	81	23,054명	남 : 14,775명	
				여 : 8,279명	
	합계	1,710	48만 7,878명(생도 수 중 관립에 일본남녀 생도 462명, 외국인 2명 합하면 48만 8,344명)		
고등보통학교	관립	15	6,666명		
	사립	9	5,283명		
	합계	25	1만1,949명(생도 수 중 관립에 일본 생도 125명을 더하면 1만2,074명)		
여자고등 보통학교	공립	6	1,625명		
	사립	10	2,929명		
	합계	16	4,554명		
소학교 (일본인)	관립	465	6만 7,214명(조선인 남녀 998명을 합하여 총 6만 8,212명)		
중학교(일본인)	공립	11	5,979명, 조선인 312명		
고등여학교 (일본인)	공사립	25	7,891명(조선인 615명을 합하면 8,506명)		
실업학교	농업(공립)	25	조선인 4,505명 / 일본인 520명		
	상업(공립)	15	조선인 : 2,111명 / 일본인 : 2,469명		
	상업(사립)	5	조선인 : 1,307명(여자 291명 포함)		
	상공(공립)	1	조선인 : 229명 / 일본인 : 171명		
	공업(관립)	1	조선인 : 29명 / 일본인 : 146명		
	수산(공립)	3	조선인 : 146명 / 일본인 : 1명		
	실업(공립)	1	일본인 : 318명(여자 포함)		
	실업(사립)	1	조선인 : 355명		
	합계	52	조선인 : 8,756명 / 일본인 : 3,917명		

학교별	구별	학교 수	생도 수
실업보습교	농업(관립)	1	조선인 : 18명 / 일본인 : 3명
	농업(공립)	55	조선인 : 2,173명
	상업(공립)	8	조선인 : 605명 / 일본인 : 230명
	공업(공립)	12	조선인 : 606명 / 일본인 : 65명
	기계(공립)	3	조선인 : 64명(여자 포함)
	수산(공립)		조선인 : 42명
	實女(공립)		조선인 : 12명 / 일본인 : 188명
	합계	79	조선인 : 3,520명 / 일본인 : 486명
전문학교	관립	5	조선인 : 357명 / 일본인 : 835명
	사립	8	조선인 : 1,077명(여자 153명 포함) 일본인 : 332명
	합계	13	조선인 : 1,434명 / 일본인 : 1,167명
대학예과	관립	1	조선인 : 152명 / 일본인 : 373명
대학	관립	1	조선인 : 190명 / 일본인 : 383명
사범학교	관립	3	조선인 : 628명(여자 57명 포함) 일본인 : 615명(여자 31명 포함)
	공립	11	조선인 : 378명 / 일본인 : 30명
	합계	14	조선인 : 1,006명 / 일본인 : 645명
공사립 각종학교	공립	1	조선인 : 86명
	사립	13	조선인 : 1,652명 / 일본인 : 1,706명
	합계	14	조선인 : 1,739명 / 일본인 : 1,706명
기타 각종학교	일반(사립)	277	조선인 : 27,320명(여 3,501명 포함) 일본인 : 5명
	종교(사립)	217	조선인 : 25,670명(여 10,365명 포함)
	합계	494	조선인 : 53,080명 일본인 : 5명
합계		2,978교 (조선인)	조선인 : 57만 8,386명(여 10만 5,872명 포함) 일본인 : 9만 80명(여 4만 2,045명 포함)

일본인에 비하면 같은 해 재선在鮮 일본인 총수 52만 7,904명 가운데 생도 수는 9만 80명으로 18%를 차지하여 조선인보다 7배 많다. 이를 다시 호구별로 보면, 조선 사람은 14호가, 일본인은 백호에 71호가 교육을 받고 있다(이상 모든 통계는 1931년도 제59회 일본제국의회용 『조선총독부 예산 참고서』(을)에 의함).

2. 학교 수와 인구비(상)

다음 초등학교로부터 대학교까지 조선인·일본인 학교 수와 생도 수를 각기 인구에 대한 비례를 살펴 보자. 이에 대한 결론은 다음에 재론하겠지만, 국민교육의 기초가 되고 따라서 민족문화의 모태가 되는 초등–중등 교육기관이 얼마나 부족한 지를 알 수 있으며, 일본인 측에 비교하여 빈약함에 놀라지 않을 수 없다. 통계의 복잡을 피하기 위해 관공사립을 합하여 비율을 보면 다음과 같다.

1) 초등 교육기관

표 4-19를 보면, 조선인은 보통학교 1개교에 1만 2천 명인데 비하여 일본인은 겨우 1,100명이고, 조선인은 42명에 보통 생도가 1명인데 일본인은 7명에 1명이다.

더욱이 취학 비율은 조선인은 학령 아동의 19.9%에 불과하지만 일본인은 학령 아동의 99.8%로 100명 전부가 취학하고 있기 때문에 이를 비교조차할 수 없다(학령 아동 수는 통상 전 인구의 11~12%로 잡는데 따름).

학령 아동 100명 중에 겨우 12명 미만이 취학하고 있다는 것이 '문화정치'의 현실을 말해 주는 것이다. 대만의 경우 학령 아동 50~60%가 초등교육을 받고 있는 것을 보아도 초등교육의 보급이 매우 뒤떨어져 있다는 것을

표 4-19 초등 교육기관 현황

조선인 수	20,437,219명	일본인 수	527,904명
보통학교 수	1,710교	소학교(관립)	465교
매1교장 인구 수	11,952명	매1교장 인구 수	1,137명
보통학교 생도 수 (공사립 합)	487,878명	생도 수	67,214명
매 생도당 인구 수	42명	매생도당 인구 수	7, 8명
전조선인 학령아동	2,450,000명	일본인 학령아동	67,300명
백인 중 취학비율	19.9%	백인중 취학비율	99%

알 수 있다. 구태여 초등 교육기관으로 사립학교 기타 혹은 한문만 배우는 서당까지 합한다할지라도 28.9% 밖에 수용하지 못하는 말 못할 현상에 있다.

2) 중등 교육기관

우선 공사립 남녀 고등보통학교를 열거하고 중등실업, 사범학교는 합계를 들고자 한다.

공립경성제이고등보통학교(현 경복고등학교)

표 4-20 조선인·일본인 중등학교 학교 수 및 학생 수

구분	조선인 고등보통학교	일본인 중학교(남녀)
학교 수	40명	-
생도 수	16,503명	13,498명
매교당 인구 수	609,304명	14,694명
매생도당 인구 수	1,239명	39명

표 4-20을 통해 조선인·일본인 중등학교 매교당 인구 수를 보면, 60만 9,304명 대 1만 4,694명, 매생도당 인구 수가 1,239명 대 39명으로 이에 대해 달리 설명할 필요가 없다. 다만 초등학교에 비하여 더욱 참혹하다. 일본인과의 비교를 떠나 조선인만으로 보면, 인구 60만 9천여 명에 고등보통학교가 1개교, 인구 1,240여 명에 생도 한 사람씩이란 것이 얼마나 중등 교육기관이 부족한 지를 말해준다.

이 결핍을 다른 숫자로 보면, 1929년도 초등교육 졸업생이 공립보통학교 6만 1,775명, 사립 3,008명, 사립일반 4,019명, 사립 종교 2,574명, 합계 7만 1,376명인데, 같은 해 공사립 남녀 고등보통학교 입학 수는 공립 고등보통학교 1,942명, 사립고등보통학교 664명, 공립여자고등보통학교 530명 합 5,071명에 불과하다. 여기에 중등 교육기관으로 볼 수 없지만, 공립실업 입학 수 2,458명과 사립실업 432명을 합해도 7,310명밖에 안 된다.

중등 교육기관은 초등 졸업생의 겨우 10분의 1을 수용한다. 만일 자발적으로 학업을 중지한 자가 반이나 넘는다고 가정할지라도 중학 입학은 5대 1의 격렬한 시험 경쟁을 치러야만 한다. 초등교육에 있어서 학령 아동의 20%, 중등교육에 있어서 초등학교 졸업생의 11% 밖에 수용할 수 없다.

3) 중등 실업 및 사범학교

조선·일본 공학제도이므로 학교 수는 양편 동일한 숫자로 취급하고 또 공·사립를 합산하였다(공사립을 따로 비교함은 독자에게 맡기기로 한다).

실업학교와 사범학교는 조선인·일본인의 입학 기회가 균등하다. 그러나 과연 졸업 후 취직의 기회까지 균등할까. 일본인의 40배가 넘는 조선인의 경우 일본인의 두 배 정도의 생도 수밖에 안 되는데, 오직 조선인의 직업 교육 관념이 발달하지 못한 이유 때문인가?

공립 실업학교 생도 수만 보더라도 조선인은 10년 전에 비하여 2배 증가하여 매년 2,400~2,500명씩 입학한다. 이에 비하여 일본인은 10년 간 3배가 증가하였다. 지원자 수는 최근 5, 6년간 조선인은 정원에 비하여 5~8배를 초과하고, 금년도(1931) 관립사범학교(3개소)의 평균 초과율은 조선인이 일본인의 7배에 달하였다. 평양에서는 정원 초과가 조선인이 20배(일본인은 겨우 3배에 불과)나 되었다. 같은 해 철도학교도 조선인이 약 5배 초과하였는데 매년 실업과 사범학교의 지원율이 격증하고 있음을 알 수 있다.

관립한성사범학교 전경

표 4-21 조선인·일본인 학교 수와 학생 수

구분	조선인	일본인
학교 수	139개교	139개교
생도 수	13,282명	5,148명
매교당 인구 수	111,059명	3,797명
매생도당 인구 수	1,538명	102명
전생도 수 비율	2.3%	5.7%

표 4-21을 보면, 매교당 인구가 일본인의 30배에 가까우며 매생도당 인구 수가 일본인에 비하여 15배가 넘는 것은 조선·일본인 취학의 기회 불균등을 말해준다. 또한 지원과 입학률로 보아도 실업 교육기관의 결핍을 여실히 알 수 있다. 일본인의 경우 10년 간 입학자가 3배나 증가하였음에 비하여 조선인은 겨우 배가 증가한 것은 직업 교육에 대한 관념이 일본인과 차이가 있기 때문이기도 하겠지만, 입학에 사실상 기회균등(인구비와 입학지원자 비를 참작한 입학인원 결정)이 이뤄지지 않고 졸업 후 취직 성적이 일본인보다 형편없이 못하다는 등의 이유로 일본인 이상으로 증가하지 못하기 때문이다. 직업교육을 받는 일본인의 수효가 격증하는 것은 이주 식민지로서의 거주상 유혹과 급한 템포로 성장하는 일본 자본의 조선에서의 발전이 더욱 이를 촉진시키고 있기 때문이다.

4) 전문학교·대학교

관립 전문학교 5개교에 조선인 357명, 일본인 835명, 대학 예과 및 대학 각 1교에 조선인 342명, 일본인 756명으로 관립 전문학교 내지 대학교육 받는 자가 조선인 699명, 일본인 159명이다. 이를 인구비로 보면 표 4-22와 같다.

표 4-22 전문학교·대학교 조선인·일본인 매생도당 인구 수

구분	조선인	일본인
매생도당 인구 수	29,238명	331명

표 4-23 사립 전문학교 매교당 조선인·일본인 호수

구분	조선인 호수	일본인 호수
매교당 호수	139,163호	7,072호

표 4-24 학교별 전문학교와 대학 생도 수

학교명	조선인	일본인
경성법학전문학교	130명	68명
경성의학전문학교	93명	153명
경성고등공업학교	31명	147명
경성고등상업학교	45명	212명
수원고등농업학교	56명	104명
제국대학 예과	45명	101명
제국대학	166명	387명
합계	566명	1,172명

표 4-25 연도별 전문학교의 조선인·일본인 학도 수

연도	조선인 수	일본인 수	연도	조선인 수	일본인 수
1921	424	362	1926	552	992
1922	423	468	1927	537	219
1923	502	566	1928	618	361
1924	521	756	1929	627	1,155
1925	461	832			

* 1932년 발행, 1929년도 『조선총독부통계연보』 제국대학 법과는 1924년부터, 제국대학은 1926년부터 가산함.

서울 숭인동에 세워진 경성상업고등학교 전경

    여기에 사립 전문학교 8개교, 생도 조선인 835명, 일본인 332명을 더한
다할지라도 조선인은 1만 3,322명에 한 사람씩 고등교육을 받고 있는 셈
이며 일본인은 275명에 한 사람씩이다.

    관·사립학교 합 15개교를 호수로 보면 표 4-23과 같다. 인구비 호구비
의 절대적 차이에 놀라지 않을 수 없다.

    이제 1929년 5월말 관립 5개 전문학교와 대학의 조선·일본인인 생도
수를 교별로 보면 표 4-24와 같다. 조선인은 2분의 1이 못된다.

    1912년부터 개정 교육령 시행 전년까지 10년간 학교의 조선인별 생도
수 누계는 조선인이 2,941명, 일본인이 1,345명이던 것이 조선·일본인
공학제로 된 1922년부터는 역전되어 조선인은 체감되고 일본인은 반대로
격증되었는데 통계를 보면 표 4-25와 같다.

3. 전문·대학은 누구를 위한 것인가

전문·대학교육령의 주지와 목적을 구태여 밝힐 필요 없이 이상 몇 가지 통

계만 보더라도 조선의 고등교육이 누구를 위한 것인지를 알 수 있다. 조선인이 고등교육을 받기 어려운 점은 첫째 경제적, 둘째 의심스러운 생각이 드는 소위 '입학 비율 내규', 셋째 일본인 지원자(일본 내지로부터 오는 입학지원자 격증)의 매년 격증으로 인한 맹렬한 시험 경쟁, 넷째 학력보다 경찰의 신분 조사가 수험자격을 결정하는 것 등일 것이다.

이와 같은 어려운 조건에도 불구하고 조선인의 고등교육 지원자는 매년 격증하고 있다. 통계에도 나타난 바이지만, 1929년 말 조선인의 일본 유학생이 3,769명(물론 그 전부가 전문·대학생은 아니다)에 달한다 함은 비록 경제적 이유는 아닐지라도 둘째, 셋째, 넷째 어느 이유에 해당할 것이다. 그럼에도 고등교육을 받으려는 조선인 수가 격증하는 것은 사립 전문학교(6개교) 생도 수의 증가를 보면 알 수 있다. 1929년 말 통계에 의하면 그림 4-11과 같다.

관립 전문학교의 부족과 입학난이 얼마큼 완화되었지만, 전문·대학의 지망과 입학률이 항상 7~10% 이상이었던 것과 같이 사립 전문학교도 평

혜화동 경성제국대학 전경

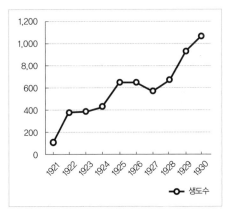

그림 4-11 사립 전문학교 생도 수 증가 현황

균 3~5%였기 때문에 조선 고등교육의 입학난과 아울러 고등 교육기관의 결핍을 통절히 느끼게 된다.

1931년 3월 1일 일본 귀족원 예산 총회에서 귀족원 의원 치아키千秋季隆 씨가 말하기를 "조선의 교육제도는 그 문화에 비하여 너무 지나친 감이 있어 되레 고등 교육기관의 증설이 사상 문제를 낳게 한 것이다"라고 하는가 하면, 마쓰다松田 척식상은 "조선 통치의 방침은 역대 내각에 의하여 확립하였다. 일한병합에 의하여 일시동인으로 추호도 일본인, 조선인의 구별을 하지 않는다. 교육에 있어서도 역시 마찬가지다"(《동아일보》1931년 3월 3일)라고 했다.

식민지인으로 하여금 한쪽에서는 '可使由之不可使知之的敎育政策'[2]이라 말하면, 다른 쪽에서는 일시동인의 무차별을 말하며 이를 호도하려 한다. 과연 어느 말이 솔직할 것인지는 이상 통계로써 확증을 얻을 수 있기 때문에 더 이상 언급하지 않을 것이다.

---

2 『논어』 「태백泰伯」에 나오는 구절로 "백성은 우매하기 때문에 위에서 무슨 일이든 하라고 시키면 되는 것이지 그 이유를 설명할 필요는 없다"는 뜻이다. 즉 일제의 우민화 교육 정책을 일컫는다.

입학과 퇴학의 비율

졸업자보다 퇴학자가 더 많은 것은 대체로 경제적 이유, 사회적 또는 가정 사정, 정치적·사상적 이유일 것이다. 그러나 이 중에 가장 큰 원인은 경제 적 이유로 수업료를 내지 못하여 자퇴 또는 퇴학을 당하는 것이다. 1930년 1월부터 10월까지 전 조선 공립보통학교 생도 중 수업료를 내지 않았다는 이유로 퇴학을 당한 자가 3만여 명에 달한 것을 보아도 알 수 있다. 중등 이상 학교에서는 사상 관계로 출학되는 생도가 증가되고 있는 것은 근래에 주목할 특징이다. 이하 각 학교별로 입학·졸업·퇴학의 통계를 분석하면 표 4-26과 같다.

이상 숫자에 의하면, 1929년도 초등 교육기관의 졸업생이 공사립 보통 학교, 사립 일반학교, 공립 중학교 합하여 7만 1,376명이다. 그런데 같은 해 퇴학생이 8만 5,807명으로 졸업생보다 1만 4,431명이 더 많은 기이한 광경을 보여준다. 1912년부터 1929년 18년간 초등 교육기관의 매년 평균 졸업생이 2만 3,661명인데 퇴학생이 매년 4만 467명이니 어찌 한심한 일 이 아닌가. 보통교육에 조차도 이렇듯 퇴학이 많은 것은 민족 사회에 중대 한 문제가 아닐 수 없을 것이다.

졸업·퇴학의 차이는 중등학교에서 한층 격심한데 공립 고등보통학교의 졸업생이 757명에 퇴학생이 1,364명, 사립 고등보통학교는 졸업생 518명 에 퇴학생은 1,058명으로 배에 가깝다. 공립·사립을 합하여 18년간 졸업 생과 퇴학생의 매년 평균을 비교하면, 613명과 1,438명으로 초등교육보 다 더욱 심한 차이를 보인다.

일본인 소학교를 잠깐 제처 놓고 일본인 중학교를 보면, 1929년도에 졸 업생 801명에 퇴학생이 611명, 고등여학교 졸업생 1,084명에 퇴학생은

표 4-26 학교별 입학·졸업·퇴학 현황

학교별	연도	생도 수	입학	졸업	퇴학
공립보통학교	1929	422,800	146,098	61,775	70,787
	1912~1929 누계		1,475,779	425,728	728,418
사립보통학교	1929	19,966	7,537	3,008	4,509
	1914~1929 누계		68,943	17,084	36,907
공립고등보통학교	1929	5,971	1,942	757	1,364
	1915~1929 누계		19,613	5,790	9,746
사립고등보통학교	1929	4,626	1,664	518	1,059
	1914~1929 누계		23,915	5,254	14,143
공립여고등보통학교	1929	1,457	530	238	259
	1912~1929 누계		4,050	1,650	1,238
사립여고등보통학교	1929	2382	935	409	443
	1914~1929 누계		6,670	2,129	2,563
관공립실업학교	1929	조 : 6,410	2,458	1,253	874
		일 : 3,282	988	566	333
	1912~1929 누계	조 : 26,548	12,245	9,774	
		일 : 8,517	3,259	332	
사립실업학교	1929	조 : 1,150	432	142	190
		일 : 294	63	54	20
	1917~1929 누계	조 : 2,899	701	1,345	
		일 : 1,071	564	447	
공립실업보습학교	1929	조 : 2810	2,341	1044	995
		일 : 232	186	82	110
	1912~1929 누계	조 : 26,108	12,615	12,204	
		일 : 9,002	2,610	3,244	
관립전문학교	1929	조 : 355	123	107	11
		일 : 784	254	217	15
관립전문학교	1912~1929 누계	조 : 3,683	1,594	616	
		일 : 3,479	1,630	264	

학교별	연도	생도 수	입학	졸업	퇴학
사립전문학교	1929	925	501(조)	172	292
	1917~1929 누계		2,966	1,009	1,439
경성제국대학 예과	1929	조 : 107	45	59	3
		일 : 184	96	73	8
	1924~1929 누계		조 : 294	243	4
			일 : 619	460	39
경성제국대학	1929	조 : 166	49	38	2
		일 : 387	116	88	7
	1926~1929 누계		조 : 197	64	6
			일 : 437	132	8
관공립사범학교	1929	조 : 1,332			
		일 : 684			
	관 : 1917~1929 공 : 1922~1929		조 : 9,013	4,594	378
			일 : 2,276	1,972	110
사립일반학교	1929	조 : 24884	13,994	4,019	5,391
		일 : 1293	1,173	495	344
	조 : 1922~1929 일 : 1912~1929		조 : 129,128	34,110	47,570
			일 : 16,631	6,668	6,634
사립종교학교	1929	조 : 21,512	11,282	2,574	5,120
	1922~1929 누계		92,667	21,351	40,034

755명에 불과하다. 이를 조선인 중등학교와 견줘 보라.

그런데 이러한 경향은 조선인 공립학교보다도 사립 실습학교·전문학교·일반학교에서 더욱 심하고 종교학교 역시 보통학교와 중등학교와 같이 참담한 차이를 보이고 있다. 졸업생의 취학 보장이 비교적 확실한 관공립 사범학교, 혹은 관립 실업·대학 등은 물론 사립 학교보다는 퇴학률은 낮으나 일본인에 비하면 비율이 높다.

보통학교 입학시험장에서 차례를 기다리는 아이들과 부모들. 조선일보 1937년 3월 24일자 '어린이의 지옥' 이라는 제목의 기사 사진

과거 18년간 조선인으로서 초등학교부터 대학까지 교문에 들어간 수가 189만 명이고, 졸업한 자는 29%인 54만 6천여 명, 퇴학한 자는 48%인 90만 7천여 명에 달한다. 이 숫자는 1929년도 통계연보(조선총독부 발행, 1931)를 채산採算한 것인데 통계에 누락, 미지의 개소가 있으므로 실제 수는 이보다 많을 것이나 졸업·퇴학의 비율 차이는 크지 않을 것이다.

이상의 통계 숫자는 민족적·경제적 빈곤과 돈이 없으면 배울 수 없는 현재 교육제도의 모순성을 여실히 말해주고 있다.

국어(일본어) 표준의 교육

1. 국어의 장려

〈조선교육령〉의 근본 주지가 '충량한 신민의 육성'과 '국어의 보급'에 있는데, 이는 비단 조선뿐 아니라 일반 식민지 교육에서 '본국어'의 강제 교육은 식민지 통치정책 중 중대한 방침 가운데 하나다. 언어는 단순히 의사 표시의 한 방법일 뿐만 아니라 민족 의식상 심각한 유기적 관계를 가지고 있다. 자기의 언어를 저버린다는 것은 자기의 반쪽을 잃어버리는 것과 같은 까닭이다. 조선인 교육에 있어 국어 장려에 얼마나 힘을 쓰고 있는 지는 조선교육령에 제정된 6년제 보통학교 교과 목표를 살펴보면 분명해진다.

표 4-27 1학년부터 6학년까지 매주 교수 시간의 합산과 과별課別

수신	국어	조선어	산술	역사	지리	도화		창가·체조		재봉(여)	수공
						남	여	남	여		
6	64	20	30	4	4	6	4	33	19	8	9

표 4-28 1시간당 교과목 시간 수

국어	산술	조선어·한문	창가체조	수공·재봉	수신
23분	11분	7분	7분	3분	2분
이과	도화	역사	지리	합계	
2분	2분	1.30분	1.30분	60분	

* 주휘섭, 『조선교육의 결함』 참조.

표 4-27에 따르면, 국어 시간은 전 시간의 38%이고 조선어 및 한문은 12%에 불과하다. 다시 이를 시간 단위로 보면 표 4-28과 같다. 시간 수는 법규로 제정된 것으로 조선총독부의 인가 받은 초등교육 기관에서

보통학교 국어독본 교과서

는 일률적으로 시행된다. 1931년도에 국어 시간 52시간, 창가·체조에 남자 25시간, 여자 22시간으로 다소 변경되었으나, 조선어는 전과 다름없다. 그런데 조선어 외의 과목은 전부 국어로 교수하기 때문에 국어 사용 시간은 전 시간의 88% 이상 된다. 조선인 아동은 조선말을 겨우 알게 될 때 먼저 '국어의 수난'을 받게 된다.

국어 사용 시간은 중학교에서도 90%가 넘고 개정조선 교육령에 의한 조

선인·일본인 공학제 학교는 100%인 것은 물론이다.

그리고 교육령 요지 중에서 국어는 '자유로 사상을 발표하는 능력을 가지도록' 가르치고 조선어는 겨우 '일상생활 대응에 족하며 용무를 처리하도록' 하는데 있다는 것은 일본어 중심 교육이 얼마나 철저한지를 알 수 있다.

2. 조선 지리와 역사

조선인 학생은 조선의 지리와 역사를 충분히 또 정확하게 배울 시간이 없고 교사는 자유롭게 가르치지 못하는 형편이다. 역사는 하나의 과학이다. 조선 역사는 조선에서 가장 학대 받는 학문이고 연구 자유가 없는 과학이다. 1919년 8월 이전에는 초등·중등학교 과정 내에 역사 시간조차 없었는데, 교육령 개정 이후 비로소 가르치게 되었다. 물론 독립한 과정이 아니고 또한 교과서가 없어 오직 일본 국사 내에 이리저리 단편적으로 삽입되어 있는 에피소드에 불과하다.

초등학교 역사교과서 상·하권 모두 338쪽 가운데 조선 역사에 관한 것은 21쪽이고, 중학교 역사교과서(『신국사』, 문무성 검정)에는 상고사에 4행, 근세사에 4행, 최근세사에 와서 '조선정벌'의 3쪽, 현대편의 '정한론'이 반쪽, 기타 1쪽 3행으로 총 190쪽 가운데 놀랍게도 6쪽에 불과하다. 지리에 관해서도 초등학교 과목 중 교과서 300여 쪽 가운데 겨우 14쪽이 조선에 관한 것이다.

이상 몇 가지 예를 보더라도 교육정신으로부터 출발하여 교과서의 질량, 교육 심리학적 견지, 교수 방법, 민족적 심리학적 견지, 기타 등등에서도 말 할 수 없는 불합리와 강제와 모순으로 일관되어 있음을 알 수 있다. 더욱 현재 시행되는 과목이 20년 전의 일본인 소학교 과목에 조선어 및 한문, 지리, 역사의 몇 시간을 양념삼아 집어넣은 것에 불과하다.

3. 일본인 교원 수

1929년도 『조선총독부통계연보』에 의하면, 전 조선 각 학교 교원 총수는
1만 6,161명(조선인 8,858명, 일본인 7,047명, 외국인 256명)이다. 이를 각 학교
별 조선·일본 교원 수를 보면 표 4-29와 같다.

공립 고등보통학교, 공립 여자고등보통학교, 관립 전문학교, 제국대학
예과, 제국대학, 사범학교 등은 일본인 교원이 절대 다수이고 조선인은 사
립에서만 일본인 보다 많다. 중등정도 학교를 잠깐 제쳐 놓고 초등교육에
서만 볼지라도 공립 보통학교에 일본인 교원이 42% 이상을 차지하는 것은
무슨 까닭인가? 이는 과거 18년 동안 계속되어 온 것이다.

그림 4-12와 같이 초등교육에 있어 일본인 교원을 2분의 1에 가깝도록

표 4-29 학교별 조선인·일본인 교원 수

교명	조선인	일본인	조선인 교원에 대한 일본인 비율
보통학교(공립)	6,107	2,552	38.7%
보통학교(관사립)	433	47	11.1%
사립일반	773	199	25.5%
사립종교	894	13	0.16%
고등보통학교(공립)	42	264	600%
고등보통학교(사립)	157	31	19.7%
여자고등보통학교(공립)	16	58	300%
여자고등보통학교(사립)	93	30	33.22%
실업 관공사립보조학교	175	750	450%
전문학교(관립)	37	238	700%
전문학교(사립)	96	52	54.1%
제국대학예과, 본과	5	52	541%
사범학교(관립·공립)	26	161	600%

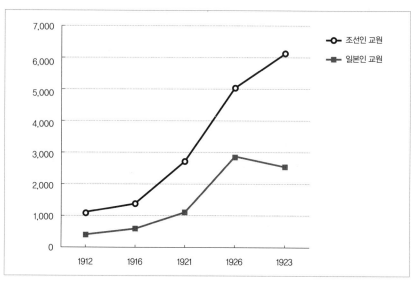

그림 4-12 연도별 초등학교 조선인·일본인 교원수 변화

표 4-30 연도별 조선인·일본인 교원 1개월 평균 월급

구분	남	여
일본인	116원	79원
조선인	53원	48원

임용하는 것은 교육 당국의 확고한 내규인 모양인데, 이것은 조선인 유년
학동에 대한 교육상 모순이라는 것은 더 말할 필요조차 없다. 이는 결코 조
선인의 교원 자격이나 인원 수의 부족 문제가 아니고, 보다 더 철저한 국어
보급과 일본인 교원 취직 문제의 해결, 교육정책 등의 이유임에 틀림없다.

보다 더 해괴한 것은 동등 자격이면서도 조선인 교원은 오직 조선인이라
는 이유로 일본인 교원에 비하여 형편없는 차별 대우를 받고 있는 것이다.
일본인 교원은 본봉 이외 60%의 수당과 18원 내지 21원의 사택료를 추가
하여 초급이 45원이라면 평균 90여 원을 받는다. 이외에 벽지 수당 10%,

국경수당 20%, 조선어 장려비³로 시험에 입격하면 제1종 월액 30원, 제2종 20원 제3종 10원과 5원을 받는 등 굉장한 특전이 있는 반면에 조선인은 본봉 45원 이외에는 한 푼의 수당도 없다.

1912년부터 1929년 말까지 조선, 일본 양교원 1개월 평균 월급은 표 4-30과 같다. 일본인 교원의 1개월 평균 월급은 조선인에 배가 넘는다(일본인 촉탁 교원이라도 남 110원, 여 53원으로 조선인 남 42원, 여 36원에 3배가 넘는다).

당시 일본인 교장은 월급 150원짜리가 보통이고 고등관 2급만 되면 가봉加俸이 본봉의 약 8배, 사택료가 평균 30원으로 1년에 3,132원을 받게 된다. 조선인 교장의 연 수입은 이것의 3분의 1이 될까 말까한다. 일본인 교원 1명의 봉급으로 조선인 교원 2명, 일본인 교장 1명 봉급으로 조선인 교장 3명을 훌륭히 임용할 수 있을 것이다.

교육 예산의 정체正體

1. 조선 예산 중 교육비

1930년도 조선총독부 세입 총액은 239,729,783원이고 세출(경상비)은 186,672,827원이며 임시비는 53,056,956원이다. 이 가운데 교육비 예산(특별회계 세출예산) 경상비는 표 4-31과 같은데 총 세출 총액의 3.65%에 불과하다(이것은 물론 교육보조비 1.9%를 합한 것이다). 1929년도의 3.52%(교육보조비 1.96%)는 동년도 일본 예산에 비하면 문부성비 8.2%, 교육보조비 6.9%로 2배 반, 6배 많다.

---

3   일본인 교원들에게 조선어 습득을 장려하기 위해 지급하였던 수당을 일컫는다.

표 4-31 1930년도 교육비 예산(특별회계 세출예산) 경상비

학교 및 도서관	1,447,798원
제국대학 임시비	2,187,194원
교육보조	4,642,639원
해외파견비(교원·학생)	78,700원
임시교과서 편찬비	10,465원
합 계	8,366,796원

1930년도 대만총독부 경상부 세출예산 총액 8,154만4,284원 가운데 교육비가 510만 4,959원으로 총액의 6.3%인 것에 비하면 2분의 1이다. 조선총독부에서는 교육을 위하여 세출 총액의 백분의 3.5가량 즉, 백 원에 대하여 2원 65전을 지출하는 셈인데 이것마저도 조선인보다 일본인 학생이 많이 다니는 조선총독직할 관립 제학교 교육비로 대부분 지출되고 만다.

2. 지방비 가운데 교육비

다음으로 도지방 예산 중 교육 예산은 얼마나 되나. 그림 4-13과 같이 도지방 교육비가 1921년에 격증한 것은 '3면 1개교제' 지출, 1930년의 격증은 1927년도 세제 정리 결과로 종래 학교비 세입을 도지방비 세입으로 이관하였기 때문이다(1931년도『조선총독부통계연보』에 의함).

중앙·지방의 교육 보조비가 누구에게 더 많이 지출되는지를 보통학교와 소학교를 비교하면 표 4-32와 같다. 보조금 총액은 보통학교가 많지만 1929년도 당시 인구비율로 보면 조선인은 1인당 32전 4리, 일본인은 1인당 2원 61전 6리로 8배나 더 많다(1931년도『조선총독부통계연보』 참조).

다른 일례를 들어 보조금이란 정체를 검찰하여 보자. 표 4-33을 보면, 경성부 1931년도 학교비 예산 중 인구 24만 명을 가진 조선인 초등교육을

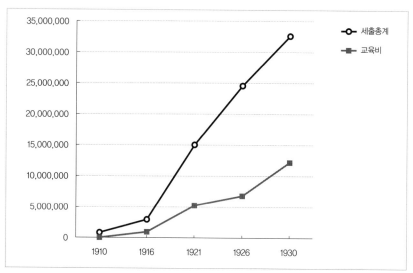

그림 4-13 연도별 도지방 세출통계와 교육비

표 4-32 연도별 국고·지방비 보조액

연도	국고 보조		지방비 보조	
	보통학교	소학교	보통학교	소학교
1920	122,765	560,980	2,824,347	377,629
1925	106,060	552,197	1,935,102	418,144
1929	202,190	599,554	6,419,652	681,816

표 4-33 경성부 조선인·일본인 교육비 비교

교육비	1931년		1930년과 비교	
	조선인	일본인	조선인	일본인
세출 총액(원)	612,385	1,139,820	29,127(▼)	46,979(▲)
국고보조(원)	1,000	129,101	–	6,051(▲)
지방비보조(원)	125,857	71,670	6,026(▼)	14,170(▲)

위한 세출이 61만 원이었지만 3분의 1밖에 안되는 일본인의 경우는 114만 원에 달했다. 차이가 분명하다.

경성부 조선인 학력 아동 4만 8천 명 가운데 초등교육 기관의 수용력이 3,800명에 불과한데 1931년도에 겨우 3학급만 증설되었을 뿐이다. 일본인은 취학 아동 전부를 수용하고도 오히려 여유가 있음에도 불구하고 1교실 생도 밀도를 줄이기 위하여 13학급을 증설하였다.

보조비 지출의 진짜 의의는 학동의 취학율 증가, 교육의 질적 향상을 촉진하기 위한 것이기 때문에 예산이 넉넉한 편은 줄이고 부족한 편을 늘려 그 평행을 이루도록 해야 할 것이다.

3. 교육비와 경찰비 비교

다음에 조선 교육비에 대한 흥미 있는 대조표를 들어 보겠다. 1911년 당시 사법·경찰비 합계는 679만 9,700원이고, 교육비는 82만 5,575원으로 사

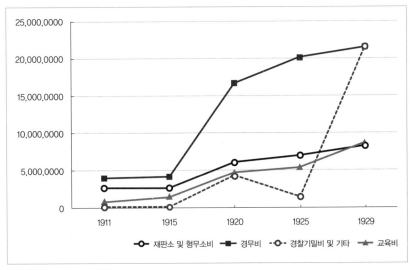

그림 4-14 조선사법 경찰비와 교육비 비교표

법·경찰비가 597만 4,146원이 더 많다. 1929년 당시에는 사법·경찰비가 3,298만 7,547원인 반면, 교육비는 856만 7,166원으로 2,442만 원이 더 많다.

무릇 식민지에 있어 치안유지비가 교육비보다 대체로 많은 것은 정해진 규칙 같기도 하지만 조선에서 명확하게 엄청난 숫자적 대조를 보이게 된 것은 흥미 있는 일이다. 즉 그림 4-14에서 보는 바와 같이 1929년 현재만 볼지라도 사법·경찰비가 교육비보다 약 4배나 많다.

부담되는 교육비

1. 교육비의 부담액

조선인의 교육비 부담은 1년에 얼마나 되는가. 1929년도 『조선지방재정총람』에 의하면 지방비 내 조선인 부담액은 총액 2억 9,688만 982원 가운데 학교비 부과금만 1인당 17전 5리, 1호당 93전 7리, 합 326만 9,390원이다. 이외에 수업료·기부금·재산 수입 기타 합하여 총액 1,483만 3,659원을 부담해야 한다. 이는 오직 같은 해 학교 수 1,596개교, 생도 45만 4,116명을 위한 지출에 불과하고 이외 전 조선 사립초등학교 내지 중등교육, 기타 민간에서 지출한 것을 합하면 실로 막대하다. 지방비 가운데 교육비 지출을 보면, 1912년도부터 1929년 4월 1일 현재까지 총액이 자그마치 1억 5천 5백여 원인데 이를 1920년 이후 총계와 부담비례를 들면 표 4-34와 같다.

조선인이 경제적 몰락 과정에 있으면서 매년 평균 1,400여만 원을 지출하며 공립 보통학교에만 1,350여 원(1912년부터 1929년까지 1억 2,500여만 원)을 내놓았다.

표 4-34 학교비[4] 일람(1929년도 조선지방 재정 요람 참고)

연도	면수	학교 수	세입(부담금)	부과금	부과금 1인당 평균	학교 수 대 면수
1929	2,470	1,596	14,833,659	3,269,390	937	1.55
1928	2,493	1,478	14,458,455	3,107,298	979	1.69
1927	2,503	1,395	16,096,615	3,021,935	867	1.69
1926	2,503	1,508	15,071,842	6,955,989	1,997	1.90
1925	2,503	1,226	14,579,282	6,845,005	1,935	1.96
1924	2,503	1,158	14,787,081	6,769,599	1,045	2.10
1923	2,503	1,043	15,113,571	6,786,175	2,067	2.39
1922	2,503	890	15,281,465	6,477,283	1,998	2.81
1921	2,503	675	11,846,745	4,702,576	1,469	3.70
1920	2,507	559	9,219,273	4,201,480	1,314	4.30
1912	4,241	328	1,036,612	1,019,000	0.041	3.25

* 『조선총독부통계연보』에 의하면 1929년도 면 수 2,469, 학교 수 1,620개.

일본인의 1929년도 학교조합비 지출이 606만 2,818원(매호당 부과금 평균 23원 95전 4리)으로 10년간 평균 570만 원인 것에 비하면 조선인의 그것은 엄청 적다. 이는 조선인의 교육에 대한 성의 문제가 아니라 부과금에 표시 된 바와 같이 조선의 경제력이 매우 빈약한 것을 말하는 동시에 또 이주한 일본인이 얼마나 경제적으로 윤택한 지를 명확하게 보여주는 것이다. 즉 부력富力의 차이가 문제될 뿐이지, 교육에 대한 성의 여부는 문제되지 않는 다는 것은 학령 아동과 취학 비율 혹은 입학 지원과 입학 비율(보통학교에서 1 대 2~3, 고등보통학교에서 1대 3~5)을 보아도 증거 된다.

---

4 학교비라는 것은 각종 학교비·유치원비·도서관비·기타 교육관계 모든 비용을 합한 것이다.

2. 학교비와 수업료

근래 학교 맹휴盟休에서는 거의 일률적으로 수업료 인하 조건을 들고 나오고 최근 이것이 사회 여론화되어 각 지방에서 요구·주장되고 있다. 수업료 미납으로 강제 퇴학, 기타 교육상 비극이 매일 속출하고 있는데, 피 교육자의 절대 의무로 되어 있는 수업료는 매년 얼마나 되는가.

1912년부터 1930년까지 학교비(조선인) 세입 중 수업료 누계는 2,370만 4,106원이고 1929년도 1년간 학교비 총세입은 1,483만 3,695원 중 3백여만 원으로 동 세입의 약 20% 정도가 높다. 이를 공립 보통학교로 보면 1920년부터 1929년까지 총계 1,857만 4,782원으로 최근 수년간 매년 평균 256만 원이며(1929년도는 289만 8,853원), 1929년도 생도 수 4만 2,280명으로 매 생도당 수업료는 6원 85전이다(공립 고등보통학교는 생략함).

조선인 처지에서 수업료 면제를 받는다 할지라도 교과서·학용품·기타 학자學資 문제로 취학 불가능한 현상이다. 교육이 채권 채무의 법률 행위화하고 월사금 미납으로 차압까지 주저치 않게 받게 되는 금일 현상에서 면제를 바란다는 것은 어려운 일이다. 다만 문화교육을 표방하는 개정 교육령 [제2차 조선교육령] 내에는 다음과 같은 규정이 있다.

제83조 공립 보통학교에 있어서 빈곤으로 인하여 수업료를 납입키 어려운 자에게 대하여는 부윤·군

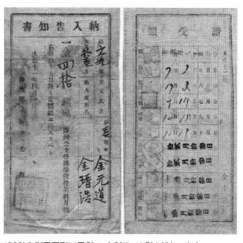

1922년 경주공립보통학교 수업료 40원 납입고지서

수·도사島司가 수업료의 전부 또는 일부를 면제할 수 있음. 한 집안에서 아동 1인 이상이 동시 취학할 때에는 부윤·군수 또는 도사가 수업료를 감할 수 있음.

만일 이 법령에 충실하였다면 1930년에 1월부터 10월까지 3만여 명이나 되는 퇴학자를 내지 않았을 것이다. 즉 대부분이 수업료 문제로 퇴학하는 공립 보통학교 퇴학생이 매년 7만여 명 이상이다. 법령이 얼마나 허울좋은 공문空文인가를 반증하는 것이 아니고 무엇일까.

의무교육의 가능성

1. 의무교육의 가능성

동양에서 일본은 물론이고 중국에서도 거반 국민회의에서 의무교육을 결의하였기 때문에 곧 실시될 것이다. 조선에서는 아직 '1면 1교제'가 완성되지 못하였기 때문에 의무교육을 바란다는 것은 빈말 같으나 소위 문화정치가 문자와 같은 의의를 가진다면 '돈' 문제는 큰 문제가 되지 않을 것이다.

조선 통치자는 소위 '1면 1교제'[5]로 초등교육의 이상을 삼는 모양이지만, 1930년 5월말 현재 조선 면 수 2,469개, 공사립학교 1,710개, 학교 및 면수 비율 1.44%로 금후 '1면 1교제'가 완성되어 학교 수 759개교와 생도

---

5 조선총독부는 보통학교를 보급하기 위해 1918년 3개면마다 1개교를 둔다는 3면1교제를 계획하여 1922년까지 완료하였다. 1928년에는 1면1교제 정책을 추진하여 1936년에 완료하였다.

19만 8,099명(1교 수용 생도 평균 261명)이 증가될지라도 학령아동 250만 가운데 겨우 28.35%만 취학하는 셈이다. 경상북도 같은 곳에는 1면 1교제가 완성되어도 학령아동 16만 명은 전과 같이 취학하지 못할 것이다. 1면 1교

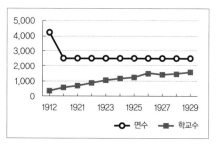

그림 4-15 연도별 면수와 보통학교 수 비교

제로서도 오히려 학교가 부족하다는 것을 분명히 알 수 있다.

사립학교에 대하여는 소속 불완전, 내용 빈약, 교원 자격 및 유지 곤란 등의 이유로 보조 장려는 고사하고 흔히 강제 폐쇄(폐쇄 명령은 도학무과는 물론 경찰서 당국까지 하게 되었다)를 시키니 이러고서 어찌 교육기관의 결핍을 메꿀 도리가 있을 것인가. 이 같은 그들의 처치를 보면 의무교육이란 일개의 몽상과 같으나, 의무교육제도 실시에 있어 결코 경비 문제가 이를 실현시키지 못할 정도는 아니다.

다음으로 의무교육에 필요한 재원을 조선총독부 예산 중에서 청하여 보자(이하는 1931년 3월 《동아일보》에 게재되었던 주휘섭朱輝燮 씨의 『의무교육을 목표로』를 주로 참고함).

2. 의무교육안

1930년 5월말 현재 공립보통학교 1,627개교, 생도 수 46만 4,007명, 사립일반학교·종교학교·서당 등을 총계하면 1만 3,604개교, 생도 수 70만 8,759명으로 이를 학령아동 250만 명에서 빼면 미취학 학령아동이 180만 명으로 줄어든다. 만일 이 아동을 전부 공립 보통학교에 수용한다면 6,397개교(매학교 280명 계산), 교원 3만 8,382명(매개교 평균 교원 6명)이 증가하는데

표 4-35 의무교육 재원과 금액

일본인 교원 가봉(加俸)과 사택료 폐지	250만 여원
향교재산수입	60만 원
학교소유재산 면세 및 국고납입금 면제	6만 원
국고 및 지방비 보조금 증액	1,450만 원
합 계	1,766만 원

의무교육을 10년간 계속 사업으로 한다면 이에 대한 경비는 얼마나 될까.

1) 경비

건축비 총액 1억 875만 원(1913~1928년까지 16년간 매교 평균 건축비 2만 3천 원, 10년간 물가, 기타 참작하여 표준 1만 7천 원으로 계산함), 학교 경비 1개년 총액 6,400만 원(과거 16년 동안 매교 평균 1년 경상비 연 만 원), 즉 의무교육을 10년 계속 사업으로 하자면, 총계 1억 7,270만 원, 매년 1,730만 원이 필요하다.

2) 의무교육 재원(매년 단위)

현재 매 인구당 보조금이 조선인 32전 4리, 일본인이 2원 61전 6리이다. 이 차이를 없앴다면 매년 조선인에게 5,350만 원의 보조금이 지급되게 되는데 이것의 1/3만 보조해도 1,450만 원이다.

　표 4-35의 합계 1,766만 원으로 의무교육 매년 경비 1,730만 원을 제하고도 30여만 원이 남는다. 만일 공자 제사와 유교 장려를 하기 위해 향교재산을 그대로 두어야 한다면, 주휘섭 씨 명안名案과 같이 부유 계급의 재산 누진세, 기타, 기부금(1929년 공립보통학교 기부금이 73만 2천여 원, 1920년 이후 매년 평균 80여만 원 등)으로 부족액 60만 원쯤은 충당하고도 남을 것이다.

　물론 의무교육이라 하여 학교 수만 증가시켜서는 안 될 것이고 대다수의 무산 아동에게 수업료뿐만 아니라 국고보조로도 할 수 있을 것이다. 관업 및 관유재산 수입이 매년 1억 3천만 원(1930년 말 1억 4,471만여 원)이나 되므로 이 가운데 20분의 1만 이익을 덜 먹더라도 무산 아동의 학자 보조는 훌륭히 해낼 수 있을 것이 아닌가.

현재 있어서는 의무교육보다도 1면 1교제나 속히 완성하고 시대 착오의 일본인 교원 가봉의 즉각 철폐, 수업료 인하, 면 단위 조선인 사립학교 강습소의 적극 보조와 보호책으로 현하 교육계의 각종 비극과 모순을 완화시키는 것이 가장 절박한 문제가 되었다.

3

조선의 문맹과 신문화의 요구

문자 해득자 및 문맹자 수

1. 조선 내 문자 해득자 및 문맹자 수

한글은 우수하고 평이한 점에서 세계적으로 자랑할 만한 문자이나 과거 조선인의 병적인 사대事大, 모화慕華 사상은 이를 경서 언토諺吐[1]나 규방閨房의 서간 등에만 사용되었을 뿐이다. 거의 이를 버리다시피 하고 부질없이 세계적으로 난삽하다는 한문을 수입하여 그것만을 편벽偏僻하게 숭상하게 되었다. 이에 극소수의 비교적 부유한 계급에서만 이를 해득하였을 뿐 일반 민중은 전연 문맹상태에 빠지고 말았다. 자신을 낮춘 배타주의의 남은 재앙이 그 얼마나 큰 것인가.

1910년 이래로 신교육방침이 대치代置되어 한문 편승주의를 버리게 되었으며, 또 아동 교육기관도 근대적으로 형식·규모가 개조, 확장되었으나

---

1 한문의 원전에 정음으로 달아놓은 구결을 일컫는다.

표 4-36 조선의 문자해득자 및 문맹자 수 비율 （단위 : %）

도별	한글·일어 독서 가능자		일어 독서 가능자		한글 독서 가능자		한글·일어 독서 불능자	
	총수	남/녀	총수	남/녀	총수	남/녀	총수	남/녀
경기	10.3	16.1/4.0	4.8	4.9/4.7	17.4	23.7/10.7	67.5	55.3/80.6
충북	5.1	8.7/1.2	0.6	0.6/0.7	13.9	20.8/6.5	80.4	69.9/91.6
충남	5.9	10.1/1.5	1.2	1.2/1.2	15.5	22.6/8.0	77.4	66.1/89.3
전북	5.5	9.4/1.5	1.7	1.6/1.8	15.0	23.0/7.0	77.7	66.3/89.8
전남	5.8	10.1/1.3	1.3	1.3/1.2	14.0	23.0/4.4	79.1	66.0/93.0
황해	6.1	10.5/1.7	0.8	0.9/0.8	18.4	31.6/4.9	74.6	57.1/92.5
합계	6.5	10.8/1.9	1.7	1.8/1.7	15.7	24.1/7.0	76.1	63.5/89.5

* ① 1930년 10월 1일 국세조사에 의함. ② 전북·전남·황해 합계 숫자는 기본 숫자에 의하여 필자가 계산한 것임.

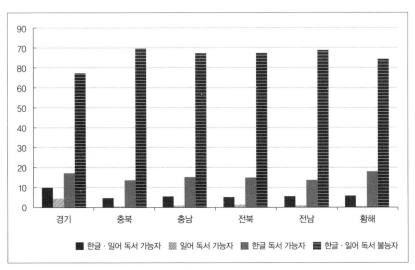

그림 4-16 한글·일어 가능자 및 불가능자 비율

한글·한자 이외에 또 일어를 새롭게 가르치게 되었기 때문에 단원적單元的 문자 교육보다는 스스로 해득의 속도가 느려지지 않을 수 없었다. 그리고 초학 교육기관의 부족과 일반적 빈곤이 문자보급 및 운동에 지대한 장애가 되어 신교육방법이 수입된 지 약 30년이 지난 오늘날에도 오히려 전 인구의 76% 이상이 문맹자인 것은 전 조선 유식계급이 신속히 해결해야할 사회적·민족적 중대 문제라 할 것이다.

표 4-36은 문자 해득자 및 문맹자 수의 인구 비율로 아직도 미완성한 것이지만, 우선 이를 비교하고 또 남녀별로 정도 차이를 살펴보기로 하자. 이를 도표로 나타내면 그림 4-16과 같다.

표 4-36은 13도 중 6도만의 통계숫자이므로 13도 전체의 문자해득자·문맹자를 미루어 알기는 매우 어렵다. 하지만 빠진 경상·평안·함경·강원 등지의 문화 정도가 경기·충청·전라·황해 등지보다 오히려 높기 때문에 문자 해득자 비율이 보다 높을 것이라고 상상할 수 있다. 즉, 문자 해득자 비율은 조선 전체보다 얼마쯤 높을 것이고, 문맹자 비율은 낮을 것으로 짐작할 수 있다. 그만한 에누리를 감안한다면 크게 어긋나지는 않을 것이다 (필자는 조선의 문맹비율을 약 80%로 추정함).

표 4-36은 한글·일어 가능자와 일어만 독서가능자, 한글만 독서가능자를 문자 해득자 부류에 집어넣고, 한글·일어 독서불능자를 문맹자 수로 간주한 것이다. 일어만 독서가능자는 대부분 일본인이고(조선인 중에도 있으나 극소수임) 한글·일어 독서가능자는 조선인·일본인이 섞여 있으나 조선인이 많을 것은 물론이다.

한글·일어 해득자(독서가능자) 비율을 보면 총 인구 수에 대한 6.5%에 상당하는데, 남자 100명 중에는 약 11명이고 여자는 겨우 1.9명뿐이다. 일어 해득자는 총 인구 수의 1.7%로 남자 1.8명, 여자는 1.7명이다. 한글 해득자는 총 인구 수의 1.57%로 남자 24명, 여자는 7명이며, 한글·일어 불능자 즉 문맹은 총 인구의 67.1%에 상당하여 남자 63.5명, 여자는

89.5명이었다. 조선은 아직도 닭소리가 겨우 들려오는 어두운 조선인 것을 알 수 있다.

어두운 조선에서는 언제쯤 눈 뜬 장님들이 그림자를 감추게 될 것인가. 현재 전 인구에 대한 약 3%가 겨우 학교에서 글을 배우고 있을 뿐이어서 문맹 없는 조선은 아직도 먼 장래의 일이 되고 말았다. 그러나 근년 각지에서 우후죽순과 같이 발흥되는 문자 학습열은 벽지 농어촌까지 영향이 파급되어 무수한 야학·강습소 등이 설립되어 학교 교육과 더불어 반도 문맹퇴치사업에 적지 않은 기여를 할 것이다. 휴가를 이용한 학생들의 문자보급 운동이 매년 그 실적을 얻는 것을 보게 된 것도 반가운 일이라 하겠다.

2. 조선과 각 국의 문맹자 비율

다음으로는 조선의 교육 보급정도를 세계적으로 인식하기 위해 조선의 문맹자 비율을 세계 각 국과 비교하여 보기로 하자.

표 4-37에 의하면, 독일을 필두로 호주·캐나다·프랑스·미국·벨기에 (영국은 통계조사에 빠졌으나 이 부류에 속한다)·일본 등은 모두 10% 이내의 문맹자를 가진 세계최고의 문명국이다. 에스토니아·헝가리·라트비아 등은 20% 이내, 이탈리아·네덜란드·리투아니아·불가리아 등은 40% 이내, 스페인·그리스·소련 등은 50% 이내, 멕시코·포르투갈 등은 70% 이내, 이집트·영국령 인도·네덜란드 령인도 등은 모두 80% 이상의 문맹국인데 전술한 바와 같이 조선의 문맹자 비율을 76% 이상 약 80%로 추정한다면 조선은 포르투갈과 이집트 사이에 순위에 낄 만하다.

이렇듯 조선은 아직도 세계 문화의 가장 저열한 위치에 있으며 독일·호주 등과 같은 정도의 문맹자 비율로 줄어들자면 실로 전도요원한 감이 없지 않다. 조선에서 의무교육 실시와 사립학원 및 야학·강습소 등의 적극적

표 4-37 문맹자 비율(10세 이상의 국민 중)

국가별	문맹자 비율			
	조사년	남	녀	합계
독일(1)	1927	–	–	0.03
호주	1921	2.1	1.2	
캐나다	1921	5.9	4.4	5.1
프랑스	1916	5.1	6.7	5.9
미국(2)	1920	6.0	5.9	6.0
벨기에	1920	0.6	8.4	7.5
일본(3)	1931	5.6	11.5	8.5
에스토니아	1922	7.1	14.0	10.8
헝가리	1920	10.3	15.3	13.0
라트비아	1930	12.2	24.3	18.8
이태리	1921	23.3	30.0	26.8
폴란드	1921	29.4	25.7	32.7
리스아니아	1923	30.7	34.4	32.7
불가리아	1926	25.3	33.9	39.7
스페인	1920	35.0	50.2	43.0
그리스	1928	25.4	60.5	43.3
소련	1926	33.1	62.9	48.7
멕시코	1921	61.7	67.6	64.9
포르투갈	1920	56.8	72.8	65.2
이집트	1927	76.0	95.3	85.7
영국령인도	1920	83.9	97.7	90.6
네덜란드령인도	–	94.1	99.0	96.5

* ① 국제연맹통계연감 및 월드 알마나크에 의함(국세그래프 1932년 10월호 소재) ② (1)은 6세 이상의 독일 국민에 대한 추산, (2)는 74세까지의 미국인 중, (3)은 일본인 74세까지.

조선일보의 문자보급운동 관련 한글교재

보호장려가 현재 가장 급무라 할 것이다.

여러 해 전부터 왕왕 도에 넘치는 사학 단속은 과연 어떠한 결과를 초래하였을까. 참으로 큰 효과 있는 문맹타파운동을 전개시키자면 현재의 교육시설과 교육정책 이상이 아니면 안 될 것이고, 일반 인민의 교육열도 좀 더 조직화되어 효과적으로 움직이지 않으면 안 될 것이다.

서적·잡지의 수이입

조선 문화의 향상에는 횡적으로 문맹을 타파하는 것이 제일 큰일이고, 종적으로는 지식 수준을 올리는 것도 매우 중요한 일이다. 그러므로 한자나 한글로 된 서적만을 보고 있던 조선인은 A, B, C와 イ, ロ, ハ를 배워 독서

력을 광범하게 하는 동시에 지식을 세계에 구하여 문화의 수준을 향상시키고자 하는 노력이 점차 강렬히 대두되고 있다. 이는 어두운 조선에 귀한 광명이라 하겠다.

이 같은 목적에 도달하기 위해서는 두 가지 수단이 있다. 하나는 외지 서적을 구입하여 보는 것이고, 또 하나는 자신이 직접 외지로 건너가 유학하는 것이다. 순서에 따라서 외지 서적 수이입 상황으로 본 신지식 추구열의 누년 경향을 살펴보기로 하겠다.

표 4-38에 따르면, 1921년 조선의 총수이입액은 2억 3,228만 원이었는데 그 중 서적 수이입액은 70만 원으로 0.3%에 불과하였다. 그러나 1930년에는 총수이입액 3억 6,700만 원 중 223만 7,000여 원에 달하여 0.06%을 점하였다. 이것으로 본다면 과거 10년간 얼마나 해외 지식 추구열이 고조된 셈인가.

만약 해외 서적 수이입액 실수를 서로 비교한다면, 10년 전 1921년은 근 70만 58원에 불과하였으나, 10년 후 1930년에는 223만 7,206원에 달하여 약 3배 이상 증가된 것을 알 수 있다.

표 4-38 서적·잡지 수이입액 조사

연도	서적 수이입액			총수이입액	서적 수이입 비율
	일본	외국	합계		
1921	-	-	700,058	232,381,384	3.00
1926	1,524,185	78,476	1,602,661	372,169,783	4.03
1927	1,679,643	41,577	1,721,220	383,417,007	4.49
1928	1,981,314	24,580	2,005,894	413,990,943	4.84
1929	2,410,321	38,463	2,448,784	423,093,551	5.78
1930	2,214,762	22,444	2,237,206	367,048,000	6.01

* ① 서적 수이입액은 조선총독부 재무국 세무과 조사에 의함. ② 총수이입액은 『조선총독부통계연보』에 의함. 비율 계산은 필자.

조선으로 들어오는 해외 도서는 이제야 220여만 원의 수이입액을 예산 편성하였은즉 '도본圖本'으로 잡아도 220여만 권이, 매권 50전으로 친다면 440여만 권이 들어오는 셈이다. 이것은 세관을 경유하는 수이입 서적의 총액이니 낱권으로 들어오는 것과 들고 들어오는 서적도 적지 않을 것이다.

1940년도 일본잡지 〈모던일본〉 조선판 표지

그 외에 조선 내에서 출판되는 조선어 이외의 도서도 국정교과서(한문·조선어독본 제외)를 필두로 상당히 많을 것이라 참작할 수 있을 것이다. 이는 초등학교 학생부터 대학생에 이르기까지 읽고 배우는 책의 80~90%가 조선어 이외의 서적인 것을 보면 명백히 알 수 있고, 또한 일반 독서층이 그러한 것을 승인한 것이기 때문에 금일의 조선은 실로 외국어 도서 전성시대라 할 수 있을 것이다.

외국어 도서 중에서도 일본말로 된 도서가 99%를 점하여(표 4-38 참조) 거의 대부분을 차지하고 있으며 서양서는 극소수 특수 독서층에 공급되고 있을 뿐이다. 이는 조선이 자유스러운 처지에서 해외 문물을 임의로 선택한 결과가 아니고, 정치적 상황이 그렇게 만든 것이라는 것은 부언할 필요가 없다.

1929년 조선총독부 조사 조선 내의 일본말 보급 정도를 보면 다음과 같다.

국어[일본어] 통해자 총수 : 1,440,623명

표 4-39 국어통해자 증가표

연도	반해자	완해자	합계	보급률 (인구 1,000명 중)
1913	–	–	92,261	–
1919	232,390	108,276	340,666	25.31
1926	690,448	374,998	1,065,446	57.23
1929	900,157	540,466	1,440,623	76.69

* ① 조선총독부 조사에 의함. ② 국세조사에 의한 숫자가 아님.

남자 : 1,219,044명   완해完解 : 464,435명   반해半解 : 754,609명

여자 : 221,579명   완해 : 76,031명   반해 : 145,548명

표 4-39에 따르면, 국어 통해자 총수가 144만여 명으로 인구 1,000명 당 77명에 달하여 외국어 통해자 총수의 90% 이상을 점한즉 일본 서적이 여느 외국서적보다 특히 많이 수요된 것은 극히 당연할 것이다. 그리고 통해자 누년 증가 추세를 보면 10년 전 1919년에는 인구 1,000명 중 25명 밖에 안되었으나, 1929년에는 77명에 달하게 되었으니 금후론 더욱 일본 서적이 많이 수요될 것이라 여겨진다.

해외 유학생

1. 해외 유학생 수와 전문專門 방면

다음으로 표 4-40을 통해 조선인 해외 유학생을 보면, 그 수는 현재 약 4,500명으로 추산된다. 그 가운데 일본 유학생은 3,639명으로 80%를 점하여 가장 많은 부분을 차지하고 미국 유학생은 493명 11%, 중국 및 기타

표 4-40 조선인 유학생

국명	유학생 수	비고
일본	3,639	동경조선유학생감독부 1931년 조사
미국	493	재미조선학생연합회 1933년 조사
중국 및 기타 외국	368	의거할 만한 통계가 없어 추정한 자료에서 뽑은 숫자임(필자)
합계	4,500	

외국유학생은 368명으로 8%를 점하였다.

일본 유학생이 가장 많은 것은, ① 정치적, ② 지리적, ③ 문화적, ④ 경제적(구미보다는 싼 학자學資 및 교통비) 관계 등으로 보면 당연한 일이다. 중국 유학생이 상상 이외 많지 않은 것은, ① 중국은 문화적 후진국인데다가 ② 어학 관계(조선 중등 정도의 학교에 중국어 과목이 있는 곳은 한 곳도 없다)가 크고, ③ 내외의 정치적 관계가 복잡하여 학교 생활에 부족한 조건이 많기 때문이다.

구미 유학생 중 미국 유학생이 단연 다수를 점하게 된 것은 중등 정도 및 전문 정도 학교가 영어에 치중하고 미국인 경영 미션 스쿨이 많으며 구한국 시대부터 이주한 외국인이 많기 때문이며 고학이 편의하기 때문일 것이다. 그러나 구주의 모든 나라는 이 모든 조건을 갖춘 곳이 많지 않기 때문에 유학생은 극히 적어 손가락을 꼽을 정도이다.

50만 이상의 조선인이 거주한다는 시베리아와 100만 이상이 거주한다는 만주 일대에는 물론 많은 학생들이 해당국 사람들이 설립한 학교에 통학하고 있을 것이지만 전연 조사 통계가 없어 알 길이 없다. (따라서 이 부분은 통계에서 빠졌음을 말해 둔다.)

이제 조선인 해외 유학생이 가장 많은 일본 유학생의 누년 추세를 보면 표 4-41과 같다.

표 4-41 조선인 일본 유학생 누년 조사

연도	유학생 수	동경	지방	재학 부현 수(府縣數)
1912	279	194	85	3부 20현
1920	715	591	123	1도 3부 15현
1922	1,667	1,442	225	1도 3부 19현
1926	3,275	2,425	853	1도 3부 37현
1927	3,239	2,313	926	1도 3부 36현
1928	3,753	2,703	1,050	1도 3부 42현
1929	3,769	2,707	1,062	1도 3부 38현
1930	3,793	2,590	1,203	1도 3부 38현
1931	3,639	2,635	1,004	1도 3부 38현

* 1932년 동경유학생감독부 조사에 의함.

1912년까지도 3부 20현에 279명밖에 안 되던 것이 1931년에는 1도 (1도는 북해도를 가리킴) 3부 38현에 3,639명에 달하였다. 과거 20년간 13배가 증가된 셈인데 매년 평균 168명씩 늘어난 것을 알 수 있다. 최근 4년간은 미가 하락과 금융 경색으로 그 수가 늘지 못하고 있으나 유학열은 갈수록 뜨거워지고 있기 때문에 앞으로 점진적으로나마 수효가 증가할 것으로 관측된다.

그러면 그들은 대개 무엇을 배우고 있는가. 전문학교 이상에 취학하는 자의 전문 학과별 조사에 의하면 표 4-43과 같다.

법학부 667명으로 가장 많고 문학부 433명, 경제학부 290명, 상학부 215명, 의학부 99명, 고등사범부 95명 순이다. 다음으로 이학부 80명, 공학부 58명, 미술과 42명, 가정과 30명, 음학과 14명, 수산부 7명, 약학부 4명의 순위로 되어 있다.

그리고 미국 유학생의 학부별을 보면 신학 26명, 공과 26명, 교육 23명,

동경의 조선인유학생들

표 4-42 일본 유학생 재학 학부별표(대학 · 전문학교 이상 1930년도 말)

부별	동경			지방			합계
	남	녀	계	남	녀	계	
법학부	590	8	598	69	–	69	667
문학부	287	14	301	125	7	132	433
의학부	31	43	74	25	–	25	99
공학부	40	–	40	18	–	18	58
이학부	38	3	41	39	–	39	80
농림학부	93	6	99	42	–	42	141
경제학부	262	9	271	19	–	19	290
상학부	174	3	177	38	–	38	215
수산부	4	–	4	3	–	3	7
약학부	2	1	3	1	–	1	4
고등사범부	49	16	65	15	15	30	95
음악과	7	7	14	–	–	–	14
미술과	31	11	42	–	–	–	41
가정과	–	27	27	–	3	3	30
계	1,608	148	1,756	394	25	419	2,175

* 1932년 동경유학생감독부 조사에 의함.

의학 23명, 고등학예과(Liberal art) 25명, 자연과학과 21명, 사회과학과 21명, 경제학 및 상학과 20명, 음악 13명, 농과 5명, 철학과 5명, 순문학 3명, 무신고자 34명(Korean Student Directory, 1933에 의함)이다. 일본 유학생과 미국 유학생은 전공 방면에 있어서 각각 특이한 경향이 있는 것을 발견할 수 있다.

2. 전문·대학생의 1인당 인구

이상에 의하면 조선인 해외 유학생은 대략 4,500명쯤으로 산정된다. 전문학교 이상 취학자는 일본 유학생 3,639명 중 2,175명, 미국 유학생 493명 중 245명(무신고자까지 합산하여) 정도로 또다시 그 수가 줄어들었다. 해외 유학생의 약 3분지 2가 전문학교 취학자라 가정할지라도 그 총수는 3천명에 지나지 않아 조선 내지의 전문학교 이상 취학자 2천명 미만을 합친다 할지라도 5천여 명에 불과하다. 조선의 고등 지식 탐구자는 그 수가 아직도 극히 한정되어 있다는 것을 알 수 있다.

만일 이 숫자로 전문 정도 이상의 취학자 1인당 인구 수가 42,115명 중 1명에 해당한다면 그 얼마나 희귀한 셈인가. 즉 1명의 전문·대학생이 42,000여 명 가운데 선발된 것으로도 볼 수 있는 것이다. 때문에 조선의 전문·대학생은 그 책임이 한정 없이 무거운 것이다. "조선의 전문·대학생은 마치 선거가 치러지는 나라의 의원 대 선거구민의 관계처럼 중대한 책임을 가지지 않을 수 없는 처지에 있다"라는 말은 일찍이 모 선배가 한 말이지만, 이제 이와 같은 숫자는 그 책임을 명백히 한 것이라 할 수 있다.

조선의 도서관 및 독서자

도서관은 사회적 교육기관으로 중대한 지위를 가지고 있다. 만일 도서관이 많고 일반의 독서력이 고르다면 학교의 결핍도 어느 정도 보충할 수 있을 것이다. 하지만 현재 조선 내의 도서관은 그 수가 적을 뿐 아니라 설비 및 내용이 극히 빈약하여 도시 독서층 일부가 겨우 이용하고 있다. 아직도 시민 대중은 도서관의 존재 가치와 이용 효과를 거의 모르고 있는 형편이다.

그러나 일반의 독서력은 양적, 질적으로 진보되고 있기 때문에 도서관의 필요성도 점차 증가되어, 표 4-43과 같이 1913년에 4개밖에 안 되던 것이 17년 후 1930년에는 49개로 늘어났다. 장서 책 수도 1913년 2만 4천여 부밖에 안 되는 것이 1930년에는 30여만 부로 붙어났다. 열람 인원은 16,000여 명에서 73만여 명으로 약 4.5배에 증가하였다.

이와 같이 매년 도서관 수와 이용자 수가 늘고 있는 것은 사실이나 아직

표 4-43 도서관, 장서 및 열람인원수 누년 비교

연도	도서관 수	도서책 수	열람인원 수	연도	도서관 수	도서책 수	열람인원 수
1913	4	24,420	16,435	1922	24	88,355	90,168
1914	10	27,442	20,708	1923	23	98,723	226,350
1915	15	32,780	27,425	1924	30	183,981	310,596
1916	15	35,322	31,174	1925	36	137,710	400,165
1917	16	37,138	46,624	1926	42	160,883	481,638
1918	16	40,514	22,066	1927	45	177,563	533,331
1919	21	45,803	28,496	1928	46	286,682	760,204
1920	18	55,441	56,282	1929	49	285,150	746,533
1921	19	54,148	88,405	1930	48	315,244	731,337

* ① 1930년도 『조선총독부통계연보』에서 인용. ② 1931년도 설립된 평양 김인정(金仁貞)도서관을 합하면 조선 내 도서관수 합계는 49개소임.

표 4-44 도서관 수 및 열람 인원 수 비교

지역	1921년			1930년		
	도서관 수	장서 수	열람인원 수	도서관 수	장서 수	열람인원 수
조선	19	54,148	88,405	48	315,244	731,337
일본	2,055	5,651,526	12,701,031	4,609	9,635,566	23,354,767

* 조선 숫자는 1930년도 『조선총독부통계연보』에, 일본 숫자는 같은 해 『일본제국통계연보』에 의함.

도 다른 곳에 비하면 많이 뒤떨어져 있다. 우선 가까운 일본과 비교하면, 1930년 현재 조선은 인구 43만 8,716명에 도서관 1개를 가지고 있는 것에 비하여 일본은 인구 1만 3,983명에 도서관 1개를 가진 셈이다. 그 차이가 얼마나 심한 지를 알 수 있다.

표 4-44에서 열람 인원 수로 보면, 조선은 전 인구의 3.4%(731,337명)에 불과하지만 일본은 36.2%(23,354,767명)에 달하는데, 이는 도서관 수의 인구비로 보면 당연한 일이라 할 것이다(도서관 1개에 대한 인구 수는 각 당해 연도의 국세조사인구 총수를 해당 연도 도서관 총수로 나눈 것임. 1930년도 국세조사에 의한 일본의 인구 총수는 6,445만 5명이고, 조선은 2,105만 8,305명임. 그리고 전 인구에 대한 열람인원 수 백분비는 본래 열람인원 수가 열람 연인원 수이므로 인구에 대한 백분비로 계산하는 것은 무리한 일이지만 단순히 비교하기 위하여 계산한 것임).

최근 10년 전후로 조선과 일본의 도서관 수, 장서 수 및 열람 인원 수를 비교하면 표 4-44와 같다.

다음으로 표 4-45와 같이 조선 내에 있는 49개의 도서관 내용을 살펴보면, 경성에 있는 조선총독부도서관이 10만여 권, 철도국도서관이 8만 5천여 권의 장서를 가지고 있을 뿐이고, 5천부 미만의 도서관이 40곳, 1천부 미만이 25곳, 5백부 미만으로 도서관이라고도 할 수 없는 것이 20곳이니 그 빈약함은 문자 그대로이다.

표 4-45 조선 내 도서관 조사(1930년도 현재)

도별	도서관명	설립자	장서 수	소재지
총독부	조선총독부도서관	조선총독부	101,501	경성부
철도국	철도국도서관	조선철도국	85,140	경성부
경기	경성부립도서관	경성부	28,983	경성부
	경성부립도서관 종로분관	경성부	15,355	경성부
	인천부립도서관	인천부	5,362	인천부
	인천문고	인천기독교청년회	1,880	인천부
	안성도서관	안성공립심상소학교	593	안성군
	개성도서관	개성향교 재산	6,495	개성군
충북	도립간이도서관	–	–	청주군
충남	공립도서관	공주군	1,017	공주군
	조치원도서관	후쿠나가(福永喜八)	1,744	연기군
	논산문고	코지마(小嶋與一), 미야무라(宮村元活)	375	논산군
	강경도서관	사카(坂上富藏)	380	강경군
	홍성간이도서관	홍성군	336	홍성군
전북	군산교육회도서관	군산교육회	4,062	군산부
	전라북도문고	전라북도청	2,647	전주군
	김제교육회성산문고	김제교육회	412	김제군
전남	전남문고	전라남도청	2,597	광주군
	목포도서관	목포부	3,328	목포부
	순천도서관	히구치(樋口正毅)	568	순천군
	영암문고	사사키(佐佐木仙助)	355	영암군
경북	대구부립도서관	대구부	8,991	대구부
경남	부산부립도서관	부산부	11,776	부산부
	마산부립도서관	마산부	3,918	마산부
	복수회은사(福壽會恩賜)기념문고	복수회(福壽會)	1,750	마산부
	함안간이도서관	함안향교 재산	474	함안군
	울산간이도서관	울산군향교 재산	1,579	울산군
	밀양도서관	밀양군향교 재산	1,117	밀양군
	동래간이도서관	동래군향교 재산	623	동래군

도별	도서관명	설립자	장서 수	소재지
경남	대례기념고성도서관	고성향교 재산	230	고성군
	남해간이도서관	남해향교 재산	476	남해군
	산청도서관	산청향교 재산	518	산청군
황해	어성혼(御成婚)기념해주도서관	해주군	928	해주군
평남	평양부립도서관	평양부	10,506	평양부
	김인정도서관	김인정(金仁貞)	–	평양부
평북	간이도서관	신의주부교육회	2,158	신의주
	신문도서열람소	태천향교 재산	400	태천군
	신문도서열람소	희천향교 재산	148	희천군
	신문도서열람소	영변향교 재산	247	영변군
	신문도서열람소	박천향교 재산	156	박천군
	신문도서열람소	철산향교 재산	143	철산군
	신문도서열람소	초산향교 재산	109	초산군
	신문도서열람소	자성향교 재산	118	자성군
	신문도서열람소	후창향교 재산	282	후창군
강원	명치절기념회양도서관	회양번영회	218	회양군
	양양도서관	양양향교 재산	191	양양군
	삼척간이도서관	삼척향교 재산	1,181	삼척군
함남	원산도서관	원산부	2,895	원산부
	함흥도서관	함흥향교 재산	842	함주군
함북	청진부립도서관	청진부	41	청진부
총계	49	–	315,244	–

* ① 1930년도 『조선총독부통계연보』에 의함. ② 평양의 김인정도서관은 필자가 기입한 것임. ③ 1931년도 경성부립도서관 본관 장서 수는 30,223책임.

도서관의 내용이 이같이 빈약하므로 49개 도서관의 장서를 합친다 할지라도 30여만 권에 불과하여 일본의 대학도서관 1개쯤에 겨우 필적할 만하다. 이를 만약 프랑스 국민도서관(파리) 420만 부(1931년), 러시아 공공도서관(레닌그라드) 410만 부(1932년)에 비한다면 참으로 부끄러울 정도이다.

조선총독부립도서관(서울시 중구 소공동 남별궁 터, 현재 롯데백화점 자리)

그러나 이러한 조선의 도서관일지라도 이용자에 따라 적지 않은 기여를
할 수 있는 것이다. 매주 여러 번의 무료 열람대를 만들어 도서관 이용을
대중화한다든지 순회도서관으로 지방인의 열람 편의를 제공한다든지 하는
성의 있는 방법을 강구 실행할 필요가 있을 것이다. 특히 도서관을 많이 이
용하는 일본인 측보다 적게 이용하는 조선인 측에 한층 너그러운 편의를
제공하여 '조선의 시설'다운 의의를 명확하게 할 필요가 있다.

4

언론출판계의 총람

조선의 신문 종류

1. 조선 내에 발행되는 신문

일본인에게는 인가제인 〈신문지규칙〉을, 조선인에게는 허가제인 〈신문지법〉을 준용하고 있다. 비록 허가제일지라도 이를 운용하는데 너그럽게 한다면 조선인 측 신문 잡지도 상당 수에 달할 것이다. 하지만, 현재 허가한 몇 종류 이외는 당분간 허가치 아니할 방침이므로 조선인 측의 신문 발전은 발전하려도 그 범위가 엄밀히 제한되어 있다.

이제 일본인 경영의 신문과 통신 잡지(〈신문지규칙〉에 의한 것) 종목을 보면, 매년 종목 수가 늘어 1930년에는 신문류 32종, 통신류 8종, 잡지류 11종, 합 51종에 달한다. 그러나 조선인 경영의 경우는 신문류 6종, 잡지류 4종, 합 10종에 불과하다. 총 발행 부수는 고사하고라도 우선 종목에 있어서 일본인 경영의 그것보다 5배나 뒤떨어져 있다. 표 4-47, 표 4-48과 같다.

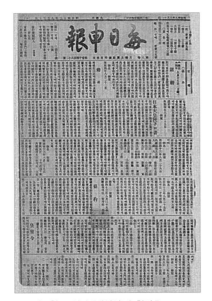

1910년 8월 30일자 《매일신보》 창간호　　　　1920년 4월 1일자 〈동아일보〉 창간호

표 4-46 일본인 경영 신문

신문 (32종)	경성일보, 매일신보(조선문), 서울프레스(한문), 극동시보(주간, 개성), 조선신보, 경성신문(주간), 동아경제시보(월간), 조선일일신문, 동아법정신문(8일간), 조선상공신문, 조선경찰신문(반월간), 조선매일신문, 조선교육신문(월간), 호남일보(대전), 목포신문(목포), 광주일보(광주), 군산일보(조·일문), 동광신문(전주, 조·일문), 조선시보(부산), 부산일보, 남선일보(마산), 동양수산신문(순간, 부산), 조선민조보(대구), 대구일보, 평양매일신문(조·일문), 서선일보(진남포, 조·일문), 압록일보(신의주), 북선시사신보(함흥), 원산매일신문, 북선일보(청진), 북성일일신문(나남, 조·일문)
통신 (8종)	동아전보통신, 대륙통신, 조선경제일보, 전통, 상선통신, 제국통신, 조선사상통신, 일본전보
잡지 (11종)	조선급만주, 경성잡필, 조선공론, 조선철도협회회지, 조선지방행정, 조선토목건축협회회보, 철도지우, 경무휘보, 실업지조선(군산), 함남 경우(함흥), 조선소방

　　조선 도시별로 발행되는 신문을 보면 표 4-48와 같다. 조선인 25만 명이 밀집한 경성에서도 〈신문지법〉에 의한 조선인 측 신문 잡지는 8종 밖에 안 되는 데 비하여, 겨우 9만 7천 명의 일본인이 거주하고 있는 경성에

신문 (6종)	천도교월보(월간, 경성), 중외일보, 동아일보, 조선일보, 남선경제일보(대구), 대동신문 (평양)
잡지 (4종)	천도교월보, 시사평론, 신민, 조선지광

* 1929년 신문해방 만선지사, 『조선만주신문총람』

표 4-48 조선 도시별 신문 발행 현황

지명	일본인(명)	신문	조선인(명)	신문
경성	97,758	27	251,228	8
인천	11,238	1	49,960	0
개성	1,390	1	49,007	0
군산	8,781	2	16,541	0
목포	8,003	1	23,488	0
대구	29,633	2	70,280	1
부산	44,273	4	85,585	0
마산	5,559	1	20,149	0
평양	18,157	1	116,650	1
진남포	5,894	1	30,415	0
신의주	7,907	1	29,003	0
함흥	7,096	2	32,523	0
원산	9,334	1	32,503	0
청진	8,355	1	24,003	0
광주	6,092	1	26,675	0
전주	5,195	2	33,897	0
대전	–	1	–	0
나남	10,302	1	8,915	0
계		51		10

는 27종의 신문 잡지가 발행되고 있다. 기타 조선인 측 신문은 대구·평양
의 각 1종씩을 빼면 전무하다. 이에 비하여 일본인 측은 광주·전주·대전·
나남 등 읍면에 이르기까지 신문이 발행되지 않는 곳이 없을 정도다. 현재

조선인은 세도가 격변되어가는 때임에도 불구하고 신문의 결핍으로 말미암아 자연 때 늦은 뉴스와 언론을 듣게 되어 생활과 행동에 있어서, 그리고 지식 흡수와 이상 수립에도 스스로 거대한 손실을 체험하고 있다.

조선문 잡지 총관

조선의 조선문 잡지에는 조선인 경영 잡지와 서양인 경영 잡지가 있다. 이제 잠깐 구별을 떠나서 통틀어 조선문 잡지를 종별種別하면 표 4-49와 같다.

종류별 조선어 잡지 목록은 1930년 10월 현재 조선총독부 경무국, 『계속발행 출판물 일람표』를 참고하고 그 뒤 변동된 것을 약간 가감한 것이다.

이에 따르면 종교계와 직업계의 잡지가 가장 많으며 평론 잡지와 준평론 잡지는 겨우 14종에 불과하다는 것을 알 수 있다(그 가운데도 휴간 상태에 있는 것이 3종이 있다).

개벽사가 발행한 〈별건곤〉 잡지 표지(1927년 2월호)

김동환이 발행한 종합잡지 〈삼천리〉 표지(1936년 12월호)

표 4-49 종류별 조선어 잡지 목록

구분	잡지명
일반 잡지 (언론·준언론)	조선지광, 혜성, 삼천리, 중성(衆聲), 대중공론, 비판, 조선주보, 해방, 대호 (大湖), 철필(鐵筆), 별건곤, 아등(我等), 동광 (14종)
종교계 잡지	의용선교회보(평원), 주일학교유년신보(평양), 의명(평양), 평양지광, 낭독문 (평원), 평양노회주일학교통신보, 목장(牧杖), 경복노회교회보, 천주교회보 (대구), 주일학교 통신(광주), 종교교육회보, 주일신보, 교회지남, 주일학교 잡지, 사관(土官), 진생(眞生), 감리회보, 시조(時兆), 신학지남, 신학세계, 구 세신문, 조선성공회보, 경향잡지, 활천(活泉), 기도일역, 교역자연맹회보, 주 일학교선생, 주일학교신보, 종교교육, 제3차안식일낭독문(고양), 복음사신 (고양), 신시대(고양), 경학원잡지, 조선불교선교양종종교, 성서조선, 신인 간, 천도교월보, 동학(대전), 군학(群學), 불교, 신생(新生), 청년 (44종)
직업계 잡지	금창월보, 천일약보, 실업계, 동화약보, 전선철도 여행안내, 조선한약업조합 월보, 발우(髮友), 산업지광, 동아상공시보, 영화시대, 조선의료, 고려삼업 상보(개성), 내외호모, 실업, 고려양조, 제생월보, 남선간호부회보, 상공지우 (평양), 조선물산장려회보, 의학공론, 부업지조선 (21종)
학교계 잡지	이화, 동덕, 호종(好鍾), 호수돈), 계우(중앙), 광성, 계성, 배재, 휘문, 숭실, 신학보(평양신학), 세부란교우회보, 동문회보(경신), 의명학우회보(평양) (13 종)
노농계 잡지	농민, 군기(群旗), 산업노동, 농업세계, 신농(북청), 농촌청년, 농민생활, 농 본, 열음지이, 농민신문, 농민세상 (12종)
문예계 잡지	신시단, 조선시단, 되는대로, 시문학, 달빛(의령) (5종)
부인 잡지	신여성, 여성지우, 여성휘보 (3종)
과학 잡지	과학세계, 백두산 (2종)
기타	등대(경성), 등대(평양), 별, 녹천, 문화운동, 시중(時中), 활로주보(活路週 報), 독서 뉴스, 일신월보(평양), 대성시보, 신민, 민성신보, 중선민보, 전북 시보(전주), 영남시보(대구), 중앙기보 (16종)

신문 잡지의 인구비

1. 조선·일본·외국인 경영 잡지

조선 내에서 간행되는 잡지에는 두 가지 종별種別이 있다. 하나는 상술함과 같이 신문지에 의한 잡지이고, 다른 하나는 출판법에 의한 잡지이다. 전자는 신문 종류를 말할 때 말하는 것이므로 중복치 않기로 하고, 후자에 속하는 것만 살펴보면 1931년 조선인 측에서 경영하는 정기 간행물(이를 보통 잡지라 한다)은 83종이고, 외국인 측은 46종이며 일본인 측은 582종에 달하여 합 716종을 헤아린다. 이를 각도별로 보면 표 4-50과 같다.

표 4-50 각도별 잡지 발행 현황

도별	조선인	일본인	외국인
경기	70	249	32
충남	2	25	–
충북	–	7	–
전북	1	116	–
전남	–	31	1
경북	1	20	3
경남	1	88	–
황해	6	16	10
평남	6	36	10
평북	2	15	–
함남	–	22	–
함북	1	29	–
합계	90	654	56
	83	582	56
총계	716		

* 1931년 조선총독부 도서과 조사에 의함.

이에 의하면 조선인의 정기 간행물은 일본인에 비하여 7분의 1이나 차이가 나는 것을 볼 수 있다. 충북·전남·강원·함남 등지에는 조선인 측 정기간행물이 전무한 상태이며, 전남·경북·황해·평남 등지에는 외국인 측의 정기간행물이 오히려 조선인 측보다 많은 것을 알 수 있다.

2. 조선 인구와 언론 기관

1930년 국세조사에 의하면, 조선 내의 인구 총수는 2,105만 7,967명으로 조선인은 2,043만 7,219명이고, 일본인은 52만 7,904명이다. 조선인은 전 인구에 97%이고 일본인은 2.5%에 불과하다. 그런데 전 인구 97%에 달하는 조선인 측의 신문 잡지는(신문, 신문지법에 의한 잡지, 보통잡지를 포함) 통틀어 93종에 불과한 데 비해 전 인구 2.5%에 불과한 일본인 측은 633종으로 전자보다 약 7배의 우세를 보이고 있다.

그리고 일본인 신문 잡지 1종에 대한 인구당을 보면 830여 명에 불과한데, 조선인 신문잡지 1종에 대해 21만 9,350여 명에 달하여 조선인 가운데 아무리 문맹이 많고 독서력이 빈약한 사람이 많다 할지라도 너무나 엄청난 차이에 놀라지 않을 수 없다.

매종每種에 21만 9천여 명의 인구를 대표하는 조선인 측의 신문 잡지가 얼마나 귀하며, 또한 역할이 얼마나 중대한 것일까. 그나마 대부분은 경영난에 헤매고 있으므로 순간이 월간이 되어 경영자와 독자의 흥미가 아울러 떨어진 것도 많고 폐간 상태에 빠진 것도 적지 않다. 그리고 대부분은 중앙에 치우쳐 있기 때문에 신문 잡지의 분배가 고르지 못한 것 또한 큰 유감이라 할 것이다.

조선의 서적 출판

1. 신문 잡지의 경영난

조선문 신문 잡지는 평균 1종에 대한 인구당 22만 명이나 되어 일본인 신문 잡지 매종毎種 당 인구보다 264배나 된다. 어찌하여 대부분이 경영난에 빠져있는가. 설령 신문 잡지 가독권 내의 인원을 매종 대표 인구 22만명의 264분의 1로 잡는다할지라도 일본인 신문 잡지 1종당 인구되는 터인즉 일본인의 신문 잡지와 같이 경영난이 없어야 될 이치일 것이다.

그러나 그렇지 못한 것은 무슨 까닭일까. 이에 대하여 감히 소박하나마 특수 원인을 ① 자금난, ② 검열난, ③ 원고난 등으로 정리할 수 있다. 조선 내에서 경영하는 일본인 신문 잡지에는 이 삼난三難이 거의 문제되지 않지만, 조선인 경영의 신문 잡지에는 매번 삼난이 떠날 새가 없다. 특히 잡지에 있어서는 자금을 가지고 모처럼 검열난·원고난을 돌파하여 몇 호를 발간하였다 할지라도 쇄미한 상공층에서 고가의 광고를 줄 까닭도 없고, 또 초창기에 다수의 독자를 획득하기란 불가능하기 때문에 감당할만한 많은 모험적 봉사적 자금이 없으면 곧 정간 상태에 빠지고 만다.

그리고 원고 검열제로 말미암아 검열이 지연됨에 따라 정기간행물의 생명인 발행 기일을 여러 번 어기게 되고, 또 일본 내지보다도 배나 엄격한 검열 수준에 원고를 몰수당하게 될 때에는 임시호의 원고 준비가 될 때까지 12개월의 시간을 소비하는

조선총독부의 언론탄압 실상을 보여주는 『조선출판경찰개요』(1933)

경우가 허다하다. 원고를 몰수당하지 않고 몇 개의 원고가 불허된다 할지라도, 그것이 같은 호에 중요한 논문 혹은 기사라면, 그 호는 골자 빠진 껍데기 기사만 가지고 인쇄를 하게 되기 때문에 독자가 감소하게 되어 결국 경영난에 빠지고 만다.

또 원고난(원고료 안 주는 조선 잡지의 폐단)에 부닥쳐 경영상 큰 혼란이 생기는 경우도 비일비재하다. 원고난이란 것은 아직 조선 내 잡지계에 막대한 자본 진출이 없고 대개가 소자본으로 간행되는 까닭에 필연적으로 원고료를 지불치 못하는 것이다. 이에 원고난을 겪지 않을 수 없게 된 것이다.

이와 같은 삼난에 조선인 경영의 잡지는 부단히 위협을 받게 되어 10년을 계속하는 것이 극히 드물고 1년을 채우지 못하여 흐지부지 되는 경우가 매우 많다. (창간호가 폐간호가 되어 버린 것도 적지 않다) 그리고 신문도 자금난(적립자금 불충분, 대금 회수 난, 광고 모집난)을 비롯하여 검열난(빈빈한 압수, 삭제)으로 역시 경영난에 허덕이는 경우가 많다.

2. 10년간 조선출판의 추세

'최근 10년간의 조선문 출판 추세'에 대하여, 1930년《경무휘보》4월호에 경무국 도서과에서 다음과 같은 설명과 통계를 발표했다.

"최근 10년간 출판 허가 건수를 보면 역시 제일 많은 것이 족보이다. 족보는 물론 가문의 계보이나 그 반면 조선 역사의 일부분이고 조선 사회상의 반사경이다. 족보 무용론이 일부 인사 간에 제창된 지 오래되었지만 좀처럼 빠르게 무용론에 공명되지 않아 출판 허가원 건 수는 늘 제1위를 점한다.

종교는 아편이라 하여 극론極論하는 자가 있으나 종교에 관한 서류는 매년 증가하고 있어 우스운 일이다.

농상공에 관한 서적은 1929년에 허가 총수는 77건으로 1920년 8건에

표 4-51 조선문 출판물 허가 건수표

종별	1920	1921	1922	1923	1924	1925	1926	1927	1928	1929
정치	–	–	–	–	1	–	–	–	2	–
경제	1	1	5	7	8	13	8	5	14	24
법률	2	6	8	5	12	7	10	8	3	8
사상	7	5	6	17	49	68	72	79	83	82
철학	6	10	16	15	24	20	32	28	9	13
윤리	10	20	21	20	15	27	17	15	18	17
수양	15	17	20	19	20	18	20	21	23	19
교육	21	35	37	41	50	71	59	30	81	79
종교	20	27	28	30	19	21	39	27	49	55
경서	33	24	41	26	37	19	22	25	25	37
지리	5	7	25	25	10	18	15	14	17	15
역사	7	20	29	7	29	18	35	27	23	116
수학	8	7	15	7	15	15	25	19	15	7
이과	–	–	7	3	18	13	29	25	21	5
의약 위생	7	10	15	23	24	30	35	34	37	52
농업	5	7	18	19	8	17	29	16	18	26
공업	–	5	5	7	9	7	20	5	15	13
상업	3	8	11	8	27	33	48	50	54	38
아동 독물	10	15	37	40	52	63	72	79	88	91
구소설	37	57	55	49	56	52	65	58	54	46
신소설	47	89	72	95	100	110	119	99	122	106
시가	3	17	27	32	40	39	50	58	54	45
문예	7	23	30	35	119	37	58	60	63	85
동화	5	10	15	17	24	25	28	29	18	20
동요	–	3	5	8	14	10	24	23	15	19
음악	–	5	7	3	25	19	22	21	27	12
문집	35	36	50	60	68	70	68	58	51	50
유고	30	55	72	58	80	85	79	78	90	81

종별	1920	1921	1922	1923	1924	1925	1926	1927	1928	1929
서식	3	8	5	6	8	5	19	20	5	11
자전	1	5	2	15	17	29	30	20	11	5
어학	2	6	10	15	15	17	29	27	9	20
족보	63	70	87	120	135	174	180	162	189	178
연극	–	2	7	–	3	7	9	8	5	2
영업·여행안내	–	6	12	15	21	35	30	29	33	43
팔패	10	7	6	3	15	9	16	18	18	15
잡	5	20	27	34	37	48	53	53	66	97
계	408	643	833	884	1,204	1,249	1,466	1,328	1,425	1,532
	409	625	854	884	1,116	1,240	1,466	1,328	1,425	1,452

비하면 근 10배나 발전하였다. 하지만 77건으로서는 독자로 하여금 부족감을 느끼게 한다.

최근 수년 이래 경향은 아동 읽을거리, 즉 동요, 동화류 내지 보조 독본류가 건실하게 점진적 발전을 보이고 있는 것을 인정하지 않을 수 없다.

기타 구소설을 대신하여 신소설이 대두하고 있으며, 그 동안 무시되어온 음악서류의 간행이 증가되는 것을 보면 시대는 전진한다고 하지 않을 수 없다. …… 경서 즉 논어·맹자 등류는 해에 따라 일진일퇴하고 있는 것도 현대 조선의 사회상을 그대로 말해주는 것이다"라고 되어 있다.

표 4-51에 따르면, 족보 출판은 1920년 62건에서 1929년 178건으로 출판허가 건 수의 제1위를 점하고 있는 것을 알 수 있다. 신소설이 47건에서 106건으로 그 다음을 차지한다. 물론 봉건적 성별性閥제도의 잔재인 족보 출판이 조선 출판 건수에 제1위를 점하였다는 것은 얼마나 놀랄만한 일인가. 조선인이 가장 많이 요구하는 출판물이 썩어빠진 백골록白骨錄(족보)이

라면 참으로 슬퍼하지 않을 수 없는 일이다.

그러나 족보 출판열의 대두는 성벌제도의 급격한 파멸에서 반동적으로 일어난 최후의 청산 행위(실제적 의미에 있어서)이고 동성동본을 팔아서 먹고 살겠다는 '족보 출판상인'들의 영리적 기업에서 자극된 것이다. 조만간 족보 출판열은 냉회冷灰와 같이 식고 말 것이며 또 유한성보有限性譜 무한족보가 나올 까닭도 없으니 큰 걱정꺼리는 아닐 것이라. 하지만 조선인의 봉건적 사상의 잔재가 아직도 이와 같이 농후하게 남아 있다는 것은 부인할 수 없는 일이다. 어느 의미로 보아 성본性本에 대한 역사적 문헌가치를 무시할 바 아니지만, 이것이 출판허가 수에 제1위를 점하였다는 것은 반동적 기현상 이외 아무것도 아니다.

구소설이 37건에서 46건으로, 신소설 47건에서 106건으로 늘어나 신소설의 발전에 비하면 구소설이 뒤쳐진다 할 수 있겠지만 발행 부수는 아직 신소설보다 많다. 신소설이 농민층 독자를 구소설만큼 획득하지 못하였기 때문이다. 그 다음으로 아동물이 91건으로 제3위이며, 문예가 85건으로 제4위고, 사상 출판 건수는 82건으로 제5위로 떨어졌으나 검열 관문을 좀처럼 통과하기 어려운 까닭에 그 숫자가 많이 줄어든 것을 알 수 있다.

그 다음으로 유고, 문집 등이 81건, 50건으로 비교적 많으며 교육, 종교도 79건, 55건으로 매년 늘고 있다. 서당이 아직도 16만 명 생도를 가지고 있기 때문에 경서의 출판도 꾸준히 계속되고 있다. 다만, 정치 출판 허가는 단 한 건도 없고 법률·수학·이과·자전·연극 등은 모두 10건 미만이다.

표 4-52 신문별 단속현황

신문명	1929		1931	
	삭제	압수	삭제	압수
중외일보	34	17		
조선일보	22	24	15	5(1.1~5월말)
동아일보	26	22	24	7(1.1~5.14)

* 신간회 제3회 집행위원회 회의록.

조선의 언론 단속

1. 신문 검열의 단속

신문 잡지에 대한 단속은 가장 엄혹嚴酷하여 언론의 최전선에 나선 신문을 비롯하여 각종 언론, 준언론 잡지와 노동 방면 잡지, 기타는 검열의 관문을 벗어나고자 비상한 고심과 손실을 경험하고 있다.

우선 조선인 경영의 신문에 대한 검열 당국의 단속 상황을 일별하면 표 4-52와 같다. 이에 따르면, 조선인 경영의 세 가지 일간 신문은 매월 삭제, 압수의 고통을 떠나 본 적이 없었다는 것을 알 수 있다. 이러고서야 어찌 언론 기관으로서의 본래 사명을 이행할 수 있으며, 경영난의 위협을 언제나 멀리 떠나보낼 수 있을 것인가.

일본인 경영 신문은 만일 1차 삭제나 압수의 처분이 내린다면, 무슨 큰 일이나 벌어진 것처럼 요란하지만, 조선인 신문에 있어서는 그런 변사變事가 너무나 잦기 때문에 그것이 언론의 위신 실추, 신문의 신용 추락과 물질상 손실이 큰 것임에도 불구하고 오히려 새삼스럽게 놀랍지 않다. 언론의 만성적 고압에 심리의 이완이 생긴 것 같아 보이기 때문이다. 이 얼마나 참담한 일인가.

그 다음 조선인의 잡지를 보면 사회·정치·민족·계급 등을 논하는 것이라면 거의 매기마다 단속의 엄혹과 검열의 지연으로 큰 두통을 앓게 된다. 혹여 그 기간에 원고 전부를 압수 당하기도, 혹은 어느 부분을 삭제하기도 하며, 삽화와 표장表裝, 의장意匠 등에 이르기까지 간섭과 단속을 당하기 때문에 때로는 편집자의 의사와 거의 배치되는 간행물을 내놓게 되는 일도 비일비재하다.

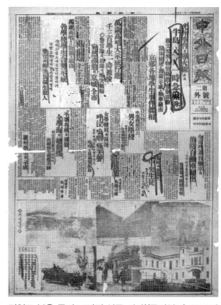

검열로 붉은 줄이 그어진 신문 기사(〈중외일보〉 1929년 12월 28일자)

조선총독부 당국이 조선인의 언론을 단속하는데 있어서 양으로는 〈신문지법〉, 〈출판법〉의 허가제로 제한한다는 것은 상술한 바이거니와 그 질을 단속하기 위해서는 또 이와 같은 삭제·압수·정간 내지 폐간(전 개벽지와 같이) 등의 방법으로 어떻게든 비위에 맞도록 이를 감독하고 있다. 결국 조선인의 언론은 양적으로 질적으로 무거운 압력을 받으며 겨우 한 발자국, 두 발자국을 걸어가고 있을 뿐이다.

일제에 의해 1926년 8월 강제로 폐간된 〈개벽〉 잡지

5

조선종교계 총람

조선의 종교 신자 수

조선에는 대략 50개의 신앙 단체가 있고 약 130만 명의 종교 신자가 있다. 그 가운데 조선인 종교 신자는 92만 3,300여 명이고, 일본인은 33만여 명, 외국인은 300여 명이다(표 4-53 참고). 신자 수를 각각 인구 수에 비교해 보면, 조선인 종교 신자는 조선인 인구의 4%이고, 일본인은 64%, 외국인은 0.4%에 각각 해당한다(외국인의 신교자율이 매우 적은 것은 거의 전부가 무종교자인 중국인을 포함하였기 때문이다.).

1929년 일본 내 인구 6,570만 명에 신자 총수를 5,907만여 명으로 계산하면, 정히 신교자율이 90%에

국내에 유일하게 남아 있는 일본식 사찰인 군산 동국사 (1930년대)

표 4-53 신도 수(10년 전후 비교)

종교	조선인		일본인		외국인		합계	
	1920년	1930년경	1920년	1930년경	1920년	1930년경	1920년	1930년경
예수교	319,357	306,862	4,217	5,529	–	254	323,574	312,645
조선불교	149,714	169,012	–	139	–	–	149,714	169,151
일본불교	11,054	7,560	137,063	255,885	5	56	148,122	263,501
신교	6,819	7,922	49,677	68,519	7	2	56,503	76,443
기타교	?	431,985	–	–	–	–	?	431,985
합계	486,944	923,341 △491,356	190,957	330,072	12	312	677,915	1,253,725 △821,740

* ① 합계 중 △표는 기타교를 가산하지 안한 합계임. ② 보통종교는 조선총독부 학무국 종교과, 기타교 숫자는 경무국 조사에 의하며 계산·작성한 것임.

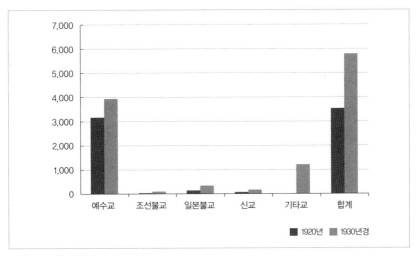

그림 4-17 종교별 포교소 수

달한다. 조선인 신교자율 4%에 비하면 85%의 차이가 나고, 또한 조선 내 일본인 신교자율 64%에 비해도 근 60%가 차이가 난다. 이점으로 보아 조선인은 확실히 비종교적이라 할 것이다.

표 4-53에서 보듯이 예수교·불교·신교神敎 등 법령상 종교라고 인정된 경우에 한해 신교자 수의 성쇠를 보면, 1920년 말 현재 조선인 신교자 수가 48만 6,944명이었던 것이 10년 후 1929년 말까지 4,412명이 늘어 총 49만 1,356명에 불과하였다. 10년간 인구 증가를 고려한다면 오히려 신교자 수가 줄어든 것을 알 수 있다.

그러나 조선 내 일본인의 신교자 수는 10년 전 19만 957명에서 33만 72명으로 13만 9,115명이나 격증하여 조선인 측과 정반대 경향을 가지게 되었다. 일본인 측 신교자 수의 격증으로 말미암아 전 조선적 신교자도 10년 전 67만 7,913명에서 82만 1,740명으로 증가하였다. 조선에 종교가 발전된 것처럼 보이지만 전 조선적 숫자와 조선인의 숫자는 항상 같지 않다는 것을 다시금 명확히 알아두어야 할 것이다.

기타교는 유교·천도교·상제교·보천교·수운교·인천교人天敎·시천교侍天敎·태극교·무극대도교·관성교關聖敎·정도교正道敎·대화교大華敎·청림교靑林敎·대세교大世敎 등 중요 '유사종교'만 가리킨다. '유사종교'를 전부 포괄하지 못한 점에서 통계상 미흡한 점이 있고, 또 10년 전 그 숫자를 찾아내지 못한 것이 유감이다.

그러나 14개 유사종교 이외의 유사종교(34종)는 모두 신도 1천명 미만(10명 미만의 것도 있다)이므로 넉넉히 잡아도 1만 명 미만이기 때문에 그다지 크지 않으며 또 유사종교 중 10년의 역사를 가지지 못한 것이 많기 때문에 10년 전 숫자를 끄집어내기란 사실상 불가능하다.

조선의 종교와 사회 사업

표 4-54를 보면, 종교 단체 가운데 기독교가 사회 사업계의 으뜸이다. 1929년 말 현재 기독교에서는 4개의 전문학교, 33개의 중등학교, 209개의 초등학교, 117개의 유치원, 184개의 강습소를 개설하여 종교 교육에 힘쓰고 있으며, 28개의 병원과 또 8개의 자선구제기관(성피터聖彼得 고아원, 장로교노회 대동고아원, 구세군 육아育兒홈-, 구세군여아홈-, 구세군부인홈-, 인천천주공교고아원, 천주공교수녀원 및 부설여자고아원 등)이 있다. 이들 교육기관에는 4만 8,400여 명의 학생, 병원에는 연 102만 8,900여 명의 입원자 및 외래환자, 자선구제기관에는 440여 명의 불행자不幸者를 각각 수용하고 있는데, 이 모든 사회 사업의 연 경비 총액은 206만 3,800여 원에 달한다.

그 다음 조선 불교의 사회 사업을 보면 전문학교 1개, 중등학교 1개, 초등학교 5개, 유치원 9개, 강습소 11개 합 27개의 교육기관을 설치하고, 1,800명의 학도를 가르치고 있는데, 연 경비 총액은 9만여 원에 달한다.

표 4-54 종교 단체 사회 사업일람표

종교	전문학교	중등학교	초등학교	유치원	강습소, 서당	병원	자선구제기관	연 경비
기독교	4	33	209	117	184	28	8	2,840,240
조선불교	1	1	5	9	11	—		90,551
일본불교	—	4	4	36	7	—	9	167,964
신교	—	—	—	—	2		1	11,753
기타교	—	1	1	—	?	—		?
합계	4	39	219	172	204	28	18	3,110,517

* 기타교 학교 수는 종교과 별도의 조사에 의함(1929년 조선총독부 학무국 종교과 편, 『조선의 종교 및 향사(享祀)』에서 인용)

일본 불교 측에서는 연 경비 10만 원으로 3,900여 명의 생도를 수용하는 51개의 학교(중등학교 4, 초등학교 4, 유치원 36, 강습소 7)와 연 경비 6만 3천여 원으로 경영하는 9개의 자선구제기관(향상회관向上會館, 화광교단和光敎團, 공생단共生園, 경성불교자제회京城佛敎慈濟會, 비전원悲田院, 대전불교자제회大田佛敎慈濟會, 광주불교자광회光州佛敎慈光會, 평양불교광제회平壤佛敎廣濟會, 나남행려병인구호소羅南行旅病人敎護所)이 있다.

그리고 일본 신교神敎에서 경영하는 강습소 2개, 자선기관 1개와 시천교에서 경영하는 중등학교 1개, 상제교에서 경영하는 초등학교 1개가 있으며, 또 천도교와 유교 측에서 설립한 크고 작은 강습소·서당이 있는데 조사된 숫자는 알 수가 없다. 조선에 서당 수(1929년)는 11,469개가 있었는데, 서당 대부분은 유교 측에서 경영한다.

표 4-54에 명시된 바와 같이 조선 내 종교 단체가 경영하는 학교 총수는 209개교(638개교 오기)이고, 병원은 28개이며 자선구제기관은 18개소이다. 연 경비 총액은 311만 517원에 달한다.

조선의 예수교

조선의 예수교는 18세기 중엽 청국에서 파견되었던 조선 사신(이승훈)이 천주공교의 성서를 지니고 들어온 것이 처음이다. 천주교는 최초로 경기도 양평지방에 포교되고 또 전라도로 퍼졌으나 지금으로부터 148년 전 정조 8년(1785)부터 정부의 포교금지, 혹독한 형벌인 교도준형敎徒峻刑으로 말미암아 교세가 퍼지지

피에르 모방(P. Maubant) 신부(서강대 내)

알렌(Allen)　　　　　　언더우드(Underwood)　　　　　아펜젤러(Appenzeller)

못하였다. 그 뒤 헌종 2년(1836) 프랑스 신부 피에르 모방(P. Maubant)[1]이 입국, 선교하면서 새로운 시대를 열었다. 예수교 구교(천주교)는 정부의 거센 탄압과 싸우면서 점차 포교 행위를 개시하였다.

신교(개신교)는 1884년 미국인 로레스. S. 알렌[2]과 H.G. 언더우드[3], H.G. 아펜젤라[4] 등이 입국, 포교한 것이 효시가 되었다. 그 결과 현재는 조

1　피에르 필리베르 모방(1803~1839) 신부는 파리 외방 전교회의 회원으로 1836년 1월 입국한 한국교회사 최초의 서양인 천주교 선교사다. 조선에 와서 조선어를 공부하며 경기도와 충청도 교우촌을 방문하여 200여 명에게 영세를 주었다. 전국적으로 6천명의 신도를 9천명으로 증가시켰으며 김대건·최양업·최방제 등 세 소년을 마카오의 신학교로 보내는 등 교세 확장을 위해 노력하였다. 1839년 9월 21일 새남터에서 앵베르 주교·샤스탕 신부와 함께 순교했다.

2　알렌(1858~1932)은 미국의 선교사·의사로 우리나라 이름은 안연(安連)이다. 1884년 중국을 거쳐 우리나라에 들어와 최초의 장로교 선교사가 되었다. 고종 황제의 시의(侍醫) 및 외교 고문으로 있었으며 광혜원·관립의학교를 창립하였다.

3　미국의 의학자·선교사(1859~1916)로 1884년에 초대 주한 선교사가 되어 경신 학교를 설립하고, 1915년에는 연희 전문학교의 교장이 되어 교육 사업에 헌신하였다. 저서에 『영한사전』·『한영사전』 따위가 있다.

4　아펜젤러(1885~1950)는 미국의 선교사·교육가로 이화학당의 전문부를 신촌에 이전하여 새 교사를 짓고 제6대 교장에 취임하였다. 광복 후에는 이화여자대학교 명예 총장을 지냈다.

1911년 서울YMCA회관 모습

선예수교장로회, 조선기독교감리회(남·북 감리교는 1930년 합동됨), 성공회, 제7일안식일예수재림교, 동양선교회, 구세군, 일본메소지스트교회, 일본조합교회, 동양선교회호리네스교회, 기독동신회 등의 여러 계파가 조선에 들어와 포교 중이다.

1929년 현재 예수교의 포교소는 3,941처이며 포교자는 2,791명(내외국 선교사 350명)이고, 조선인 신도 30만 6,800여 명, 일본인 신도 5,500여 명, 외국인 신도 200여 명 합계 31만 2,600여 명에 달하여 조선 내에 제일 큰 교단이 되었다.

예수교는 교내에 많은 청년 단체 및 소년 단체가 있어 교내 청년 남녀 및 소년의 덕德·지智·체體의 교화, 훈육을 꾀하고 있는데 그 현세現勢를 일별하

표 4-55 조선기독교 청년단체

회별	단체수	회원 총수	비고
학생청년단체(YMCA)	16	1,556	1929년 제6회 기독교청년회연합회 대회 회의록에 의함
시부(市府)청년단체(YMCA)	9	2,419	동상
면려청년회(장로교파)	531	15,564	예수교장로회 총회 19회 회록에 의함 (1930년도)
엡윗청년회(감리교파)	148	4,157	조선주일학교 간사 최봉칙崔鳳則 씨 조사에 의함(1930년도)
엡윗소년회(감리교파)	87	2,387	
합계	791	26,083	

면 표 4-55와 같다.

그리고 예수교 내에는 30여 종의 정기간행물이 있어서 구두 전교 활동과
아울러 포교 활동은 타종교의 추종을 불허한다.

조선의 불교

조선 불교는 고구려 소수림왕 2년(372) 중국 동진의 진왕 부견秦王符堅[5]이
승려 순도順道[6]를 파견한 것이 시초이다. 신라·백제를 거쳐 고려조까지 교
세가 극히 융성하였으나 폐해가 백출하였고 조선시대에 국가적으로 불교
를 배척하였기 때문에 한일합병 이전까지 교세가 매우 쇠퇴하였다.

그 뒤 1911년 전법傳法·포교 등의 활동을 공인하는 사찰령이 공포되면서
조선 불교는 점차 적극적 포교활동을 개시하게 되었다. 1929년 말 현세를
보면 본사本山 31개, 말사 1,327개, 포교소 104개, 승려 5,817명, 비구니
승 637명이며 신도는 16만 9,100여 명에 달한다.

일본 불교(조선에 건너온 일본 불교는 진종眞宗·일련종日蓮宗·정토종淨土宗·진언종眞

---

5   중국 전진(前秦)의 3대 군주로서 왕맹(王猛)을 등용하여 부국강병을 이루었으나 그의 충
     언을 듣지 않고 백만 군사를 동원하여 8천명의 군사에 불과했던 진(晋)의 사현(謝玄)에게
     패하여 몰락하였다. 지나치게 패도(覇道)를 추구하다가 실패한 대표적인 군주 가운데 한
     명이었다.

6   372년(소수림왕 2) 6월 진나라 왕 부견이 순도를 시켜 불상과 불경을 고구려에 전하였
     고, 이에 소수림왕은 부견에게 사신을 보내 감사의 뜻을 표하고 그로 하여금 왕자를 가르
     치도록 했다. 하지만 그가 어느 나라 사람이며, 언제, 어떻게 고구려에 들어왔는지 명확
     하지 않다. 그가 거처한 절은 375년에 창건한 성문사(省門寺)이며, 뒤에 흥국사(興國寺)
     라 고쳤다.

남산에 있었던 동본원사 일본 사찰

조선불교청년총동맹을 이끌었던
한용운

言宗·조동종曹洞宗·임제종臨濟宗·황
벽종黃檗宗·천태종天台宗 등 19개파)
는 1910년을 분기점으로 매
년 교세가 발전되어 현재 사
원 101개, 포교소 348개, 포
교자 452명이고, 신도는 26
만 3,500여 명(조선인 신도 약
7,500명) 정도이다.

조선 불교는 오랫동안 산간에 유폐되어 있
었으나 일단 산문을 나서게 된 불교는 현대 종
교화 운동을 일으켜 다방면의 개혁과 건설을
꾀하고 있는 중이다. 특히 주목되는 것은 종
래 산만하게 흩어져 있던 각지의 조선불교청
년회를 조선불교청년총동맹[7]의 기치 아래 집
중 통일시켜 청년 불교의 활동을 조직화하려
는 운동을 일으킨 것이다. 조선불교청년총동
맹은 1931년 5월에 성립되어 현재 25개의 세포 단체가 있다.

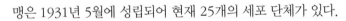

7　1919년 3·1운동 이후 31개 본산 대표자와 중앙학림 학생들이 모여 조선 불교의 일제 예
　속화를 극복하기 위해 '불교를 통한 민족의 각성, 조국광복과 독립을 쟁취하자'는 한용운
　의 뜻을 받들어 1920년 6월 각황사에서 조선불교청년회가 창립되었다. 일제가 만주사변
　을 일으키고 국내의 민족독립세력을 탄압하자, 한용운은 1931년 조선불교청년회를 조선
　불교청년동맹으로 개칭, 불교를 통한 청년운동을 강화하였다.

서울 종로구 수송동에 있었던 각황사(현 조계사)에서 야구 경기하는 장면

조선의 유교

유교 또한 고구려를 거쳐서 신라·백제에 들어왔다. 불교가 가장 먼저 들어와 판을 치고 있었기 때문에 불교만큼 세력을 가질 수 없었지만, 신라에서는 설총·최치원 같은 명유名儒가 배출되어 유학은 자못 왕성하였다. 고려 때로 내려와서도 안유·정몽주 외의 쟁쟁한 명유가 배출되었다. 조선시대에는 국가에서 숭유배불崇儒排佛 주의를 고조한 까닭에 유교는 국교가 되어 획기적으로 교세가 발전하였다.

고려 충렬왕 당시 안향安珦(호 회헌晦軒, 1243~1306) 때 가장 무기력했던 주자학이 조선 유교의 전제적 근본이 된 이후 탄력을 잃고 심히 완고해졌다. 이 또한 조선시대 선조 이전까지는 유교가 국민 사상의 단일화, 국민 생활의 통제화에 유용하였지만, 주자학파인 이황李滉(퇴계)·이이李珥(율곡) 등의 사단칠정四端七情에 대한 이기론이 등장하면서 달라졌다.

이황

이이

인조 계비 사후 상복 착용의 기한을 두고 이理·예禮의 해석 차이로 그 연한에 대한 주장이 달랐는데,[8] 그 이후 파당이 생겨 조선 유교 사회를 여지없이 분열, 혼돈케 하여 국가 사회에 대한 폐단이 뒤에까지 막심하였다.

당시 유물인 '4색'(노론·소론·남인·소북)은 유가 중심의 3백년간 청산되지 못한 분열주의로서 정치와 종교를 분리하지 못한 조선에 있어서 치명적 퇴폐를 초래케 된 것은 결코 우연한 일이 아니었다. 그동안 영조의 탕평책, 대원군의 서원철폐 등의 운동이 있었지만, 이 또한 근본적 효과를 얻지 못하고 한일합병을 당하게 되었다.

당파의 폐해는 그제야 더 대두할 여지가 없게 되었지만, 아직도 혼사婚事에 있어서 사색四色 감정을 청산치 부분이 있는 것을 보면 그 집요함에 다시금 놀라지 않을 수 없다. 무릇 조선의 유교는 사색 당파의 기인이 되고 문약文弱의 가장 큰 근원이 되어 금일 청년 조선과는 점차 멀어져 가고 있는 것이 사실이지만, 아직도 유생(유교 교도) 수는 22만 7,000여 명

---

8 조선 제16대 인조의 계비인 장렬왕후(莊烈皇后)의 복상문제를 일컫는다. 장렬왕후는 인조가 죽고 효종이 즉위한 뒤에 대비가 되었는데, 1659년 효종이 죽으면서 그에 대한 복상문제가 일어나 서인·남인 간에 대립하였다. 결국 서인의 승리로 기년복(朞年服)을 입었다. 그런데 며느리인 효종비 인선대비가 죽자 다시 복상 문제가 일어났다. 서인은 9개월 복상을 주장했고 남인은 1년 복상을 주장했는데 남인이 승리, 서인이 조정에서 물러나고 조대비는 1년 복상을 하였다.

1910년대 경학원

이나 되며 경학원(구 성균관)[9]과 유도진흥회[10]는 유교를 힘써 장려 진흥하고
있다.

유가와 가장 관련이 깊은 서원 44개는 현재 비록 보잘 것 없는 것이 되었
지만, 이 또한 충렬서원 이외에는 대부분이 유자의 포교소격이며, 한학을
전수하는 구식 서당(1만 36개 - 1930년 조사) 같은 것도 전교소임에는 틀림없
다[조선 서원은 명유名儒를 배향하고 유교를 전수하는 사원祠院인데 대원군 이전 서원 전성
기에는 전 조선에 680개의 서원이 있어 이에 지출하는 국가의 폐해는 실로 막대하였다. 당

---

9   갑오개혁 이듬해인 1895년 성균관에 3년제 경학과가 창설되어 신교육을 가르쳤다. 그런
    데 성균관이 1911년 6월 경학원으로 개편되어 문묘 제향 및 일반 유생의 교육기관으로
    명목만 유지해 오다가 1920년 명륜학원으로 개칭되고, 1937년에 명륜전문학원, 1942년
    에 명륜전문학교, 해방 후 1946년 성균관대학으로 부활되었다.

10   유도진흥회는 일본을 시찰하고 돌아온 경상북도와 경성부 지역의 유림 88명이 1920년
    1월 결성했다. 도참여관이 제안하여 결성된 단체인데다 조선총독부에서 수백 원의 자금
    을 보조해 창립하여 친일 단체 성격이 짙었다.

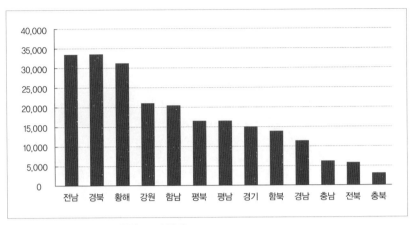

그림 4-18 각 도 유생 분포 현황(1928년 현재)

시 사폐土弊가 극에 달하였기 때문에 서원이 파쟁 참모소參謀所로 변하고 만 것은 당연한 일이었다. 이에 대원군은 서원 훼철을 대규모로 단행하여 명유와 충렬의 서원 46개[11]만 남겼다(현재 44원)].

현재 유생 분포 수를 도별로 순위로 보면 그림 4-18과 같다(1928년 총독부 조사)

조선 유사종교계 총관

소위 종교와 유사 종교는 이론상 명확하게 구별하기 매우 곤란한 일이지만, 법령상 예수교·불교·신교 이외의 모든 종교는 일률적으로 유사종교라

---

11 47개의 오기이다. 47개 서원 가운데 무열사(평양), 삼충사(영변), 수충사(영월) 등의 서원이 소실되어 당시 44개만 남은 것이다.

부른다.

조선의 유사종교는 최고의 역사를 가진 것이 겨우 70여 년에 불과(유교를 빼면)하다. 대개는 합병 이후 최근 10년 전후에 발생된 것인데, 그 수가 60여 종(실제 교단이라 칭할 만한 것은 48종)에 달하는 기이한 광경이다. 어찌하여 합병 이래 최근 10년 전후로 이같이 많은 교단이 발생하였을까. 이것은 이면에 복잡한 사정이 있을 것이지만 무릇 조선과 같은 정치적·경제적 특수 환경이 그들의 창교열創教熱을 환기케 한 것이라 할 것이다. 따라서 어느 부분을 보면 영리적 기업 행위와 같은 창의로 출발된 것도 있고, 정치 결사나 사상 단체와 같은 형태로도 발견할 수 있다.

현하 조선에 있는 유사종교 근원을 살펴보면 불교·유교·도교·천도교·보천교 등인데 몇몇 특수한 것을 빼놓고는 대개 원류에서 분파된 것으로 볼 수 있을 것 같다. 먼저 그 총황을 조감한 뒤에 가장 중요한 것만을 골라서 차례로 내용을 들여다보기로 하자(표 4-56 참조).

(종교 가운데 천도교 이외의 내용 설명은 주로 조선 종교과에서 조사한 것에 의거함)

신도수 1천명 미만의 유사종교 단체는 다음과 같다. 백백교·금강교·미륵교·기자교·증산교·태을교·신리종교·숭신인조합·대종교·숭신교·동화교·용화교·동학교·대종교大宗教·무궁교·평화교·단군교·칠성교·광화교·감로법회·대성교·신도동지회·대각교·천인도·만인교·중심교·문화연구사·대천교·대정용화교·성도교性道教·대도교·삼리교·동천교·교풍교

표 4-56 중요 유사종교 단체 일람표

종교별	포교강의소 수	신도 수	본부 소재
유교	?	227,596	경성 경학원
천도교	900	112,834	경성 경운동 88
보천교	50	21,032	전북 정읍군 입암면 접지리
수운교	60	10,928	경성 서대문정 2정목17
인천교	10	10,274	경성 암근정 12
시천교	80	7,467	경성부 견지동 80
태극교	6	5,240	경성부 통동 28
무극대도교	5	5,060	전북 정읍군 태인면 태흥리
관성교	3	3,163	경성부 종로 5정목45(김파金派) 경성부 숭인동 238(동묘)
정도교	3	2,118	경기 고양군 둑도면 구선리
대혁교	15	1,763	충남 논산군 두마면 부남리
청림교	10	1,546	경성 서대문정 1정목 171
대세교	2	1,525	전북 고창군 성송면 무송리

* 1931년 조선총독부 경무국 조사에서 인용함. 단 유교 숫자는 《조선》 1931년 5월에 의함

1. 천도교

천도교天道敎는 1824년(순조 24) 갑신 10월 28
일 경주 가정리에서 출생한 최제우崔濟愚(호 수
운)가 1860년(철종 11) 창교한 것으로, '인내천
人乃天'을 종지宗旨로 삼고 '성신쌍전性身雙全'을
강령으로 삼아 "지상천국 건설"을 목적으로
삼는다. 천도교는 한말 정치적 역경을 처하여
'보국안민輔國安民'의 이상을 구현하고자 한 일
종의 독특한 철학적 도덕적 내지 정치적 관념

동학을 창시한 최제우

체계이므로 내세주의적인 보통 종교와는 구별된다. 『천도교 체계약람體系約覽』에 "즉 천도교는 종교가 아닌 일종의 조선 독특한 신사상 단체라 할 수밖에 없는 것이다"라 한 것을 보아도 알 것이다.

천도교의 궁극적인 목적은 지상천국을 건설하기 위해서는 '정신개벽'·'민족개벽'·'사회개벽' 등이 있어야 한다고 주장하며, 5의五疑의 실행교목을 베풀어 교도로 하여금 실시토록 하는 것이다. ① 주문("지기금지원위대강至氣今至願爲大降 시천주조화정侍天主造化定 영세불망만사지永世不忘萬事知"), ② 청수淸水, ③ 시일侍日(일요참당예배日曜參堂禮拜), ④ 성미誠米(1인 1숟갈 헌성獻誠), ⑤ 기도 등이다.

천도교는 최수운(1세 교주), 최시형(호 해월海月 2세 교주), 손병희(호 의암義菴 3세 교주)를 거쳐 이제는 박인호朴寅浩를 제4교주로 추대케 되었다. 교정敎政 조직체계를 고쳐 최고 도율자導率者로서 대령(정광조鄭廣朝)과 부령(최준모崔俊模)

천도교 중앙대교당(서울시 지정유형문화재 제36호)

《천도교회월보》 표지

을 두고 성도관誠道觀(서무), 경도관敬道觀(전의), 신도관信道觀(재정), 법도관法道觀(포폄), 지도관智道觀(학무) 등 5관(각 관에는 관정觀正과 관서觀書가 있음)을 두고 교내

표 4-57 천도교청우당 당부黨部 및 당원수

구분	경기	충청	전라	경상	평안	함경	강원	황해	합계
당부	11	14	21	29	43	26	8	11	185
당원	1,430	1,591	2,855	3,683	8,940	4,475	715	1,430	26,239

* 1931년 천도교청우당 조사에 의함

5원로(최린·권동진·오세창·나용환·이병춘)를 고문으로 삼고, 또 중앙에 종법사宗法師, 지방에 포덕사布德師를 두어 포교에 힘쓰고 있다.

청우당靑友黨·청년회·학생회·소년회·내수단內修團·청년여자회·노동사勞動社·농민사農民社 등 교내 별동단체가 있고, 또한《천도교월보》,《당성黨聲》,《농민》,《개벽》등 4개 잡지 외에 동경천도교유학생기관지《동학지광東學之光》등을 직, 간접적으로 소유하고 있기 때문에 천도교의 사회적 영향은 심대하다 할 것이다.

현재 천도교 내의 청년 자격자로서 조직된 청우당은 천도교 세휴척勢休戚에 중대한 관계를 가진 단체인 만큼 표 4-57을 통해 그 당세를 일별하기로 한다.

2. 시천교

시천교侍天敎는 1906년(광무 10년) 천도교 제3세 교주 손병희 시대 당시 제명당한 일진회 회장 이용구(경북 상주 생)가 그해 9월 17일 개교한 것이다. 최제우를 교조로 하는 것과 교의敎義, 신앙의 형식도 대체로 천도교와 별반 다를 게 없다. 1912년 이용구가 죽은 후 제2세 교주로 송병준宋派이 들어섰으나, 간부 김연국金派과 합의치 못하여 1913년 분립하였다. 그러나 김파金派 시천교는 1925년 7월 21일 상제교로 개칭하였기 때문에 현재 시천교는 송파宋派의 시천교이다.

그 뒤 교도의 사상이 변천됨에 따라 1920년 대교주제를 폐하고 이를 공선公選하기로 하였고, 1927년에는 회의 위원제를 채용하기로 되었다. 신도는 6만 8백여 명이라 하지만 교세는 부진하다.

시천교는 종위宗位로서 종도관宗道觀, 종직宗職으로서 종무부宗務部가 있다. 종도관은 도사로 조직되어 중앙종교위원회를 감독한다. 신도의 공회公會에서 이를 추천하지만 임기를 정하지 않았으며, 종무부는 경성에 중앙종무부, 군에 지방종무부를 두고 기타 필요한 곳에 포덕소를 설치하되, 전자에는 약간의 종무위원, 후자에는 종무원을 배치한다.

손병희

사무집행은 회의로서 하되 대표인 종무위원장은 호선으로서 선정한다. 그리고 위원(임기 2년)은 모두 공선이나 각각 상국上局의 승인

이용구

을 요한다. 공회는 이외 포세방침布勢方針 및 예산 등을 결의할 수 있는 권한이 있다. 또 포교를 위하여 포덕사 및 전교사를 두고 그 보조로서 교장敎長·교수敎授·도집都執·집강執綱·대정大正·중정中正 등이 있다. 이외 간접기관으로서는 본부에 청년회·소년회 등이 있으며 여자상업학교를 경영한다. 지방포덕소 중에는 기본 재산의 수입에 의하여 유지하는 것도 있으나 일부에 불과하며 주된 재원은 역시 성미誠米다.

3. 상제교

상제교上帝敎는 전술한 것과 같이 1913년 시천
교 제2세 교주 송병준 시대 당시 분립한 김파
시천교의 후신이다. 즉 강원도 인제군 출신
김연국이 개교한 것이다. 1925년 7월 동학
교조 최제우가 저술한 『보전동경寶典東經』 중에
서 문자를 채취하여 상제교라고 고친 것이다.
교의는 같고 또 영전靈殿을 설치하여 천단天壇
이라 칭하고 황제상제, 제세주濟世主(최제우) 및

최시형

대신사大神師(제2세 최시형)을 제사 지내며 좌일座日(일요일), 기념일 등에 예배
기도하는 방법도 큰 차이가 없다. 29만 3,300여 명이 있다고 하지만, 믿을
수 없고 교세는 겨우 현상 유지가 되는 셈이다.

상제교의 교주는 대법사라 일컬으며 법위法位로서는 법사法師 · 도주道主 ·
육임六任 및 대령大領 · 중령中領 · 소령小領 등이 있다. 결의 기관에는 명도관明
道館이라는 것이 있는데 36명의 의원으로 조직되었다. 교무는 중앙에 이본
부理本部, 지방에 동지부 및 선교소를 두고 이것을 처리하는데 중앙에 천리
관장天理管長 · 부장副長 · 종교관장宗敎觀長 · 법무관장 · 재정관장 · 서무관장 · 지
방에 종교정宗敎正 · 전의원典儀員 및 사계원司計員 등의 직이 있다.

선교소는 전도포교를 주로 하는 곳인데 선전원을 두고 있다. 상제교의
유지 재원은 주로 성미誠米(신도 1호 연 5승)와 인계引料(신곡新穀 6승 5합)이며, 향
수비亨需費라는 것은 기념일 등의 비용으로 희사를 받는다. 사업으로는 각 1
개의 사립학교와 강습소가 있다.

4. 수운교

수운교水雲教는 1919년 10월 15일 충남 대전 탄동면 추목리 이상룡이 천도교의 별파로서 개교한 것이다. 종지를 사인여천事人如天이라 하고 목적은 포덕천하布德天下·광제창생廣濟蒼生·보국안민이라고 한다. 또 주문·청수·기도·법일(일요일) 및 공덕미의 5항을 두어 이를 성의誠疑라 부른다.

법일 외에 교주의 탄일 및 개교일을 기념일로, 매월 7일, 17일, 27일을 치성일로 정하여 기도를 행한다. 다소 용어를 달리 할 뿐 교의 및 신앙의 형식 등은 전연 천도교와 같으나 입교 및 공덕미 등의 권유에 미신적 언사를 농하는 폐가 있다. 신도는 9만 1,800여 명이라 하지만, 실제와는 달라 교세는 쇠징한 상태에 있다.

수운교의 교주는 도주道主라 칭하며 또 도위道位로는 광주廣主·도사道師·성존誠尊 및 덕원德員이 있는데, 전자는 각각 불·천天·법法·도道의 4계급, 후자는 각각 창昌·총總·제濟·봉奉·도道·공公 등 6계급으로 나뉘었다. 도사 이상은 보화원普化院을 조직하여 중요 사무를 협찬하며 교무기관으로 중앙에 본관을 두고 여기에 총무·부총무·간사·서기, 또 지방의 분관에는 감사監師 및 서기, 선교소에는 선교원 및 서기 등의 직원이 있다. 포교는 정체사正體師 및 조체사助體師(교당에 속함)가 이를 맡는다. 경비는 소위 조석일시朝夕一匙의 공덕미功德米, 기도미 및 특지에 의한 희사금 등으로 충당한다.

수운교 상징 도형

5. 청림교

청림교青林教도 동학의 교조 최제우의 유교遺教인데 청림의 두 자는 그의 예언 중에서 채취한 것이다. 처음에는 한병수를 중심한 한 비밀결사였으나 교세왕성하고 불온한 행동이 있어 당국의 단속이 엄중하여 일시 거의 소멸의 액을 조우하게 되었다. 그 뒤 김상만이 한을 교주로 삼고 교의 부흥을 도모한다 하여 한을 간도지방에 파견하였으나, 1921년 한이 귀경하자 양자 간에 반목이 생겨 분리 대립하게 되었다. 그러나 얼마 안 되어 양자 서로 불리한 것을 깨닫고 재차 교섭한 결과 그 해 5월 16일 합동하고 임시총회를 열어 종래 교주제를 폐하고 사도사제四道師制로 고쳐 금일에 이르렀다.

신도는 5,500여 명이라고 자칭하며 길림성 일부에도 신도가 있다고 한다. 경성에는 중앙총부를 두어 사도사가 있고 또 대종원장大宗院長이 있어 교무를 통할한다. 지방지부에는 지부장, 총무 및 전도사 등이 있고 본부에는 청소년군이 있으며, 재원은 신도들이 희사하는 성금을 비롯하여 특지자의 기부금으로 쓴다.

6. 인천교

인천교人天教는 1902년(광무 6년) 6월 6일 전정예全廷藝가 개교한 것이다. 종래 인천도人天道·백백도白白道라 칭한 일이 있다. 이 또한 동학을 봉하며 신앙의 형식은 시천교와 같다(본교는 수요일이 기도일로 되어 있다.) 전정예 사망 후, 현재는 제2세교주 이희룡李禧龍이 통할하고 있으며 지방에 지부까지 두어 천여 명의 신도를 가지고 있다. 경비는 필요에 따라 신도로부터 거출한다.

7. 대화교大華教

대화교도 최제우의 동학이 그 교원教源이 되어 1923년 5월 5일 윤구중尹九

重이 개교한 것이라 한다. 대교당 본관을 충청남도 논산군에 두고 또 지방에 포교소를 설치하여 거기에 서무부 및 포교사 등을 두어 교무 및 전도의 일을 맡아보게 한다. 그러나 그 가운데는 자못 4월 8일 불사佛事를 하는데 불과한 곳도 있다. 신도는 천명이 넘으나 교세는 부진하며 유지비는 대체로 신도의 거출금에 의지하지만 포교자 스스로 마련하기도 한다.

8. 정도교

정도교正道敎도 천도교에서 분립된 것이라고 하는데 천신天神이라 하여 상제上帝를 존숭하고 매월 1일 및 16일에 예배를 보며, 춘분·추분·하지·동지 4절과 창립기념일로서 대성일大誠日이라 하여 대제大祭를 행한다.

정도교는 1926년 4월 15일 신태제申泰濟가 개교한 것인데 그를 성사聖師라 칭한다. 중앙에 본관本觀, 지방에 지관支觀 및 분관分觀을 두고 교구를 정하고 관주觀主 직을 두었으나 현재 본부외 전북 정읍에 지관이 있을 뿐이다. 월 2회 월보 발행 등 포교에 전심하고 있기 때문에 신도는 점증하고 있다. 경비는 정한 방법이 없고 갹출하여 사용한다.

9. 보천교

보천교普天敎는 전라도 고부군 객망리 출신 강일순姜一淳(호 증산)이 1901년경 창도한 것이다. 그는 1909년 병사하였으나 그의 첩 고성녀高姓女의 생질인 차경석車京錫이 그 유지를 계승하여 교주가 된 뒤 이를 통할하고 있다. (그는 전에 일진회에 관계가 있었다고 한다.) 본교는 중국 전래의 도교로부터 일어나 종래 선도仙道·우치교吽哆敎 또는 태을교라 칭한 일이 있었다. "吽哆吽哆太乙天上元君吽哩哆哪都來吽哩喊哩娑婆呵"라는 괴기한 주문을 소등거좌消燈踞坐하여 거듭 외우고 제단에 떠놓은 청수를 마시는 것이 예배 방법이다. 그

강일순

들은 이를 통해 옥황상제를 만나고 일체의 재액이 제거될 것이라 믿으며, 또 조선이 독립되면 교주가 등극하여 신도에게 후수厚授함이 있을 것이라 믿는다. 때문에 많은 사재를 잃고 패가망신한 자가 많았다. 1919년 독립운동이 발발한 뒤로 천도교는 교세가 오히려 줄어들었지만 보천교의 교세는 일시 크게 왕성하였다.

1922년 본교는 종래 비밀선교의 방침을 고쳐 보천교라 칭한 뒤, 공연 포교하기로 하였으나 보천교로 개명하여 온교穩教가 공교公敎로 된 뒤에는 예전의 신비감이 줄어들어 미신으로 많이 끌리던 신도들이 전같이 불어나지 못하였다.

보천교는 교주가 있어서 이를 통할하는데 본부를 중앙 본소라 칭하며 그 가운데 총정원總正院 및 총령원總領院이 있다. 전자는 금金·목木·수水·화火의 사정방위四正方位를, 후자는 진정원眞正院을 감독한다. 사정방위에는 서西·춘春·건乾·사巳 등 60방위가 있고 진정원에는 참정원參正院이라는 협찬기관이 있다. 진정원은 중요 도시에 이를 두고 군에는 정교부正敎部를 둔다.

교인 중 근성훈노勤誠勳勞 있는 자(돈 낸 자)는 방주方主·육임六任·십이임十二任·팔임八任·십오임十五任·정령正領·선화사宣化師의 휘직徽職을 주어 우대한다. 방주에는 특히 금·목·수·화의 교정敎正 및 동·서·남·북·춘·하·추·동의 교령敎領이 있다. 교의회로서는 강선회綱宣會 및 보평회普評會 등 2종이 있는데. 전자는 방주·정리正理·정령·선화사, 후자는 사정방위에 각 공선公選한 평사원 4명, 육임으로부터 공선한 평사원 60명, 십이임으로부터 공선한 평사원 60명 및 각 진정원으로부터 공선한 평사원 12명으로서 조직한다. 특히 긴급을 요하는 경우 이외의 교무는 교의회에 부의하고 특히 중대한 사건 이외에는 강선회만 결의로서 집행한다. 유지 재원은 의금義金과 성금인데 전자는 신도의 의무적 헌금, 후자는 춘추 2회 각 1원식 납입케 하는 것이다. 신도는 12만 9,300여 명이라 하지만 실제와 다르다.

10. 무극대도교

무극대도교無極大道教는 무극교라고도 약칭한다. 보천교조 강일순의 문인 조용모趙鏞模가 그 도를 받아 1825년 정읍 태인면 태흥리에서 교당을 짓고 교명을 무극교라 한 뒤 포교한 것이다. 현재는 조철제趙哲濟가 후임으로 이를 주간하고 있다. 신도가 약 2만 명이 있다고 하지만 그렇게 못되는 듯하며, 교세는 자못 활기를 띄었다. 무극대도교는 "敬天修道 誠信養性 安心安身"으로 그 강령을 삼고 "경이지신敬以持身하고 습여성성習與成性하여 여천참지與天參地에 이른다"는 신도를 가지는 도교·유교 혼합교이다.

입교헌금에는 보천보와 같이 미신적 유인으로서 하는 것이 많으며 교제教制는 도주道主·도장道長 외에 주시원周施元·주시보周施補·찰리察理·순근巡勤 및 종리從理의 직원이 있고, 지방에는 연락聯絡·차연락次聯絡·부분府分 및 포덕布德을 둔다. 포덕은 포교에 종사하고 부분은 신도 120명을 관리하고 연락은 2부府 이상 20부분을 도솔導率하는 것이다. 신도 입교에는 1원 50전 또 매월 5전 이상의 월성금을 납입하여야 할 의무가 있다.

11. 대세교

대세교大世教도 강일순의 유교遺教를 받드는 것인데 현재 본교의 교주는 강훈姜焄이다. 강훈 이하 교무부장·서무부장·경리부장·감사역원 및 사교부원 등이 있어 교무를 처리하는 있는 바 유지는 의연금으로 한다.

12. 관성교

관성교關聖教는 중국 삼국시대 촉한의 공신 관우를 존숭하여 봉사하는 교이다. 선조 때 창립된 동묘東廟(경성에는 동서남북 4개의 관우묘가 있었는데 현존한 것은 동남묘뿐이다)의 수호인 이인기李仁基가 묘도간난廟度艱難을 통탄하고 숭경자로서 저축계를 조직하여 수리 및 기타 비용을 써 오다가 1920년 관성교를 설립하고 춘추 2회(노해일鷺蟹日·강상일降霜日) 제전을 행한다.

현재의 종리사 총관장은 임원고任原鎬인데 포교사를 두고 교지 보급을 힘쓰고 있다. 교도는 2,700여 명이라 하며 경비는 연 30전 희사금과 독지가의 기부로 충당한다.

관성교에는 또 김파金派 관성교라는 것이 있는데 이것은 상기한 동묘관성교로부터 분리한 것이다. 원래 본파의 교주 김용식金龍植은 동묘파 교주 이인기와 본래 동관우묘를 위해 같이 노력하였는데, 1920년 관성교 설립 당시에 의견 충돌로 분립한 것이다. 그러나 '관제성신關帝聖神'의 감화보급을 목적하는 것은 조금도 다름이 없고 교세는 동묘파보다 못하다.

13. 태극교

태극교太極教는 1909년 여영상呂永祥이 창시한 공자숭배교이다. 처음에는 교세가 불꽃같이 일어나 20만 명의 교도가 있었지만, 그 후 주재자가 어리석어 1917년 교장 선정 내홍이 있은 뒤로는 교세 부진에 빠졌다.

교도는 대개 중년 이상의 유생이며 예배는 매일 조석 영위靈位에 절하고 오신吾身을 삼성三省한다는 것이다. 연중 행사로는 춘추 2회로 대향제大享祭를 행하는 것이다. 지방에는 지부가 있으며 경비는 입교금을 받는 일도 있으나, 스스로 혹은 신도의 희사와 역원役員의 기부금으로 충당한다.

6

조선 의료기관의 해부

조선의 의료기관

1910년을 전후로 조선에 들어온 서양 의술은 독자적인 우수성과 정부의 직접적인 시설 및 보호로 재래의 한방 의술을 누르고 장족의 발전을 수행하게 되었다. 즉 표 4-58을 보면, 1911년에는 880명밖에 안 되던 의사(의사는 자격 있는 서양의를 가리키는 것으로 1914년 의사시험규칙 발포 이후, 1916년 경성의전 설립, 1923년 세브란스 의학 전문학교 지정, 1924년 경성제대 의학부 설치, 1933년 평양 및 대구의전강습소의 의전 승격 등으로 의사는 시험 합격자, 학교 졸업자로서 자격을 받게 되었다)가 1931년에는 1,791명으로 약 2배가 늘었다. 한지의사限地醫師(의사가 결핍한 곳에 한하여 상당 기간 개업을 허가하는 무자격 의사)도 37명에서 265명으로 7배 정도가 는 셈이며, 기타 치과의사, 입치入齒(틀이)영업자, 산파, 간호부 등도 상당히 증가되었다. 의생醫生[1]은(1914년부터 제도가 생겼으므로 동년

---

1 구식 한방의가 대부분인데 의사로서 자격을 갖추지 못한 자이지만, 의료기관이 일반적으

표 4-58 조선 의료기관 누년 조사

연도	의사	한지의사	의생	치과의사	입치영업자	산파	간호부
1910	1,712	–	–	26	–	192	240
1911	880	37	1,654	32	–	232	337
1912	457	42	1,653	15	–	278	441
1913	616	29	1,462	21	–	338	445
1914	614	91	5,827	20	–	397	186
1915	872	81	5,804	40	–	517	215
1916	932	84	5,626	51	84	611	465
1917	993	75	5,659	62	96	648	486
1918	1,034	78	5,588	69	125	622	477
1919	1,038	109	5,438	77	152	620	468
1920	1,035	76	5,376	104	161	606	519
1921	1,061	80	5,240	104	165	641	582
1922	1,159	82	5,223	111	171	731	619
1923	1,202	86	5,183	154	158	758	507
1924	1,275	88	5,004	163	159	877	646
1925	1,358	90	4,915	207	172	862	721
1926	1,450	123	4,877	246	177	987	786
1927	1,517	156	4,829	295	190	1,407	936
1928	1,622	148	4,999	338	191	1,122	972
1929	1,645	169	4,680	366	199	1,180	977
1930	1,749	218	4,594	416	195	1,288	1,120
1931	1,791	265	4,472	489	202	1,295	1,261

* ① 1932년 조선총독부 경무국 위생과 조사에 의함. ② 의사 중에는 공의公醫 335명이 포함됨. ③ 1910년 의사수가 많은 것은 의사규칙이 실시되기 전인 까닭임.

로 결핍한 조선이므로 당분간 3년 이상 의생에게 의술을 습득한 조선인 중 적당한 자를 5년 이내에 기한을 부여하여 의생으로 면허하게 되었다.

의생수는 의생통계의 출발점이 됨) 최초 5,827명이던 것이 1931년에는 4,472명으로 18년간 1,355명이나 줄어들었다.

일제 강점기 한약방

과연 이같이 늘게 된 조선의 신의료 기관은 일반 민중의 수요에 넉넉하며 그 실제 효용의 범위는 광범한가. 우선 표 4-59을 통하여 조선의 의료기관 수를 살펴보기로 하자.

1910년 이후 신의료기관은 발전되었으나 아직도 의사(한지의사도 포함됨) 1인당 인구가 11,322명에 달하여, "그 분포상태는 극히 희박하다 할 것이며 그 나마

조선총독부의원(서울대병원 자리)

도시에 집중되어 있어 효용 범위는 넓지 못하여 일반 조선인은 의연 구식 한방 진료를 받고 있는 상태이다."(1932년 간행, 『조선경찰개요』)

표 4-59을 통해 조선 내 병원수를 보면, 영업 편의상 간판에 모모병원이라 한 것은 상당히 많지만, 〈사립병원단속규칙〉[2]에 의하여 각과를 종합한

---

2 1919년 4월 경무총감부령으로 반포되었는데 사립병원 건립 관련한 규정이다. 사립병원 구조설비의 표준을 제시하여 이에 따른 제반 시설을 요구하고 단속을 했다. 설비가 불충분한 사립병원은 허가가 취소되었기 때문에 그 수가 급격히 감소했다.

표 4-59 조선 내 병원수

도별	관립	공립		사립			합계
		도립	기타	일본인	조선인	외국인	
경기	3	2	4	29	3	3	44
충북	–	1	–	–	–	1	2
충남	–	2	–	2	1	–	5
전북	–	3	–	2	–	2	7
전남	1	3	1	1	–	4	10
경북	–	3	1	2	1	2	9
경남	–	2	2	5	–	1	10
황해	–	2	–	1	–	2	5
평남	–	2	–			2	4
평북	–	4	–	1	3	3	11
강원	–	3	–			1	4
함남	–	2	2	3	1	2	10
함북	–	4	–	2	1	2	8
총계	4	32	10	48	10	25	129

* ① 조사월보 1932년 10월호에 의함. ② 숫자는 1931년 말 현재임.

대규모 설비를 갖춘 병원은 극히 적다. 전 조선에 그러한 병원은 83개소에 불과하며 관립 및 공립병원 46개소까지 합해도 겨우 129개소 밖에 안 된다. 면적 1,700km²에 병원 1개가 있는 꼴이고, 인구 17만 명에 병원 1개가 있는 셈이다.

다음으로 표 4-60은 1931년 말 현재 의사 수를 표로 나타낸 것인데, 조선인 의사는 관청의官廳醫 100명, 개업의開業醫 837명, 기타 2명으로 합계 939명이다. 일본인 의사는 관청의 303명, 개업의 514명, 기타 1명으로 합계 816명이고, 외국인 의사는 34명으로 의사 총수로서는 조선인이 제일 많다고 할 수 있다. 하지만 조선의료기관 중에서 가장 크고 또 가장 많은 환

표 4-60 조선 내 의사수

도별		의사				치과의사			
		관청의	개업의	기타	계	관청의	개업의	기타	계
경기	조선인	29	159	1	189	2	36	1	39
	일본인	111	146	–	257	11	117	–	128
	외국인	–	13	1	14	–	2	1	2
충북	조선인	3	22	–	25	–	2	–	2
	일본인	5	9	–	14	1	2	–	3
	외국인	–	–	–	–	–	–	–	–
충남	조선인	3	25	–	28	–	5	–	5
	일본인	12	33	–	48	–	16	–	16
	외국인	–	–	–	–	–	–	–	–
전북	조선인	4	(1)42	–	(1)46	–	3	–	3
	일본인	22	(1)23	–	(1)45	2	17	–	19
	외국인	–	1	–	1	–	–	–	–
전남	조선인	12	(2)42	–	(2)54	–	5	–	5
	일본인	27	(2)43	–	(2)70	–	19	–	19
	외국인	–	3	–	3	–	1	–	1
경북	조선인	7	46	–	53	–	6	–	6
	일본인	23	(2)42	–	(2)65	3	23	–	26
	외국인	–	1	–	1	–	–	–	–
경남	조선인	3	67	–	70	–	13	–	13
	일본인	23	97	1	121	–	60	–	60
	외국인	–	4	–	4	–	–	–	–
황해	조선인	5	83	–	88	1	12	–	13
	일본인	9	15	–	24	–	6	–	6
	외국인	–	2	–	2	–	–	–	–
평남	조선인	9	(4)114	–	(4)123	–	27	–	27
	일본인	25	(2)29	–	(2)54	2	16	–	18
	외국인	–	5	–	5	–	–	–	–
평북	조선인	13	91	–	104	–	5	–	5
	일본인	10	10	–	20	–	8	–	8
	외국인	–	2	–	2	–	–	–	–

도별		의사				치과의사			
		관청의	개업의	기타	계	관청의	개업의	기타	계
강원	조선인	6	47	1	54	1	4	–	5
	일본인	8	4	–	12	1	4	–	5
	외국인	–	–	–	–	–	–	–	–
함남	조선인	2	70	–	72	–	12	–	12
	일본인	13	39	–	52	2	22	–	24
	외국인	–	1	–	1	–	–	–	–
함북	조선인	4	29	–	33	–	3	–	3
	일본인	15	24	–	39	4	13	–	17
	외국인	–	1	–	1	–	–	–	–
총계	조선인	100	(7)837	2	(7)939	4	133	1	138
	일본인	303	(7)514	1	(7)819	26	322	–	348
	외국인	–	33	1	34	–	3	–	3
계		403	(14)1,384	4	(14)1,791	30	458	–	489

* ① 조사월보 1932년 10월호에 의함. ② 1931년도 숫자임. ③ ( ) 내 숫자는 관청의로서 개업하는 자 수를 가리킴.

자를 접촉하는 관공청官公廳 의사의 총수가 403명 가운데 일본인이 303명임을 감한하면 조선인은 100명에 불과하다.

이는 (차간 1행 삭제) 없지 못하다. 만일 조선관공 의료기관에서 전부 조선인 의사를 빙용聘用한다면 그 기관을 이용하는 조선인 환자가 얼마나 불어날 것인가. 말이 통하지 않는 의사와 또한 생활양식이 다른 의사를 접촉하는 것만큼 서툴고 불쾌한 일은 없을 것이다. 그리고 일본인 의사를 빙용하여 경상비가 사뭇 많아진 것이기 때문에 이는 인민의 부담일 것은 물론이다.

치과 의사 수를 보더라도 조선인 관청의는 겨우 4명인데 비하여 일본인은 26명이며, 개업 치과의를 합친다면 일본인은 218명이며 조선인은 138명으로 100명 이상이 차이가 나는 것을 볼 수 있다.

의생은 허가 받은 한방의를 가리키는 데 총수는 4,472명으로 일본인 및 외국인은 1명도 없다. 의생은 국가적 장려보호와 전연 별개인 만큼 장래 발전을 기대하기 어렵다. 그러나 의생은 진찰료가 없고 약값이 싸며 손쉽게 진찰받을 수 있다는 점에서 필요하고 또 내과 방면 의료는 신의新醫를 놀래키는 효과를 보여주고 있기 때문에 아직도 일반 민중적 의료기관으로서는 없어서는 안 될 존재다.

그리고 임산부 조산助産에 필요한 산파 수를 보면, 일본인은 관공청 산파 69명, 기타 996명으로 합 1,065명에 달하지만, 조선인은 관공청 13명, 기타 206명 합 233명에 불과하여 일반 조선부인 임산에 당할 자는 극히 소수인 것을 알 수 있다. 이것이 일본과 같이 면동面洞에까지 분포되기는 아직 요원한 장래의 일이며, 또 그같이 수효가 는다 할지라도 현재와 같이 10원 이상의 보수금이 필요하기 때문에 이를 이용할 수 있는 범위는 극소수의 생활층에 한정될 수밖에 없다. 때문에 임산부 사망률(임신 및 출산에 의한 조선 임부 사망률은 여자 사망 1,000에 대하여 19명에 달하여 일본의 10명에 비하면 엄청 많은 셈이다(1930년 竹內 씨의 계산에 의함))이 높은 조선에 있어서 이는 심히 우려될 문제이다.

한지의업자限地醫業者는 의사가 부족한 조선에서는 어쩔 수 없는 존재이다. 특수 경험 소유자나 의술 전습자 이외의 한지의업자는 왕왕 시술상 과오를 범하고 있기 때문에 빨리 의사로 그 자리를 채우지 않으면 안 될 것이다. 현재 한지의업자 수는 조선인 166명, 일본인 87명, 외국인 12명 합 265명이 있다.

기타 의료기관으로 입치영업자(치과의사가 아님)·종두시술생·간호부·안마업자·침술업자·적술灸術업자 등이 있는데 그 총수와 조선인·일본인 구별을 보면 표 4-61과 같다.

표 4-61 조선 내 의술업자

| 민족별 | 의생 | 한지의업자 | 산파 | | | 입치영업자 |
			관공서 산파	기타	한지산파	
조선인	4,472	166	13	207	9	105
일본인	–	87	69	972	24	97
외국인	–	12	–	1	–	–
합계	4,472	265	82	1,180	33	202

| 민족별 | 종두시술생 | 간호부 | | 안마업 | 침술업 | 적술업 |
		관공서 간호부	기타			
조선인	1,403	128	120	257	471	218
일본인	158	455	540	487	366	382
외국인	–	–	18	–	–	–
합계	1,561	583	678	744	837	600

* ① 조사월보 1932년 10월호에 의함. ② 1931년도 숫자임.

조선·일본 의료기관 비교

앞절에서 조선의 의료기관은 분포가 극히 희박하다는 것을 말하였지만, 실제로 얼마큼 부족한 지를 알아보기 위해 가까운 일본과 서로 비교하여 보는 것이 가장 첩경일 것 같다.

경성의학전문학교 해부학 실습

먼저 표 4-62의 의사수로 보면, 일본 의사는 총 49,681명으로 인구 10,000인 중 7.7명에 달하지만, 조선은 겨우 1,749명으로 0.8명에 불과하여 일본보다 약 10배가 적다. 치과의사도 일

표 4-62 조선, 일본 의료기관 비교

종별	조선		일본	
	총수	인구 1만인 중	총수	인구 1만인 중
의사	1,749	0.8	49,681	7.7
치과의사	416	0.2	16,065	2.5
산파	1,288	0.6	50,312	7.8
약제사	1,120	0.5	19,107	3.0

* ① 1930년도 내각통계연보 및 『조선총독부통계연보』에 의하여 계산함. ② 1930년도 숫자임.

표 4-63 일본, 조선 병원수 및 인구, 면적관계 비교

지역별	병원 수	인구 총수	병원수 대 인원 (명)	총면적(km²)	총면적 대 병원 수 (km²)
조선	123	21,058,305	171,213	220,740.6	1,794.6
일본	2,128	64,450,005	30,286	382,309.0	179.6

* ① 병원 수, 인구 총수, 총면적에 대한 숫자는 1930년도 내각통계국통계연보에 의함. ② 위 표 하단 숫자는 필자의 계산에 의함. ③ 1931년 조선의 병원 수는 129개임.

본은 16,65명으로 2.5명이지만 조선은 416명으로 0.2명에 불과하다. 산파수를 보면 일본은 50,312명으로 7.8명이지만, 조선은 1,288명으로 0.6명이고, 또 약제사는 일본은 19,107명으로 3명인데 비하여 조선은 1,120명으로 0.5명에 불과하다. 어떤 부문의 의료기관으로 보든지 조선은 일본에 비하여 비교할 수 없는 정도로 뒤떨어져 있다.

다음으로 표 4-63의 병원 수로 보면, 일본은 2,128개소로 인구 3만 286명 중에 병원 1개가 있는 셈이지만, 조선은 123개소로 인구 17만 1,213명 중에 병원 1개가 있는 셈이다. 조선은 일본보다 5배 이상 병원이 부족한 것을 알 수 있다. 또 이것을 지역 면적으로 따진다면 일본은 약 180km²(1km는 조선 리수里數로 약 2리 반에 해당함)에 병원 1개가 있으나 조선은 그 10배에 해당하는 1,795km²에 병원 1개가 있는 형편이다.

세브란스병원

독립운동가 박자혜가 운영했던 산파소

"그리고 병원 내 병상 수로 본다면 조선은 대체로 7천 상 내외로 추산되는데, 1상당 인구는 약 3,500명에 해당한다. 이에 비하여 일본의 1상당 인구는 약 500명에 불과하다."(조선총독부 다께우찌竹內淸一 씨의 논문에 의함) "이 또한 조선의 병원은 일본보다 5배 이상의 병상 밀도를 가지고 있는 것을 알 수 있다.

그러면 이와 같이 고율의 병상 밀도를 가지고 있는 조선의 병원이 일본보다 5배 이상의 환자가 많기 때문에 훨씬 부족할 것은 당연하다. 하지만 실제는 그와 정반대다. "현재 병상수의 약 50%(1931년도 도립병원은 42%) 정도만 환자들이 겨우 이용하고 있을 뿐(다께우찌 논문에 의함) 잔여 3,500상은 1년 내내 환자 하나 찾지 못하는 전연 무용한 설비일 뿐이다. 이 얼마나 기괴한 일일까. 이는 결코 조선인이 건강하여 환자 발생 수가 적기 때문이 아니며, 일부 한의漢醫 예찬자의 말처럼 조선인 대부분이 신의新醫를 반대하기 때문도 아니다. 조선인 환자 자신의 빈곤이 가장 큰 이유이고, 다음으로는 입원비가 비싸기 때문이었다.

한 가지 간과하지 못할 점은 조선에서의 입원 환자 1인당 평균 입원 일

수가 일본보다 사뭇 짧다는 것이다. 1930년 일본에서의 환자 입원 일수는 공립병원 23일, 시료施療병원[3] 25일, 사립병원 18일지만, 조선에서는 비교적 입원료가 저렴하다는 도립의원조차도 평균 16일에 불과하다. 사립병원은 이 보다도 더 짧을 것이라는 것은 상상하기 어렵지 않다. 이같이 입원 일수가 짧은 것은 결코 질병의 징후症候가 경미하기 때문이 아니다. 이는 입원 환자 총수에 대한 입원 중 사망자의 백분비로 보아도 조선이 일본보다 오히려 높다는 것으로 증명된다.

그런 즉 조선의 입원 환자가 무산 또는 소액 소득자라고 일률적으로 말하기 어렵지만, 일반적으로 일본보다 경제적 능력이 적은 결과라고 하지 않을 수 없다. 도립의원 평균 입원 일수가 16일이란 것도 일본인·조선인을 통틀어서 합친 것이므로 그 가운데서 만일 조선인 환자 평균 입원 일수만을 뽑는다면 입원 기일이 얼마나 더 짧아질 것인가. 이렇게 따지고 보면 조선의 의료기관은 전체적으로 여간 부족한 것이 아니다. 또 그 이용자가 한정되어 있기 때문에 '씩씩한 조선'의 탄생은 아직도 먼 장래의 일이라 할 것이다.

도립의원·자혜의원의 내용

도립의원(옛 자혜의원, 현재는 소록도 의원만 자혜의원이라 칭함)은 지방의료기관의 중추로 도청 소재지, 기타 주요지에 설치되어 있다. 1932년 현재 의원 수는 34곳(소록도 나병자 자혜의원도 포함됨)이고, 건물 총 평수는 26,442평이며

---

3 무료병원을 일컫는다.

군산 자혜의원(도립의원)

총 직원 수는 1,341명, 같은 해 환자 총수는 28만 3,462명으로 보고되어 있다(건물평수, 직원 수, 환자 수는 1930년도임).

현재 도립병원 및 자혜의원 소재지를 보면 경기도에는 수원·개성·인천, 충청도에는 공주·청주·대전, 전라도에는 군산·전주·남원·광주·순천·제주·소록도(여수, 전남 여수군 소록도 나병환자 수용소는 소록도자혜의원이라 칭함), 경상도에는 대구·안동·김천·마산·진주, 황해도에는 해주, 평안도에는 평양·진남포·신의주·의주·초산·강계, 강원도에는 춘천·강릉, 함경도에는 함흥·혜산진·나남·성진·회령 그리고 간도에 용정촌·국자가에 각각 1곳이 있다.

이같이 분포된 도립의원·자혜의원은 과연 얼마만큼 조선인이 이용하고 있는가. 우선 통계표를 통하여 외래·입원 등 환자 총수를 살펴보기로 하자.

표 4-64에 의하면, 1911년에는 자혜의원 총수(현재는 도립의원에 해당함) 13곳에 입원 환자는 8,594명, 외래환자는 23만 2,167명으로 합 24만 761명에 달하여 총계를 의심하지 않을 수 없을 정도로 많은 환자를 진료하였다. 당시 불완비한 자혜의원 13개로 어떻게 8,500여 명의 환자를 입원시켰을 것이며, 또 어떻게 13만 2,000여 명의 외래환자를 진료할 수 있었을까.

지금은 그때보다 2.3배나 의원 수가 늘어나고 의원 건평수도 약 8배(1911년 도립의원 건평은 3,338평, 1930년은 26,442평임)가 늘어났으며, 직원 및 일체의 규모 설비 또한 모두 옛날과 비교할 바가 아니지만, 입원 환자는 2

표 4-64 도립의원 및 자혜의원 환자 누년 조사

연도	조선인			일본인		
	입원자	외래자	계	입원자	외래자	계
1911	4,481	182,475	186,956	4,111	49,651	53,762
1912	4,841	193,782	198,623	6,119	73,065	79,184
1913	6,960	204,100	211,060	6,106	82,859	88,965
1914	3,702	295,695	299,397	5,427	75,994	81,421
1915	3,520	127,177	130,697	5,455	79,906	85,361
1916	3,598	304,466	308,064	5,627	80,812	86,439
1917	4,039	318,509	322,548	6,078	86,756	92,834
1918	4,269	278,517	282,816	7,181	85,715	92,866
1919	4,144	260,402	264,546	7,438	88,082	95,520
1920	3,474	167,811	171,285	7,851	96,850	104,701
1921	3,017	162,577	165,594	6,775	101,616	108,391
1922	3,577	179,206	182,783	7,535	103,588	111,123
1923	3,950	184,295	188,245	8,089	115,435	123,524
1924	5,492	155,156	160,648	9,413	110,867	120,280
1925	4,886	121,451	156,337	7,967	107,458	115,434
1926	5,797	120,905	126,702	9,267	130,127	139,394
1927	6,706	133,376	140,082	9,759	128,253	138,012
1928	6,724	122,897	129,621	8,608	140,139	148,748
1929	6,718	130,710	137,428	7,657	140,150	147,807
1930	7,271	127,304	234,575	8,786	155,008	163,794

* ① 1932년 간행, 『조선총독부통계연보』에서 인용. ② 조선인, 일본인 환자 합계가 하단 합계숫자
와 맞지 않는 것은 합계 중에 포함된 외국인 환자수를 기재하지 않은 까닭임. 1930년도 외국인 환
자수는 입원 71명, 외래 1,150명 합 1,221명임.

배 미만 밖에 수용하지 못하고 있으며, 외래환자는 겨우 수만 명이 증가하
였을 따름이다. 인구 증가에 따른 환자 수의 자연증가를 계산에 집어넣지
않았음에도 괴상하게 환자 수는 그리 늘지 않았다.

1929년 일제강점기 한종섭의 도립의원 의원 임명장

제주도립의원(1920년대)

더욱이 환자 총수 가운데 조선인 환자의 누년 증감 추세를 보면, 1911년 입원·외래환자 총수는 18만 6,956명이었으나, 1930년에는 13만 4,575명으로 5만 2,481명이 되레 줄어들었다. 참으로 기괴천만한 사실이 아니고 무엇일까. 이를 그래프로 나타낸 것이 그림 4-19이다.

상술한 바와 같이 과거 20년간 도립의원은 양적·질적으로 규모가 크게 달라졌으며 조선인 인구는 20년 동안 675만 1,305명이 늘었음에도 불구하고 환자 수는 오히려 줄어들었다. (차간 2행 략)

"의원은 늘지만 환자는 줄어든다"라는 말은 결코 궤변이 아니고, 숫자가 말해주는 현실이니만큼 다시금 놀라지 않을 수 없을 정도로 조선 의료 행정상 중대 문제라 할 것이다.

이에 대하여 일본인 환자 수를 보면 1911년에는 총수 5만 3,762명밖에 안 되었던 것이 1930년에는 16만 3,794명으로 3배 이상이나 증가되었다. 의원 증가 및 인구 증가 속도와 거의 병행하는 가장 합리적인 정상적 증가 속도를 보이고 있다. (차간 3행 삭제) 환자 종별 수를 통해 그 관계를 더욱 명확하게 천명해 보기로 하자.

1930년 도립의원 및 자혜의원의 총 환자 수는 29만 9천여 명이었는데, 그 가운데 조선인 환자는 13만 4천여 명이고, 일본인 환자는 16만 3천여 명(외국인은 1,221명임)에 달하였다. 우선 숫자로도 일본인이 훨씬 많다. 조선 전 인구의 97%을 점한 조선인 환자가 13만명이라는 것과 겨우 그 2.4%를 점한 일본인의 환자가 16만명이란 것을 비교한다면 어느 인구층이 도립의원을 더 많이 이용하고 있는 지를 알 수 있다.

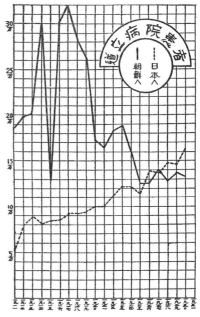

그림 4-19 연도별 도립병원 환자 수

그러면 무슨 이유로 인구의 절대수를 가진 조선인은 도립의원을 이용하지 못하고 있으며 소수인 일본인은 어찌하여 보다 많이 이용하고 있는가.

이에 원인을 캐어본다면 여러 가지가 있을 것이나 그 가운데 가장 중대한 것만을 들어 말하면, ① 도립의원의 사용료 및 수수료가 비싸고, ② 도립의원 직원 대부분이 일본인이기 때문이라 할 수 있다.

도립의원 사용료 징수 규정에 의한 약값을 보면 다음과 같다.

내복약 2일분 : 40전

돈복약頓服藥(설사약) 1제 : 18전

외용약 1제 : 20전

청독약清毒藥[4] 2kg : 20전

표 4-65 약원가 및 병원징수가 비교

약 종류	일분	가처방(瓦)	원가(厘)	원가 합계(厘)	의원징수가(厘)
소화제(산약)	2일분	중조(탄산수소나트륨) 4.0	1.1	99.2	400.0
		타카챠스타제 1.0	38.0		
		초콜 로슈 1.0	60.0		
진정제(수약)	2일분	뿌룸 카리 2.0	5.8	24.6	400.0
		뿌룸나트륨 2.0	6.0		
		뿌룸안치모늄 2.0	7.2		
		고미정기(苦味丁幾)[5] 4.0	5.6		
		물 200.0	-		

* ① 위는 의사 朴容來씨의 계산에 의함. ② 약 원가는 의사가 상인에게서 사들이는 가격을 가리킴.
③ 약 원가는 1933년 4월 현행 가격에 의함.

언뜻 보면 약값이 비싼 것인지 싼 것인지를 모를 것이지만, 좀 더 전문적으로 약값의 원가를 계산해보면 그것은 엄청난 고가이다. 즉 내복약으로 가장 많이 쓰이는 산약散藥(가루약)의 소화제, 수약水藥(물약)의 진정제 두 가지에 대하여 비교적 고가 약을 함유한 가처방을 하여 원가 산정액과 의원 징수액을 서로 비교하여 보면 표 4-65와 같다.

타카스타제·초콜로슈와 같은 고가제(챠스타제, 건말健末 등은 저렴한 것이나)를 썼음에도 불구하고 소화제 산약의 2일분 원가는 9전 9리이니 의원 징수약가 40전은 4배 이상 비싸다. 뿌룸카리·뿌룸안치모늄·고미정기苦味丁幾 등

---

4   청열해독약 약자로 열을 내리고 독을 푸는 효능이 있는 금은화(金銀花 ; 인동의 꽃), 연교(連翹 ; 개나리 열매), 포공영(蒲公英 ; 민들레의 전초), 자화지정(紫花地丁 ; 제비꽃), 대청엽(大青葉 ; 숭람(菘藍)의 잎) 등을 가리킨다.

5   등피·용담·분디 따위의 생약을 알코올이나 물과 알코올의 혼합액에 담가 유효 성분을 뽑아내어 만든 약이다. 황갈색을 띠고 쓴맛이 나며, 건위제로 쓰인다.

중가약제를 쓴 진정제 수약의 2일분 원가는 겨우 2전 4리에 불과하지만 이 것을 40전 받기 때문에 16배를 더 남기는 꼴이 된다.

약의 원가 계산은 의사와 약종상 간의 개인 거래 가격이기 때문에 큰 도 립의원에서 큰 몫으로 떼어드리는 가격과는 큰 차이가 있다. 그리고 돈복 약(설사약)도 어른 돈복약으로 가장 많이 쓰이는 황산마그네슘은 500g에 10전하는 것을 20g에 18전 받으며, 어린이 돈복약으로 가장 많이 쓰이는 피마자 기름은 500g에 45전내지 50전하는 것을 10g에 18전을 받으니 전 자는 45배, 후자는 18배로 비싸게 받는 셈이다.

입원 수수료 및 왕진료 규정을 보면, 입원료는 1원에서 5원까지 있지만 대개 2, 3원정도로 순 영리적 사립병원과 큰 차이가 없으며 수수료는 보통 진찰서 50전, 특별 진찰서 50전 이상 5원까지, 검찰서檢察書 1원 이상 10원 까지, 감정서 및 책정서策定書 3원 이상 20원까지, 처방전 1원, 진찰권(30일 한) 20전씩의 규정이고, 왕진료는 시내 2원 이상 5원까지, 시외 3원 이상 10원씩인즉 이 또한 사립병원과 별반 다름이 없다. 에누리나 외상이 없는 점으로 보아서는 되레 비싼 값이라고 치지 않을 수 없다.

이와 같이 도립의원의 사용료 및 수수료가 비싸기 때문에 일반적으로 빈 곤한 조선인 환자가 어찌 이를 잘 이용할 수 있을 것인가.

둘째로 조선인 환자는 말과 정이 잘 통하지 않는 의료기관에서 진료받 기를 싫어한다. 일본인 의사가 대부분이고, 종사원까지 일본인이 대다수인 도립의원에는 자연히 많은 환자가 줄 수밖에 없다.

표 4-66을 통해 도립의원의 직원을 보면 원장 및 소장은 전부가 일본인 이고, 의관·교관·사무관·약제관 등 의원의 주요 직원과 그 이하 서기·약 제수·간호 부장까지도 전부 일본인이다(의관은 총수 76명 중 조선인 겨우 3명). 조선인은 의원 51명 중 37명, 촉탁 17명 중 12명이고 조수 몇 사람이 있을

표 4-66 도립의원 및 자혜의원 직원

직별	일본인		조선인	
	1921년	1930년	1921년	1930년
원장 또는 소장	23	30	–	–
의관(醫官)[6]	32	73	–	3
교관(敎官)	3	2	–	–
사무관	2	2	–	–
약제관(藥劑官)[7]	2	2	–	–
의원(醫員)	37	45	14	37
서기(書記)	34	42	–	–
약제수(藥劑手)	22	33	–	–
간호부장	2	5	–	–
조수	–	–	–	2
촉탁	11	22	5	12

* 1932년 간행, 『조선총독부통계연보』에서 인용

뿐이다. 그리고 간호부 등에 이르기까지도 대부분 일본인이기 때문에 일본
말 모르는 조선인 환자의 불편함이 얼마나 클 것인가. 만일 언어 불소통뿐
이라면 차라리 큰 관계는 없을 것이다. (이하 5행 삭제)

　이상과 같이 조선 의료기관의 중추인 도립의원은 아직도 조선인 중심의
의료기관이 되지 못하고 있다. (경성제대부속 병원 및 기타 관립병원도 물론 그렇다)
조선의 의료기관 조선의 조선인 의료기관의 부족이 현하의 극히 중대한 문
제라 할 것이다.

6　의업에 종사하여 질병을 치료하는 관원을 일컫는다.
7　약에 관한 일을 맡아보는 관리를 일컫는다.

저자 이여성

이여성의 본명은 명건明建이고, 호는 사천선沙泉先·청정靑汀이다. 그는 1901년 12월 29일 경북 대구에서 만석꾼 이경옥(경주 이씨)과 윤정렬(파평 윤씨)의 2남 4녀 중 장남으로 태어나, 경북 칠곡군 지천면 신동에서 성장했다. 1909년 서울로 올라와 보성보통학교를 졸업하고 1914년 보성고보에 입학했다. 1917년 4학년 1학기 동맹휴학 사건의 주동자로 퇴학당하여 중앙고보 4학년에 편입하여 1918년에 졸업했다.

졸업한 그해 이여성은 중앙고보 선배 김원봉, 휘문고보 출신의 김약수 등과 의형제를 맺고 비밀결사를 조직한 뒤에 부모의 토지를 몰래 팔아 독립운동 자금 6만 원을 마련하여 함께 중국 남경으로 망명했다. 이들은 남경의 금릉대학에서 수학하며 만주에서의 둔전병 계획을 추진하였다. 1919년 3·1운동이 발발하자 이여성과 김약수는 급거 귀국하였다.

이여성은 대구에서 사회운동단체인 혜성단을 조직하고, 3·1운동에 참가하여 격문을 제작, 배포하는 등 선전활동을 전개하다가 1919년 7월 일본 경찰에 체포되어 재판에서 3년형을 선고받고 대구형무소에서 복역했다. 김약수는 1920년 9월 박중화朴重華·박이규朴珥圭 등과 우리나라 최초의 노동운동단체인 조선노동공제회朝鮮勞動共濟會를 창설한 혐의로 체포되었다. 반면에 중국에 남은 김원봉은 길림을 거쳐 서간도에서 폭탄제조법을 습득하는 등 일제와의 무장투쟁노선을 펼쳐나갔다.

1922년 출감한 이여성은 일본으로 건너가 동경의 입교立敎 대학 경제학과에 다니면서 사회주의 단체 북성회(1923)와 일월회(1925) 창립에 주도적으로 참여하였다. 또한 그 기관지 ≪사상운동≫·≪대중신문≫ 등의 편집·발행을 책임지고 필자로도 활동했다. 그는 많은 글을 발표하며 사회주의 사상의 전파에 힘쓰는 한편, 민족통일전선을 주장하며 사회주의단체의 통일을 호소하였다. 그는 국내 활동을 병행했다. 1923년 여름 일본 유학생학우회 주최 동아일보 후원 순회 강연회 연사로 참여하여 대구와 함흥 등지에서 연설하였다. 연설 내용이 불순하다고 하여 일본 경찰에 제지당했고 심지어 구금되어 조사를 받은 일도 있었다. 그 뒤 이 여성은 요시찰 인물로 지목되었다.

1926년 일월회가 해산되고 간부 상당수가 귀국길에 오르자 그는 중국 상해로 망명했다. 상해 보산로賣山路에서 성악가 박경희와 재혼하여 매제 김세용과 함께 생활하며 진로를 암중모색하였다. 1929년 1월 《조선일보》에 「比律賓[필리핀]의 과거와 현재」를 시작으로 국내 신문과 잡지에 본격적으로 글을 발표하였다. 이해 건강 악화로 먼저 귀국한 박경희를 뒤따라 귀국하였다.

1930년 그는 조선일보 사회부장, 1933년 동아일보 조사부장 등을 지내면서 언론활동과 집필활동을 본격적으로 전개하였다. 이후 그는 「安南[베트남]의 민족운동」, 「愛蘭[아일랜드]운동의 특질」, 「약소민족운동의 전망」 등의 글을 통해 약소민족문제와 약소민족운동에 지대한 관심을 보였다. 강대국의 식민지인 약소민족이 벌이는 운동을 고찰하면서 우리의 민족해방운동에 대한 전망을 얻고자 하였다.

그리고 이여성은 1931년부터 1936년 사이에 『숫자조선연구』(5집)을 출판하였다. 경제학 전공자인 그는 각종 통계와 수치를 통하여 일제의 식민정책 허구성을 폭로하는 한편 당시 식민지 조선 현실을 적확하고 과학적으로 인식하여 민족해방운동의 내부적 요인을 탐색하고자 하였던 것이다. 이외에도 미술에 대한 열정을 가지고 1935년 9월 이상범과 2인전을 열어 당시 국내 미술계의 주목을 받았다.

1936년 12월 이여성은 '일장기 말소사건'의 여파로 조선총독부 압력을 받고 동아일보사에서 강제 퇴직한 후, 민족문화 계승 활동에 전념했다. 첫 번째로 그가 선택한 길은 역사화 그리기였다. 1938년 「악조樂祖 박연朴堧 선생」 등을 제작·발표하여 역사 화가로 공식적인 인정을 받았다. 두 번째의 길은 조선복식사 연구였다. 역사화 속 인물을 보다 정확히 묘사하기 위해 시대별 복식에 대한 고증이 필요했는데, 이 과정에서 축적된 역사 지식과 자료를 집대성하여 『조선복식고朝鮮服飾考』를 집필했다. 이 책은 1947년에 출판되었다. 당시 황무지나 다름없던 한국의 복식 분야를 개척했다는데 의의가 있으며 복식사와 미술사를 연구하는 데 중요한 자료가 된다.

1944년 그는 여운형의 건국동맹에 참가하여 조직 확대에 주력하며 해방에 대비했다. 8·15 해방 직후 건국준비위원회가 발족되자 문화부장 및 선전부장에 임명되었고, 뒤이어 조선인

민공화국 중앙인민위원으로 뽑혔다. 이후 조선인민당, 사회노동당, 근로인민당의 창당에 주도적으로 참여하여 신탁통치 반대성명 발표, 이승만의 정읍발언 비판, 좌우합작운동에 대한 지지 담화 발표 등의 정치활동을 전개하였다.

1948년 4월 이여성은 김구와 같이 남북연석회의에 참가하기 위해 월북한 후 그대로 북한에 남아 제1기 최고인민회의 대의원에 선출되었다. 이후 북한에서 꾸준히 미술사 연구를 진행하여 『조선미술사개요』(1955), 『조선 건축미술의 연구』(1956) 등을 펴냈다. 1957년 제2기 최고인민회의 대의원으로 선출되었고 김일성대학 역사학 강좌장을 맡았으나, 1958년 종파주의자로 몰려 숙청당하였다.

초판 1쇄 인쇄 2014년 10월 24일
초판 1쇄 발행 2014년 10월 31일

편저자   이계형, 전병무
펴낸이   주혜숙
디자인   오신곤
펴낸곳   역사공간
등 록   2003년 7월 22일 제6-510호
주 소   서울시 마포구 동교로 142-11 (서교동, 플러스빌딩 3층)
전 화   전화 : 02-725-8806~7, 02-325-8802
팩 스   02-725-8801, 0505-325-8801
E-mail   jhs8807@hanmail.net

ISBN 979-11-5707-025-1 03910

이 도서의 국립중앙도서관 출판예정도서목록(CIP)은
서지정보유통지원시스템 홈페이지(http://seoji.nl.go.kr)와
국가자료공동목록시스템(http://www.nl.go.kr/kolisnet)에서 이용하실 수
있습니다.(CIP 제어번호: CIP201431101)